油田数字化运维详解

李士奎 金辉 侯继波 等编著

石油工业出版社

内 容 提 要

本书从油田数字化生产全流程的角度出发，系统介绍了油田数字化运维需要掌握的技术，重点归纳了油田井、间、站所用设备的基础原理、使用要求，并以实际运维案例的形式，对各类故障进行解析，详细地描述了解决办法。

本书可供从事油田数字化规划、建设、运维及管理的技术人员参考使用。

图书在版编目（CIP）数据

油田数字化运维详解 / 李士奎等编著 . -- 北京：石油工业出版社，2025.3. --ISBN 978-7-5183-7405-2

Ⅰ. F426.22

中国国家版本馆 CIP 数据核字第 20259F1D41 号

出版发行：石油工业出版社

（北京安定门外安华里 2 区 1 号　100011）

网　　址：www.petropub.com

编辑部：（010）64523760　　图书营销中心：（010）64523633

经　　销：全国新华书店

印　　刷：北京中石油彩色印刷有限责任公司

2025 年 3 月第 1 版　2025 年 3 月第 1 次印刷

787×1092 毫米　开本：1/16　印张：20.5

字数：460 千字

定价：100.00 元

（如出现印装质量问题，我社图书营销中心负责调换）

版权所有，翻印必究

《油田数字化运维详解》

编 委 会

主　　任：李士奎　金　辉

副主任：侯继波　陈　涛　任明鹏　许洪东

委　　员：朱继红　张　宇　闫东庆　祖智慧　段贵权　于　珊
　　　　　庄建斌　王　凯　张先进

编 写 组

组　　长：王晓宇　薛茫茫　宋伟强　王崇仁

副组长：彭　澍　陈　晨　张文超

成　　员：田大伟　钟　艳　董　越　李　颜　冯　鑫　丁俊鹏
　　　　　刘宗辉　郭婷婷　李石頔　沈　浩　蒋　菲　刘　铭
　　　　　刘鹏飞　孙淑月　徐　铭　曾　玉　董章宁　段宝昌
　　　　　王惠玲　张春超　李雪涛　史永兵　靳晓磊　张宇庆
　　　　　冷雪健　齐　鹏　秦继学　李东武　白雪峰　李雪莲
　　　　　刘新丽

PREFACE 前言

油田数字化转型加速推进，传统运维模式面对日趋复杂的油田生产系统架构和智能化设备不断推陈出新、迭代升级的迅猛态势，已然力不从心。

油田数字化运维是主要针对井、间、站关键环节开展的全过程数据采集、高效传输以及设备运行的综合维护作业。其核心目标在于全方位、深层次提升运维效率，缩短故障响应时间，切实增强油田数字化系统的稳定性，优化应用端性能，实现油田的高效、稳定生产。

《油田数字化运维详解》是一本全面、深入解析油田数字化运维的图书。本书以扎实的理论为基础，以丰富的实践为导向，从理论与实践两个维度，对油田数字化井、间、站等关键生产环节的数字化运维工作进行了细致的阐述与解析。本书深度融合自动化控制、工业物联网及信息技术等前沿科技，创新构建贯通"感知层—控制层—执行层"的全链路运维体系，为投身油田运维工作的广大从业者打造一本数字化操作宝典，助力运维技术人员在油田数字化转型进程中稳步前行。

本书分为两部分，共8章。第一部分井、间运维技术共4章，详细介绍采集设备的种类，井、间自控设备的工作原理、常见井、间运维故障案例的分析与判断方法，以及万用表等运维工具的使用技巧，帮助读者全面掌握井、间运维的关键要点；第二部分站库运维技术共4章，重点讲解站库测控系统的感知层、控制层和执行层的故障诊断与维修策略，为读者提供站库运维的专业指导。书中的案例均来自油田数字化运维工作实践，对于一线运维操作人员具有较强的参考性和借鉴性。

鉴于笔者水平有限，书中难免存在不足之处，敬请广大读者批评指正。

CONTENTS 目 录

第一部分 井、间运维技术

第一章 采集设备详解 ········· 3
第一节 电磁流量计 ········· 3
第二节 压力变送器 ········· 8
第三节 温度变送器 ········· 12
第四节 载荷传感器 ········· 16
第五节 电动执行机构 ········· 19

第二章 井、间自控设备详解 ········· 22
第一节 油井自控设备 WIA-PA 智能无线分析控制器 ········· 22
第二节 小型站点自控设备 ········· 80

第三章 运维案例详解 ········· 118
第一节 仪表及仪器故障诊断及维修方法 ········· 118
第二节 井、间故障维修案例 ········· 133

第四章 运维工具应用 ········· 147
第一节 万用表 ········· 147
第二节 万用表上各符号的含义 ········· 148
第三节 指针式万用表的使用 ········· 148
第四节 数字万用表的使用 ········· 150
第五节 Modbus 应用软件 ········· 155

第二部分　站库运维技术

第五章　测控系统基础 ⋯⋯⋯⋯⋯⋯⋯⋯⋯⋯⋯⋯⋯⋯⋯⋯⋯⋯⋯⋯⋯⋯⋯⋯ 165

　　第一节　油田测控系统分类 ⋯⋯⋯⋯⋯⋯⋯⋯⋯⋯⋯⋯⋯⋯⋯ 165

　　第二节　PLC 控制系统 ⋯⋯⋯⋯⋯⋯⋯⋯⋯⋯⋯⋯⋯⋯⋯⋯⋯ 168

　　第三节　测控系统常见故障处理方法 ⋯⋯⋯⋯⋯⋯⋯⋯⋯⋯⋯ 171

第六章　测控系统感知层的故障诊断与维修 ⋯⋯⋯⋯⋯⋯⋯⋯⋯⋯⋯ 173

　　第一节　旋进漩涡流量计故障判断及维修方法 ⋯⋯⋯⋯⋯⋯⋯ 173

　　第二节　涡街流量计故障判断及维修方法 ⋯⋯⋯⋯⋯⋯⋯⋯⋯ 177

　　第三节　电磁流量计故障判断及维修方法 ⋯⋯⋯⋯⋯⋯⋯⋯⋯ 180

　　第四节　刮板流量计故障判断及维修方法 ⋯⋯⋯⋯⋯⋯⋯⋯⋯ 182

　　第五节　腰轮流量计故障判断及维修方法 ⋯⋯⋯⋯⋯⋯⋯⋯⋯ 188

　　第六节　压力检测仪表故障判断及维修方法 ⋯⋯⋯⋯⋯⋯⋯⋯ 191

　　第七节　温度检测仪表故障判断及维修方法 ⋯⋯⋯⋯⋯⋯⋯⋯ 193

　　第八节　液位检测仪表故障判断及维修方法 ⋯⋯⋯⋯⋯⋯⋯⋯ 197

第七章　测控系统控制层的故障诊断与维修 ⋯⋯⋯⋯⋯⋯⋯⋯⋯⋯⋯ 200

　　第一节　CPU 内程序丢失故障案例分析 ⋯⋯⋯⋯⋯⋯⋯⋯⋯ 200

　　第二节　源程序错误故障案例分析 ⋯⋯⋯⋯⋯⋯⋯⋯⋯⋯⋯⋯ 204

　　第三节　源程序缺陷故障案例分析 ⋯⋯⋯⋯⋯⋯⋯⋯⋯⋯⋯⋯ 213

　　第四节　程序需启动或重启故障案例分析 ⋯⋯⋯⋯⋯⋯⋯⋯⋯ 224

　　第五节　PLC 系统功能模块运行错误故障案例分析 ⋯⋯⋯⋯ 234

　　第六节　电源系统故障案例分析 ⋯⋯⋯⋯⋯⋯⋯⋯⋯⋯⋯⋯⋯ 245

　　第七节　配电器、安全栅故障案例分析 ⋯⋯⋯⋯⋯⋯⋯⋯⋯⋯ 264

　　第八节　接线故障案例分析 ⋯⋯⋯⋯⋯⋯⋯⋯⋯⋯⋯⋯⋯⋯⋯ 269

　　第九节　传感器及仪表故障案例分析 ⋯⋯⋯⋯⋯⋯⋯⋯⋯⋯⋯ 281

　　第十节　工控机故障案例分析 ⋯⋯⋯⋯⋯⋯⋯⋯⋯⋯⋯⋯⋯⋯ 286

　　第十一节　通信网络系统故障案例分析 ⋯⋯⋯⋯⋯⋯⋯⋯⋯⋯ 288

第八章　测控系统执行层的故障诊断与维修 296

第一节　电动调节阀维修案例分析 296
第二节　气动调节阀维修案例分析 301
第三节　变频器维修案例分析 304

参考文献 317

第一部分
井、间运维技术

第一章　采集设备详解

采集设备能够采集各种变化的物理量,例如温度、压力、振动等,并通过相应的传感器将这些物理量转换成模拟的电信号,再进一步将这些模拟电信号转换为数字信号存储起来进行处理。采集设备广泛应用于各种领域,如工业自动化、环境监测、智能建筑、医疗健康和交通运输。随着传感器技术、模数转换器技术、数据处理技术和通信技术的不断发展,采集设备的功能和性能也在不断提升。现代采集设备通常具备更高的精度、更低的功耗、更强的数据处理能力和更丰富的通信接口,以适应日益复杂和多样化的应用场景。

第一节　电磁流量计

电磁流量计是应用电磁感应原理,根据导电流体通过外加磁场时产生的电动势来测量导电流体流量的一种仪表。

一、结构及原理

电磁流量计主要由传感器、流体导向系统、信号处理器和显示器等组成。传感器通常由两个互相垂直的电磁线圈组成,一个用作发射线圈,另一个用作接收线圈。当导电流体通过电磁线圈时,液体中带有电荷的离子将受到磁场的扰动。通过给电磁线圈施加电流,形成一个磁场,液体中的离子将受到磁场的作用力,从而产生感应电动势。根据感应电动势的大小,可以计算出流体的流速。同时,通过测量磁场的强度,可以确定流体的流量(图 1.1.1)。

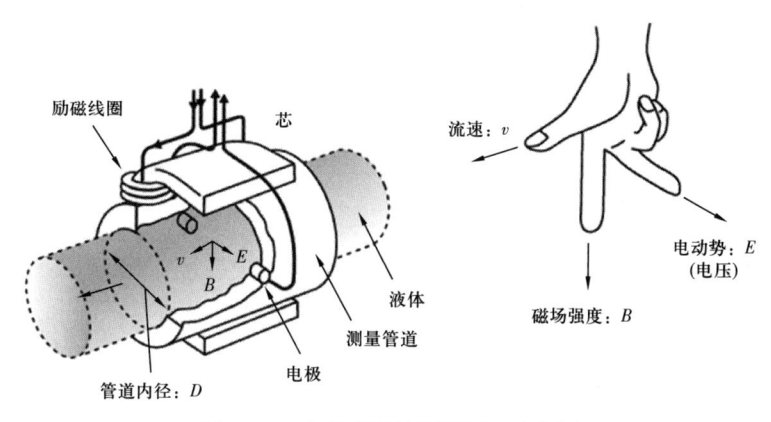

图 1.1.1　电磁流量计测量原理示意图

二、安装要求

由电磁流量计工作原理可知,为了获得较高的测量精度,必须满足以下条件:(1)被测液体必须有导电性;(2)液体必须充满管道;(3)液体成分必须均匀;(4)如果液体导磁,流量计磁场将改变,必须对流量计进行修正。为了保证电磁流量计高测量精度,推荐如图 1.1.2 所示的管路条件。

电磁流量计正确的安装方式要保障所在管道里面充满液体,所以电磁流量计安装在管道的位置不能处于导管高点,如图 1.1.2 所示。

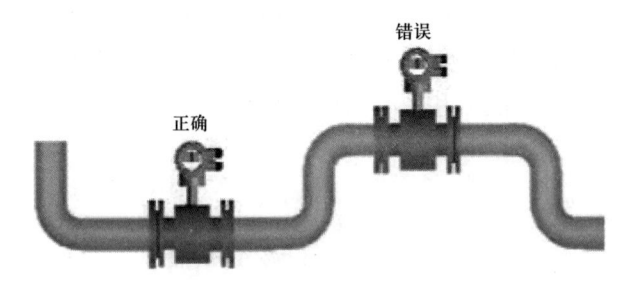

图 1.1.2　电磁流量计安装位置图

当安装电磁流量计的位置,前后有阀门时,最小的前后直管段必须满足前 5D 后 2D 的安装方式,且阀门需要全开,如图 1.1.3 所示。

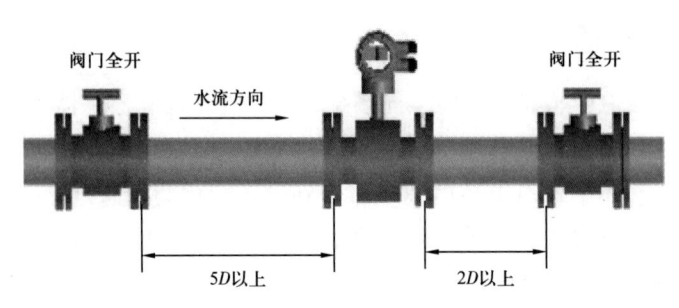

图 1.1.3　电磁流量计前后有阀门时安装位置图

当电磁流量计安装在"T"形管后端时,电磁流量计与"T"形管需要保证最少 5D 以上的直管段,如图 1.1.4 所示。

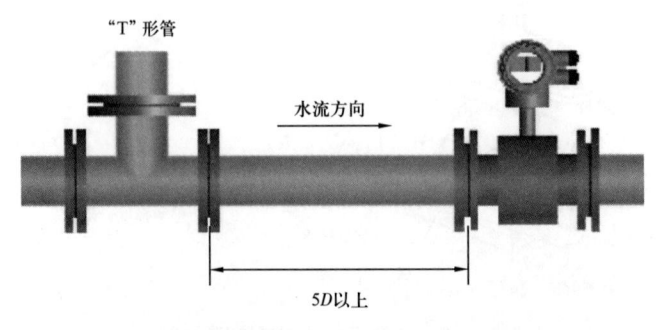

图 1.1.4　电磁流量计在"T"形管后端时安装位置图

当电磁流量计安装在90°弯管后端时，电磁流量计与弯管尾部需要保证最少5D的直管段，如图1.1.5所示。

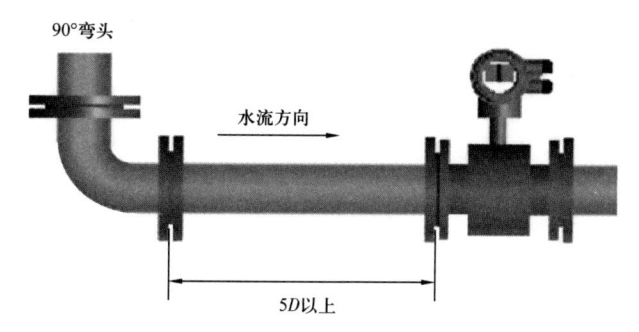

图1.1.5　电磁流量计在90°弯管后端时安装位置图

当电磁流量计安装在扩径管后端时，电磁流量计与扩径管后端需要保证最少10D的直管段，如图1.1.6所示。

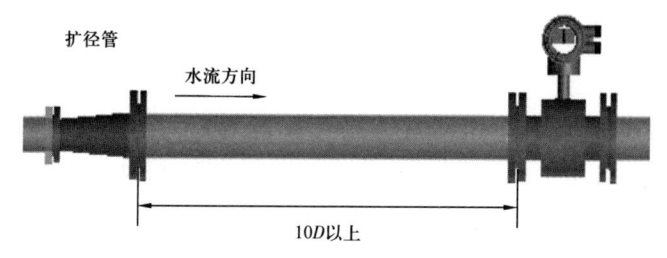

图1.1.6　电磁流量计在扩径管后端时安装位置图

当电磁流量计安装在阀门后端且阀门不是全开的状态下，电磁流量计与阀门后端需要保证最少10D的直管段，如图1.1.7所示。

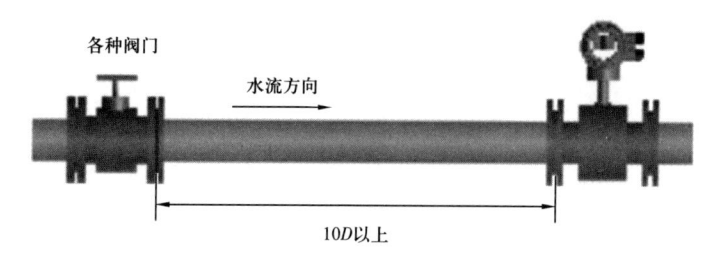

图1.1.7　电磁流量计在阀门后端且阀门不是全开的状态下安装位置图

角式法兰流量计安装时，应使流体流向自下而上，如图1.1.8所示。

由于电磁流量计的感应信号电压很小，故容易受到噪声的影响。其基准电位必须与被测液体相同。因此，传感器的基准电位（端电位）、转换器的基准电位和放大器的基准电位都与被测液体相同，而液体电位又应与地电位相同。电磁流量计配有接地环，其作用是通过与液体接触，建立液体接地，同时保护内衬。安装时接地线要牢固可靠，最小截面积（铜线）不小于4mm，电阻值不大于1Ω，仪表接地如图1.1.9所示。

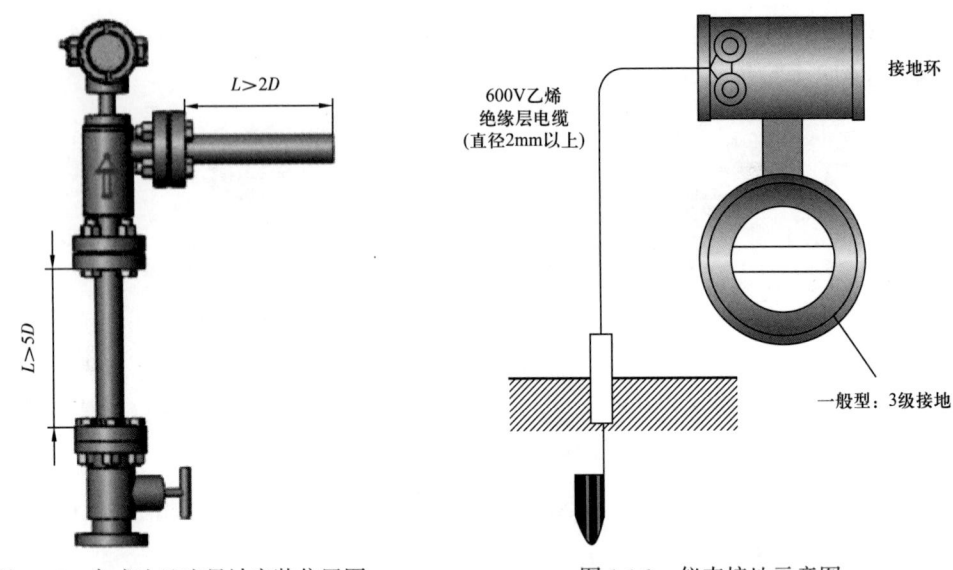

图 1.1.8　角式法兰流量计安装位置图　　　　图 1.1.9　仪表接地示意图

三、配置说明

电磁流量计显示屏下侧有 4 个按键，按键含义及具体操作方式见表 1.1.1。其中复合按键需要同时将两个按键按下。如果 10min 内没有对按键进行操作，则自动返回主屏。

表 1.1.1　按键含义及操作方式

按键名称	按键标识	按键功能
位移键		可进行显示界面切换； 密码输入时的光标移动键； 返回键
下翻键		数字减 1 或者下翻页
上翻键		数字加 1 或者上翻页
确认键		进入键

1. 有线电磁流量计配置

有线电磁流量计分为二线制电磁流量计、四线制电磁流量计、RS485 电磁流量计。

二线制电磁流量计将电源和输出信号共用一对导线，是发展趋势，技术先进。

四线制电磁流量计的电源和输出信号各用一对导线，是主流类型，成熟可靠。

RS485 电磁流量计通信数据传输接口为半双工方式，标准速率大于 250kHz，通信方向转换时间为 3.5μs，通常可接 16 路负载，也可扩展到 32 路，标准屏蔽双绞线 1000m。采用主从式多机通信。当多台电磁流量计互连时，可以节省信号线，便于高速传送。

2. 无线电磁流量计配置与安装要求

WIA-PA 高压自动控制阀是对现场已经安装的高压电磁流量计进行改造，加装电动流量调节阀、智能控制器，实现管线内流量的自动调节功能。

WIA-PA 高压流量自控阀采用低功耗设计，支持太阳能供电、220V AC 交流供电、24V DC 直流供电。执行器可以显示角度、日配注量、控制精度、动态日配注量，工作电压、日累计流量、全开工作状态（全开）、当前时间、系统版本信息等数据。可在环境温度 -40~60℃ 的规定范围内运行。

1）配置要求

WIA-PA 高压流量自控阀通信采用原高压电磁流量计 WIA-PA 网络节点，无额外新增网络点位，天线仍采用原高压电磁流量计天线。

2）安装要求

无线电磁流量计在选择安装场所和安装位置时，应考虑该位置是否易于以后的维护。因管道和金属框架可能对天线的性能造成不利影响，为了保证其性能达到最佳效果，确保与金属物质或水泥墙之间有 1m 以上的间隙。天线的放置应垂直于地面，并保证天线与其他通信设备天线的可视性。天线安装高度建议 2~10m，天线安装越高传输距离越远，也可选配相应高增益的天线进行传输距离扩展。安装时需要专业登高人员操作。

安装该 WIA-PA 高压流量自控阀时，上电后先使用按键将 WIA-PA 高压流量自控阀调节到关闭状态或全开状态。

安装时介质流向应与该 WIA-PA 高压流量自控阀的铭牌上的流向标志保持一致。

当管道焊接作业时，要避免 WIA-PA 高压流量自控阀过热，防止烧坏流量控制器上的橡胶密封件。

若出现转动太松或渗漏现象，可卸下执行器组件，调整压紧螺母即可。

如果新装管道内残留很多焊渣、泥沙、麻丝、石子等杂物，应将管道冲洗干净再装入。

第二节　压力变送器

压力变送器主要对压力变化进行预警和信号输出，是保障生产和仓储安全的关键设备。

压力变送器是工业实践中较为常用的一种传感器，其在安全监测和自动化控制中发挥着重要作用，用于确保系统运行的稳定性和可靠性。其广泛应用于各种工业自控环境，涉及水利水电、铁路交通、智能建筑、生产自控、航空航天、军工、石化、油井、电力、船舶、机床、管道等众多行业。压力变送器必须直接与被测介质相接触，常常在高温、低温、腐蚀、振动、冲击等环境中运行。

一、压力变送器结构及原理

压力变送器主要由压力传感器、测量电路及过程连接件三部分构成。最主要的部分是压力传感器，它能够接收到气体及液体等物理压力参数，通过测量电路转换为标准的电信号。然后标准电信号可以远传给二次仪表，以进行测量、显示及调节。

压力变送器用于测量液体、气体或蒸汽的液位。被测介质的压力直接作用于传感器的膜片上（不锈钢或陶瓷），使膜片产生与介质压力成正比的微位移，使传感器的电阻值或电容值发生变化，用电子线路检测这一变化，并将这种变化转换成标准的输出信号，例如4~20mA电流输出、频率输出、RS485数字信号等（图1.2.1）。

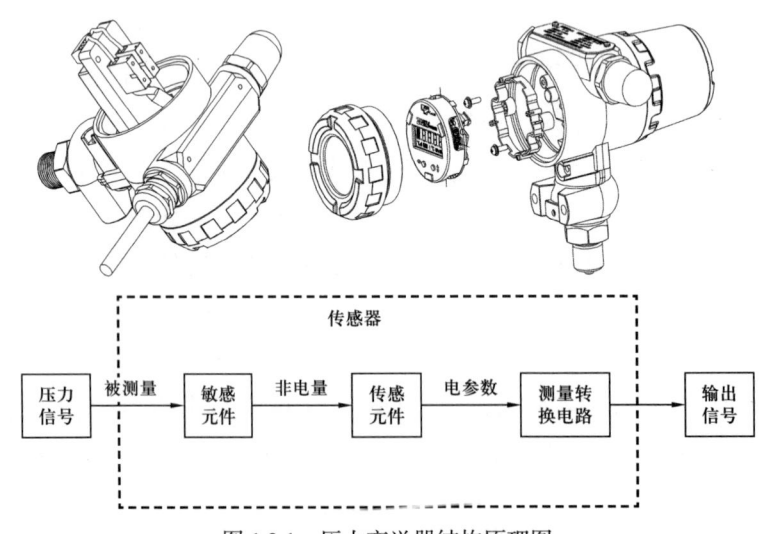

图1.2.1　压力变送器结构原理图

注水井一般没有独立的数据采集RTU，它会作为从井接入附近油井的RTU进行数据传递。注水井因取电难度影响，有些取电距离超过130m的注水井会安装光伏供电系统。

注水井注水压力采用WIA-PA压力变送器采集数据；注水流量采用WIA-PA无线高

压流量控制装置控制。以上数据采用无线方式接入 WIA-PA 智能无线网关。对已有数字化设备的注水井安装 I/O 适配器上传数据至计量间 WIA-PA 网关。

二、WIA-PA 智能无线压力变送器配置说明

1. 无线配置器验证

使用磁铁吸附示功仪后，移开磁铁，并在 5s 时间内进行连接操作。连接时，需要无线配置器端输入设备 SN 码（通过铭牌获取，区分大小写）。可通过无线配置器查询入网状态等信息。

2. 网关端验证

可用配置工具等软件连接网关，查看入网状态、数据信息。

三、安装要求

根据通信线路的远近，应当选用横截面积 $0.5mm^2$ 以上带屏蔽的 4 芯或 2 芯屏蔽电缆。如果要减小压降，应使用铜芯导线。

（1）电源线连接：打开后盖，拧下防水接头压紧螺母部分，供电线缆经过防水接头引入腔体内，防水接头适配线缆外径 $\phi 7 \sim 12mm$，电源模块接口定义见表 1.2.1，供电线缆需要接在接线端子上，正极接在对应电源模块上"Vin"的端口上，负极接在对应电源模块上"GND"的端口上，连接完毕后捋顺线缆，拧紧防水接头，在室外恶劣环境使用必要时使用防水胶泥密封接线端口，最后安装回后盖（图 1.2.2）。

表 1.2.1　电源模块接口定义

引脚编号	1	2	3	4	5	6
正负双路	NC	GND	Vin	Vo	0V	+Vo
单路	NC	GND	Vin	0V	NC	+Vo

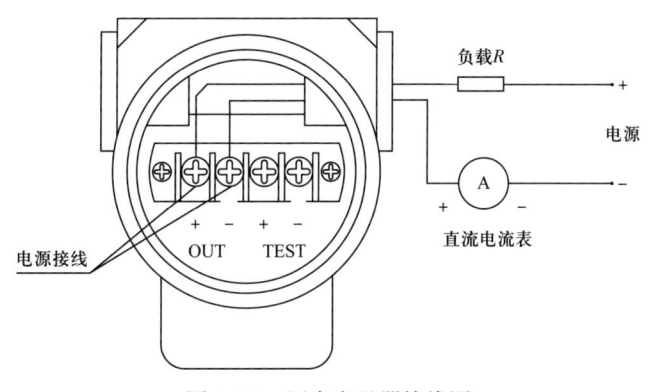

图 1.2.2　压力变送器接线图

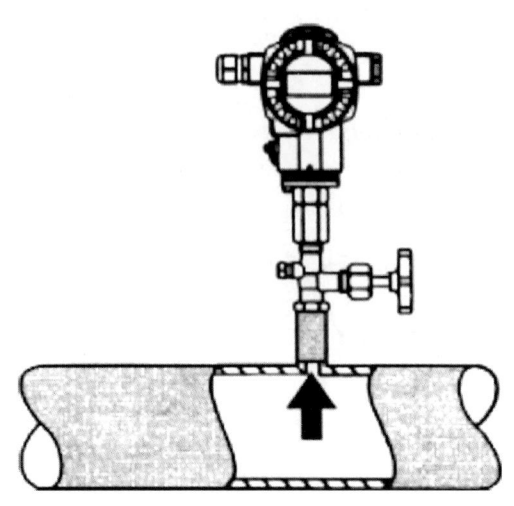

图 1.2.3　压力变送器安装示意图

（2）安装位置选择：应选择离压力源最近的位置进行安装，以减小压力信号延迟和压力波动的影响。同时，应避免安装在受振动、冲击或温度变化较大的区域，以确保测量的准确性和稳定性（图 1.2.3）。

（3）环境条件考虑：在选择安装位置时，要考虑周围环境的影响，比如温度、湿度、腐蚀性介质等因素。如果环境条件恶劣，需要选择适应相应环境的防护措施或特殊型号的压力仪表，以确保仪表的安全运行和长寿命。此外，还需要注意避免仪表暴露在阳光直射或雨淋等恶劣天气条件下，以防止仪表受损或性能下降。

四、量程及报警设定

1. HART 协议

HART（Highway Addressable Remote Transducer），可寻址远程传感器高速通道的开放通信协议，是一种用于现场智能仪表和控制室设备之间的通信协议。HART 装置提供具有相对低的带宽，是适度响应时间的通信。

与其他只支持数字信号传输的现场总线协议相比，HART 协议智能压力变送器的最大特点是在传输数字信号的同时，保留了 4～20mA 电流环信号。

在 HART 协议通信中主要的变量和控制信息由 4～20mA 电流环信号传送，在需要的情况下，另外的测量、过程参数、设备组态、校准、诊断信息通过 HART 协议访问。

HART 通信采用的是半双工的通信方式，其特点是在现有模拟信号传输线上实现数字信号通信。

HART 规定了一系列命令，按命令方式工作。它有三类命令，第一类称为通用命令，这是所有设备都理解、都执行的命令；第二类称为一般行为命令，所提供的功能可以在许多现场设备中实现（尽管不是全部），这类命令包括最常用的现场设备的功能库；第三类称为特殊设备命令，以便于在某些设备中实现特殊功能，这类命令既可以在基金会中开放使用，又可以为开发此命令的公司所独有。在一个现场设备中通常可发现同时存在这三类命令。

HART 能利用总线供电，可满足本质安全防爆要求，并可组成由手持编程器与管理系统主机作为主设备的双主设备系统。

2. 仪表按键设定

仪表按键如图 1.2.4 所示。

ESC　　MOVE　　ENTER　　DOWN　　UP

图 1.2.4　仪表按键设定

ESC：取消当前操作，返回到上一层的操作。
MOVE：在输入数据时移动光标和小数点。
ENTER：进入菜单和确认操作。
DOWN：下翻菜单和输入数据时光标位数字减小。
UP：上翻菜单和输入数据时光标位数字增大。
PV 显示：处于测量状态。
SV 显示：处于设定状态。
Er 显示：信号电路出错或压力超限。

3. 485 设定

在串行通信中，数据位、停止位、奇偶校验位、波特率是不尽相同的，数据位为 5~8 位，停止位为 1 位、1.5 位、2 位；奇偶校验位为无、奇校验、偶校验；波特率常用的为 1200~62500kbps。485 设定如图 1.2.5 所示。

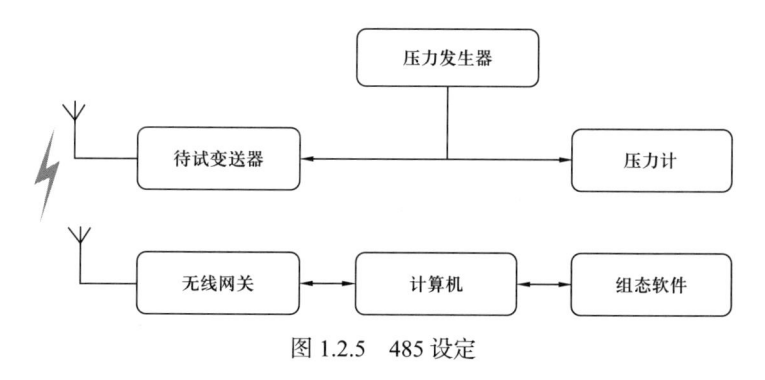

图 1.2.5　485 设定

4. WIA 设定

按照如下测试方法进行精度和 WIA-PA 网络测试验证。

待测无线变送器与压力计和压力发生器连接，由压力计和压力发生器提供高精度的压力被测源，先进行满量程测量范围内的压力标定，标定后就可以进行高精度的实际测量。无线网关上电并通过以太网连接电脑，WIA 控制台组图软件从无线网关读取到入网的无线变送器数据，如图 1.2.6 所示，无线变送器符合工业无线 WIA-PA 标准协议。

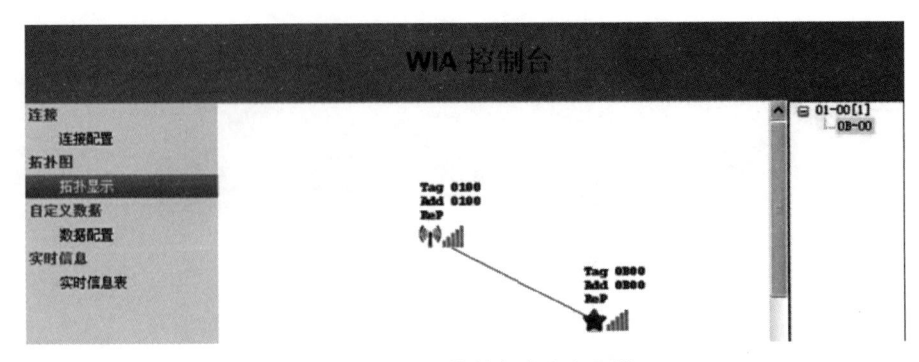

图 1.2.6　WIA 控制台读取变送器

第三节　温度变送器

温度变送器是自动检测和自动化控制中使用的一种仪表。它与测温元件配合使用,把温度转换成统一的标准电信号输出,作为显示、记录和控制仪表的输入信号。

一、结构及原理

温度是用来表示物体受热程度的物理量。利用冷热不同的液体之间的热交换,以及某些物体随冷热程度不同而变化的物理性质,进行间接测量。

目前温度测量的原理主要有以下几种：液体、气体的体积或压力随温度的变化而变化的性质；热电偶的热电势；导体和半导体的电阻值随温度变化的性质,以及物体的辐射能随温度而变的性质等。其中利用热电偶的热电势及导体的电阻值随温度变化的性质来测量温度的方法最为普遍。

1. 热电阻温度变送器

热电阻温度变送器是利用金属导体的电阻值随温度的增加而增加这一特性来进行温度测量的。热电阻大都由纯金属材料制成,目前应用最多的是铂和铜。

以 PT100 型铂电阻为例：当检测温度为 0℃时,铂电阻的电阻值为 100Ω；当检测温度为 50℃时,铂电阻的电阻值为 119.4Ω；当检测温度为 100℃时,铂电阻的电阻值为 138.5Ω（图 1.3.1）。

2. 热电偶温度变送器

热电偶温度计是将两种不同材料的导体或半导体焊接起来,构成一个闭合回路。由于两种不同金属所携带的电子数不同,当两个导体的两个接点之间存在温差时,就会发生高电位向低电位放电现象,因而在回路中形成电流,温度差越大,电流越大,这种现象称为热电效应。热电偶就是利用这一效应来工作的,如图 1.3.2 所示。

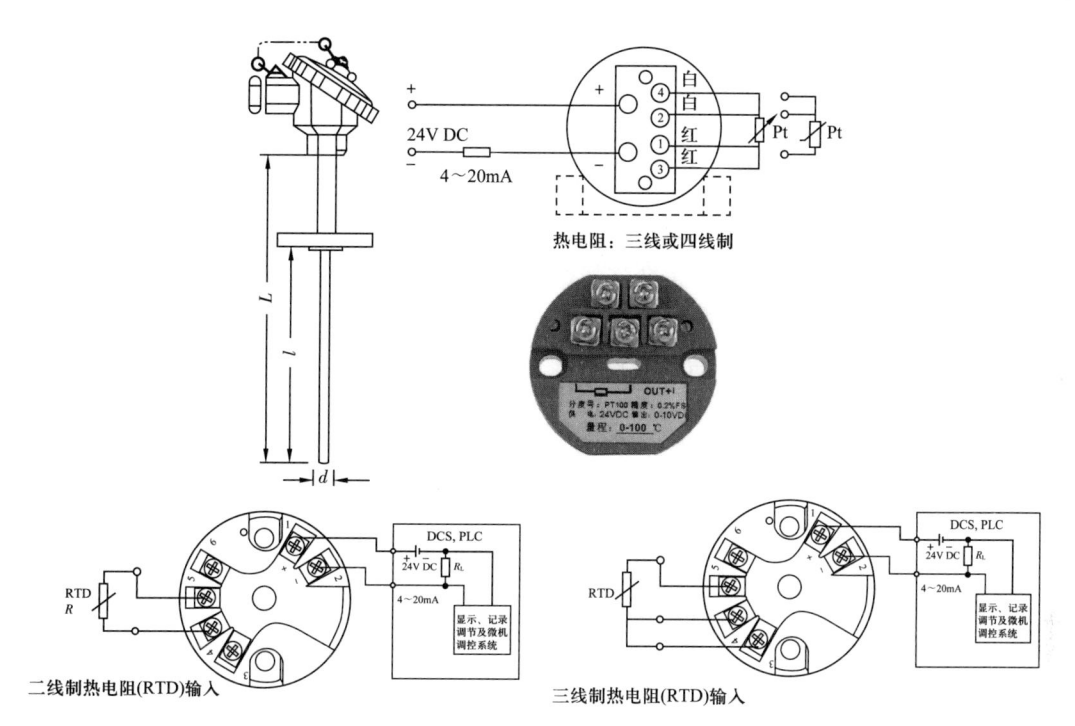

图 1.3.1　PT100 型铂电阻原理图

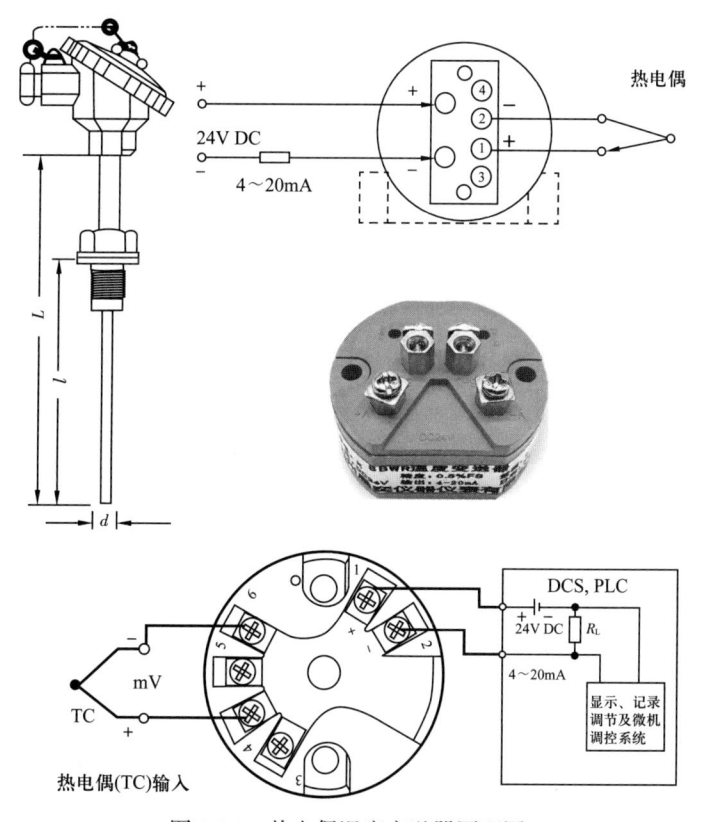

图 1.3.2　热电偶温度变送器原理图

热电偶温度计是工业上最常见的一种测温元件。它具有结构简单、使用方便、精度高、测量范围广等优点。

二、安装要求

（1）温度传感器安装位置要合适：温度仪表的准确性和稳定性与传感器的安装位置密切相关。在安装温度传感器时，需要选择合适的位置，避免受到外界热源、阳光直射、风口等因素影响，确保测量温度的准确性。

（2）温度传感器与被测介质的接触要良好：为了提高测量的准确性，温度传感器与被测介质的接触要良好。在安装过程中，应该确保传感器与被测物质之间没有空隙或气泡，可以采用密封或固定装置确保两者的直接接触。

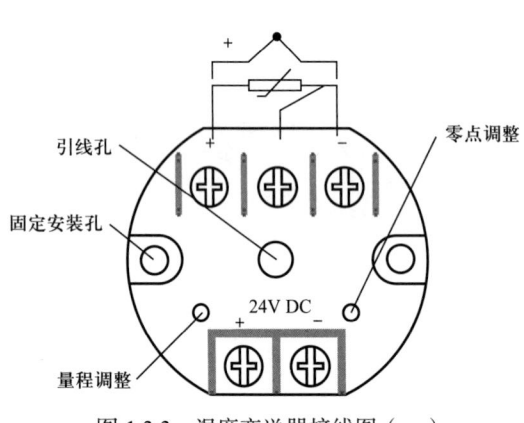

图 1.3.3 温度变送器接线图（一）

（3）安装环境应符合要求：温度仪表的安装环境对其工作稳定性有一定影响。在选择安装位置时，需要考虑环境温度、湿度、振动等因素，以及是否存在有害物质或易受干扰的电磁场。安装环境应符合产品使用说明书中的要求，以确保温度仪表的正常工作和测量准确性（图 1.3.3 至图 1.3.5）。

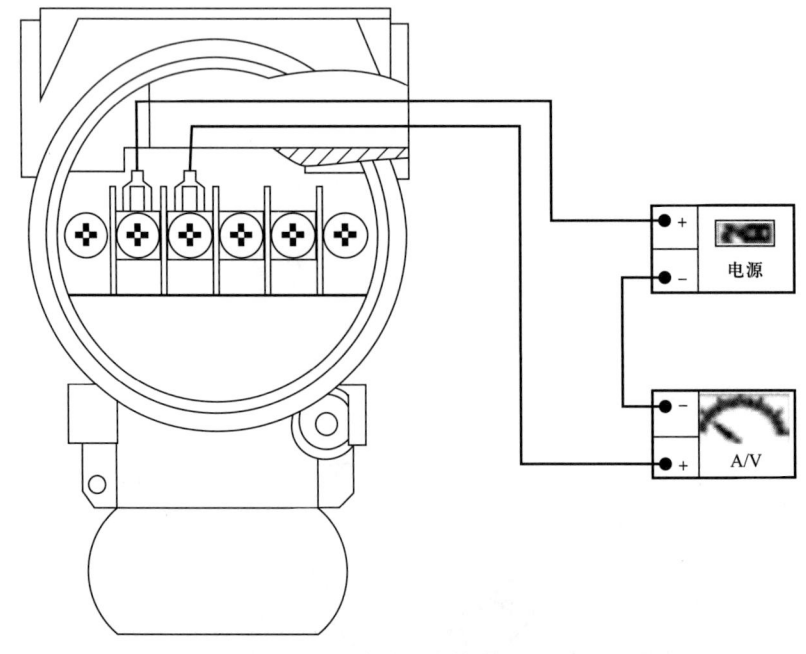

图 1.3.4 温度变送器接线图（二）

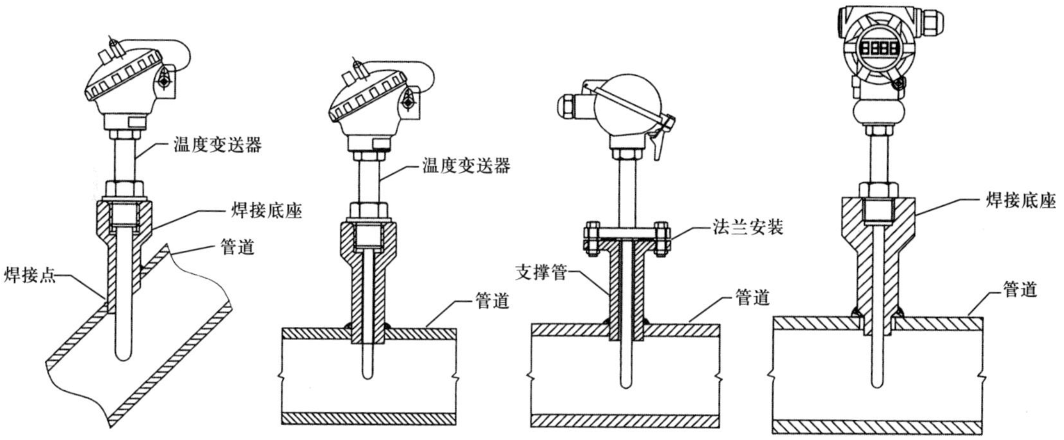

图 1.3.5　温度变送器安装示意图

三、配置说明

在仪表正常测量状态下，长按 R 键 3s 左右进入菜单，按 +1 键选择功能：SE.1 → SE.2 → SE.1。

（1）液晶显示 SE.1，菜单功能：用户设置；按 S 键进入用户设置菜单，用户设置菜单包括 RS485 设置、上限报警值设置、下限报警值设置。进入用户设置菜单后屏幕显示 .485.，按 +1 键选择功能 .485.，按 S 键进入各项功能菜单。

（2）RS485 参数设置。

在屏幕显示 .485. 时，按 S 键进入 RS485 参数设置子菜单，其中包括仪表地址码、波特率、校验方式设置。按 +1 键选择功能地址码（Add）设置→波特率（bps）设置→校验方式（PAR）设置，按 S 进入各个参数修改状态。

① 地址码（Add）设置：地址码设置范围为 1～247，按移位 S 键和 +1 键修改地址码，按 R 确定键完成修改。

② 波特率（bps）设置：波特率设置范围：1200、2400、4800、9600、19200、38400，按 +1 键选择不同的通信波特率，按 R 键完成修改。

③ 校验方式（PAR）设置：设置范围 0、1、2。0：无校验，1：奇校验，2：偶校验，按 +1 键选择校验方式，按 R 键完成修改。

（3）HART 协议。

选择 SE.1 菜单后，屏幕显示 .ADD. 时，按 S 键进入 HART 协议短地址设置子菜单，按 S 和 +1 键设置地址，默认设置为 0，设置范围 0～15，当地址设置不为 0 时，此时电流信号将固定输出为 4mA。

（4）液晶显示 SE.2，菜单功能：出厂设置：按 S 键进入密码输入状态，输入密码 2000，按 R 键进入子菜单。

进入仪表量程与 4～20mA 设置菜单：屏幕显示 .04P.，按 +1 键选择功能 .04P. →

.20P. → .04A. → .20A. → .04P.，分别为：仪表量程下限、仪表量程上限、4mA 校准、20mA 校准设置子菜单、仪表量程下限。按 +1 键选定相应功能后，按 S 键进行相应设置的修改，修改完成后按 R 键确认并退出。

第四节　载荷传感器

抽油机的载荷传感器可以提供实时的载荷数据，能够准确地检测和测量抽油机的工作负荷。通过这些数据，可以对抽油机进行监控和控制，实现自动化和智能化的生产管理。

一、结构及原理

载荷传感器内部采用电阻应变片组成测量电路。将应变片粘贴在弹性敏感元件上，由弹性元件在被测载荷量的作用下，产生一个与之成正比的应变，然后由应变片作为传感元件将应变片的应变转换为电阻的变化，然后通过测量电路检测出被测载荷量（图 1.4.1）。

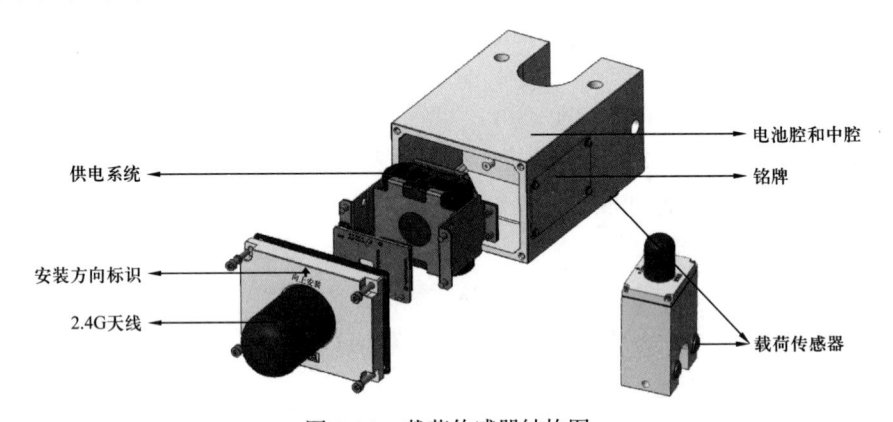

图 1.4.1　载荷传感器结构图

二、安装要求

油田抽油机载荷传感器非常重要。传感器应安装在抽油机的上部或下部，以确保其能准确测量载荷。此外，应避免受到其他外部力量的干扰，以保证传感器的精确度和稳定性。

在实际应用中，油田抽油机载荷传感器的安装角度可能需要进行调整。正确调整安装角度可以避免传感器在工作过程中受到额外的力矩或负荷，提高传感器的测量准确性和稳定性。调整安装角度时应注意不影响抽油机的正常工作，同时避免传感器与其他设备的干涉。

通过油田抽油机载荷传感器的数据，可以对抽油机进行抗震设计。在设计中考虑到地震等外部因素的影响，可以合理选择抽油机的结构和材料，以增强抽油机的抗震性能，降低因地震引起的损坏风险。

三、安装图

（1）停机安装限位卡子。

悬绳器在到达最高点后会往下落，在下落到位后停车。判断到位条件：高度上能够方便安装示功仪、停车后有空间安装卡子及支撑架（图1.4.2）。

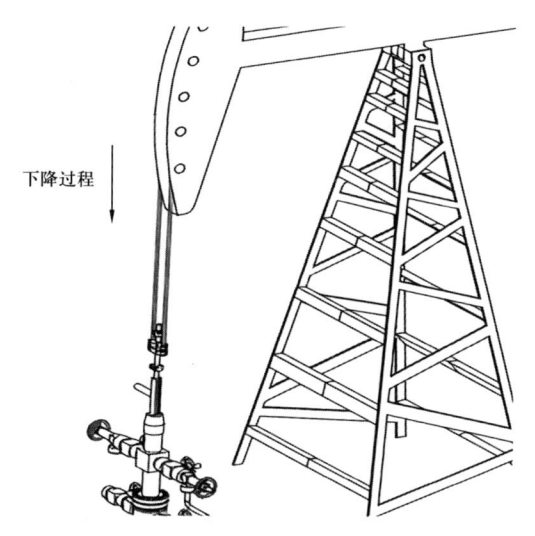

图1.4.2　限位卡子安装原理图

（2）安装卡子和支撑架。

停车后在悬绳器下面安装卡子，卡子安装在抽油杆上并夹紧，卡子与悬绳器底部留有至少200mm的空间，固定好卡子后在采油树顶部安放支撑架用来卡住卡子以达到限位抽油杆的目的（图1.4.3）。

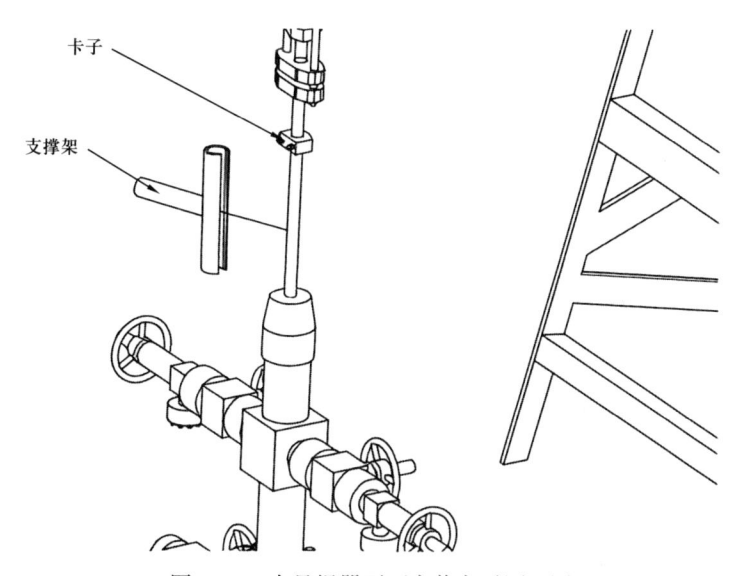

图1.4.3　在悬绳器下面安装卡子原理图

（3）安装示功仪。

抽油杆停止向下后，悬绳器继续向下运动，当悬绳器与抽油杆顶部的卡子的距离达到大于示功仪厚度的时候停车（图1.4.4）。

此时安装示功仪到卡子与悬绳器中间，示功仪凹槽抱住抽油杆后安装插销螺栓，防止示功仪脱落（图1.4.5）。

安装时注意示功仪的朝向，按箭头指示方向安装（图1.4.6）。

（4）夹紧示功仪，拆除辅助工具。

示功仪安装到位后开车，当悬绳器上升使示功仪完全夹紧后带动抽油杆向上运动，卸力后停车，此时拆除限位卡子和支撑架，重新开车，抽油机正常工作（图1.4.7）。

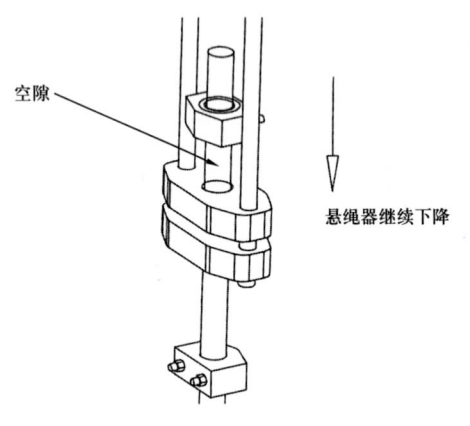

图1.4.4　示功仪安装图（一）

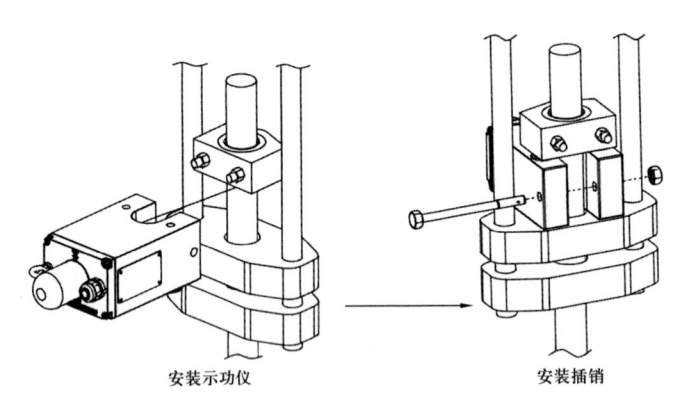

图1.4.5　示功仪安装图（二）

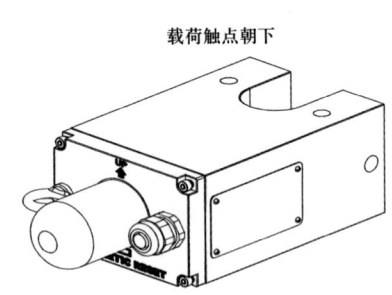

图1.4.6　示功仪安装图（三）

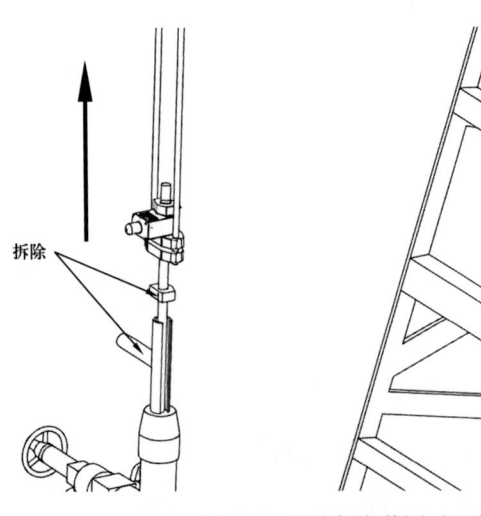

图1.4.7　示功仪安装图（四）

（5）电源线缆固定。

设备安装后，在抽油机运行之前，需要把电源线缆打结固定，避免在抽油机运行中对接口造成负担，影响使用寿命，如图1.4.8所示。

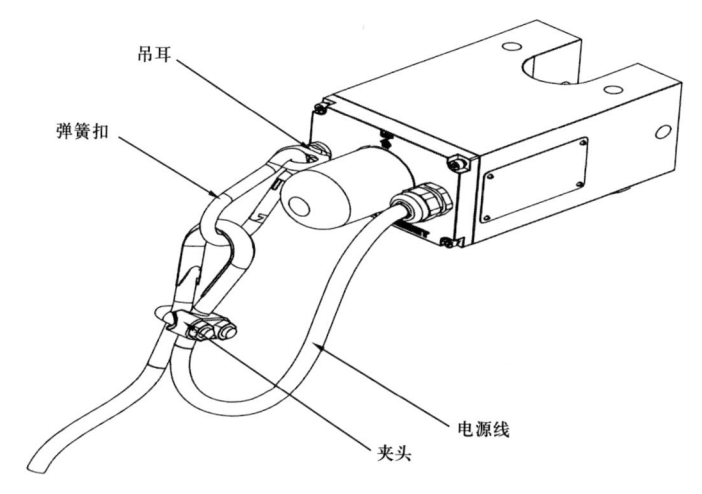

图1.4.8 示功仪安装图（五）

四、配置说明

（1）无线配置器验证。使用磁铁吸附示功仪后，移开磁铁，并在5s时间内进行连接操作。连接时，需要无线配置器端输入设备SN码（通过铭牌获取，区分大小写）。可通过无线配置器查询入网状态等信息。

（2）网关端验证。可用配置工具等软件连接网关，查看入网状态、数据信息。

第五节　电动执行机构

一、电动执行机构结构及原理

电动执行机构是电动单元组合式仪表中的执行单元。它是以单相交流电源为动力，接受统一的标准直流信号，输出相应的转角位移，操纵风门、挡板等机械机构，可配用各种电动操作器实现调节功能，具备"手动/自动"无扰动切换，可以对被调对象进行远方手动操作，电动执行机构还设有电气限位和机械限位双重保护来完成自动调节的任务。

电动执行机构一般由伺服电机、控制器、减速机、辅助部件四部分组成。

电动执行机构有远程遥控调节、就地电动控制和就地手动操作三种控制方式。

1. 就地手动方式

电动执行机构需就地手动操作时，当电动操作器切换开关位于"手动"位置，把电机端部旋钮拨到"手动"位置，拉出执行机构上的手轮或拨动手动/自动切换把手，摇动手轮就可以实现手动操作。当不用就地操作时，千万要注意，把电动端部的旋钮拨到"自动"位置，并把手轮推进。

2. 就地电动方式

当执行机构切换开关处于"就地"位置时，操作只要将旋转切换开关分别拨到"开"或"关"的位置（或按"开"或"关"按钮），带动电机正转和反转，执行机构输出轴就可以实现上行或下行动作，在运动过程中观察电动操作器上的阀位开度表，达到所需控制阀位开度时，立即松开切换开关即可。

3. 远程控制方式

当电动执行机构切换放在"自动"或"远控"位置时，即处在自动调节状态，接收DCS或控制器4～20mA DC指令信号，自动调节执行机构阀位到预定位置。

二、安装要求

1. 安装前准备

检查电动阀外观，观察该电动阀门是否受潮，如果有受潮要做干燥处理；如果发现有其他问题要及时处理，不得带故障操作。

应选择通风良好、相对独立的位置，避免长期处于高温、潮湿或者强光的照射下，以免对其构件、防护层或者绝缘性能造成影响。

应避免在外部环境影响下进行安装，如暴露在雨雪天气中。

应避开易燃易爆物品及强电磁场干扰，避免对操作、控制和安全性问题造成影响。

2. 安装前注意事项

一般电动阀门的阀体上有标志，箭头所指方向即介质向前流通的方向。必须特别注意，不得装反。因为有各种电动阀门要求介质单向流通，对于电动截止阀，为了便于开启和检修，也要求介质由下而上通过阀座，但闸阀、旋塞安装时，不受流通方向限制。

要重点考虑电动阀门长期操作和维修，尽可能方便操作维修，同时还要注意组装时外形的美观。电动阀门手柄方向可以垂直向上，也可以倾斜至某一角度或水平放置，但手轮不得向下，以避免仰脸操作；落地阀门的手轮最好齐胸高，便于启闭；明杆闸阀不能用于地下，防止阀杆受到腐蚀。有些阀门的安装位置有特殊的要求，如减压阀要求直立地安装在水平管道上，不得倾斜，升降式止回阀要求阀瓣垂直；旋启式止回阀要求销轴水平。总之要根据阀门的原理确定其安装位置，否则阀门就不能有效地工作，甚至不起作用。

旋塞的安装。核对规格型号，鉴定有无损坏，清除螺纹口的封盖和螺纹内过多油脂和杂物，检验旋塞的密封性能。

应避开易燃易爆物品及强电磁场干扰，避免对操作、控制和安全性问题造成影响。

3. 安装说明

1）电气连接

电动阀的电气连接应符合以下要求：

（1）应按照电动阀的连接图进行连接，严格区分交流或直流电源。接线后应做好绝缘处理，并将电源线及信号线单独布线。

（2）应首先连接接地线，再连接其他电源线。对于三相电源，应加装保护器，并避免 L1、L2、L3 三相接反。

（3）在接线口处应加装防护盖板，并设置好接地点。

2）调试步骤

（1）检查执行机构外观完整，信号匹配。

（2）完成执行机构接线，检查接线是否正确。执行机构的接线：①电源线，220V 或 380V，气动阀门定位器一般不需要专用电源线；②模拟信号：指令信号 4～20mA DC，从 DCS 或 PLC 至执行机构，反馈信号 4～20mA DC，从执行机构至 DCS 或 PLC 等；③开关信号：全开、全关行程开关信号，故障信号等。

（3）在通风前，先手动把执行机构调到中间位置，然后将操作方式打到"就地操作"，通电，先点动看执行机构运行方向和阀动作的方向是否一致，如果相反，则需将电源线换相或更改执行机构正反作用方式。

（4）调限位：将阀动作至"全关"位置，应用万用表测量限位的"开点"是否导通；如果没有变化，则需要调整关限位，直至调好；然后将阀动作到"全开"位置，看下"开限位"信号是否导通，否则需要调开限位。

第二章　井、间自控设备详解

井、间自控设备是指在石油、天然气等钻探或开采过程中，用于控制井筒压力、监测井筒状态并实现自动化控制的一系列设备的总称。这些设备通过传感器、控制器和执行器等组件，实现了对井筒的实时监测、自动化控制、预警与报警，以及数据传输和存储等功能，从而提高了钻探或开采的效率和安全性。随着技术的不断发展，井、间自控设备的功能和性能将不断提升，为石油、天然气等行业的可持续发展提供更加有力的支持。

第一节　油井自控设备 WIA-PA 智能无线分析控制器

一、结构及原理

无线电参分析控制器由远程控制器 RTU、开关电源、语音报警器、微型断路器、中间继电器、浪涌保护器、接线端子、机箱等组成。

无线电参分析控制器是针对油水井控制而生产的远程控制终端（RTU），采用先进的工业级产品作为控制器，具有功能性强、可靠性高、应用灵活、操作方便等特点，并可通过判断采集的示功图及电量参数等，智能控制抽油井（图 2.1.1）。

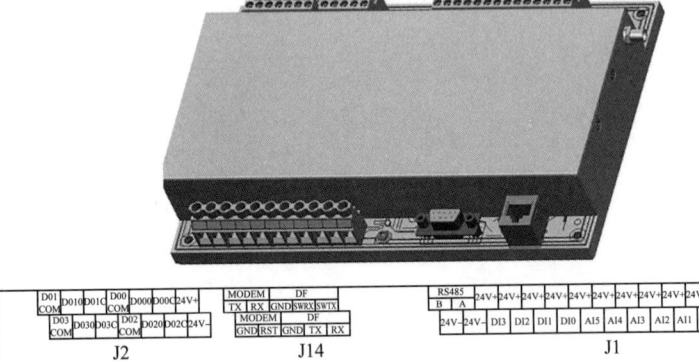

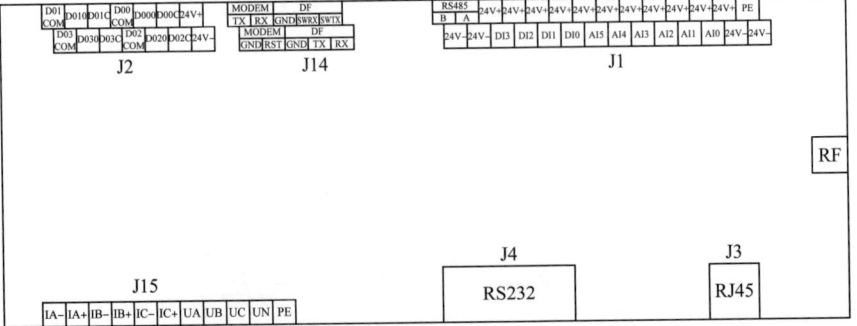

图 2.1.1　无线电参分析控制器结构原理图

二、配置说明

1. 简述

使用配置工具上位机软件，可对无线电参分析控制器的相关参数进行查询、设置，以及井口功图、电流图实时数据的查询，用于无线电参分析控制器在现场的安装、调试和运行维护。

2. 设备连接

配置工具与无线电参分析控制器的物理连接可采用 RS232、RS485、以太网口连接三种方式。

双击配置工具图标，采用 RS232 或 RS485 方式连接的连接界面如图 2.1.2 所示：选择"串口连接"，并根据串口参数选择串行口，RS232 波特率选择 115200，无校验，数据位选择 8bit，停止位选择 1bit；RS485 参数可配置，默认值为：波特率 9600，无校验，数据位 8bit，停止位 1bit；正确选择后，"连接设备"选择"RTU"，然后点击"连接"按钮，跳转到主界面，如图 2.1.3 所示。

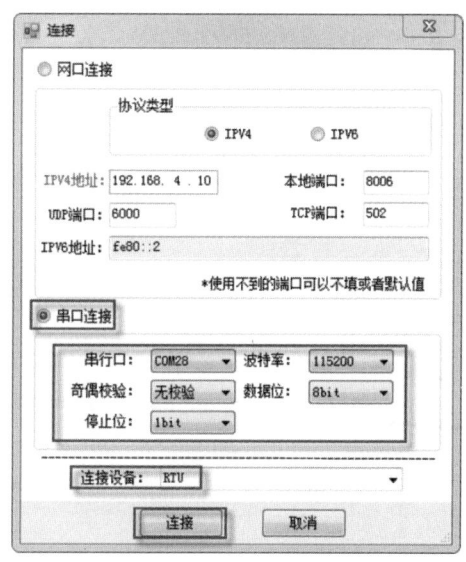

图 2.1.2　串口连接界面

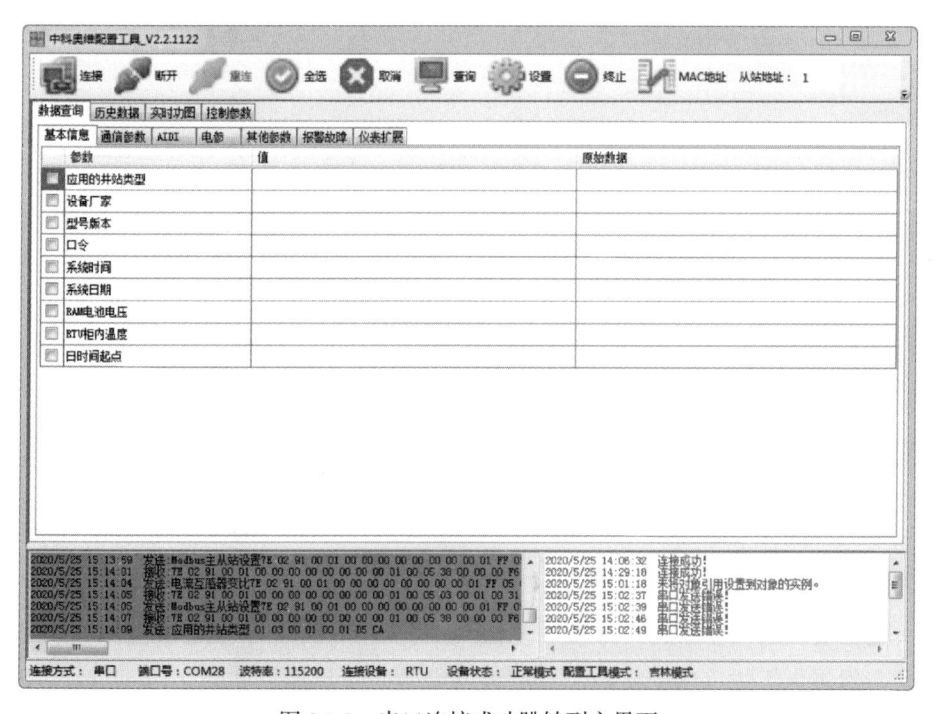

图 2.1.3　串口连接成功跳转到主界面

采用以太网口方式连接的连接界面如图 2.1.4 所示：选择"网口连接"，协议类型选择"IPv4"（目前仅支持 IPv4 协议），并根据无线电参分析控制器的本地 IP 地址写入 IP 地址参数（目前出厂默认的 IP 地址是 192.168.4.10，用户可根据自身需求定义），本地端口使用默认值或根据自身需求设置，UDP 端口写入端口号（目前出厂默认的 UDP 端口号是 6000，用户可根据自身需求定义），TCP 端口写入端口号（目前出厂默认的 TCP 端口号是 502，用户可根据自身需求定义），"连接设备"选择"RTU"，然后点击"连接"按钮，跳转到主界面，如图 2.1.5 所示。

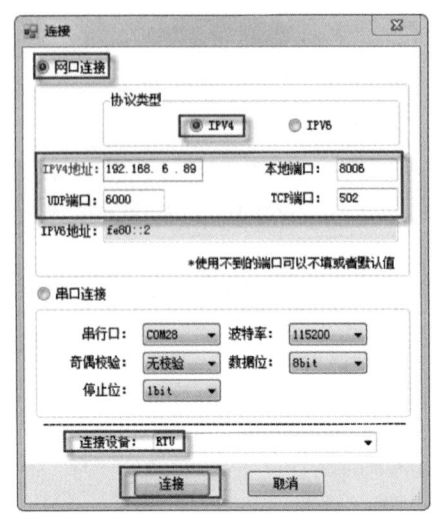

图 2.1.4　网口连接界面

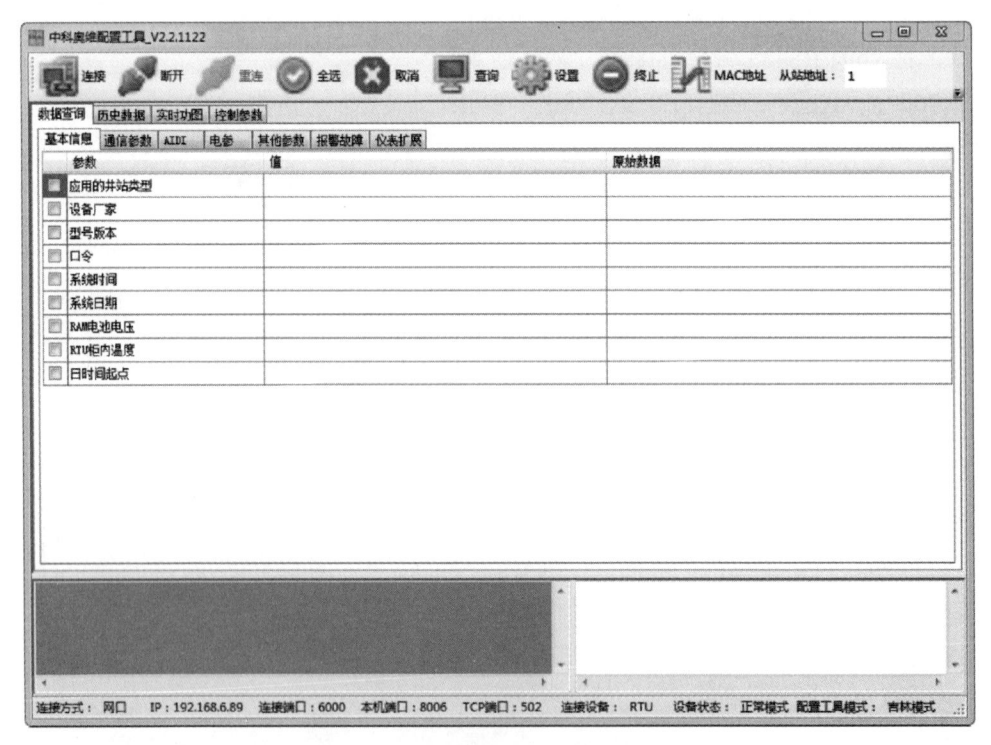

图 2.1.5　网口连接成功跳转到主界面

3. 设备参数配置

进入配置工具的主界面后选择第一级 tab 页的"控制参数"，然后选择第二级 tab 页的"配置项"，就进入无线电参分析控制器的设备参数配置界面，如图 2.1.6 所示。设备参数设置后，需要重启无线电参分析控制器才能生效。

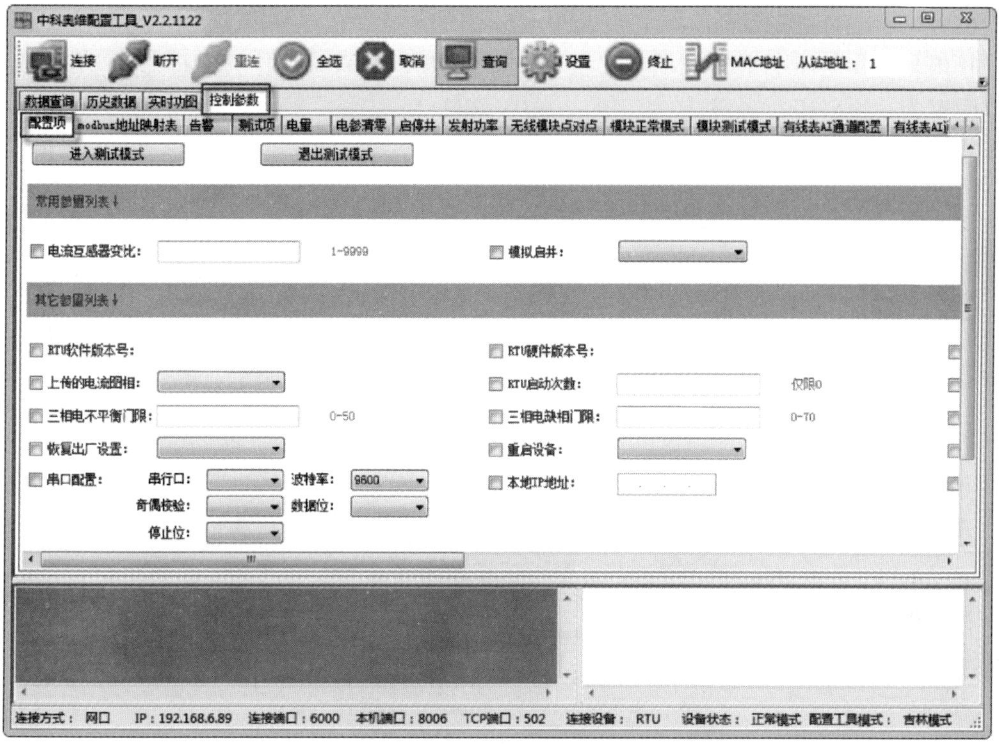

图 2.1.6　无线电参分析控制器设备参数配置界面

无线电参分析控制器的"配置项"主要完成电流图采集周期、电流图采集间隔、电量上传周期、电流互感器变比、网口参数等参量的配置，用户常用参数及说明如下：

电流互感器变比：将现场使用的互感器变比输入此项并配置，一般配置为 20。

电参采集间隔：为电参的采集频率，默认 120ms，配置范围为 50～300ms。

上传的电流图相：所上传的电流图是三相电的其中一相，默认 A 相。

电量上传周期：电机常规电量实时数据采集、上传周期，可根据用户实际需求设置，建议设置 5min 以上。

三相电不平衡门限：可根据用户实际需求配置或不配置，默认 50。

三相电缺相门限：可根据用户实际需求配置或不配置，默认 70。

网口参数：包括本地 IP 地址、子网掩码、默认网关、本地 UDP 端口号、本地 TCP 端口号，用户可根据自身需求配置或使用默认值。

模拟启井：默认是取消，没有外部抽油机运行状态信号输入且需要上传电流图时应设置为使能，在有外部抽油机运行状态信号输入时应设置为取消。

串口配置：即 RS485 口的参数配置，默认值：波特率 9600，无校验，8 个数据位，1 个停止位；可根据实际应用进行配置。

Modbus 主从站设置：当无线电参分析控制器需要通过 RS485 口连接 1 个或多个 Modbus 从机时，需将该参量设置为主站；若 RS485 口不连接 Modbus 从机，则该参量设置为从站。

相电压/线电压：根据现场电参要求配置，如需220V数据配置为"相电压"，380V数据配置为"线电压"。

在查询某个参数时，需要的操作步骤如下：

（1）在需要查询的参数复选框前打√，如图2.1.7所示。

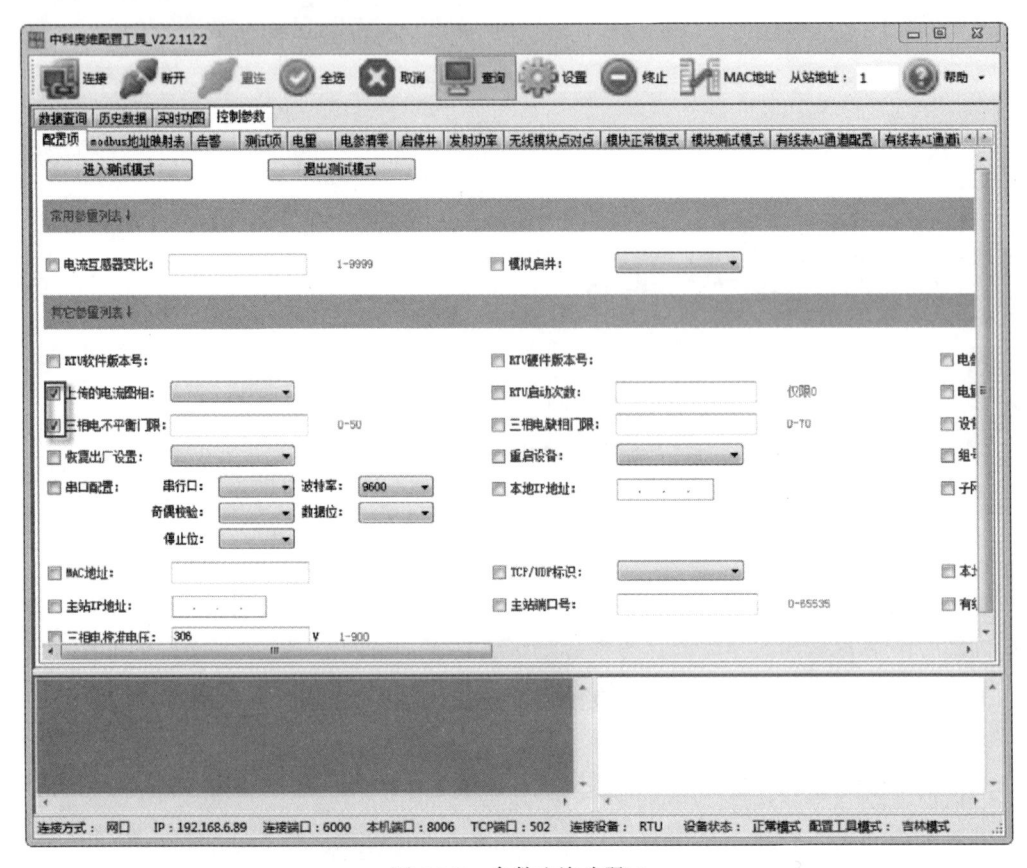

图2.1.7　参数查询步骤1

（2）点击位于操作界面上部的"查询"按钮，左下方的数据交互窗口会看到有数据的发送和接收，参数后面的空格或下拉菜单会显示查询获得的参数值（图2.1.8）。

在设置某个参数时，需要的操作步骤如下：

（1）在需要设置的参数复选框前打√，如图2.1.9所示。

（2）在参数后面的空格处填入需要设置的参数值，或在下拉菜单中选择需要设置的选项，如图2.1.10所示。

（3）点击位于操作界面上部的"设置"按钮，左下方的数据交互窗口会看到有数据的发送和接收，右下方的消息提示窗口会提示参数配置的结果，如图2.1.11所示。

（4）可通过查询来确认某个参数已设置为用户需要的数值。

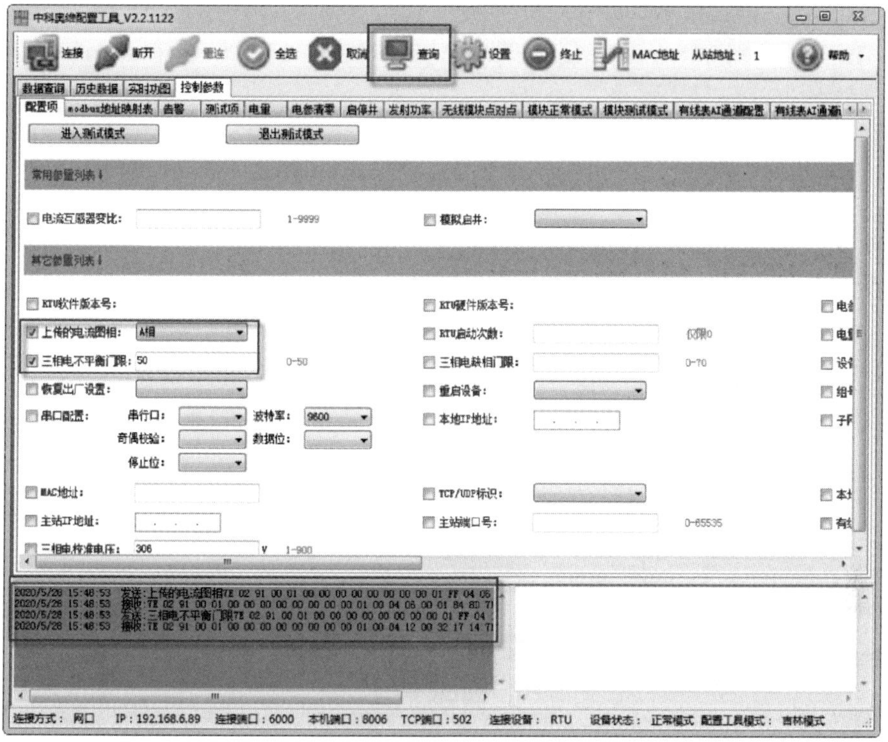

图 2.1.8　参数查询步骤 2

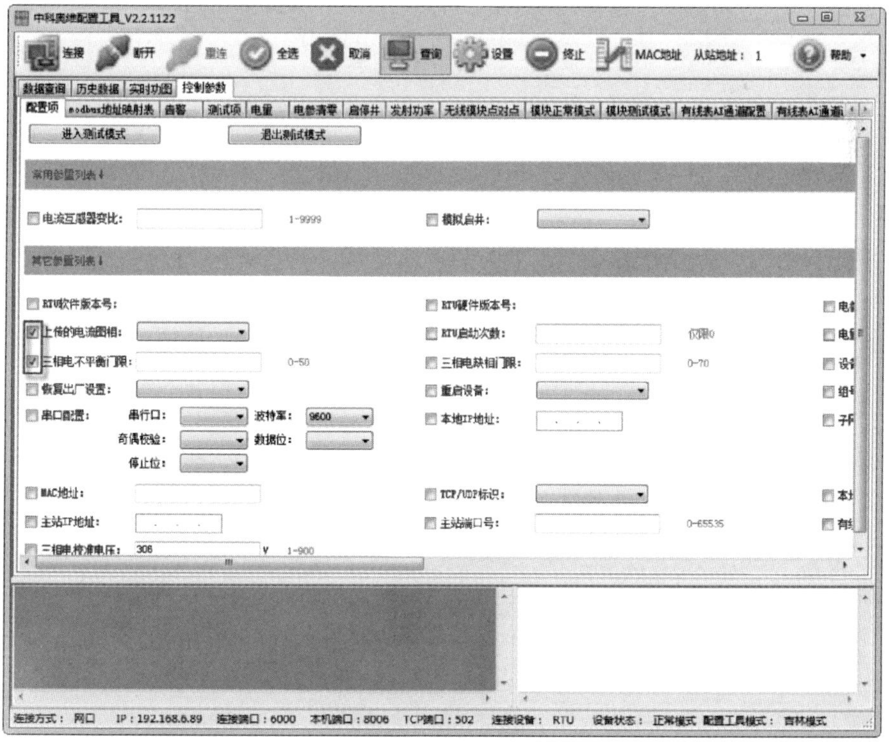

图 2.1.9　参数设置步骤 1

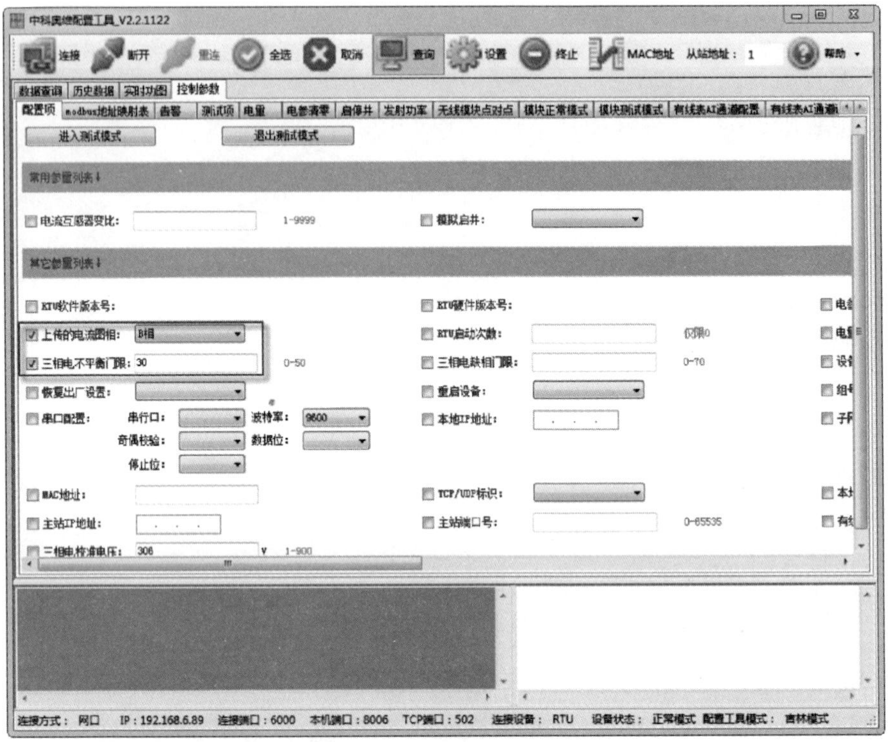

图 2.1.10　参数设置步骤 2

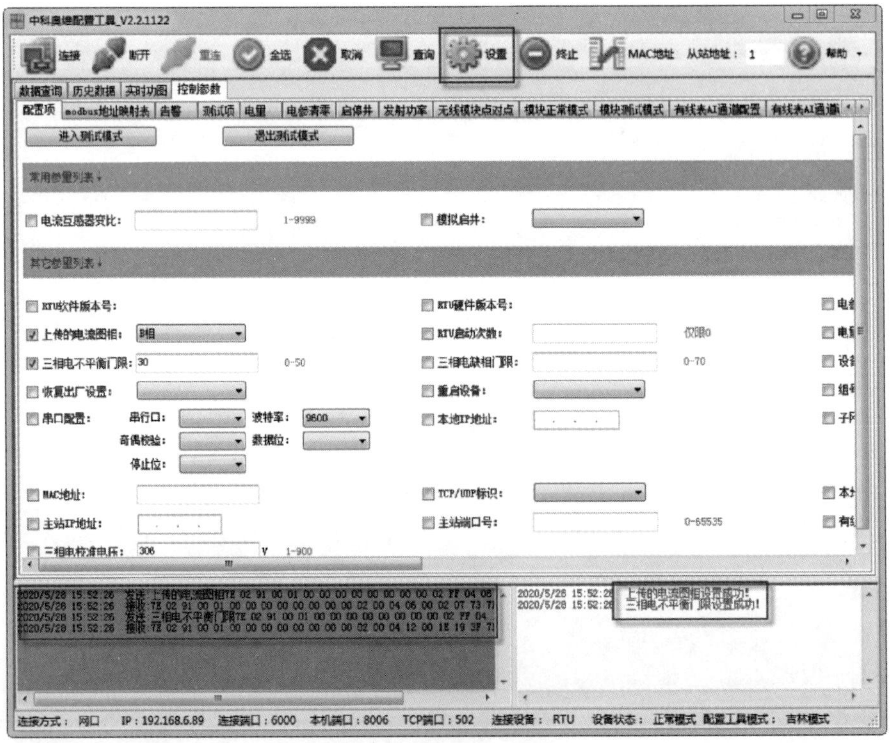

图 2.1.11　参数设置步骤 3

4. Modbus 地址映射表配置

进入配置工具的主界面后选择第一级 tab 页的"控制参数",然后选择第二级 tab 页的"Modbus 地址映射表",就进入到 Modbus 地址映射表的配置界面,如图 2.1.12 所示。配置该页面前,需保证在配置项 tab 页内的 Modbus 主从站设置参量已配置为主站;Modbus 地址映射表配置完成或发生变动时,设置后,需重启整机,即重启无线电参分析控制器的主控板和 WIA 模块后才能生效。

Modbus 地址映射表各表项的说明如下:

功能码:为 Modbus 命令码,支持 Modbus 3 号命令和 Modbus 4 号命令;可根据接入的 Modbus 从机所支持的功能码进行配置。

从站地址:接入的 Modbus 从机的从站地址,范围 1~255。

起始地址:接入的 Modbus 从机待读取的寄存器首地址,该地址为从 0 开始的地址,若 Modbus 从机提供的地址为从 1 开始的地址,则填表时,起始地址需减 1 处理。

个数:接入的 Modbus 从机待读取的寄存器个数,范围:不大于 40,若从机待读取的寄存器个数多于 40 个,则需分多行写入。

周期:主站轮询该段寄存器的周期,即多久轮询一次,单位为 s。

接口类型:从机接入的方式,目前仅支持 RS485 方式。

IP 地址:从机接入方式为以太网时,需填入从机的 IPv4 地址。

端口:从机接入方式为以太网时,需填入从机的端口。

网关起始地址:主站读取的从站寄存器的起始地址映射到网关的首地址,该地址为从 0 开始的地址,有 3 段可用范围,设置时,需注意保证网关的起始地址和结束地址均在可用范围内。

属性:从站的寄存器的读写属性。

组态从站:主站读取的从站寄存器数值,需存储到网关的从站地址由该数值来指定,该地址为从 0 开始的地址;若需要存储在主 RTU 自身的从站地址下,则此值需填入该主 RTU 的组号数值。

已用网关地址范围:是配置工具根据填入的网关起始地址和个数,自动计算出的范围,不需要手动填入,便于填写。

设置 Modbus 地址映射表的操作步骤如下:

(1)勾选"Modbus 地址映射表"前面的复选框,在表格上面的各输入项内填入相应数值,点击"添加"按钮(图 2.1.12)。

(2)重复步骤 1,填入所有连接的从站和所有待读取的寄存器,点击菜单栏的"设置"按钮,查看右下角窗口提示设置成功,且表格底色全部变成绿色,则说明全部配置成功(图 2.1.13)。

(3)勾选"Modbus 地址映射表"前面的复选框,点击菜单栏的"查询"按钮,表格将刷新为白色底色,查询结果与设置内容相同,则说明设置成功,需重启电参分析控制模块整机才能生效。

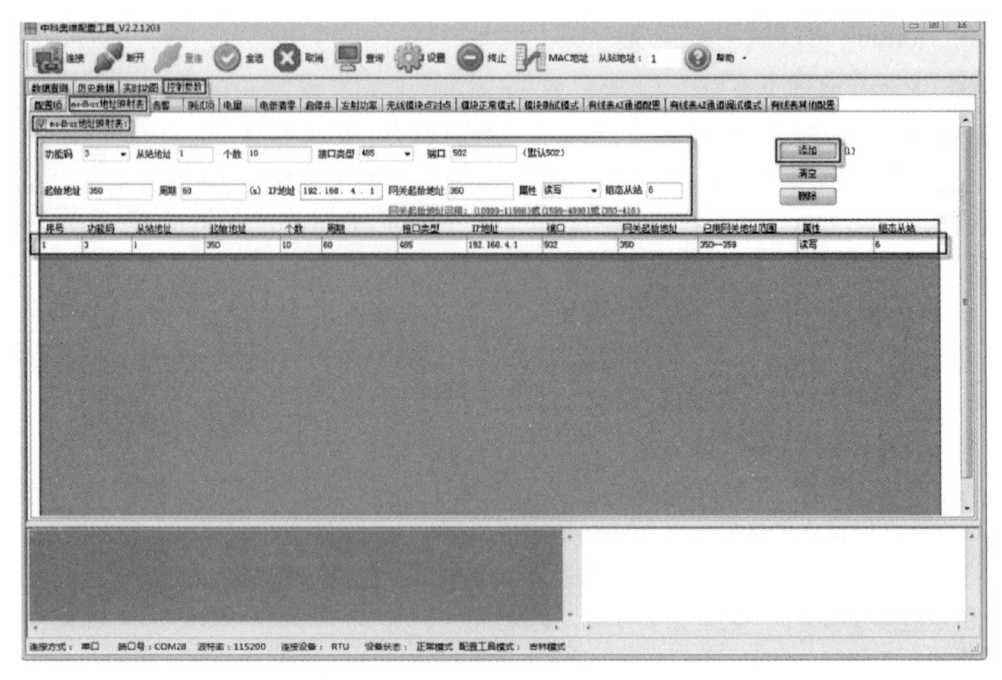

图 2.1.12　Modbus 映射表设置步骤 1

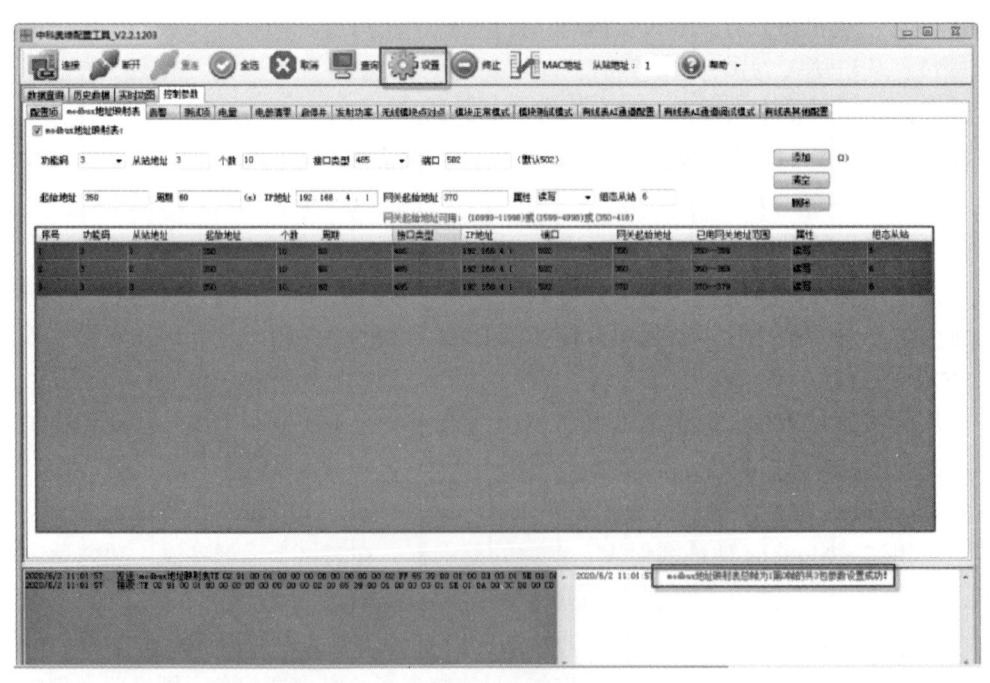

图 2.1.13　Modbus 映射表设置步骤 2

5. WIA 模块参数配置

进入配置工具的主界面后选择第一级 tab 页的"控制参数",然后选择第二级 tab 页的

"模块正常模式",就进入到 WIA 模块的参数配置界面,如图 2.1.14 所示。WIA 模块参数设置后,需要重启 WIA 模块才能生效。

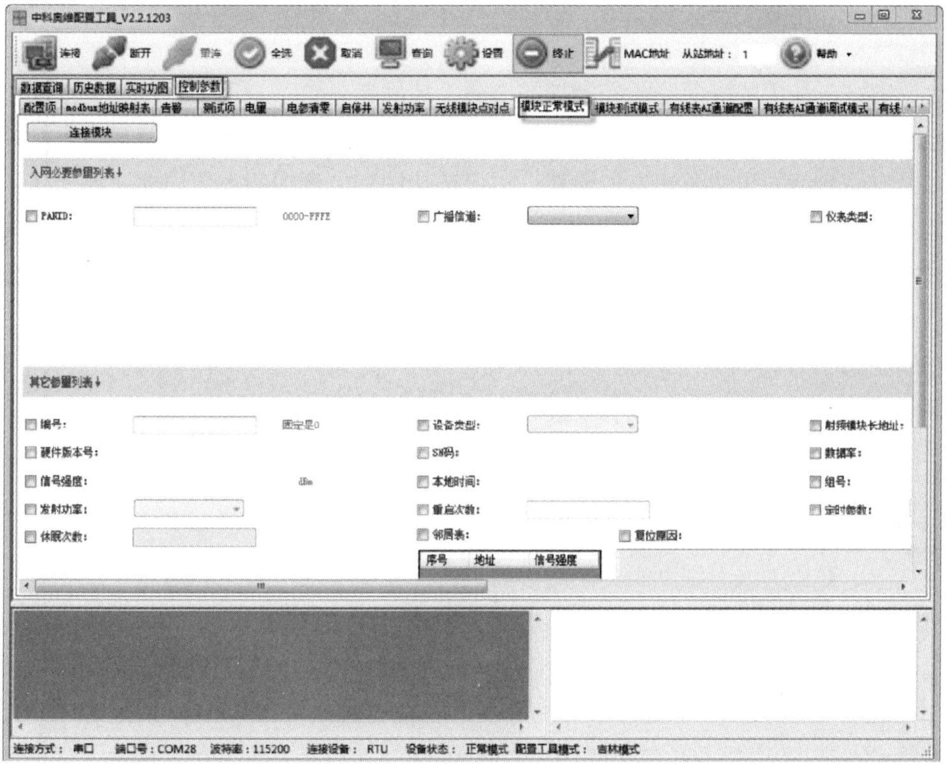

图 2.1.14 WIA 模块参数配置界面

WIA 模块的参数主要与 WIA 网络相关,用户常用的 WIA 模块参数及说明如下:

PANID:一个 WIA 无线局域网的网络标识,用户需配置为与 WIA 网络管理器相同的参数值。

广播信道:WIA 网络管理器发送广播报文的信道,用户需配置为与 WIA 网络管理器相同的参数值。

仪表类型:根据 WIA 模块所属设备配置,无线电参分析控制器上的 WIA 模块,仪表类型应配置为 RTU。

井站参量:根据井口实际类型配置。

井站类型:无线电参分析控制器的 WIA 模块可配置为油井、计量站或螺杆泵井。

井站编号:0~255 可配置,需与组号一致。

簇首:用于指定父节点路径,主井 RTU 仅作为簇首加入网络,无须指定父节点,因此该项应配置为 255。

RTU 存在标识:用于指定父节点路径,主井 RTU 仅作为簇首加入网络,无须指定父节点,因此该项应配置为不存在。

流体类型：根据被测目标的属性进行配置，可配置为油、水、可燃性气体。

编号：每个井口里仅可有 1 台无线电参分析控制器，因此编号需配置为 0。

组号：即井口在网关中存储的 Modbus 从站地址，可配置范围：0～29，应与井站编号一致。

数据率：应与无线电参分析控制器的电量上传周期一致。

定时参数：即电流图上传的周期，该数值设置后，需重启生效，重启后，示功仪再次入网时，将该数值同步功图的上传周期，以保证功图和电流图的上传周期一致。

射频模块长地址：与 WIA 网络设备是一对一绑定的，是 WIA 网络设备在 WIA 网络中的唯一身份标识，用户可以在无线电参分析控制器安装时将其记录用于后期设备维护使用。

在网状态：可查询无线电参分析控制器上 WIA 模块的实时工作状态，分为离线、加入和在网；WIA 模块参数的查询和设置方式可参见设备参数的相关操作步骤。

6. 智能识别

RTU 具有上电无线广播网络信息和井口信息的功能，可以实现无手持器等第三方工具的条件下，对压力表、温度表的网络参数进行配置。实现过程：

（1）将 RTU 设备上电，RTU 将以周期为 1s 发送广播配置信息，持续 1min。广播配置信息内容包括 PANID、广播信道、组号、井站参量（井站类型、井站编号等）。

（2）现场工作人员需要使用磁铁使仪表进入直通模式。在 RTU 广播过程中，使用磁铁吸附仪表右端"T"字符位置，如图 2.1.15 所示。

（3）仪表接收到广播配置信息后会显示在液晶显示器，现场人员判断仪表当前"井站类型"和"井站编号"，通过按键操作确认。

注意：（1）此功能可以使用的前提是 RTU 的 PANID、广播信道、井站参量配置完毕且正确，否则将导致仪表无法加入网络！

（2）在此 1min 内，RTU 本地串口无法使用，1min 过后才可查询设置。

图 2.1.15 仪表进入直通模式控制位置

仪表判断过程：

（1）仪表接收到配置信息后，仪表在液晶屏幕上显示"收到井站参数的总数""井站类型""井站编号"，通过仪表面板左按键进行翻页，查找当前油井使用的井站信息的界面，液晶显示各个页面分别为：

① 第一页显示"收到井站参数的总数"："2"代表收到井站参数的总数（总数不大于 5）；"1"代表当前

井站参数序号，即收到的第 1 个井站参数。

② 第二页显示"井站类型"："SA001"中 001 代表当前井站类型是"油井"。井站类型代码如下：001：油井（生产井）；002：气井；003：水源井；004：注水井；005：注汽井；006：观察井；101：计量站；102：增压站；103：集气站；104：输气站；105：配气站；106：水处理（回注）站；107：脱水站；0F4：注药箱；0F5：螺杆泵井。

③ 第三页显示"井站编号"："SC001"中 001 代表当前井站编号是 1。

（2）翻页判断显示界面是当前的"井站类型"和"井站编号"界面后，点击仪表面板右按键（在以上三种界面均可点击）配置仪表入网信息后提示下图，从左往右第 1 位代表井站编号，第 2 位代表井站类型，下图界面显示代表接收到的井站类型和井站编号均合法。如果误在液晶显示的非当前井站参数界面点击了右键，重新执行以上 RTU 配置操作流程即可。

（3）点击右按键后，仪表入网信息若配置成功，液晶界面将显示配置当前编号界面。通过左按键调整编号数值，调整结束后，长按右按键进行设置，编号设置成功显示"good"。温度表编号为 0~1。压力表编号为 0~2，0：油压表；1：套压表；2：回压表。仪表入网信息若配置失败，则液晶界面显示"Error"，不显示配置编号的界面，检查 RTU 入网参数是否配置正确，重新执行以上 RTU 配置操作流程即可。

（4）编号配置完毕后，需要重启 WIA 模块。从编号界面返回液晶主界面，查找复位 WIA 模块界面，点击右按键重启 WIA 模块即可（掉电复位也可以）。若重启成功，液晶界面显示"good"；若重启失败，液晶界面显示"Error"，需要重新进行复位 WIA 模块操作。

7. 启、停井控制

在保证 KA 输出连接到抽油机的启动控制继电器上时，用户可以通过配置工具向无线电参分析控制器发送指令进行启井和停井操作，此功能在使用时，一定要确保井场人员的人身安全，在语音报警器的提示下及时地远离井场。启、停井操作界面如图 2.1.16 所示，点击"起井"或"停井"按钮可完成相应操作。

启、停井操作前，需确认无线电参分析控制器的组号，即 WIA 模块参数中的组号参量，需将组号数值 +1 后，填入菜单栏的从站地址输入框，如图 2.1.16 所示，当组号为 6 时，则从站地址填入 7。

8. 告警信息查询

可以在配置工具的告警界面查询告警信息，包括与电机的连接状态、电参异常等，查询时点击"查询告警信息"按钮即可。查询界面如图 2.1.17 所示。

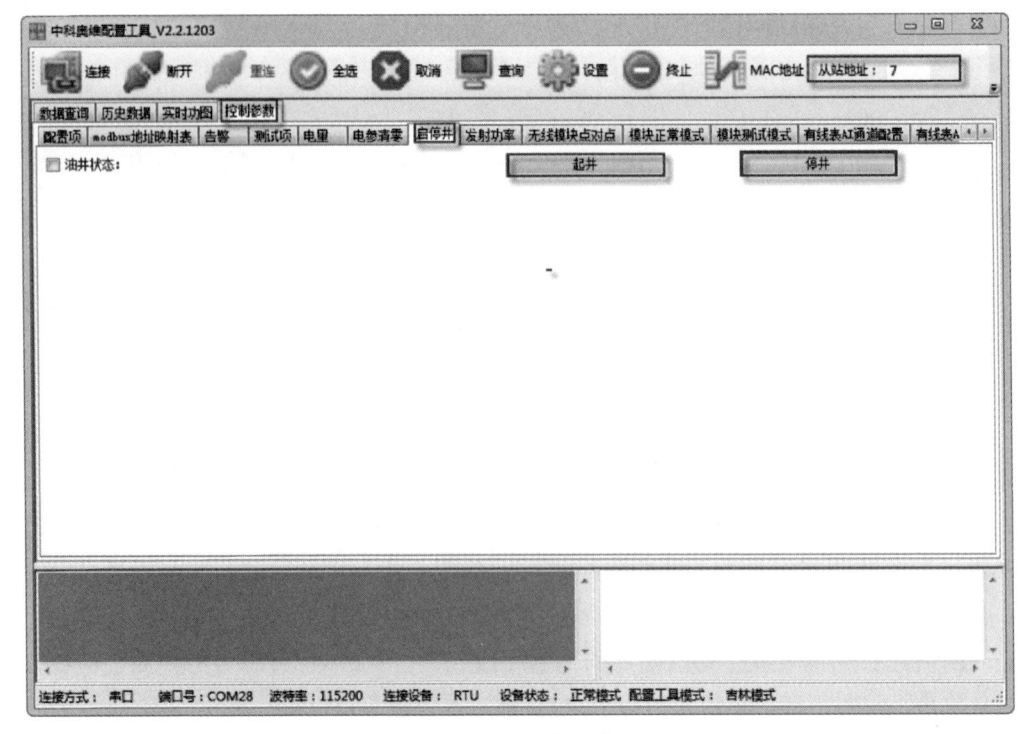

图 2.1.16 启、停井操作界面

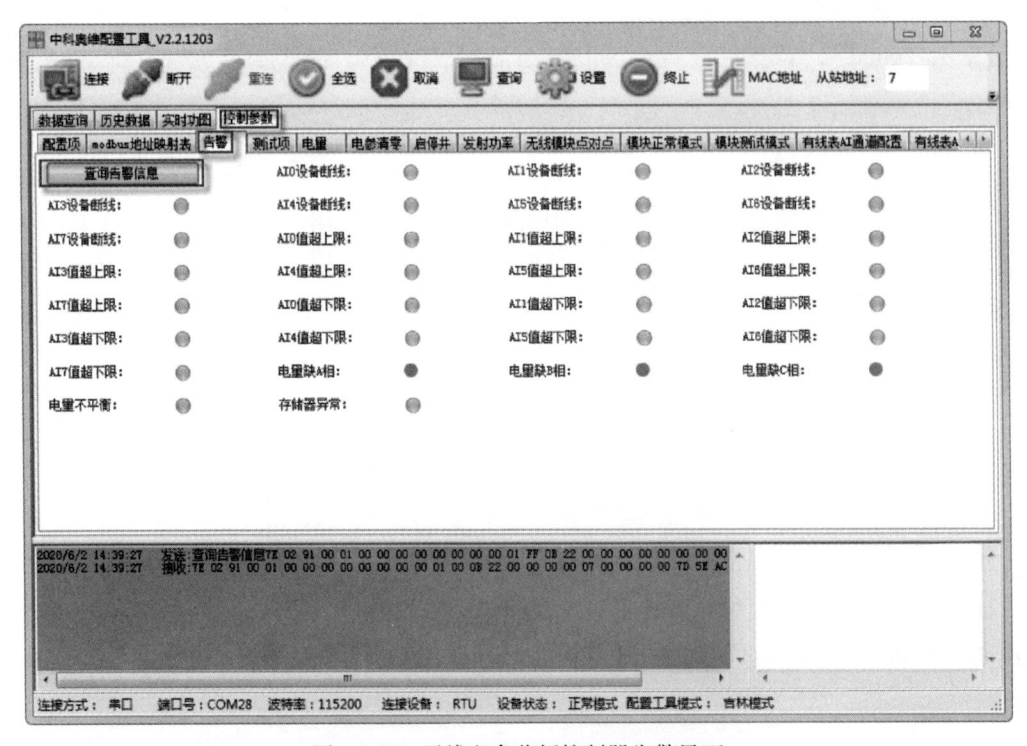

图 2.1.17 无线电参分析控制器告警界面

9. Modbus 寄存器表数据实时查询

进入配置工具的主界面后选择第一级 tab 页的"数据查询",可实时查询无线电参分析控制器中 Modbus 寄存器表的数据,Modbus 寄存器表的地址分配是按照中国石油天然气集团有限公司的《油气生产物联网系统建设规范》(简称 A11 协议)要求设置的,可查询数据范围包括基本信息、通信参数、AIDI、电参、报警故障和其他参数。查询时,配置工具与无线电参分析控制器采用 Modbus 协议规定的报文格式通信。查询前,需确认无线电参分析控制器的组号,即 WIA 模块参数中的组号参量,需将组号数值 +1 后,填入菜单栏的从站地址输入框,如图 2.1.18 所示,当组号为 6 时,则从站地址填入 7。在查询某个参数时,需要的操作步骤如下:

(1)在需要查询的参数复选框前打√,如图 2.1.18 所示。

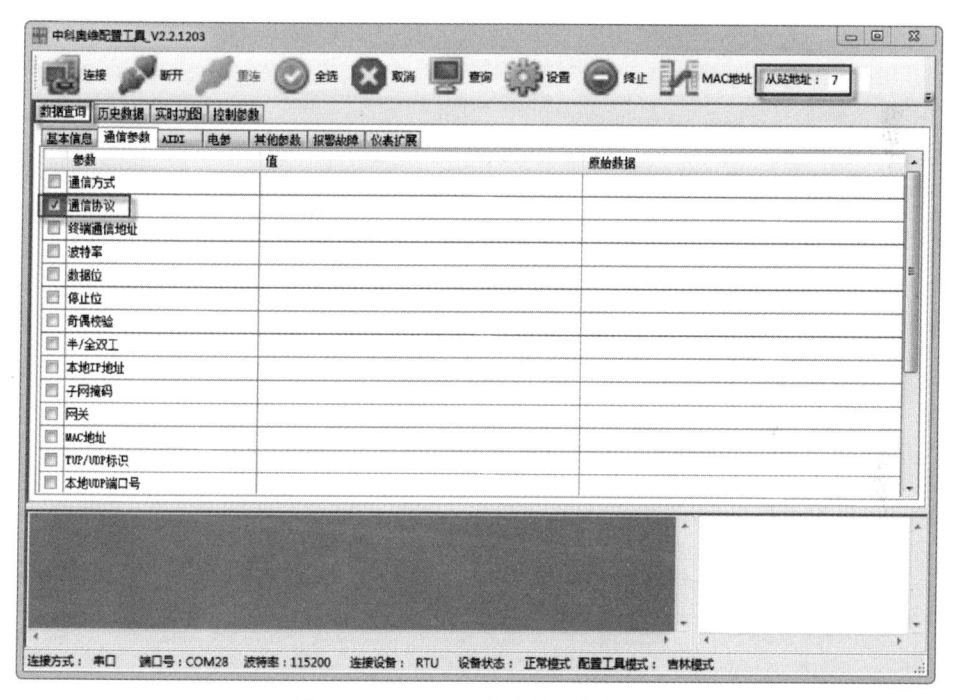

图 2.1.18 Modbus 参数表查询步骤 1

(2)点击位于操作界面上部的"查询"按钮,在参数显示区可以看到解析后参数值,在原始数据区可以看到查询到的 Modbus 寄存器原始数据,在左下方的数据交互窗口会看到有数据的发送和接收(图 2.1.19)。

10. 载荷功图和电功图数据实时查询

进入配置工具的主界面后选择第一级 tab 页的"实时功图",可查询距离当前时间最近的一组无线电参分析控制器所在井口载荷功图和电机电功图的数据,配置工具可根据数据绘制出实时功图、电流功图、有功功率功图,以及原始数据,通过切换 tab 页,可查看到各功图曲线和原始数据信息。图 2.1.20 所示是载荷示功图,如要获取实时功图需用鼠标

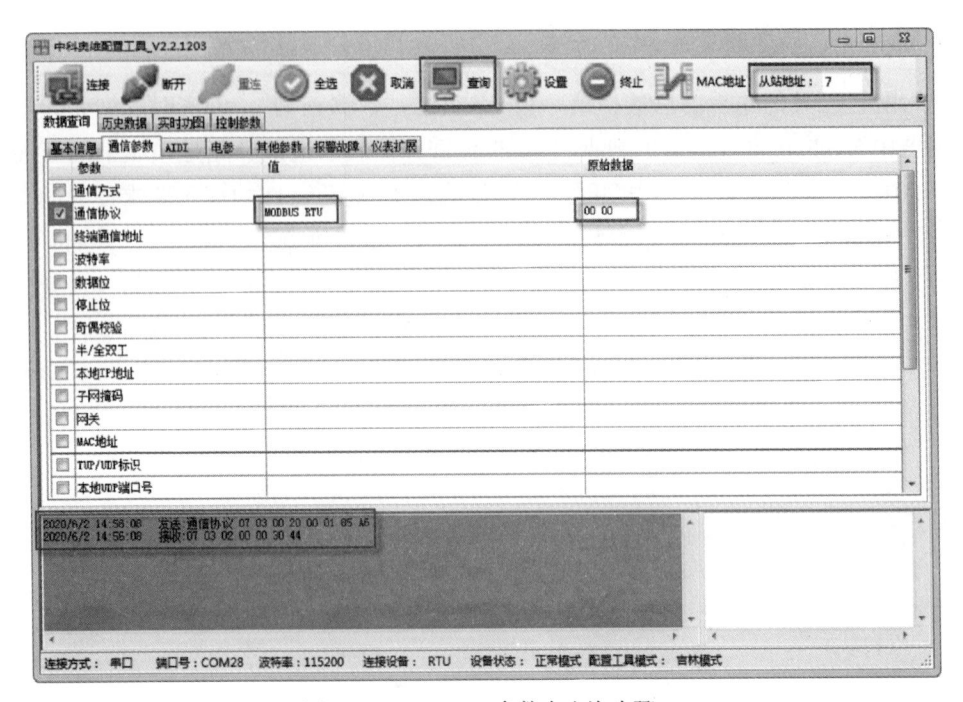

图 2.1.19　Modbus 参数表查询步骤 2

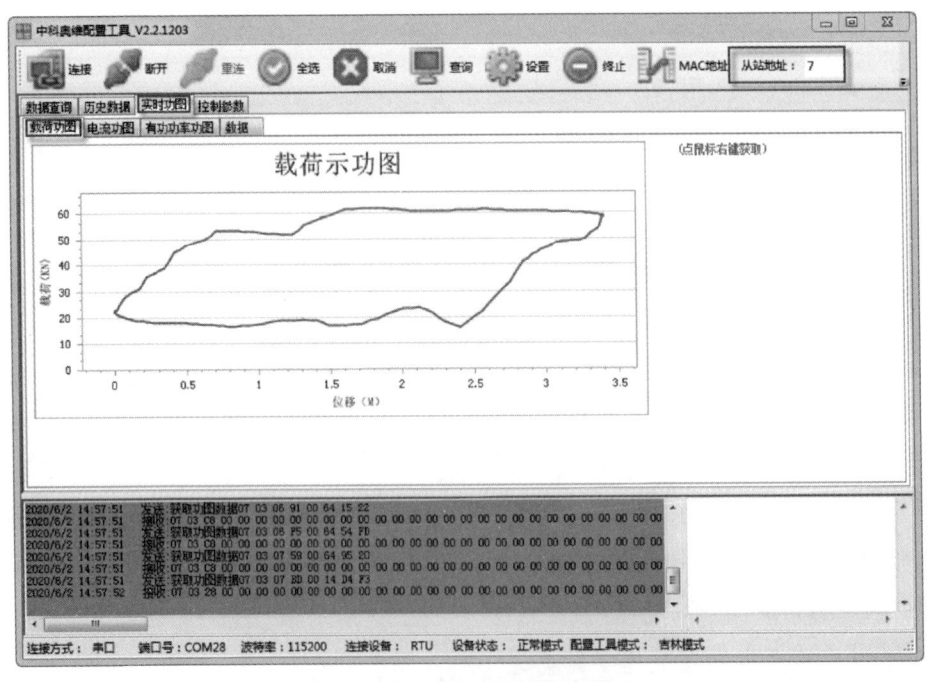

图 2.1.20　载荷示功图实时曲线

右键点击功图界面，然后点击"获取最新功图"即可刷新。查询前，需确认无线电参分析控制器的组号，即 WIA 模块参数中的组号参量，需将组号数值 +1 后，填入菜单栏的从站地址输入框，如图 2.1.20 所示，当组号为 6 时，则从站地址填入 7。

11. 主井功能

无线电参分析控制器的主井功能分为无线主井功能和有线主井功能。

（1）无线主井功能：即主井 RTU 作为簇首，是从井 RTU 或仪表的父节点，即从井的设备需经过主井 RTU 加入无线网络，该方式仅影响拓扑结构，各 RTU 的功能均不变，其拓扑结构如图 2.1.21 所示。

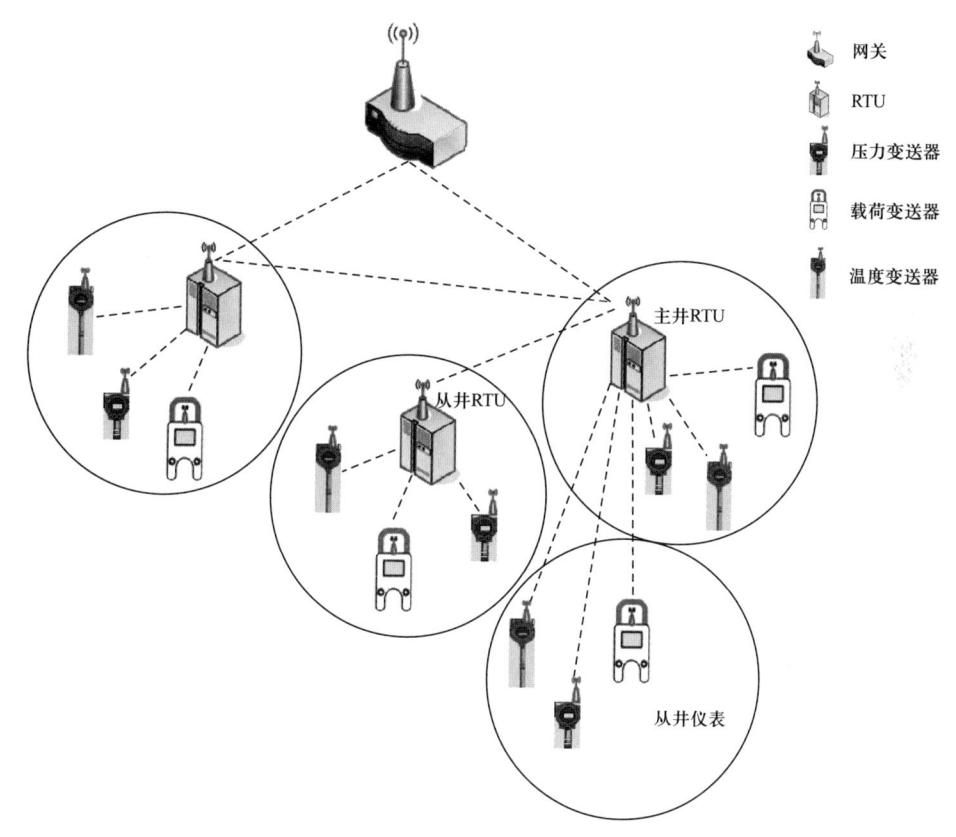

图 2.1.21　无线主从井拓扑结构

主井 RTU 的 WIA 模块，其井站参量中的簇首应设置为 255，RTU 存在标识应设置为不存在；从井 RTU 及从站仪表的 WIA 模块，其井站参量中的簇首应设置为所属主井 RTU 的组号，RTU 存在标识应设置为存在。

（2）有线主井功能即主井 RTU 作为 Modbus 主站，从井 RTU 作为 Modbus 从站，多个（不大于 4）从井 RTU 经过 RS485 总线接入到主井 RTU 的 RS485 口，由主井 RTU 周期轮询各从井 RTU 的电参，并上传至网关，从井 RTU 不再采用无线加入网关的方式上传数据；从井仪表可通过信号较好的主 RTU 加入网络，其拓扑结构如图 2.1.22 和图 2.1.23 所示；其中，从井 RTU 虽未入网，但在网关中仍占用 1 组从站，即从井个数 + 主井个数，总数不能超过 30，且每口井的组号不能相同。该方式主 RTU 的功能不变，组网方式不变，从 RTU 仅电参数据能够上传，其他功能暂不支持。

图 2.1.22　有线主从井拓扑结构

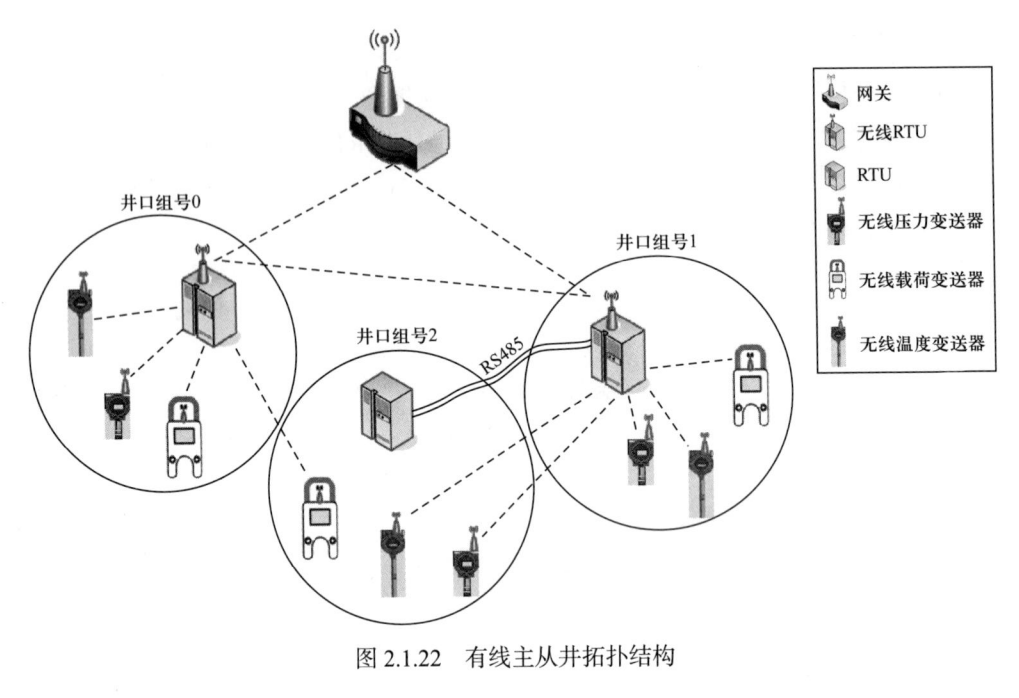

图 2.1.23　有线主从井组网结构示意图

主井 RTU 的配置项中，"电量上传周期"参量配置为"60"，"Modbus 主从站设置"参量需设置为"主站"；Modbus 地址映射表中，需填入所连接的每个从井 RTU 的电参寄存器信息，如图 2.1.24 所示，见表 2.1.1。

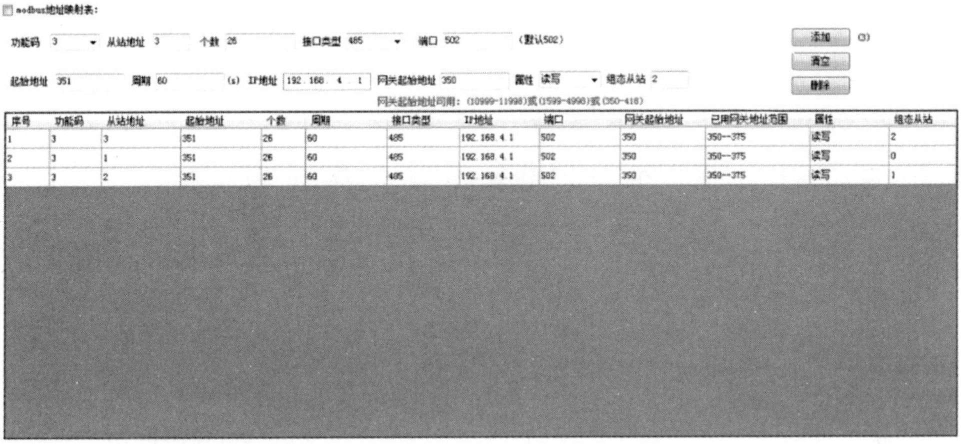

图 2.1.24 主 RTU 的 Modbus 地址映射表

表 2.1.1 主 RTU 的 Modbus 地址映射表表项说明

序号	参量名称	配置内容	备注
1	功能码	3	
2	从站地址	N+1	N 为该 RTU 485 接口连接的从 RTU 的组号
3	个数	26	
4	接口类型	485	
5	端口	502	
6	起始地址	351	
7	周期	60	≥60，推荐配置为 60，即电参上传周期 60s
8	IP 地址	192.168.4.10	
9	网关起始地址	350	
10	属性	读写	
11	组态从站	N	N 为该 RTU 485 接口连接的从 RTU 的组号

注：主 RTU 485 端口下连接几个从 RTU，映射表就按照本表示例配置几条，配置完成后需要重启设备。

注意：（1）主 RTU 板卡上的 SW1 拨码开关：将 RTU 模块右上方的拨码开关 1、2、3 端子全部拨到 ON（如主 RTU 下 485 未连接设备，省略此步骤）。（2）主 RTU 的其他配置项、主 RTU 的无线模块配置项，以及主 RTU 下的仪表，均正常配置即可；从井 RTU 的配置项中，"Modbus 主从站设置"参量需设置为"从站"；电流互感器变比按照连接互感器规格配置，相电压/线电压根据现场电参要求配置，如需 220V 数据配置为"相电压"，

380V数据配置为"线电压";从井RTU的无线模块,只配置井站参量与组号,配置方法与原有配置方法一致,即同一网关下不能有相同组号出现。另外如果无线模块出厂后被配置过,将无线模块先恢复出厂设置后再进行配置。

注意:(1)从井RTU模块SW1拨码开关:将485中间级联的RTU模块右上方的拨码开关1、2、3端子拨到OFF;将485级联的最后一台RTU模块右上方的拨码开关1、2拨到OFF,3端子拨到ON。(2)从井RTU下的仪表,其无线模块,如果不指定入网路径,需要将RTU存在标识设置为"不存在",簇首配置为默认值"255";如果指定入网路径,需要将RTU存在标识设置为"不存在",簇首设置为"N",其中N为指定路径的主RTU组号。

三、配置说明(支持网关功能)

1. 设备连接

配置工具与无线电参分析控制模块的物理连接可采用RS232、RS485、以太网口连接三种方式。双击配置工具图标,采用RS232方式连接的连接界面如图2.1.25所示:选择"串口连接",并根据串口线设备选择串行口,波特率选择115200,无校验,数据位选择8bit,停止位选择1bit,"连接设备"选择"网关型RTU",然后点击"连接"按钮,跳转到主界面,如图2.1.26所示。

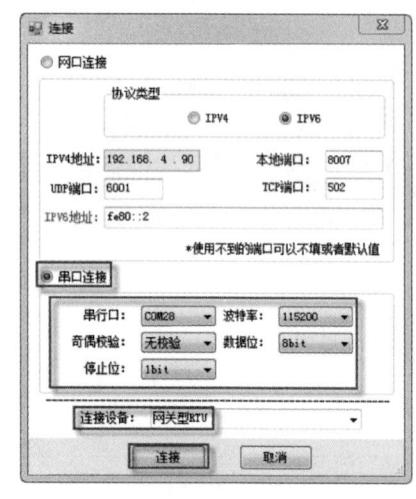

图2.1.25 RS232串口连接界面

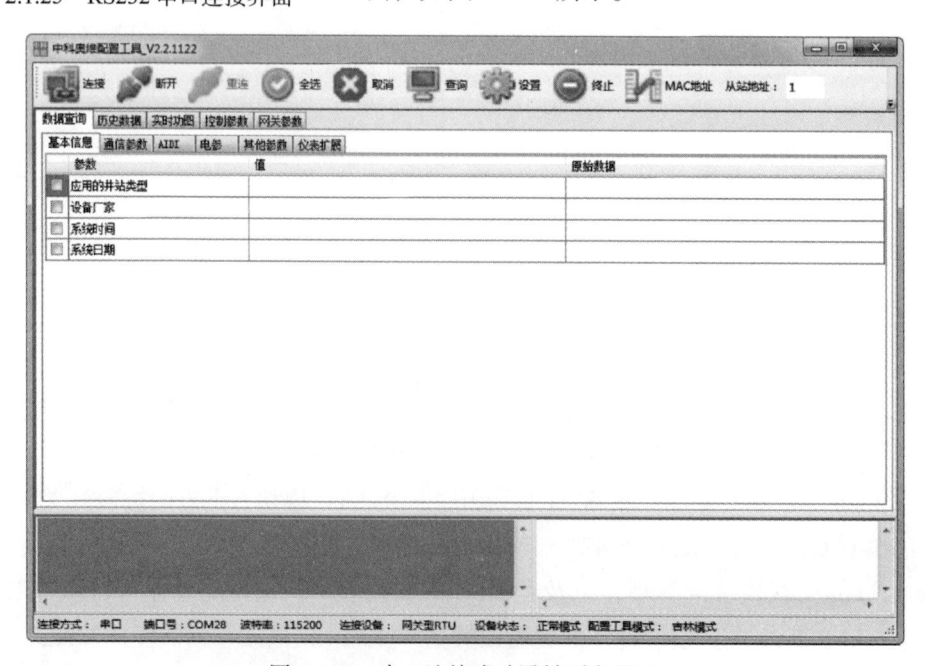

图2.1.26 串口连接成功跳转到主界面

采用 RS485 方式连接前，需知道无线电参分析控制模块的 RS485 口的波特率、奇偶校验位、停止位，默认参数为：9600 波特率、无校验、8 个数据位、1 个停止位，连接界面如图 2.1.27 所示：选择"串口连接"，并根据串口线设备选择串行口，填入与无线电参分析控制模块的 RS485 口相同的参数，"连接设备"选择"网关型 RTU"，然后点击"连接"按钮，跳转到主界面，如图 2.1.28 所示。

采用以太网口方式连接的连接界面如图 2.1.29 所示：选择"网口连接"，"协议类型"选择"IPV4"（目前仅支持 IPv4 协议），并根据无线电参分析控制模块的本地 IP 地址写入 IP 地址参数（目前出厂默认的 IP 地址是 192.168.4.10，用户可根据自身需求定义），本地端口使用默认值或根据自身需求设置，UDP 端口写入端口号 6001（用户不可配置），TCP 端口写入端口号 502（用户不可配置），"连接设备"选择"网关型 RTU"，然后点击"连接"按钮，跳转到主界面，如图 2.1.30 所示。

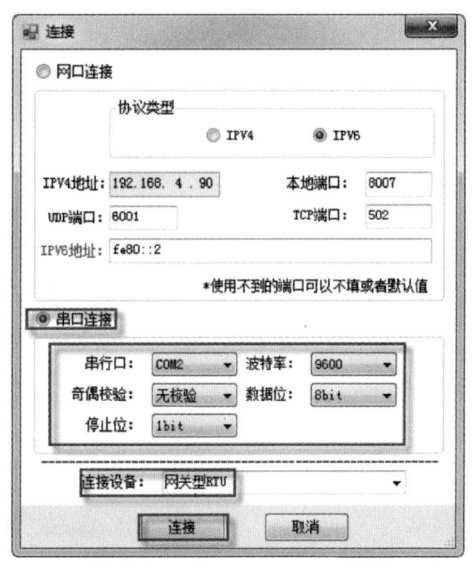

图 2.1.27　RS485 口连接界面

图 2.1.28　RS485 口连接成功跳转到主界面

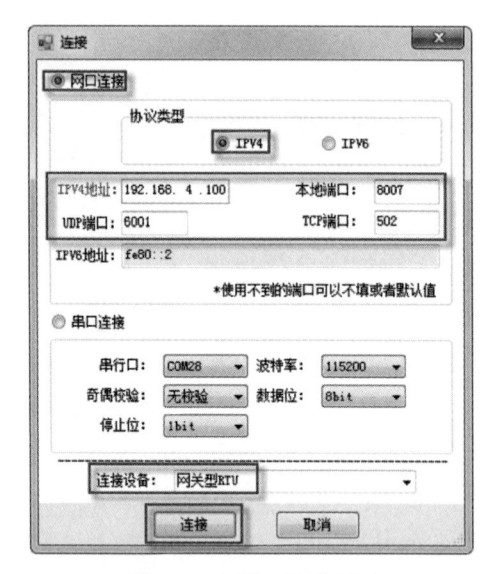

图 2.1.29 网口连接界面

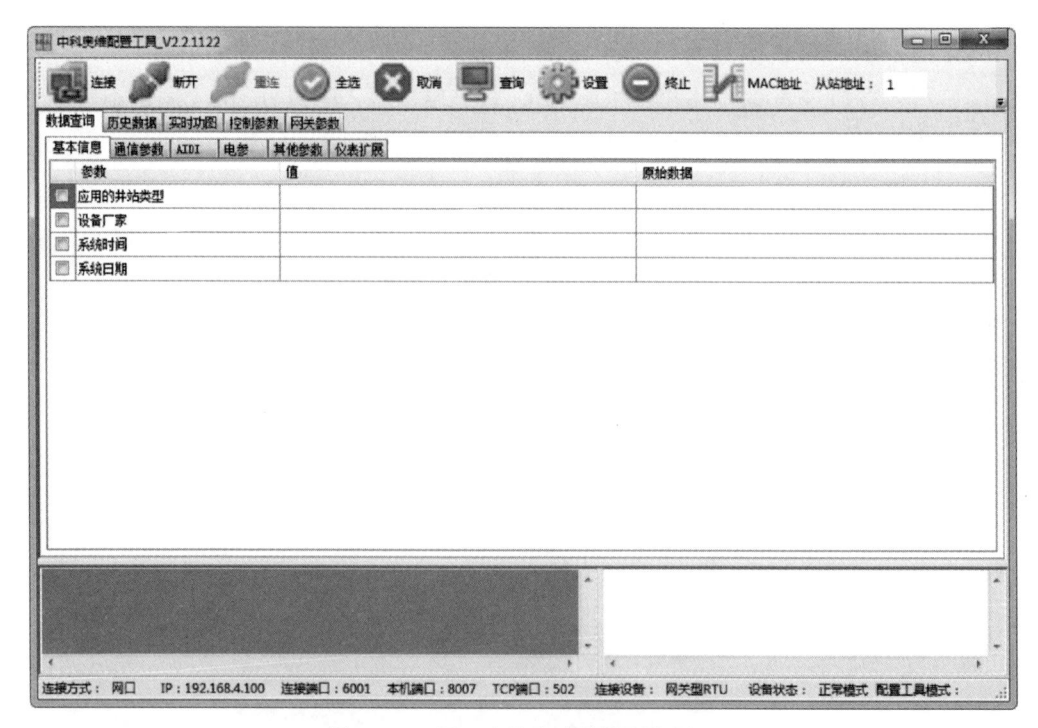

图 2.1.30 网口连接成功跳转到主界面

2. 电参参数配置

进入配置工具的主界面后选择第一级 tab 页的"控制参数",然后选择第二级 tab 页的"配置项",就进入到无线电参分析控制模块的设备参数配置界面,如图 2.1.31 所示。设备参数设置后,需要重启无线电参分析控制模块才能生效。

图 2.1.31　无线电参分析控制模块设备参数配置界面

无线电参分析控制模块的"配置项"主要完成电流图采集周期、电流图采集间隔、电量上传周期、电流互感器变比、网口参数等参量的配置，用户常用参数及说明如下：

电流互感器变比：将现场使用的互感器变比输入此项并配置，一般配置为 20。

电参采集间隔：为电参的采集频率，默认 120ms。

电流图的采集周期：和该井口使用的示功仪的定时参数保持一致，默认 30min。

上传的电流图相：所上传的电流图是三相电的其中一相，默认 A 相。

电量上传周期：电动机常规电量实时数据的上传周期，可根据用户实际需求设置，建议设置 5min 以上。

三相电不平衡门限：可根据用户实际需求配置或不配置，默认 50。

三相电缺相门限：可根据用户实际需求配置或不配置，默认 70。

模拟启井：默认是取消，没有外部抽油机运行状态信号输入且需要上传电流图时应设置为使能，在有外部抽油机运行状态信号输入时应设置为取消。

在查询某个参数时，需要的操作步骤如下：

（1）在需要查询的参数复选框前打√，如图 2.1.32 所示。

（2）点击位于操作界面上部的"查询"按钮，左下方的数据交互窗口会看到有数据的发送和接收，参数后面的空格或下拉菜单会显示查询获得的参数值（图 2.1.33）。

图 2.1.32　参数查询步骤 1

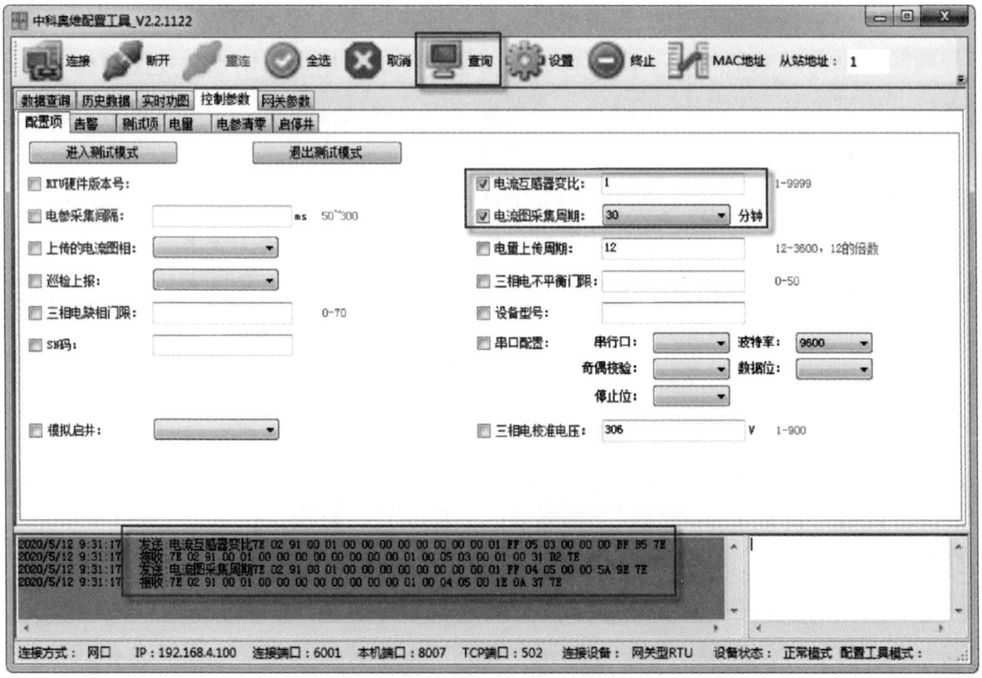

图 2.1.33　参数查询步骤 2

在设置某个参数时，需要的操作步骤如下：

（1）在需要设置的参数复选框前打√，如图 2.1.34 所示。

图 2.1.34　参数设置步骤 1

（2）在参数后面的空格处填入需要设置的参数值，或在下拉菜单中选择需要设置的选项，如图 2.1.35 所示。

图 2.1.35　参数设置步骤 2

（3）点击位于操作界面上部的"设置"按钮，左下方的数据交互窗口会看到有数据的发送和接收，右下方的消息提示窗口会提示参数配置的结果，如图2.1.36所示。

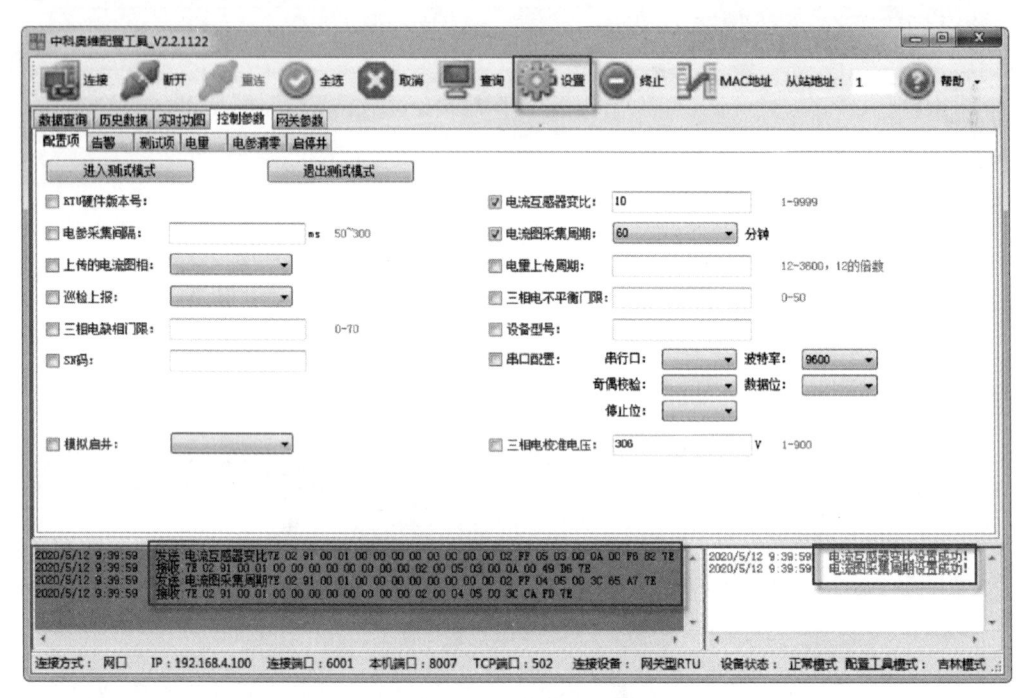

图 2.1.36　参数设置步骤 3

（4）可通过查询来确认某个参数已设置为用户需要的数值。

3. WIA 网关参数配置

进入配置工具的主界面后选择第一级 tab 页的"网关参数"，进入 WIA 网关的参数配置界面，包括 3 个子 tab 页：基本配置、网络信息、设备信息，如图 2.1.37 所示。WIA 网关参数设置后，需要重启 WIA 模块才能生效。

当连接方式选择网口连接时，配置网关参数前，需点击"连接网关"按钮，右下角窗口显示"连接网关设置成功！"，如图 2.1.38 所示，此时可以对 3 个子 tab 页内的所有参量进行设置和读取；当连接方式选择串口连接时，无须点击"连接网关"按钮，即可对网关参数的 3 个子 tab 页内的所有参量进行设置和读取。

WIA 网关的参数主要与 WIA 模块和以太网口相关，用户常用的 WIA 网关参数及说明如下：

PANID：一个 WIA 无线网络的网络标识，用户需配置为与终端节点一致的参数值。

广播信道：WIA 网关发送广播报文的信道，用户需配置为无干扰的信道，且与终端节点一致。

可用信道：用于扩展网络规模和提高抗干扰能力，当网络规模大于 90 点时，需配置 4 个以上可用信道。

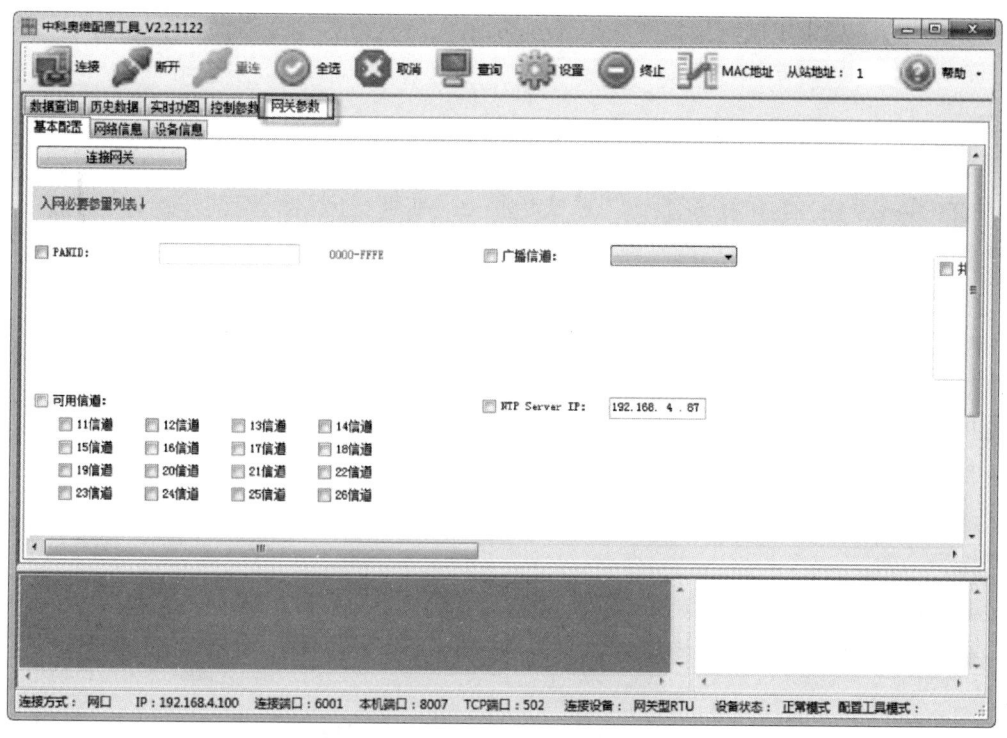

图 2.1.37　WIA 网关参数配置界面

图 2.1.38　WIA 网关连接按钮

超帧长度：用于扩展网络规模和降低终端功耗，建议用户配置为1024超帧。

组号：油井远程控制器安装时需要根据前期的WIA网络规划配置组号，配置值范围0~29。

井站参量：根据油井实际类型配置。

NTP Server IP：NTP服务器IP，默认为全0，不进行网络时间同步；设置为有效的NTP服务器IP后，网关将周期与服务器的系统时间进行同步。

时间：用于查询和手动设置网关的地理时间。

网关IP地址：为无线电参分析控制模块的网口IP地址，当无线电参分析控制模块与计算机在同一局域网时，网关IP地址应配置为与计算机在同一网段；当无线电参分析控制模块需要通过三层路由器与计算机相连时，网关IP地址应配置为与接入的路由器端口IP在同一网段。

网关子网掩码：用于确定局域网网段，用户应配置为与计算机或接入的路由器端口的子网掩码一致。

默认网关：用于跨网段访问，用户应配置为接入的路由器端口的IP地址。

控制台连接端口：用户连接控制台，查看网络拓扑结构，固定为6000，用户不可配置。

配置工具连接端口：用于通过网口连接配置工具，配置无线电参分析控制模块各参量，固定为6001，用户不可配置。

从站地址分配模式：网关为各井口分配从站地址的方式：动态分配方式，根据井站类型和井站编号动态分配，分配后不变；静态分配方式，将组号分配为从站地址的方式。

从站映射表：各井站类型和井站编号对应的从站地址，仅可查询和清空；WIA网关参数的查询和设置方式可参见电参参数的相关操作步骤。

4. 启、停井控制

在保证KA输出连接到抽油机的启动控制继电器上时，用户可以通过配置工具向无线电参分析控制模块发送指令进行启井和停井操作，此功能使用时一定要确保井场人员的人身安全，在语音报警器的提示下及时地远离井场。启、停井操作界面如图2.1.39所示，点击"起井"或"停井"按钮可完成相应操作。

5. 告警信息查询

可以在配置工具的告警界面查询告警信息，包括与电机的连接状态、电参异常等，查询时点击"查询告警信息"按钮即可。查询界面如图2.1.40所示。

6. Modbus寄存器表数据实时查询

进入配置工具的主界面后选择第一级tab页的"数据查询"，可实时查询无线电参分析控制模块中Modbus寄存器表的数据，Modbus寄存器表的地址分配是按照中国石油天然气集团有限公司的《油气生产物联网系统建设规范》(简称A11协议)要求设置的，可

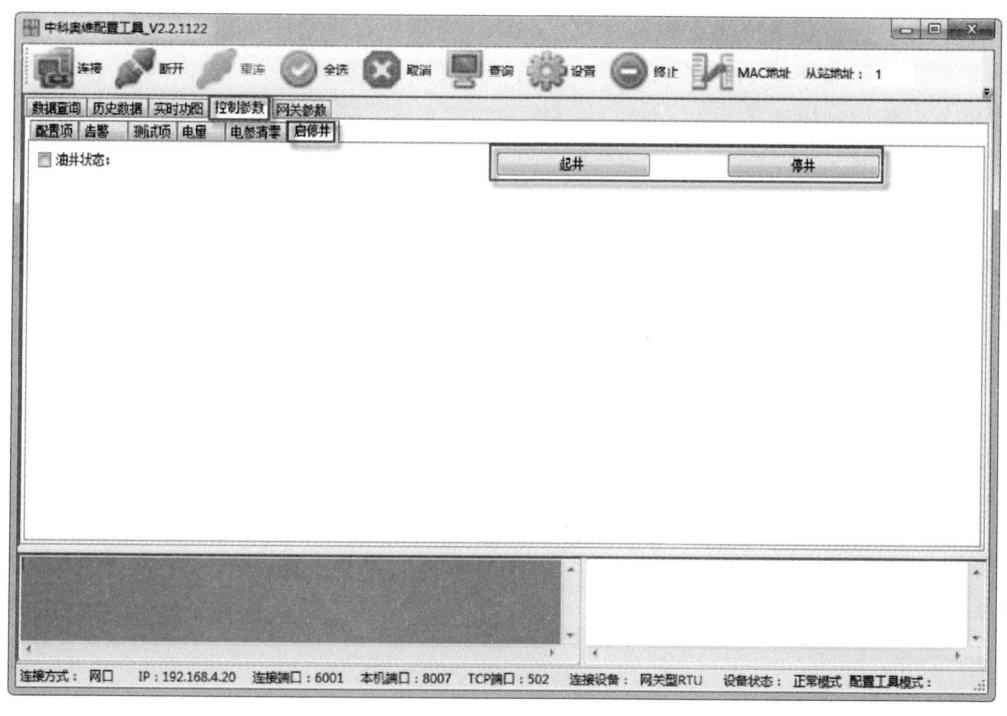

图 2.1.39 启、停井操作界面

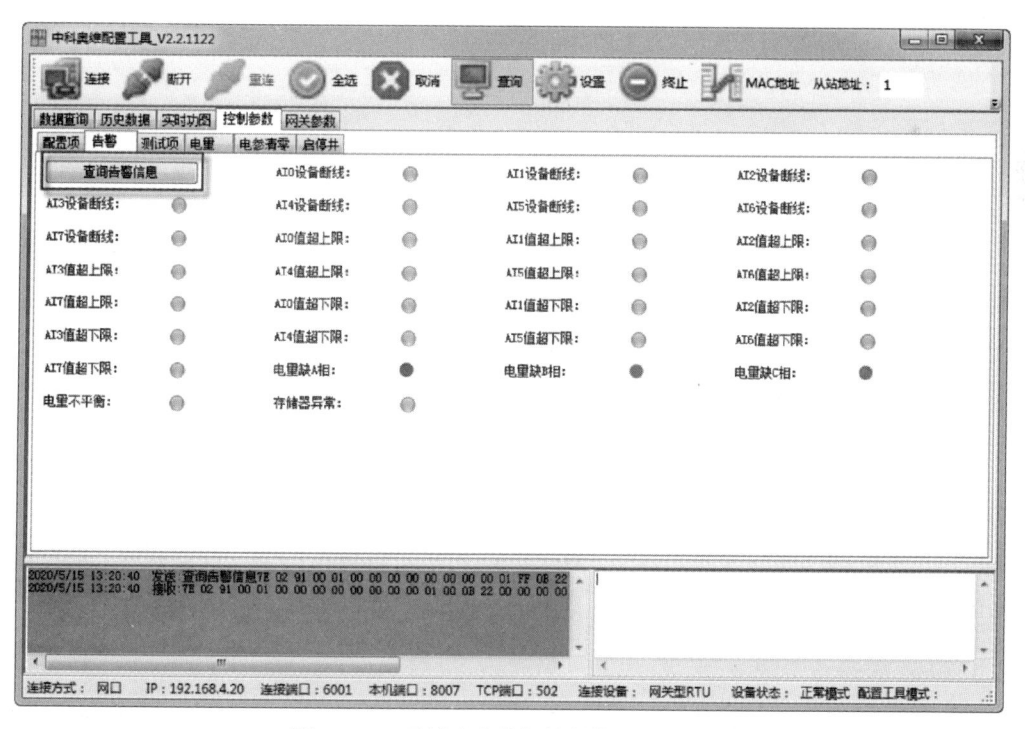

图 2.1.40 无线电参分析控制模块告警界面

查询数据范围包括基本信息、通信参数、AIDI、电参、报警故障、仪表扩展和其他参数，仪表扩展里的信息不在 A11 协议要求内属于公司扩展的参数信息。查询时，配置工具与无线电参分析控制模块采用 Modbus 协议规定的报文格式通信。在查询某个参数时，需要的操作步骤如下：

（1）在需要查询的参数复选框前打√，如图 2.1.41 所示。

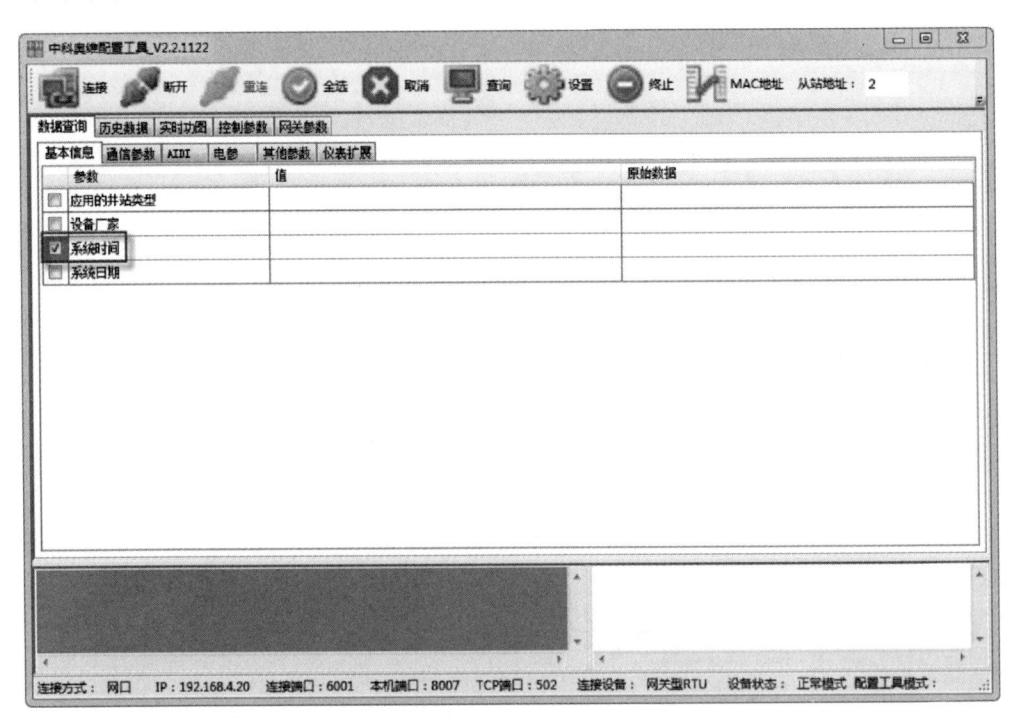

图 2.1.41　Modbus 参数表查询步骤 1

（2）点击位于操作界面上部的"查询"按钮，在参数显示区可以看到解析后参数值，在原始数据区可以看到查询到的 Modbus 寄存器原始数据，在左下方的数据交互窗口会看到有数据的发送和接收（图 2.1.42）。

7. 载荷功图和电功图数据实时查询

进入配置工具的主界面后选择第一级 tab 页的"实时功图"，可查询距离当前时间最近的一组无线电参分析控制模块所在井口载荷功图和电机电功图的数据，配置工具可根据数据绘制出实时功图曲线及原始数据。图 2.1.43 所示是载荷示功图，如要获取实时功图需用鼠标右键点击功图界面，然后点击"获取最新功图"即可刷新。

8. 历史数据查询

进入配置工具的主界面后选择第一级 tab 页的"历史数据"，可查询当前网络里各井口的载荷功图、电流功图和有功功率功图的历史数据记录。在查询某井口的历史数据时，需要的操作步骤如下：

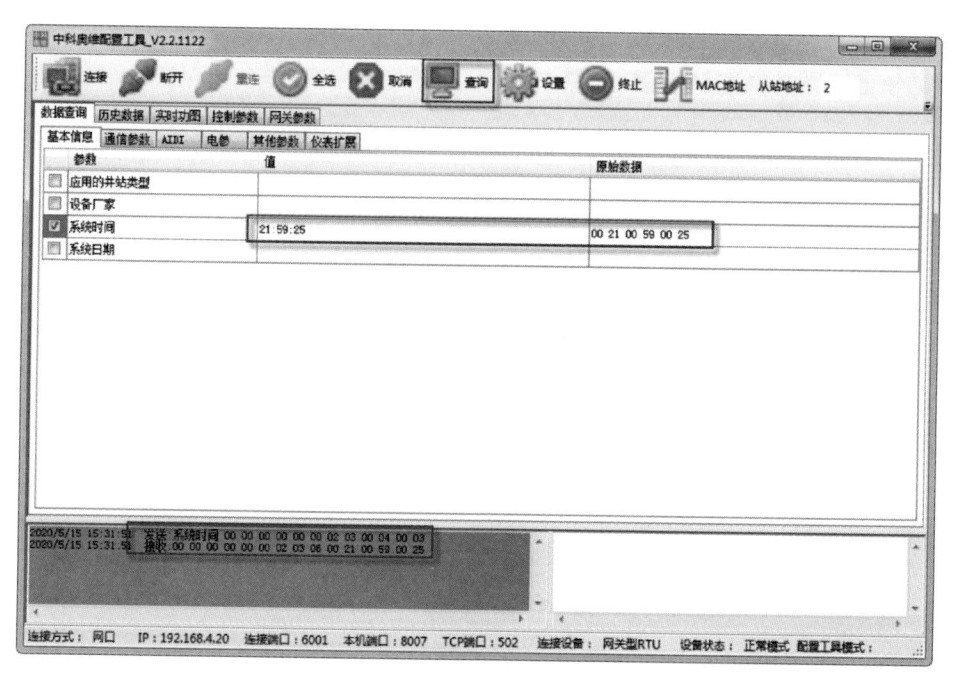

图 2.1.42　Modbus 参数表查询步骤 2

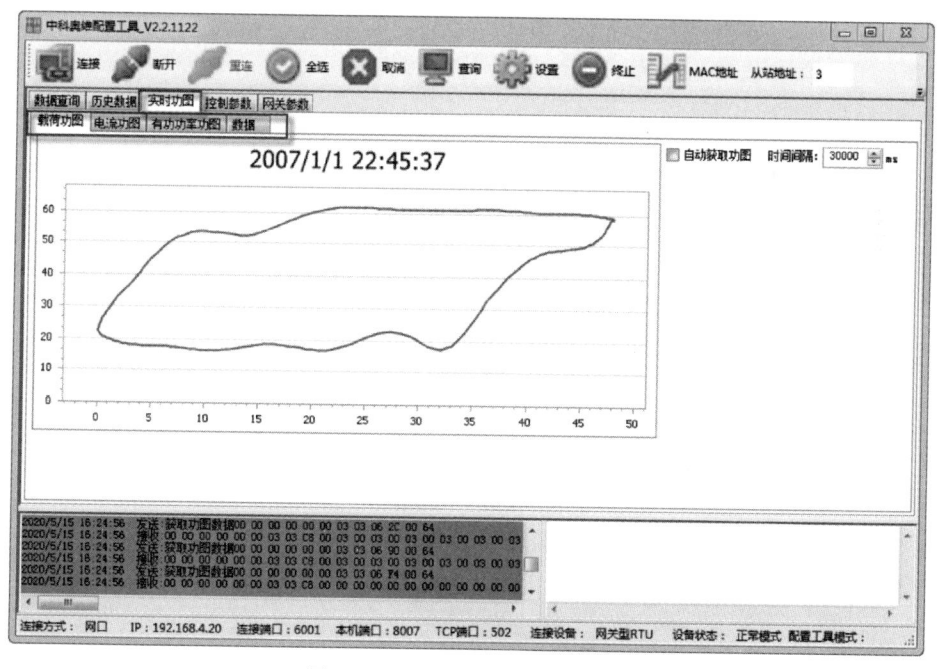

图 2.1.43　载荷示功图实时曲线

（1）进入历史数据查询界面，在位于操作界面上部的"从站地址"输入框中，输入要查询的井口的从站地址，如图 2.1.44 所示。其中，井口从站地址可在"网关参数"的主 tab 页下的"设备信息"tab 页内，通过查询从站映射表获取，如图 2.1.45 所示，具体步骤详见"WIA 网关参数配置"部分。

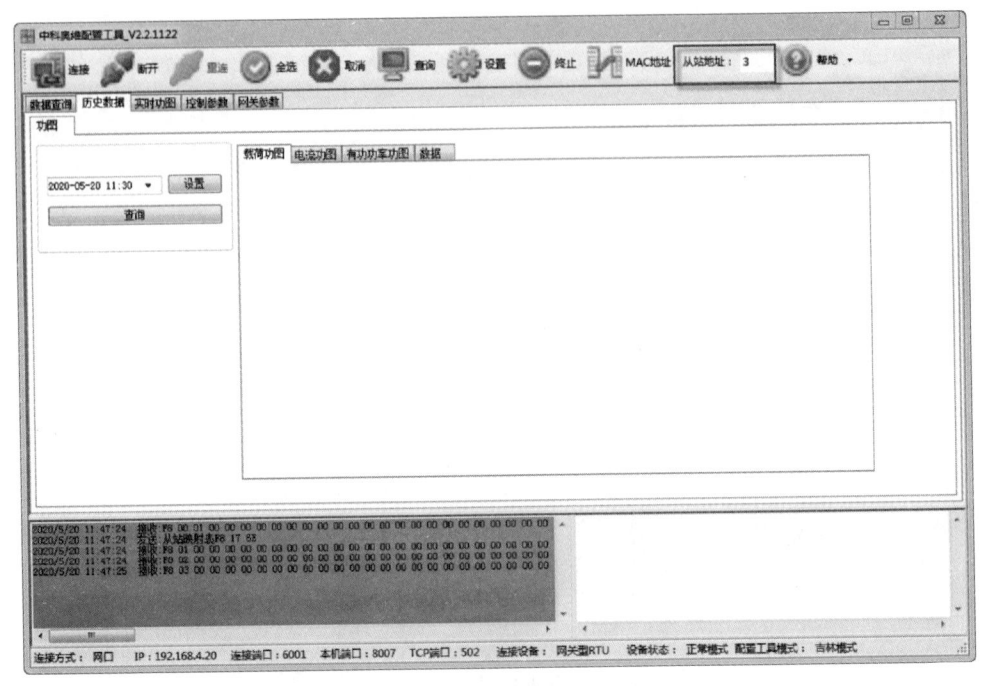

图 2.1.44　历史数据查询步骤 1

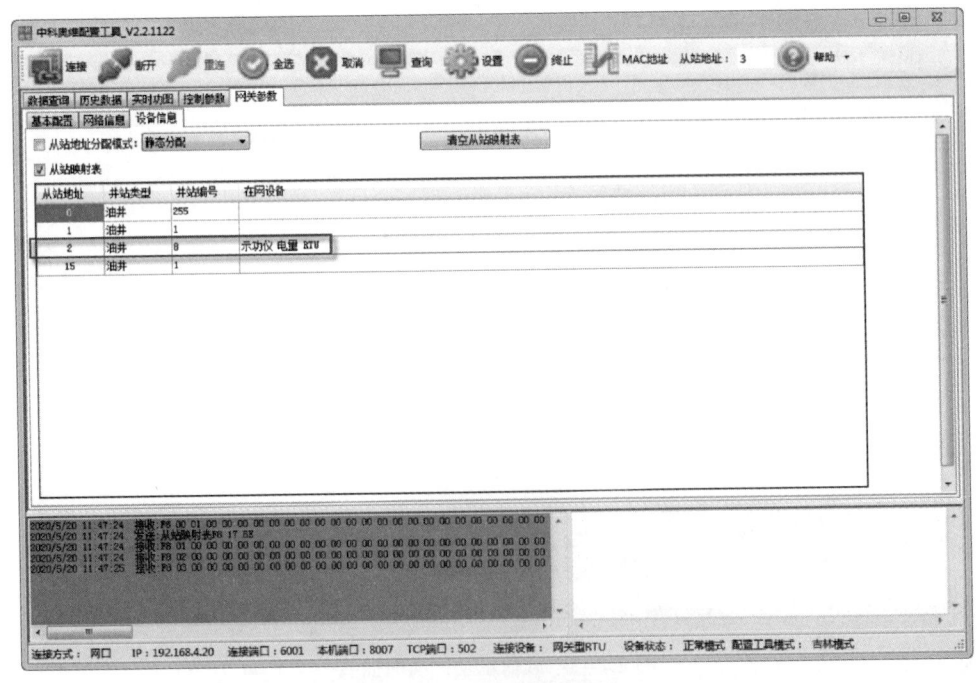

图 2.1.45　从站地址获取界面

（2）在历史数据的查询界面左侧的时间框内，填入要查询的时间，点击时间右侧的"设置"按钮，在左下窗口看到发送和接收的交互报文，则说明设置成功，如图 2.1.46 所示。

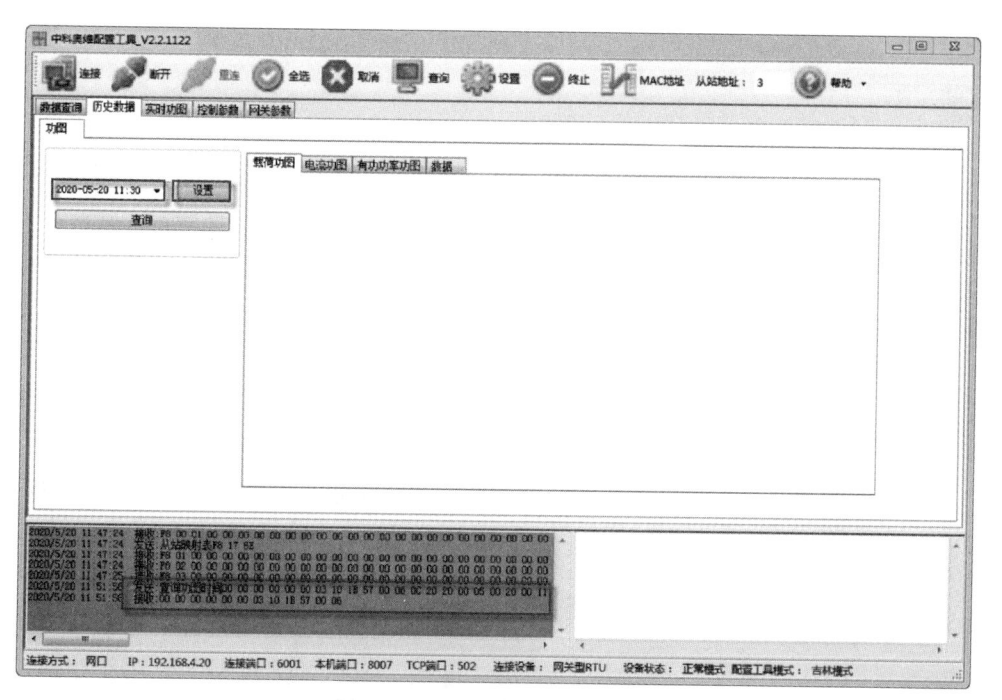

图 2.1.46　历史数据查询步骤 2

（3）待查询的时间设置成功后，点击时间下面的"查询"按钮，如果在该时间点之前有历史功图记录，则返回离该时间最近的一幅功图，还可查看相应的电流功图和有功功率功图，如图 2.1.47 所示，如果该时间点之前没有历史功图记录，则时间显示为全 FF。

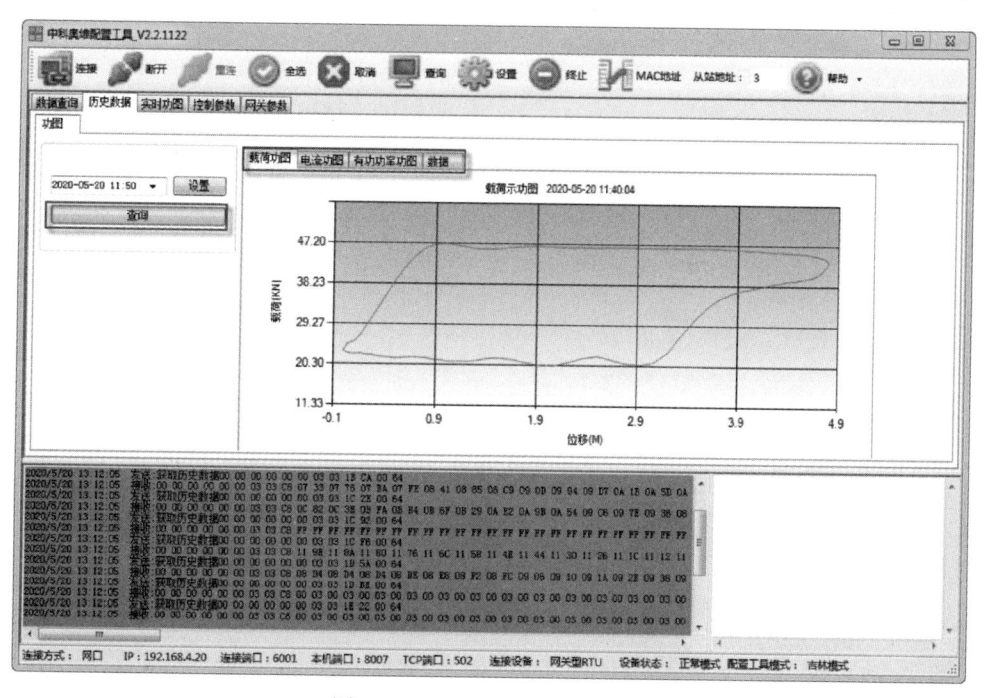

图 2.1.47　历史数据查询步骤 3

四、软件升级

1. 简述

使用配置工具上位机软件，可对无线电参分析控制器的软件进行升级维护。

2. 设备连接

配置工具与无线电参分析控制器的物理连接可采用 RS232、RS485、以太网口连接三种方式。双击配置工具图标，采用 RS232 方式连接的连接界面如图 2.1.48 所示：选择"串口连接"，并根据串口参数选择串行口，波特率选择 115200，无校验，数据位选择 8bit，停止位选择 1bit，"连接设备"选择"升级"，然后点击"连接"按钮，跳转到主界面，如图 2.1.49 所示。

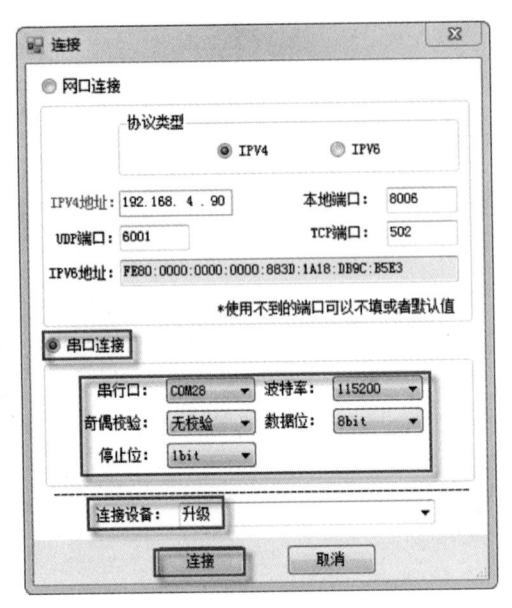

图 2.1.48　RS232 口升级连接界面

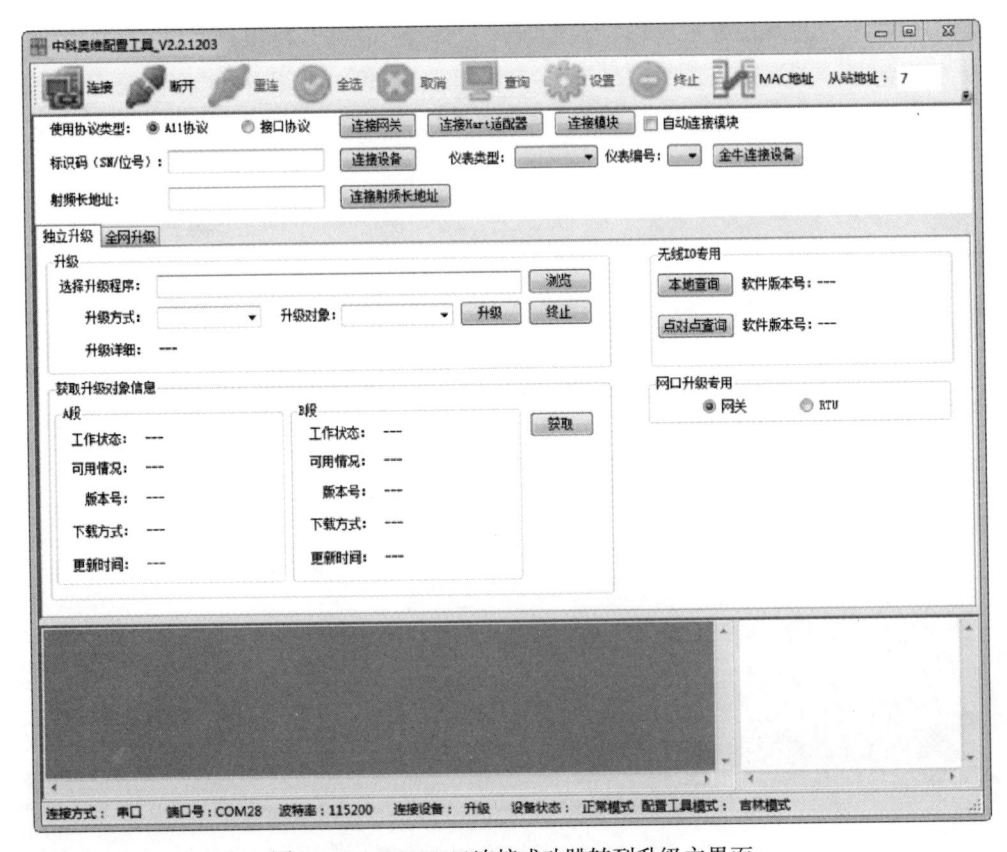

图 2.1.49　RS232 口连接成功跳转到升级主界面

采用 RS485 方式连接前，需知道无线电参分析控制器的 RS485 口的波特率、奇偶校验位、停止位，默认参数为：9600 波特率、无校验、8 个数据位、1 个停止位，连接界面如图 2.1.50 所示。选择"串口连接"，并根据串口线设备选择串行口，填入与无线电参分析控制器的 RS485 口相同的参数，"连接设备"选择"升级"，然后点击"连接"按钮，跳转到主界面，如图 2.1.51 所示。

采用以太网口方式连接的连接界面如图 2.1.52 所示。选择"网口连接"，"协议类型"选择"IPv4"（目前仅支持 IPv4 协议），并根据无线电参分析控制器的本地 IP 地址写入 IP 地址参数（目前出厂默认的 IP 地址是 192.168.4.10，用户可

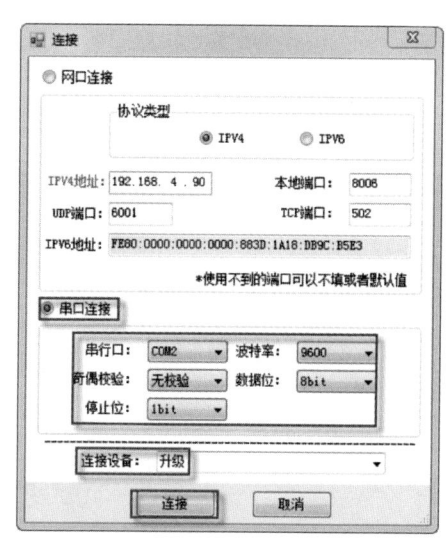

图 2.1.50　RS485 口升级连接界面

根据自身需求定义），本地端口使用默认值或根据自身需求设置，UDP 端口写入端口号（目前出厂默认的 UDP 端口号是 6000，用户可根据自身需求定义），TCP 端口写入端口号（目前出厂默认的 TCP 端口号是 502，用户可根据自身需求定义），"连接设备"选择"升级"，然后点击"连接"按钮，跳转到主界面，如图 2.1.53 所示。

图 2.1.51　RS485 口连接成功跳转到升级主界面

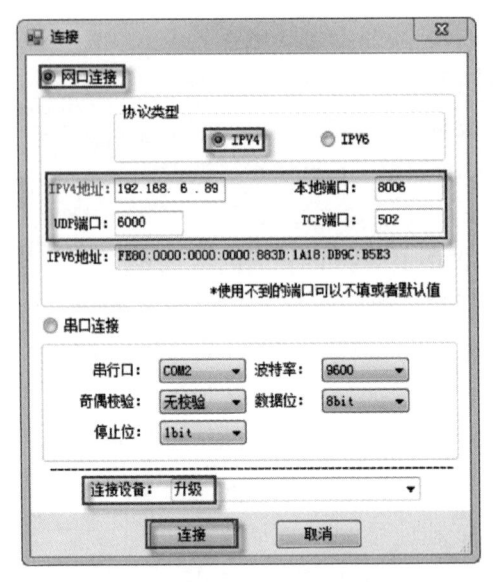

图 2.1.52 网口升级连接界面

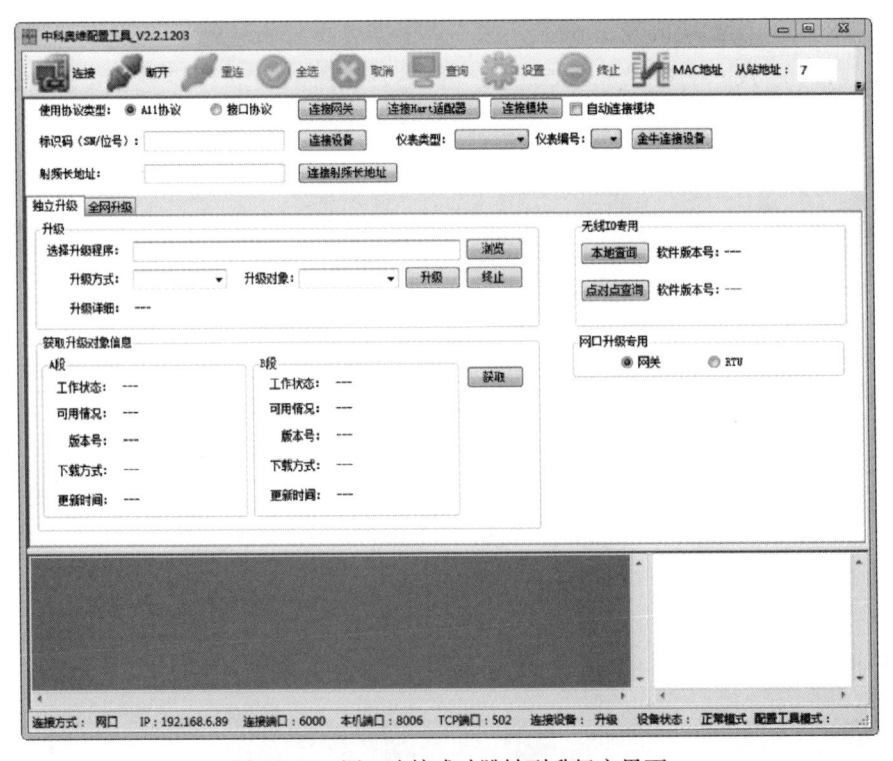

图 2.1.53 网口连接成功跳转到升级主界面

3. 加载升级文件

进入配置工具的升级主界面,"使用协议类型"选择默认的"A11 协议","升级方式"选择"有线","升级对象"选择需要升级的设备（RTU 主控板或无线模块）,"网口升级专用"选择"RTU",点击"获取"按钮,可以读取到所要升级设备当前的工作区状态信息,图 2.1.54 所示是读取的无线电参分析控制器主控板的工作区状态信息。

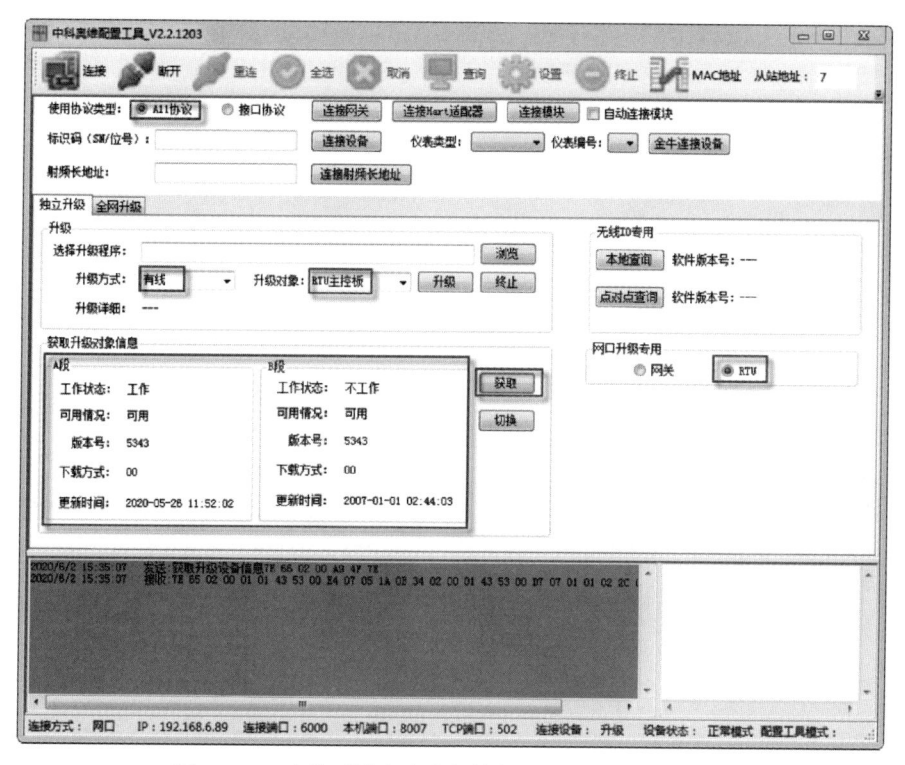

图 2.1.54　查询无线电参分析控制器主控板工作区信息

根据工作区信息的提示,选择工作状态为不工作的工作区的升级文件,图 2.1.54 中的不工作的工作区是 B 段,则选择 B 段升级文件加载,加载方式如图 2.1.55 所示,点击"浏览",然后在文件选择对话框中选择升级文件点击"打开",升级文件是 txt 格式,由公司提供给客户。

4. 启动升级

升级文件加载成功后,点击"升级"按钮,会弹出保护性提示对话框,点击"确认",如图 2.1.56 所示。

升级开始,可以在"升级详细"标签处看到升级的进度,在左下方的数据交互窗口会看到有数据的交互,如图 2.1.57 所示。

升级结束后,"升级详细"标签后面会提示升级结果,如图 2.1.58 所示,提示"升级成功!"。

5. 程序切换

升级成功后,点击"获取"按钮,可得到更新后的工作区信息,如图 2.1.59 所示,B 段工作区信息已更新。

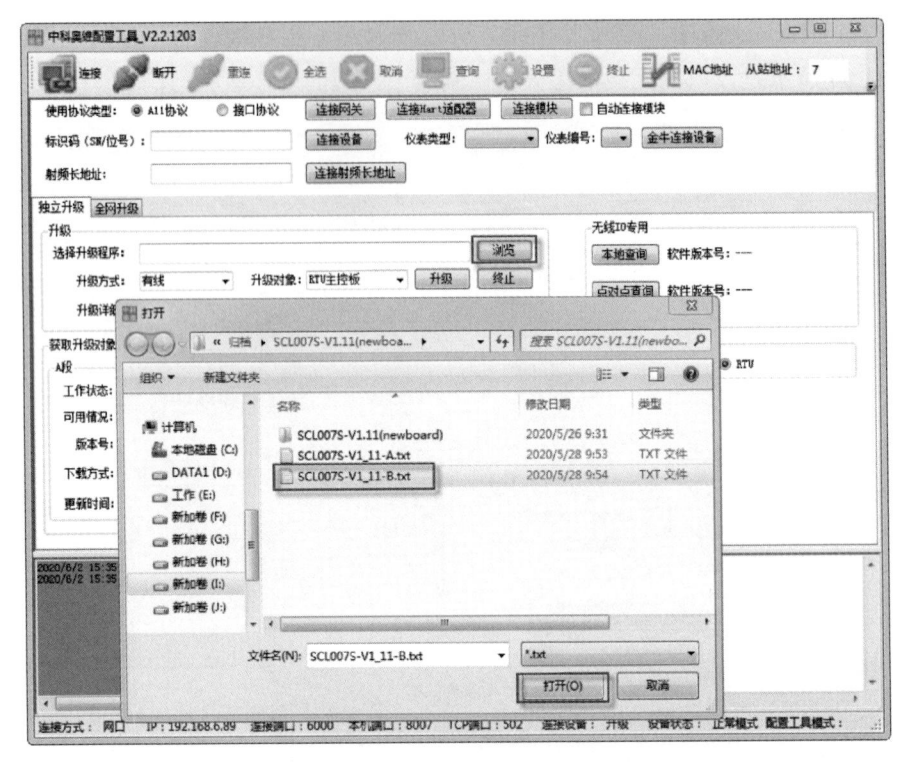

图 2.1.55 加载升级文件

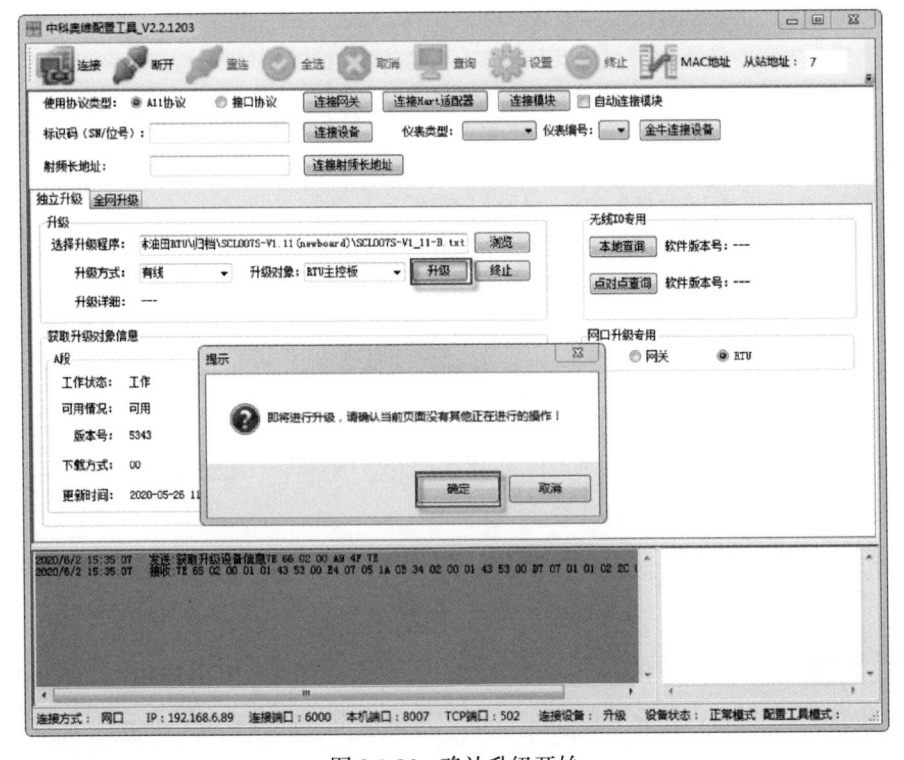

图 2.1.56 确认升级开始

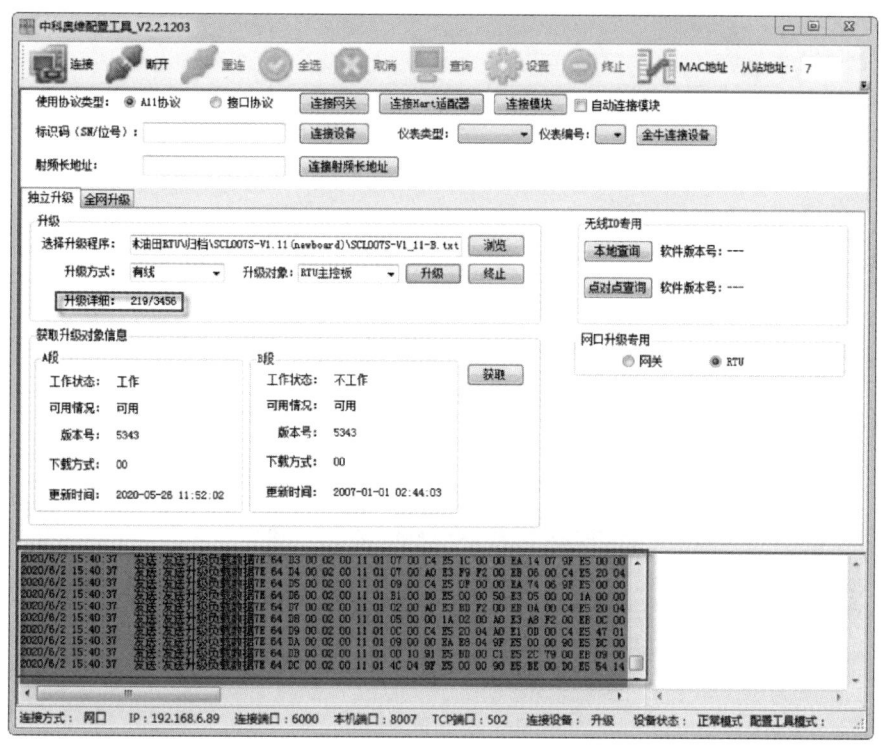

图 2.1.57 升级进行中

图 2.1.58 升级结束

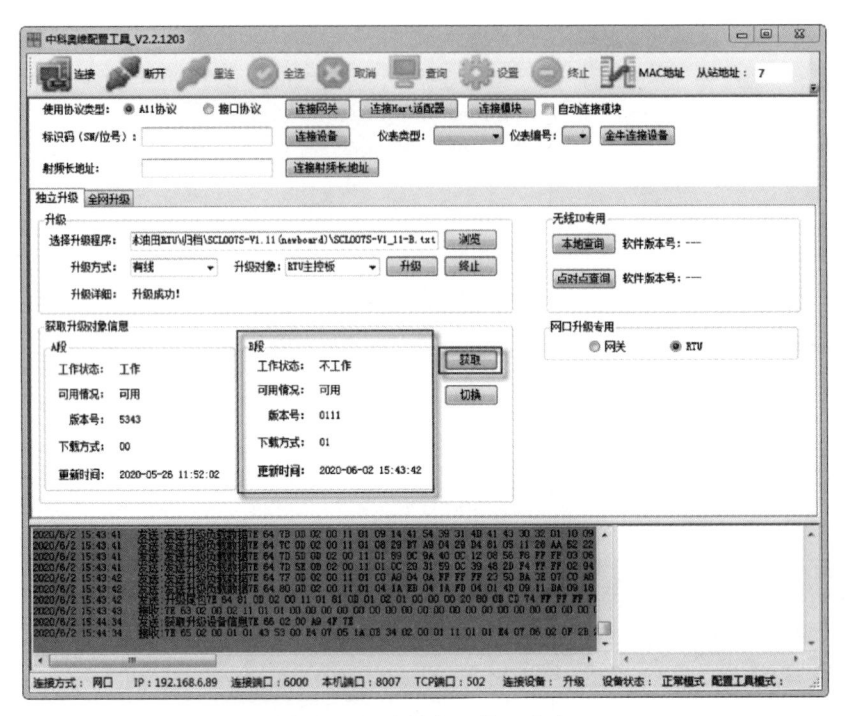

图 2.1.59　查询新工作区信息

新工作区信息中"可用情况"标签处显示"可用"，配置工具界面会显示"切换"按钮，表明可以切换到新工作区工作，点击"切换"按钮。

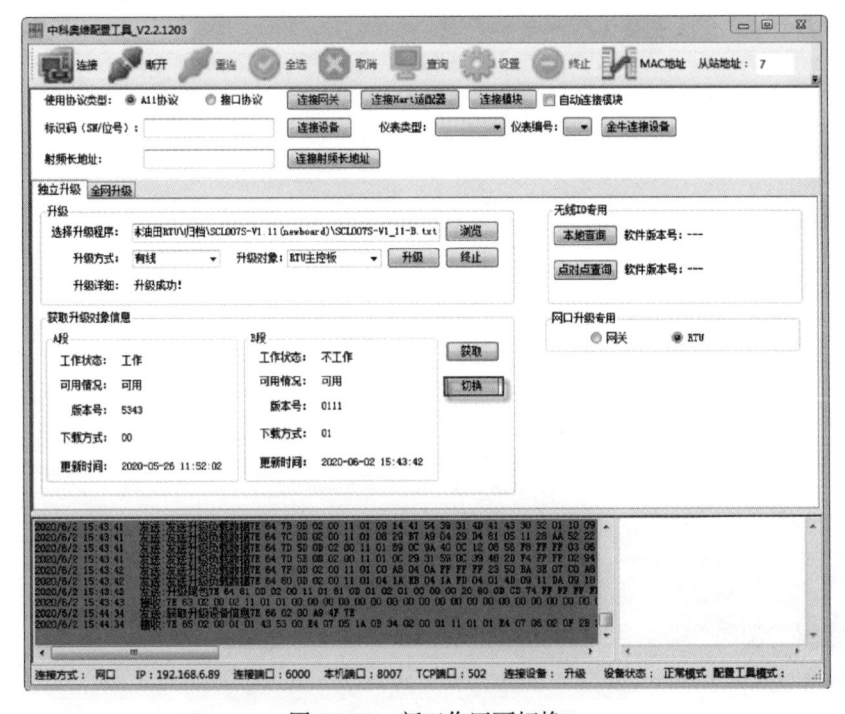

图 2.1.60　新工作区可切换

等待设备重新启动后,再次点击"获取",A 段、B 段工作区状态已改变,表明此次软件升级成功,如图 2.1.61 所示,B 段变为工作状态、A 段变为不工作状态。

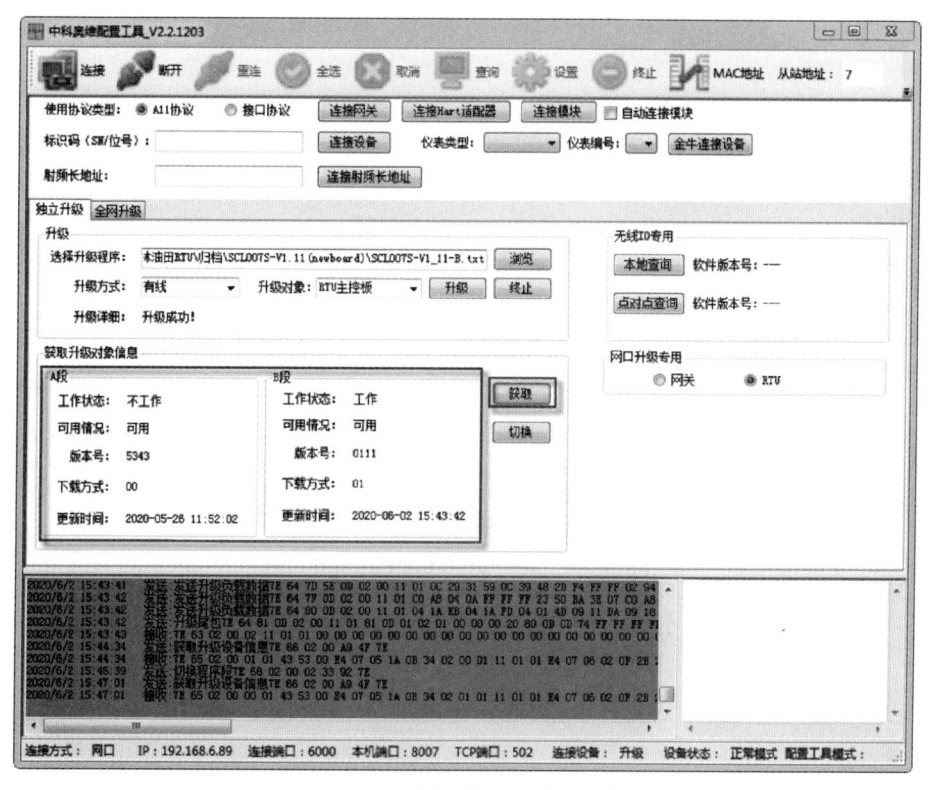

图 2.1.61 再次查询工作区信息

五、软件升级(支持网关功能)

1. 设备连接

配置工具与无线电参分析控制模块的物理连接可采用 RS232、RS485、以太网口连接三种方式。双击配置工具图标,采用 RS232 方式连接的连接界面如图 2.1.62 所示:选择"串口连接",并根据串口参数选择串行口,波特率选择 115200,无校验,数据位选择 8bit,停止位选择 1bit,"连接设备"选择"升级",然后点击"连接"按钮,跳转到主界面,如图 2.1.63 所示。

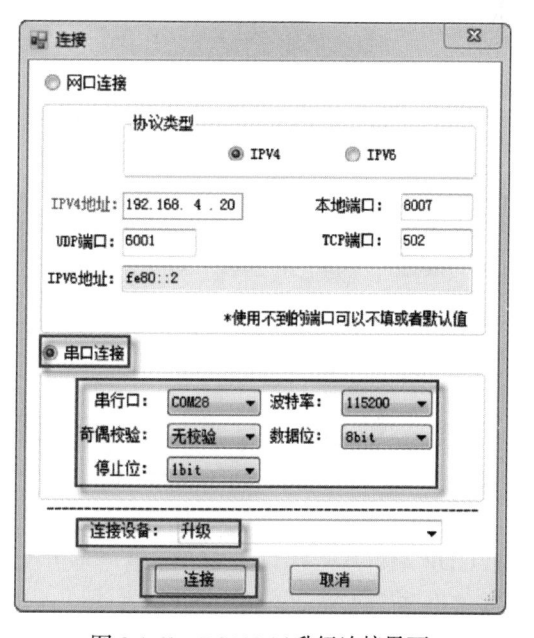

图 2.1.62 RS232 口升级连接界面

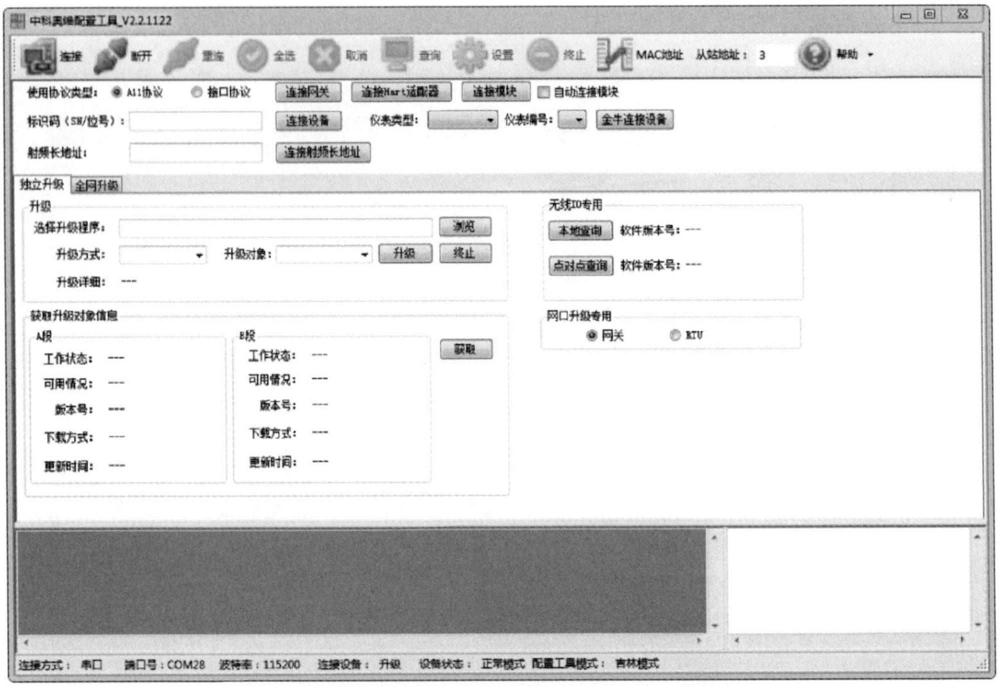

图 2.1.63　RS232 口连接成功跳转到升级主界面

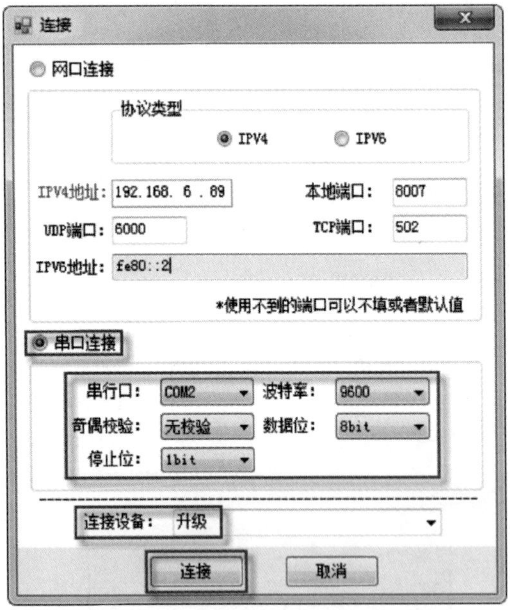

采用 RS485 方式连接前，需知道无线电参分析控制模块的 RS485 口的波特率、奇偶校验位、停止位，默认参数为：9600 波特率、无校验、8 个数据位、1 个停止位，连接界面如图 2.1.64 所示。选择"串口连接"，并根据串口线设备选择串行口，填入与无线电参分析控制模块的 RS485 口相同的参数，"连接设备"选择"升级"，然后点击"连接"按钮，跳转到主界面，如图 2.1.65 所示。

采用以太网口方式连接的连接界面如图 2.1.66 所示。选择"网口连接"，"协议类型"选择"IPv4"（目前仅支持 IPv4 协议），并根据无线电参分析控制模块的本地 IP 地址写入 IP 地址参数（目前出厂默认的 IP 地址是 192.168.4.100，用户可根据自身需求定义），本地端口使用默认值或根据自身需求设

图 2.1.64　RS485 口升级连接界面

置，UDP 端口写入端口号 6001（用户不可配置），TCP 端口写入端口号 502（用户不可配置），"连接设备"选择"升级"，然后点击"连接"按钮，跳转到主界面，如图 2.1.67 所示。

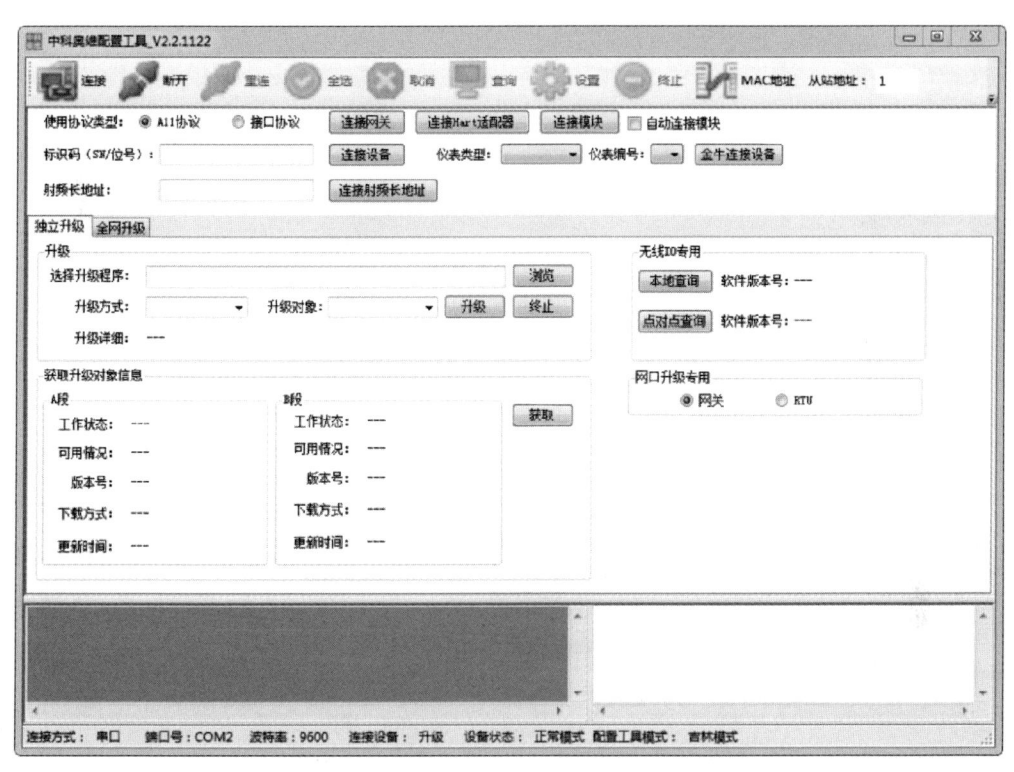

图 2.1.65　RS485 口连接成功跳转到升级主界面

图 2.1.66　网口升级连接界面

图 2.1.67　网口连接成功跳转到升级主界面

2. 加载升级文件

进入配置工具的升级主界面，"使用协议类型"选择默认的"A11 协议"，点击"连接网关"按钮，右下角窗口显示"连接成功！"，如图 2.1.68 所示，此时可以对电参分析控制模块进行升级操作；当连接方式选择串口连接时，无须点击"连接网关"按钮，即可对电参分析控制模块进行升级操作。

连接成功后，在独立升级 tab 页内，"升级方式"选择"有线"，"升级对象"选择"网关"，点击"获取"按钮，可以读取到无线电参分析控制模块当前的工作区状态信息，图 2.1.69 所示为读取的无线电参分析控制模块的工作区状态信息。

根据工作区信息的提示，选择工作状态为不工作的工作区的升级文件，图 2.1.69 中的不工作的工作区是 B 段，则选择 B 段升级文件加载，加载方式如图 2.1.70 所示，点击"浏览"，然后在文件选择对话框中选择升级文件点击"打开"，升级文件是 txt 格式，由公司提供给客户，加载成功后如图 2.1.71 所示。

3. 启动升级

升级文件加载成功后，点击"升级"按钮，会弹出保护性提示对话框，点击"确认"，如图 2.1.72 所示。

升级开始，可以在"升级详细"标签处看到升级的进度，在左下方的数据交互窗口会看到有数据的交互，如图 2.1.73 所示。

图 2.1.68 网口连接按钮连接成功

图 2.1.69 查询无线电参分析控制模块工作区信息

图 2.1.70　加载升级文件 1

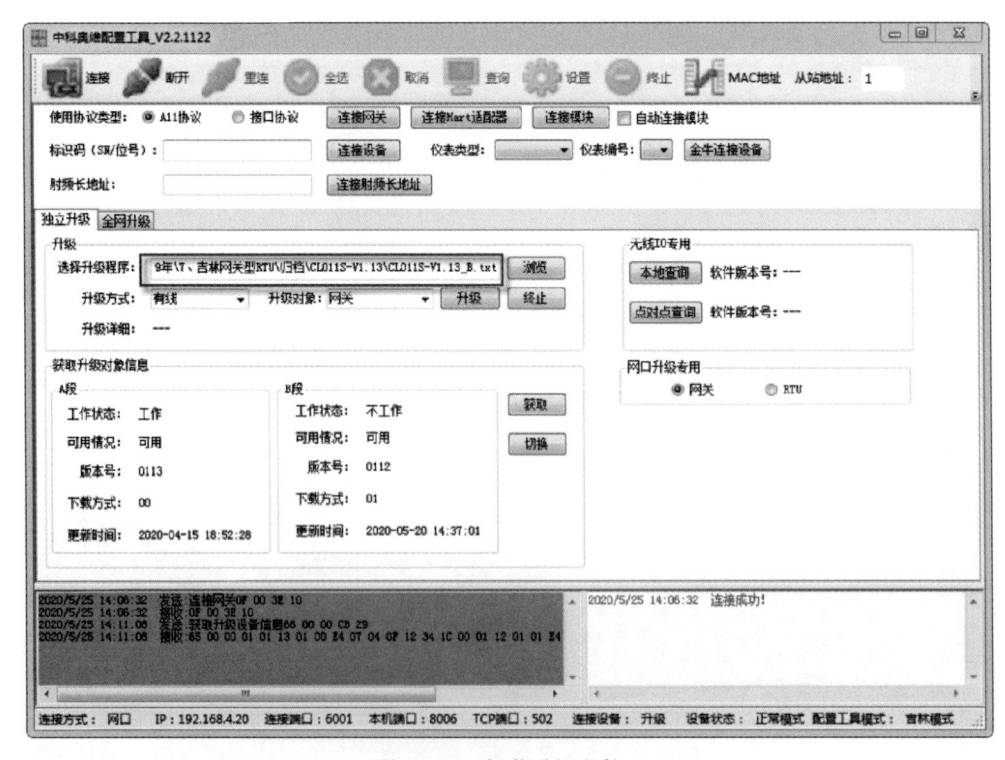

图 2.1.71　加载升级文件 2

图 2.1.72　确认升级开始

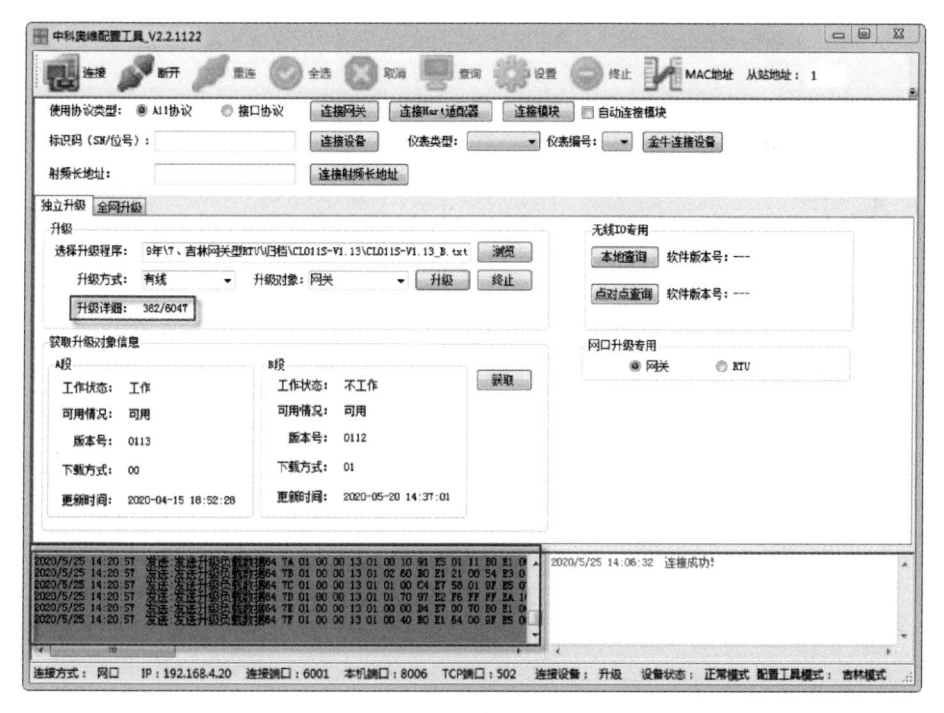

图 2.1.73　升级进行中

升级结束后,"升级详细"标签后面会提示升级结果,如图 2.1.74 所示,提示"升级成功!"。

图 2.1.74　升级结束

4. 程序切换

升级成功后,点击"获取"按钮,可得到更新后的工作区信息,如图 2.1.75 所示,B 段工作区信息已更新。图 2.1.75 查询新工作区信息中"可用情况"标签处显示"可用",配置工具界面会显示"切换"按钮,表明可以切换到新工作区工作,点击"切换"按钮,如图 2.1.76 所示。

图 2.1.75　查询新工作区信息

图 2.1.76 新工作区可切换

等待设备重新启动后，再次点击"连接网关"按钮，右下角窗口显示"连接成功"后，点击"获取"按钮，A 段、B 段工作区状态已改变，表明此次软件升级成功，如图 2.1.77 所示，B 段变为工作状态、A 段变为不工作状态。

图 2.1.77 再次查询工作区信息

六、安装要求

1. 安装前准备

根据实际的现场情况，可以选择不同的安装方式。建议室外采用抱杆安装，如没有条件抱杆安装时，应用壁挂安装方式，同时将天线架高。在进行安装之前先做如下工作：

（1）检查安装的设备、安装附件是否齐全。

（2）打开机箱上盖，检查箱内设备是否有损坏。

（3）安装前将设备加电，启动设备自检功能，确认设备完好。

（4）RTU 的所有外部接口完成连接后需要用防水胶带或防水胶泥做密封处理。此目的是防止设备接口进水，影响网络整体通信性能。

2. 安装前注意事项

1）通信方面

在选择安装场所和安装位置时，应考虑该位置是否易于以后的维护。因管道和金属框架可能对天线的性能造成不利影响，为了保证其性能达到最佳效果，确保与金属物质或水泥墙之间有 1m 以上的间隙。天线的放置应垂直于地面，并保证天线与其他通信设备天线的可视性。天线安装高度建议 2～10m，天线安装越高传输距离越远。也可选配相应高增益的天线进行传输距离扩展。安装时需要专业登高人员操作。

2）电气方面

接地线应可靠安装，保证产品在使用过程中良好接地；各个引入装置（防爆接头）引入的线缆外径应满足引入装置（防爆接头）的线缆外径要求，详见设备安装接线图；所有接口应做好防水处理；设备与天线应尽量安装在一起，如需射频馈线，应尽可能短。

3）环境方面

检验并确认产品的操作环境与现场的危险区域认证相符；产品可在环境温度 -40～70℃ 的规定范围内运行；安装环境 WLAN 信号干扰小于 30dBm，无强干扰；避免安装在腐蚀环境内。如在腐蚀性的环境中使用，请注意通风，注意避免雨水侵入接口中；在雷区较严重的地区，建议选配避雷器。

为了最大限度地延长设备的使用寿命，为了长期地稳定运行，应避免过热、过冷、振动或电磁干扰。

举例：

（1）应尽量避免安装在长时间阳光直射的位置；

（2）应尽量避免安装在极寒环境下；

（3）安装的墙面，抱杆避免出现振动情况；

（4）环境 WLAN 信号干扰小于 30dBm，无强干扰。

3. 安装说明

1）抱杆安装

抱杆安装分为3个部分，机箱安装，支架安装、避雷器安装（可选）。所有安装紧固件均为不锈钢材质，所有附件均由设备公司提供，如需现场临时选用，需用不锈钢材质（图2.1.78和图2.1.79）。

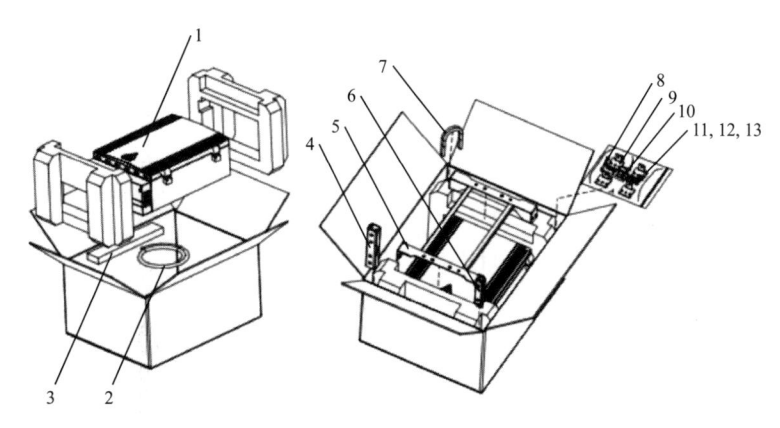

图 2.1.78　设备及附件

1—整机设备；2—馈线；3—天线；4—固定夹；5—安装架；6—螺栓盖板；7—"U"形抱箍；8—防盗螺钉扳手；9—机箱挂件；10—门锁钥匙；11—防盗螺钉 M8×12；12—防盗螺钉 M8×20；13—弹垫

2）壁挂安装

壁挂安装分为3个部分，机箱安装，支架安装，避雷针安装（可选）。所有安装紧固件均为不锈钢材质，所有附件均由设备公司提供，如需现场临时选用，需用不锈钢材质（图2.1.80和图2.1.81）。

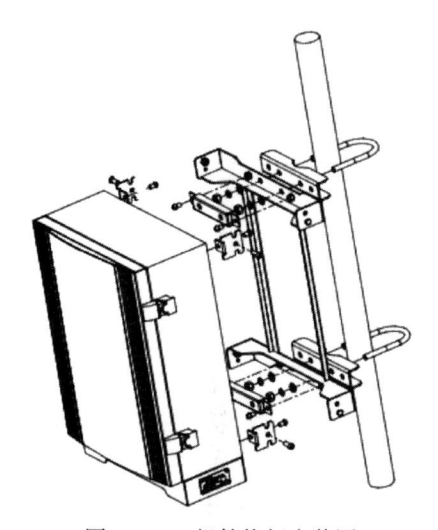

图 2.1.79　机箱抱杆安装图　　　　　图 2.1.80　机箱壁挂安装图

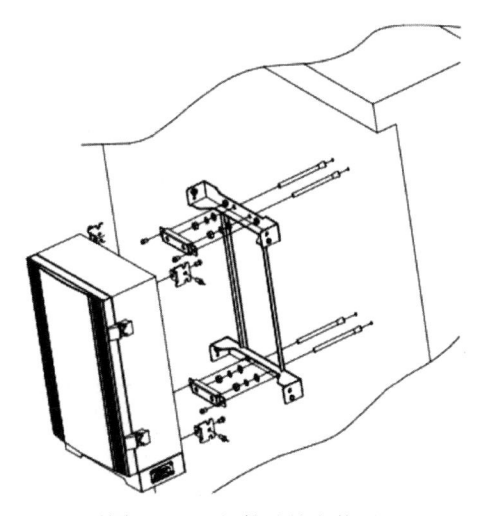

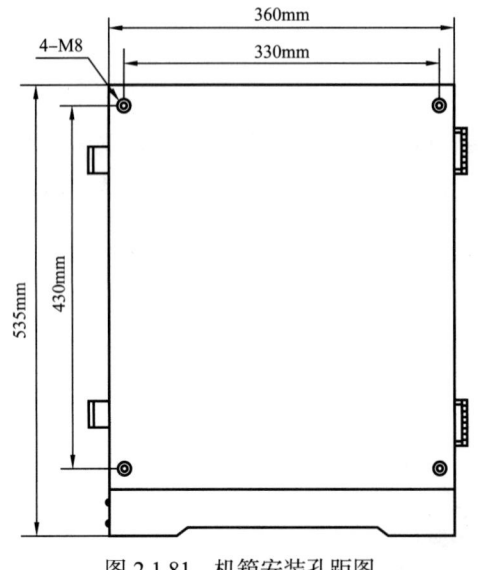

图 2.1.81　机箱安装孔距图

3）天线安装

玻璃钢天线可抱杆安装、可壁挂安装，根据现场机箱安装形式选择一种方式安装，天线通过馈线与机箱底部天线接口连接。

注意：天线安装可在必要时在螺纹处缠防水胶带或胶泥，防止天线处渗水！

机箱安装后应锁紧，确保达到产品设计防护等级。

4）整机接口

无线电参分析控制器底部设计有对外接口、7个防水接头穿线口，1个扬声器窗口，1个射频口，具体如图2.1.82所示，见表2.1.2。

注：表2.1.2对应03机种，01、02机种的序号1、7孔为封堵头，不能使用，如需使用需选用设备公司提供的M20防水接头，04、05机种的序号1、7处未开孔，其他孔定义同表2.1.2。

表 2.1.2　接口定义

序号	接口类型	功能说明
1	防水接头	24V DC 电源进线孔，允许进线外径 $\phi 9 \sim 14mm$
2	防水接头	预留，允许进线外径 $\phi 6 \sim 10mm$
3	防水接头	220V AC 电源进线孔，允许进线外径 $\phi 9 \sim 14mm$
4	防水接头	三相电压信号进线孔，允许进线外径 $\phi 9 \sim 14mm$
5	防水接头	抽油机状态及启停信号电缆进线孔，允许进线外径 $\phi 9 \sim 14mm$
6	防水接头	三相电流信号进线孔，允许进线外径 $\phi 13 \sim 18mm$
7	防水接头	24V DC 电源进线孔，允许进线外径 $\phi 9 \sim 14mm$
8	喇叭窗	语音报警器喇叭
9	N 型接头	WIA-PA 无线通信接口

5）电源线连接

如图 2.1.83 所示，220VAC 电源连接至断路器（空气开关）的 L、N 端，在正式调试或使用前处于"OFF"状态。

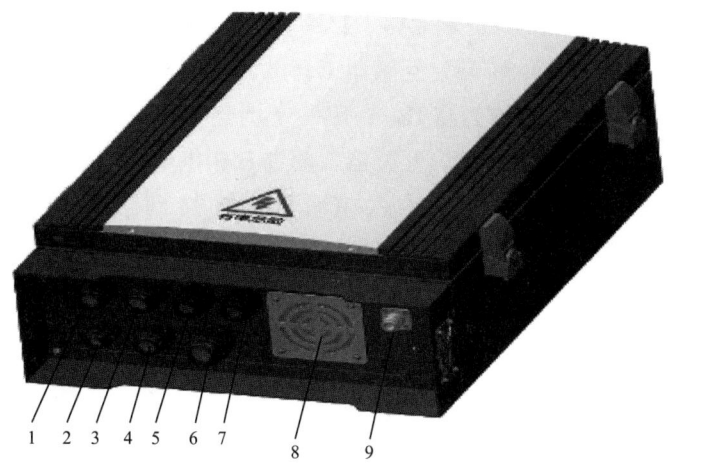

图 2.1.82　整机接口

1~7—防水接头；8—喇叭窗；9—N 型接头

图 2.1.83　断路器（空气开关）

6）地线连接

如图 2.1.84 所示，将地线与开口铜片压接完毕后，连接至图示红色方框内的螺栓上。

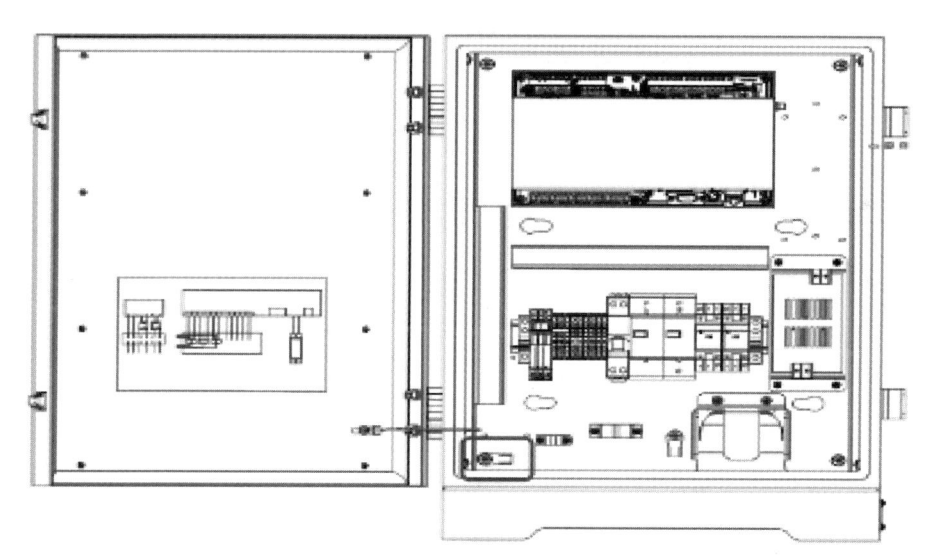

图 2.1.84　地线接线处

7）电参采集

电流互感器（图 2.1.85）安装在启动箱中，进线处，用于测量电机的三相电流，并用于计算三相电参数。

电流互感器安装在待测量的线路位置（待测量线缆从互感器中空圆圈内穿过）。安装步骤如下：

（1）将配电箱断电；

图 2.1.85 电流互感器

（2）将 IA+，IA- 分别连接到互感器 1 的 S2，S1 端，互感器 1 套过 A 相供电线；

（3）将 IB+，IB- 分别连接到互感器 2 的 S2，S1 端，互感器 2 套过 B 相供电线；

（4）将 IC+，IC- 分别连接到互感器 3 的 S2，S1 端，互感器 3 套过 C 相供电线；

（5）将 UA，UB，UC，N 线分别连接到带测量电压的断路器下方的三相电线缆处，接出三根火线，一根零线；

（6）恢复配电箱供电。

电量采集典型接线说明（图 2.1.86）：

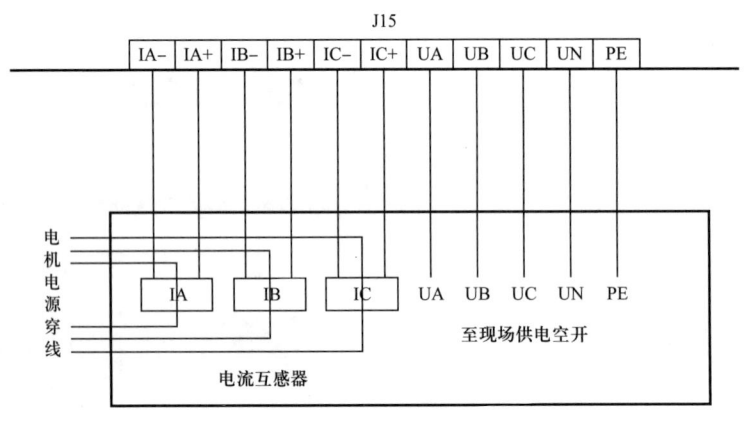

图 2.1.86 电参采集示意图

（1）RTU 电量采集可应用于三相三线制或三相四线制电路。在三相三线制电路中，UN 可不连接（UN 不接时三相电压必须为平衡电压）；在三相四线制电路中，UN 接零线。

（2）RTU 电量采集测量的电压 U_a、U_b、U_c 都是相电压（每相对 UN 端的电压）。

（3）RTU 电量采集测量的电流需外接 XXA/5A 的电流互感器，接线时注意电流互感器的电流流向。

（4）RTU 电量采集电压输入线建议增加 2A FUSE 或空开。

注意：

（1）强电与弱电分开布线，布线符合配线规则。

（2）互感器按照 A，B，C 相序进行连接。

（3）电源接线前请确认当前电压与机箱铭牌上的标识电源电压是否相符。

（4）电压接线前请确认当前电压等级与产品的电压测量量程是否相符。任何情况下，PT二次侧都不可短路。

（5）任何情况下CT回路都不允许开路，CT回路中不允许加装保险丝和任何形式的开关。CT二次侧的一端在配电箱内应接地。典型接线说明（图2.1.87）：

① 三相四线，3CT 直接电压测量；
② 三相三线，3CT 直接电压测量；
③ 三相三线，2CT 直接电压测量；
④ 三相四线，3CT、3PT 高压测量；
⑤ 三相三线，3CT、2PT 高压测量；
⑥ 三相三线，2CT、2PT 高压测量。

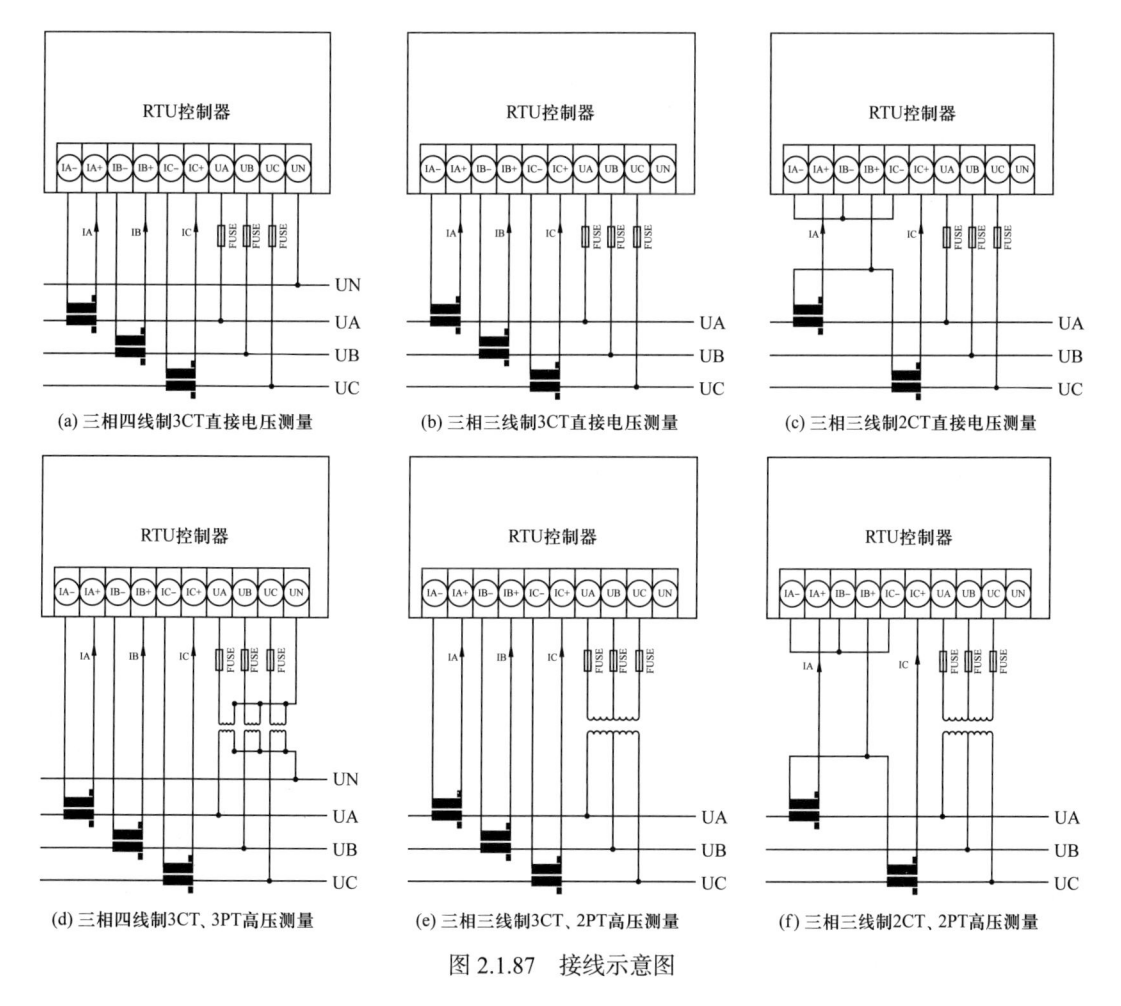

(a) 三相四线制3CT直接电压测量
(b) 三相三线制3CT直接电压测量
(c) 三相三线制2CT直接电压测量
(d) 三相四线制3CT、3PT高压测量
(e) 三相三线制3CT、2PT高压测量
(f) 三相三线制2CT、2PT高压测量

图 2.1.87　接线示意图

8）启停井控制

启停井控制为预留功能，电器及线缆配件可从选件表中选取，如现场需要，按图2.1.88和表2.1.3进行连接。

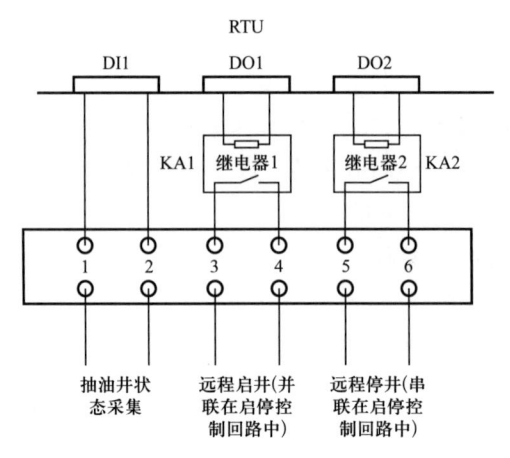

图 2.1.88 机箱内部启停井接线图

表 2.1.3 端子接口定义

序号	功能	接口序号	中心参数	电气规格	状态说明
1	抽油机状态监测	1	24V+	24V+	DI1 接入 24V+ 为启井状态、断开接入为停井状态
2		2	DI1		
3	启井控制	3	KA1-COM	250V AC 10A 30V DC 10A	启井控制常开触点，执行启井动作时变为常闭触点，5s 后恢复常开触点
4		4	KA1-O		
5	停井控制	5	KA2-COM	250V AC 10A 30V DC 10A	停井控制常闭触点，执行停井动作时变为常开触点，5s 后恢复常闭触点
6		6	KA2-C		

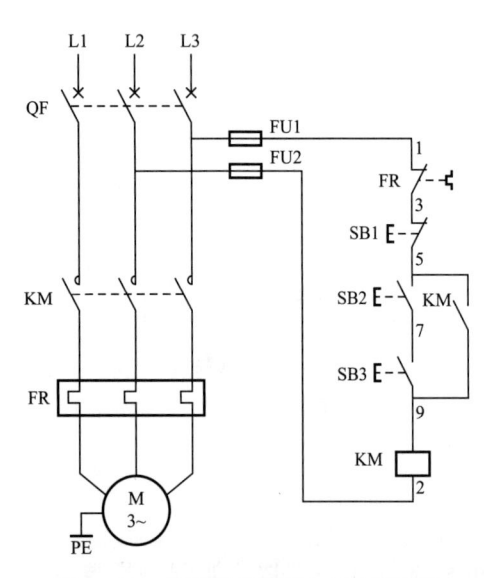

图 2.1.89 抽油机控制柜电气连接原理

从启动箱上的启动按钮及停止按钮下接出四根线到 RTU，如图 2.1.89 和图 2.1.90 所示，SB1 为常闭停止按钮，SB2、SB3 为常开启动按钮。停井控制线缆的接入：将 SB1 常闭停止按钮的 3 号线断开一端接到 RTU 接线端子的 5PIN 上 KA2-COM 端，另一端接到 RTU 接线端子的 6PIN 上 KA2-C 端。启动控制线缆的接入：将 SB2 常开启动按钮的 5 号线接到 RTU 接线端子的 3PIN 上 KA1-COM 端，SB3 常开启动按钮的 9 号线接到 RTU 接线端子的 4PIN 上 KA1-O 端。抽油机状态采集线缆的接入：将 KM 的辅助常开触点一端连接至 RTU 接线端子的 1PIN 上 24V+ 端，另一端连接至 RTU 接线端子的 2PIN 上 DI1 输入端。

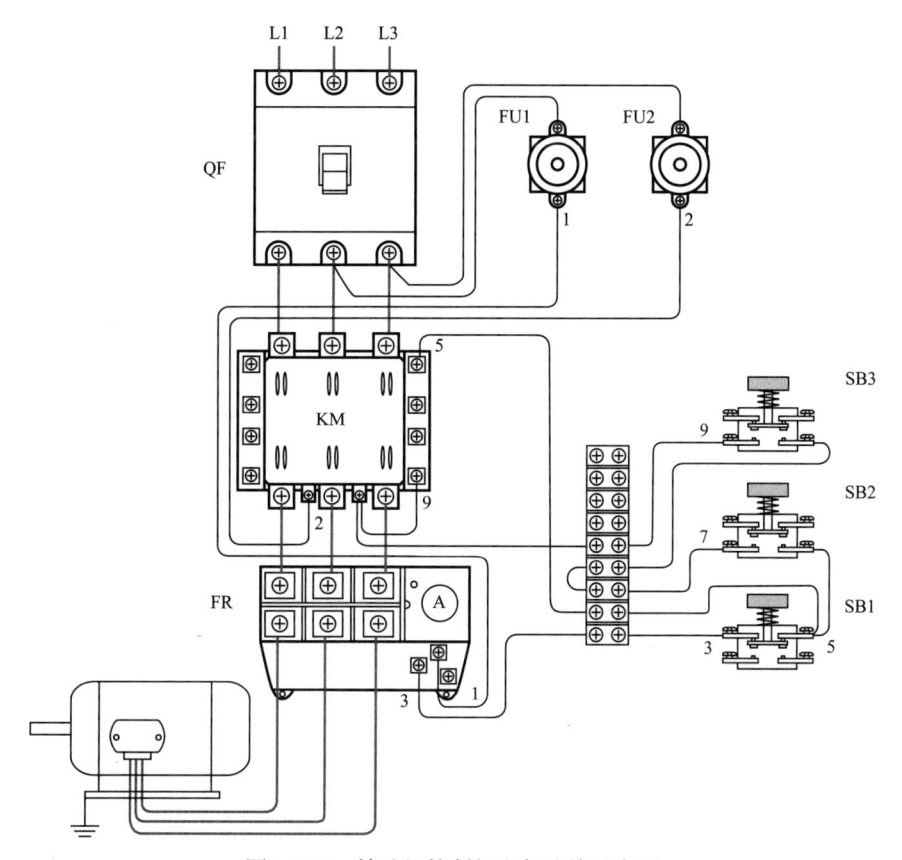

图 2.1.90 抽油机控制柜电气连接示意图

9）注意事项

（1）根据现场设计图纸安装设备；

（2）安装机箱接口标识进线，注意接口的防水处理；

（3）连接现场有线仪表时确认无短路；

（4）抽油井状态采集为 24V 无源触点，正常接入常开触点；

（5）启井控制为常开触点，停井控制为常闭触点；

（6）检测各 AI、DI、DO、KA 信号输入输出量是否正确；

（7）电流输入范围为交流电 0~5A，现场需要安装电流互感器，电流互感器与 RTU 距离不能超过 5m，以减少测量误差；

（8）RTU 供电为交流电 220V；

（9）电量采集信号进线电缆可固定在机箱底板上的电缆固定夹内；

（10）信号电缆屏蔽层接到电缆固定夹下；

（11）现场根据情况进行接地。

10）远程控制器 RTU

RTU 接口定义见表 2.1.4。

表 2.1.4 RTU 接口定义

序号	位号	接口类型	接口标识		功能说明	备注
1.1	J1	5.08mm-28P	24V+		主控制器电源正极输入	11 个端子
1.2			24V−		主控制器电源负极输入	4 个端子
1.3			PE		机壳地	
1.4			AI0		6 路模拟量信号输入，4～20mA	
1.5			AI1			
1.6			AI2			
1.7			AI3			
1.8			AI4			
1.9			AI5			
1.10			RS485	A	RS485 通信接口	
1.11				B		
1.12			DI0		4 路数字量信号输入，12～24V DC	
1.13			DI1			
1.14			DI2			
1.15			DI3			
2.1	J2	5.08mm-14P	24V+		继电器电源正极输入	
2.2			24V−		继电器电源负极输入	
2.3			DO0C		继电器（DO0）常闭触点	
2.4			DO0O		继电器（DO0）常开触点	
2.5			DO0COM		继电器（DO0）触点公共端	
2.6			DO1C		继电器（DO1）常闭触点	
2.7			DO1O		继电器（DO1）常开触点	
2.8			DO1COM		继电器（DO1）触点公共端	
2.9			DO2C		继电器（DO2）常闭触点	
2.10			DO2O		继电器（DO2）常开触点	
2.11			DO2COM		继电器（DO2）触点公共端	
2.12			DO3C		继电器（DO3）常闭触点	
2.13			DO3O		继电器（DO3）常开触点	
2.14			DO3COM		继电器（DO3）触点公共端	
3.1	J3	RJ45	RJ45-1&2		以太网通信发送数据	
3.2			RJ45-3&6		以太网通信接收数据	

续表

序号	位号	接口类型	接口标识		功能说明	备注
4.1	J4	DB9	DB9-2		RS232 通信发送数据	
4.2			DB9-3		RS232 通信接收数据	
4.3			DB9-5		RS232 通信地	
5.1	J14	5.08mm-10P	MODEM	RX	RS232 通信接收数据	MODEM 接口
5.2				TX	RS232 通信发送数据	
5.3				RST	MODEM 复位	
5.4				GND	RS232 通信地	
5.5			DF	SWTX	数字滤波器射频发送开关控制	数字滤波器接口
5.6				SWRX	数字滤波器射频接收开关控制	
5.7				GND	RS232 通信地	

11）单板指示灯

指示灯说明见表 2.1.5。

表 2.1.5 指示灯说明

序号	指示灯标识	功能定义	亮起颜色	状态说明
1	+5V	+5V 电源	绿	亮：有 +5V 电源时； 灭：无 5V 电源时
2	RUN	设备运行指标	绿	1Hz 闪烁：系统程序运行时； 4Hz 闪烁：系统运行在测试模式时
3	STAT	无线通信网络状态	绿	亮：无线在网； 1Hz 闪烁：无线入网； 灭：无线掉网
4	TEST	测试模式	绿	亮：进入测试模式； 灭：程序正常运行
5	ERR	错误显示	黄	亮：错误； 灭：正常
6	DO0	数字量输出状态	绿	亮起时对应继电器触点为闭合状态
7	DO1		绿	
8	DO2		绿	
9	DO3		绿	

续表

序号	指示灯标识	功能定义	亮起颜色	状态说明
10	DI0	数字量输入状态	绿	有源12V/24V输入高电平时点亮；无源输入闭合时点亮
11	DI1		绿	
12	DI2		绿	
13	DI3		绿	
14	485TX	RS485通信发送状态	绿	闪烁：数据发送时；灭：无数据发送
15	485RX	RS485通信接收状态	黄	闪烁：数据接收时；灭：无数据接收
16	SPEED	以太网数据通信状态	绿	亮：100Mbps连接；灭：10Mbps连接或未连接
17	LINK	以太网链路状态	黄	亮：以太网建立连接；灭：无连接；闪烁：检测到CRS冲突
18	+5V	+5V电源	绿	亮：有+5V电源时；灭：无+5V电源时
19	232TX	RS232通信发送状态	绿	闪烁：数据发送时；灭：无数据发送
20	232RX	RS232通信接收状态	黄	闪烁：数据接收时；灭：无数据接收

第二节 小型站点自控设备

一、自控设备结构及原理

1. 计量间自控设备结构及原理

每座计量间设置1套WIA-PA智能无线远程数据采集与控制终端单元，完成计量间内生产过程中工艺参数的采集、控制和数据上传功能。

计量部分采用立式两相计量分离器和"U"形管积算仪连续量油装置的计量方式。其中立式两相计量分离器为已建设备，增设"U"形管积算仪连续量油装置，通过"U"形管积算仪连续量油装置设备自带的RTU实现数据采集。设备自带的RTU通过RS485接口与 WIA-PA 智能无线远程数据采集与控制终端单元通信。计量间内不设置可燃气体探测器，采用便携式仪器检测可燃气体浓度。

对于未实施数字化建设的计量间，集油汇管压力、掺水汇管压力、集油汇管温度、集油支管温度、掺水汇管温度采用无线仪表检测。无线仪表采用电池供电，控制装置采用 220V AC 供电。

对于已实施数字化建设的计量间，集油、掺水汇管温度采用无线仪表检测，集油、掺水汇管压力及掺水量信号取自已建 RTU，已建 RTU 通过 RS485 接口与 WIA-PA 智能无线远程数据采集与控制终端单元通信。

2. 配水间

对于未实施数字化建设的配水间，每座配水间设置 1 套 WIA-PA 智能无线远程数据采集与控制终端单元，完成配水间内生产过程中工艺参数的采集、控制和数据上传功能。控制器设置于控制箱内，控制箱采用壁挂式安装。来水干管压力、单井注水压力采集采用 WIA-PA 压力变送器；单井流量累计采集采用 WIA-PA 无线电磁流量计。现场仪表均为电池供电。

对于已实施数字化建设的配水间，已建压力变送器（4~20mA）及高压流量控制装置（RS485）信号已通过电缆接入已建 RTU，本次利旧已建仪表及 RTU，在每座配水间增设一套 WIA-PA 智能无线 IO 适配器，通过 RS485 接口与已建 RTU 通信，实现数据上传。

二、配置说明

1. 简述

使用配置工具上位机软件，可对无线电参分析控制器的相关参数进行查询、设置，以及井口功图、电流图实时数据的查询，用于无线电参分析控制器在现场的安装、调试和运行维护。

2. 设备连接

配置工具与无线电参分析控制器的物理连接可采用 RS232、RS485、以太网口连接三种方式。

双击配置工具图标，采用 RS232 或 RS485 方式连接的连接界面如图 2.2.1 所示。选择"串口连接"，并根据串口参数选择串行口，RS232 波特率选择 115200，无校验，数据位选择 8bit，停止位选择 1bit；RS485 参数可配置，默认值为：波特率 9600、无校验、数据位 8bit、停止位 1bit；选择

图 2.2.1 串口连接界面

正确后,"连接设备"选择"RTU",然后点击"连接"按钮,跳转到主界面,如图 2.2.2 所示。

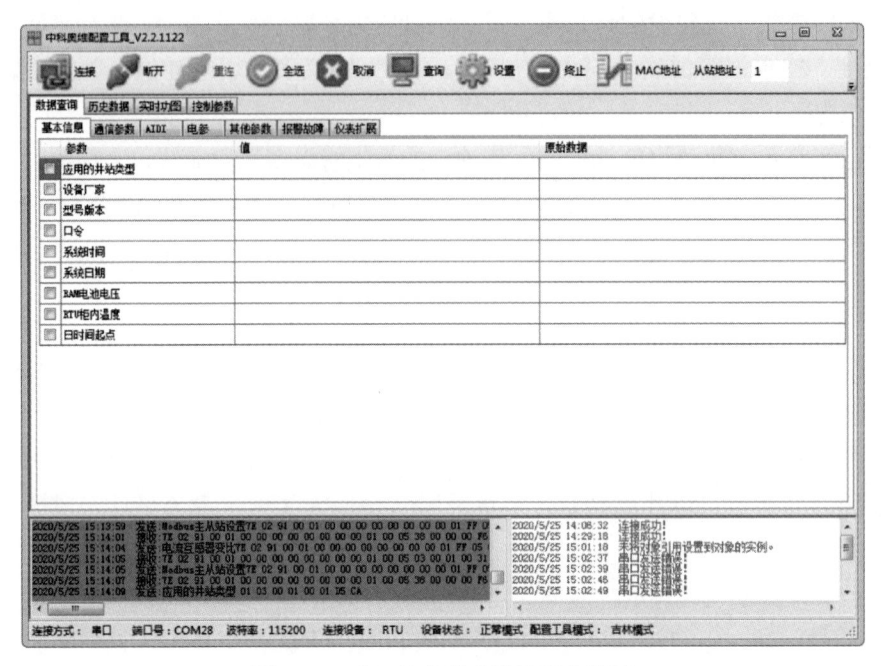

图 2.2.2　串口连接成功跳转到主界面

采用以太网口方式连接的连接界面如图 2.2.3 所示,选择"网口连接",协议类型选择"IPv4"(目前仅支持 IPv4 协议),并根据无线电参分析控制器的本地 IP 地址写入 IP 地址参数(目前出厂默认的 IP 地址是 192.168.4.10,用户可根据自身需求定义),本地端口使用默认值或根据自身需求设置,UDP 端口写入端口号(目前出厂默认的 UDP 端口号是 6000,用户可根据自身需求定义),TCP 端口写入端口号(目前出厂默认的 TCP 端口号是 502,用户可根据自身需求定义),"连接设备"选择"RTU",然后点击"连接"按钮,跳转到主界面,如图 2.2.4 所示。

3. 设备参数配置

进入配置工具的主界面后选择第一级 tab 页的"控制参数",然后选择第二级 tab 页的"配置项",就进入到无线电参分析控制器的设备参数配置界面,如图 2.2.5 所示。设备参数设置后,需要重启无线电参分析控制器才能生效。

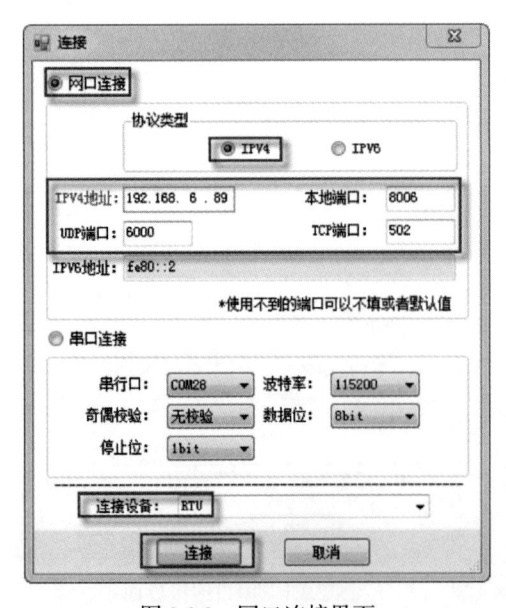

图 2.2.3　网口连接界面

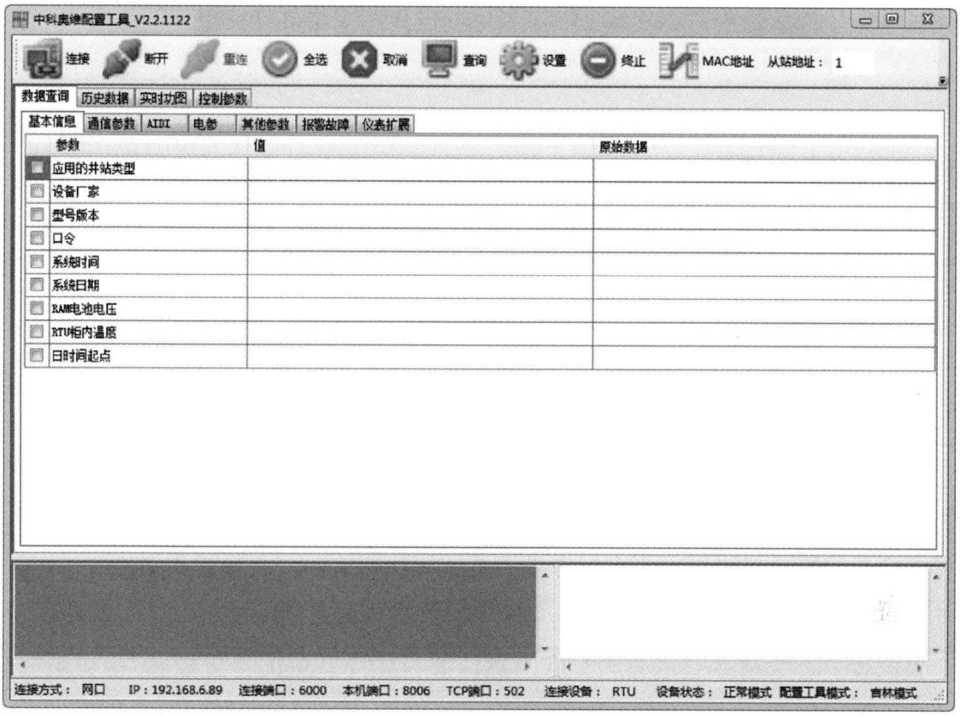

图 2.2.4　网口连接成功跳转到主界面

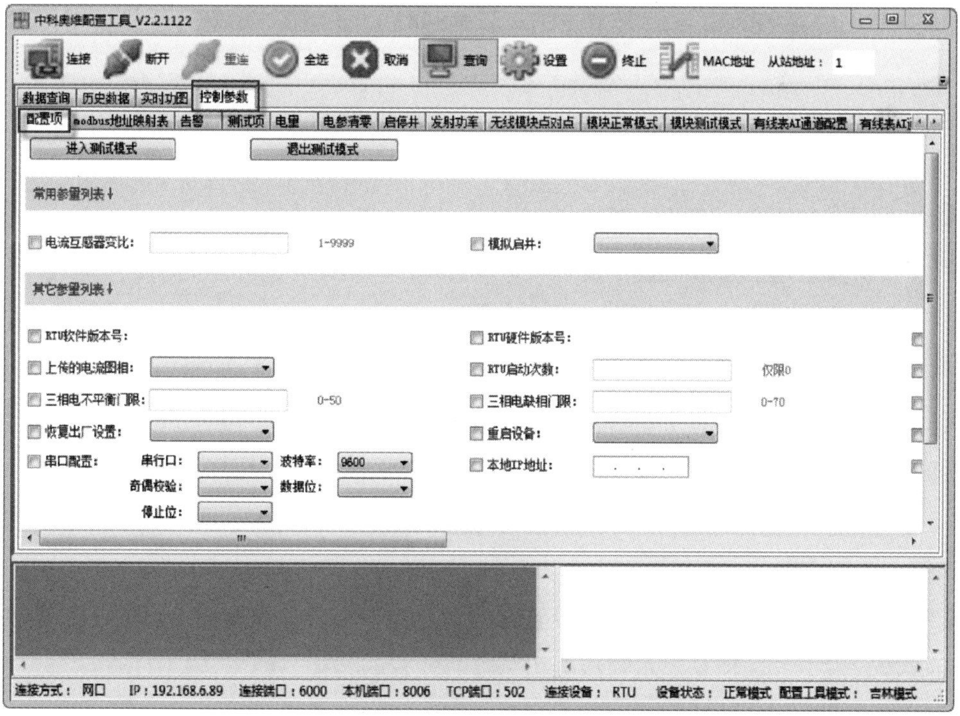

图 2.2.5　无线电参分析控制器设备参数配置界面

无线电参分析控制器的"配置项"主要完成电流图采集周期、电流图采集间隔、电量上传周期、电流互感器变比、网口参数等参量的配置，用户常用参数及说明如下：

电流互感器变比：将现场使用的互感器变比输入此项并配置，一般配置为 20。

电参采集间隔：为电参的采集频率，默认 120ms，配置范围：50～300ms。

上传的电流图相：所上传的电流图是三相电的其中一相，默认 A 相。

电量上传周期：电机常规电量实时数据采集、上传周期，可根据用户实际需求设置，建议设置 5min 以上。

三相电不平衡门限：可根据用户实际需求配置或不配置，默认 50。

三相电缺相门限：可根据用户实际需求配置或不配置，默认 70。

网口参数：包括本地 IP 地址、子网掩码、默认网关、本地 UDP 端口号、本地 TCP 端口号，用户可根据自身需求配置或使用默认值。

模拟启井：默认是取消，没有外部抽油机运行状态信号输入且需要上传电流图时应设置为使能，在有外部抽油机运行状态信号输入时应设置为取消。

串口配置：即 RS485 口的参数配置，默认值：波特率 9600，无校验，8 个数据位，1 个停止位；可根据实际应用进行配置。

Modbus 主从站设置：当无线电参分析控制器需要通过 RS485 口连接 1 个或多个 Modbus 从机时，需将该参量设置为主站；若 RS485 口不连接 Modbus 从机，则该参量设置为从站。

相电压/线电压：根据现场电参要求配置，如需 220V 数据配置为"相电压"，如需 380V 数据配置为"线电压"。

在查询某个参数时，需要的操作步骤如下：

（1）在需要查询的参数复选框前打√，如图 2.2.6 所示。

（2）点击位于操作界面上部的"查询"按钮，左下方的数据交互窗口会看到有数据的发送和接收，参数后面的空格或下拉菜单会显示查询获得的参数值（图 2.2.7）。

在设置某个参数时，需要的操作步骤如下：

（1）在需要设置的参数复选框前打√，如图 2.2.8 所示。

（2）在参数后面的空格处填入需要设置的参数值，或在下拉菜单中选择需要设置的选项，如图 2.2.9 所示。

（3）点击位于操作界面上部的"设置"按钮，左下方的数据交互窗口会看到有数据的发送和接收，右下方的消息提示窗口会提示参数配置的结果，如图 2.2.10 所示。

（4）可通过查询来确认某个参数已设置为用户需要的数值。

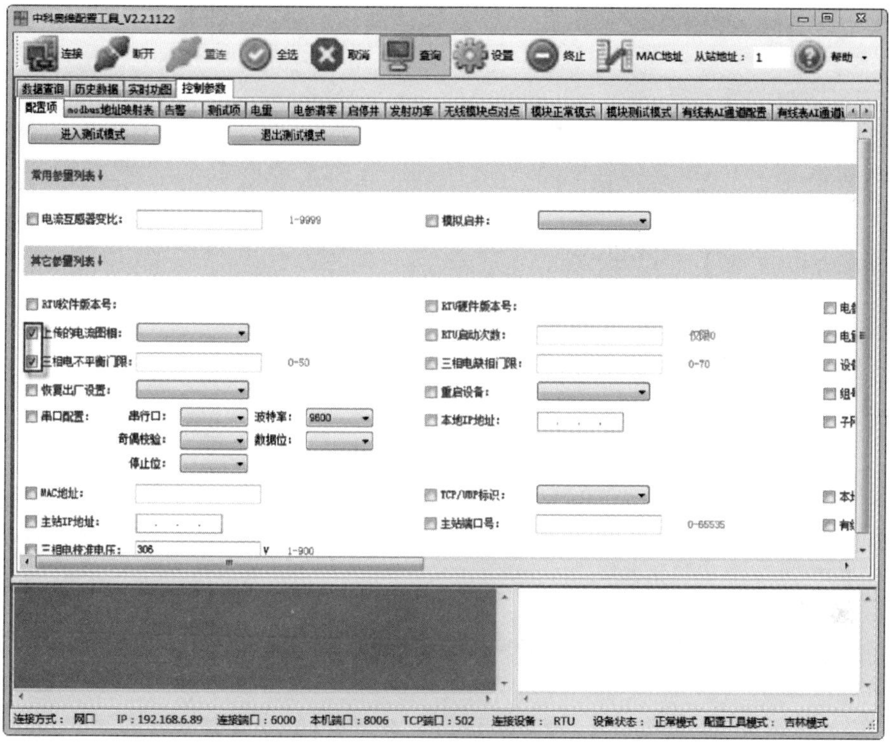

图 2.2.6 参数查询步骤 1

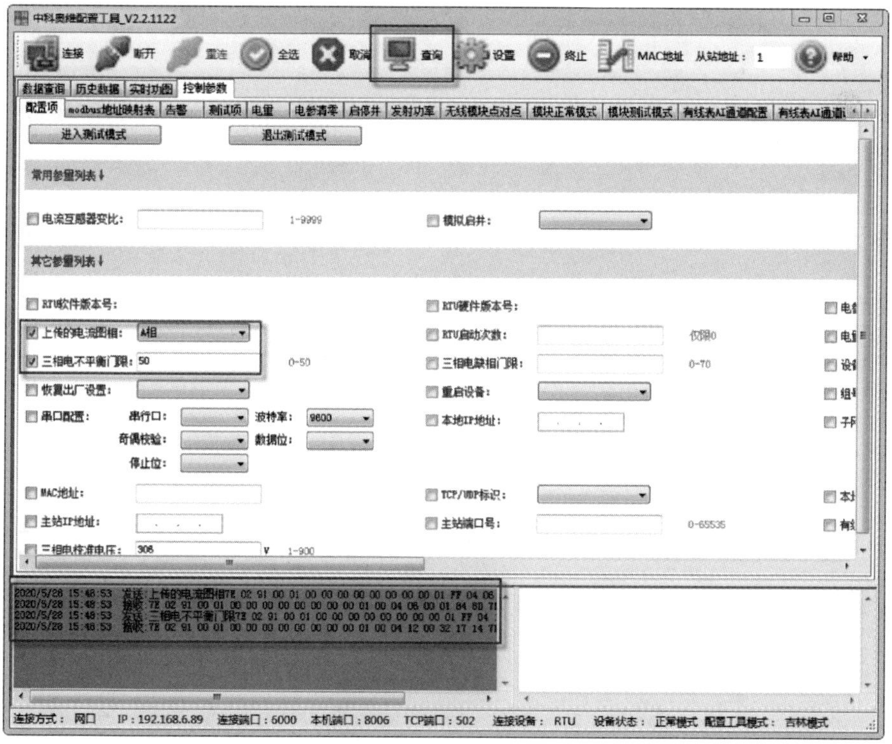

图 2.2.7 参数查询步骤 2

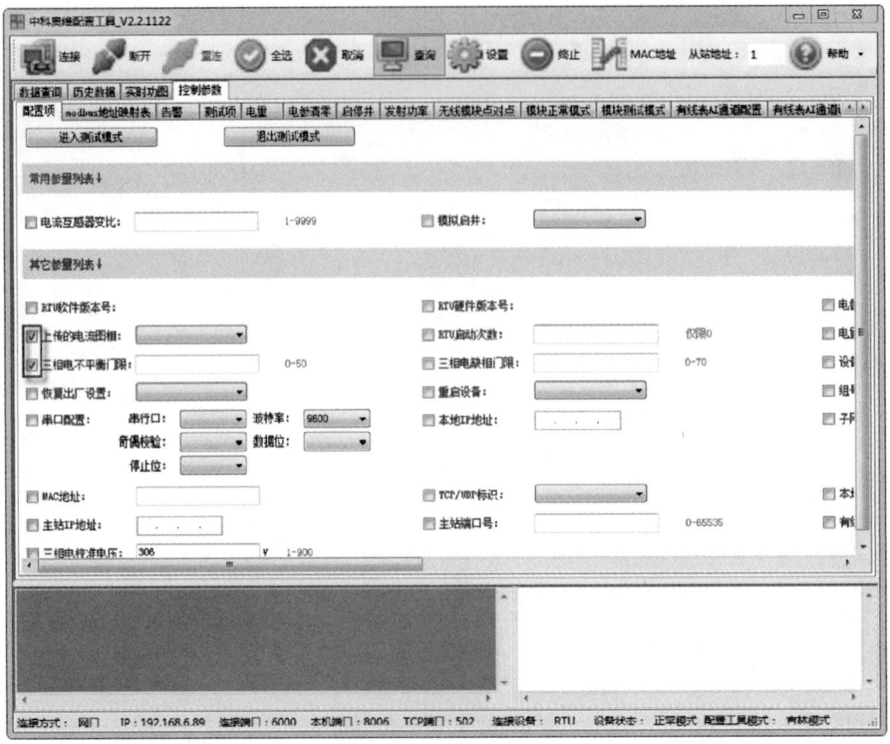

图 2.2.8　参数设置步骤 1

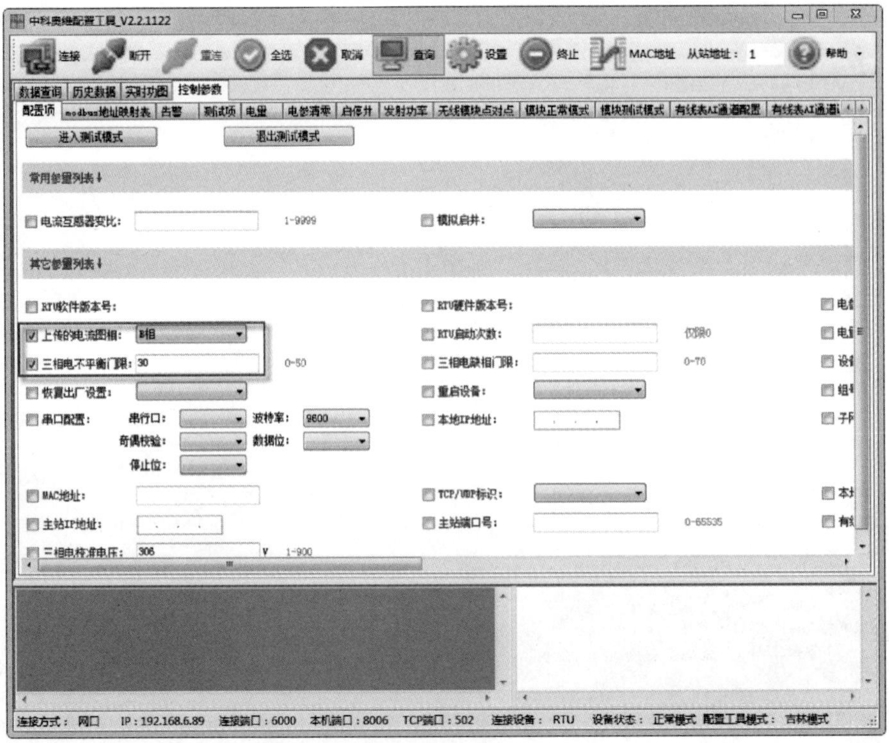

图 2.2.9　参数设置步骤 2

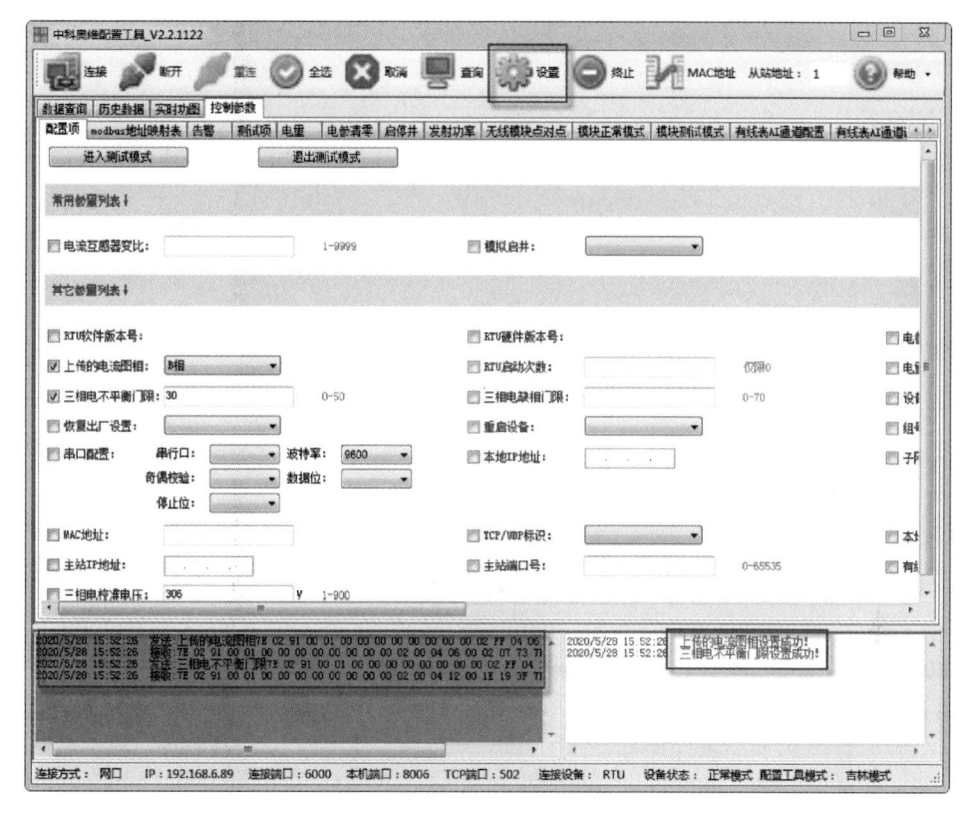

图 2.2.10　参数设置步骤 3

三、小型站点网络调试

WIA-PA 智能无线远程数据采集与控制终端单元及 WIA-PA 智能无线 IO 适配器采集所需数据后，通过 WIA-PA 网络上传至 WIA-PA 智能无线网关，WIA-PA 智能无线网关通过自建无线 WIA-PA 网络将数据传至附近所属大中型站场，再通过已建有线光缆将数据传输至生产管理中心服务器。

要想实现小型站点网络调试需要完成无线网络配置和以太网配置。

1. 无线网络配置

正确配置无线网络可以成功组建无线网络，具体配置及验证方法如下。

（1）应用串口线连接；

（2）点击"连接网关"，提示连接成功后，进行配置；

（3）PANID、广播信道必须与终端节点一致，且广播信道尽量选择无干扰的信道；

（4）勾选并填入以上参数，点击菜单栏中的"设置"，右下角窗口提示成功，重启网关后生效；

（5）其余参数的功能详情见高级功能（图 2.2.11）。

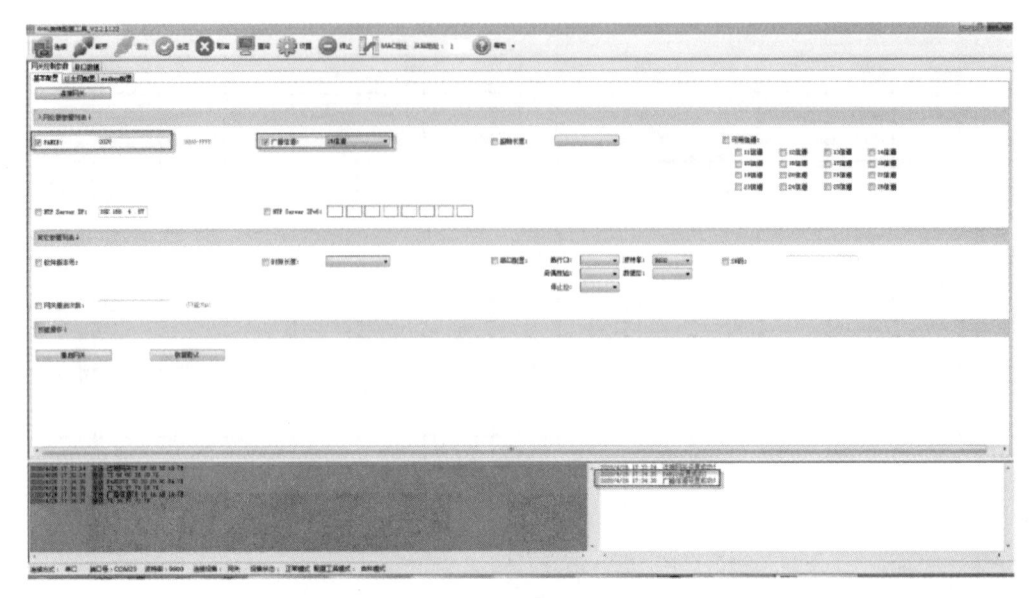

图 2.2.11　无线网络参数配置

通过验证无线网络配置，测试无线网络设置是否成功。

（1）重启网关后，勾选 PANID 和广播信道复选框；

（2）点击菜单栏上的查询按钮；

（3）查看查询结果，PANID 和广播信道均为此前设置的数值，即设置成功；

（4）设置 RTU 终端的 PANID 和广播信道，使之与网关相同，井站类型设置为油井，井站编号设置为 0，组号设置为 0，若 RTU 能加入网关，则无线网络设置成功（图 2.2.12）。

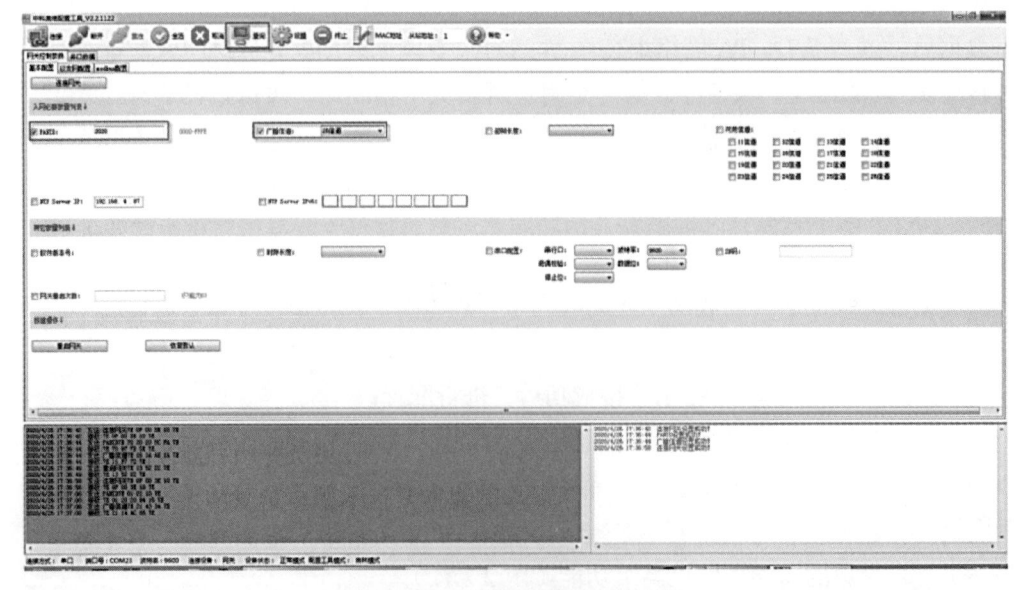

图 2.2.12　无线网络参数查询验证

2. 以太网配置

正确配置以太网可以通过上位机进行数据交互，实现展示拓扑和远程配置等功能。以太网配置需根据现场局域网的网段进行配置，一般由局域网的网络管理员分配，当管理员分配的地址为IPv4地址时，则将分配的IP地址、子网掩码和默认网关，一并配置到网关里；当管理员分配的地址为IPv6地址时，则仅需将分配的IPv6地址配置到网关里即可。

以太网配置与验证方法如下：

（1）串口线连接方法与上位机软件连接方法见串口连接；

（2）点击"连接网关"，提示连接成功后，进入"以太网配置"tab页，进行以太网参数配置；

（3）填入要设置的网关IPv6地址或网关IP地址、网关子网掩码、默认网关；

（4）勾选并填入以上参数，点击"设置"，右下角窗口提示成功，重启网关后生效；

（5）其余参数详见本节的"高级功能"部分（图2.2.13）。

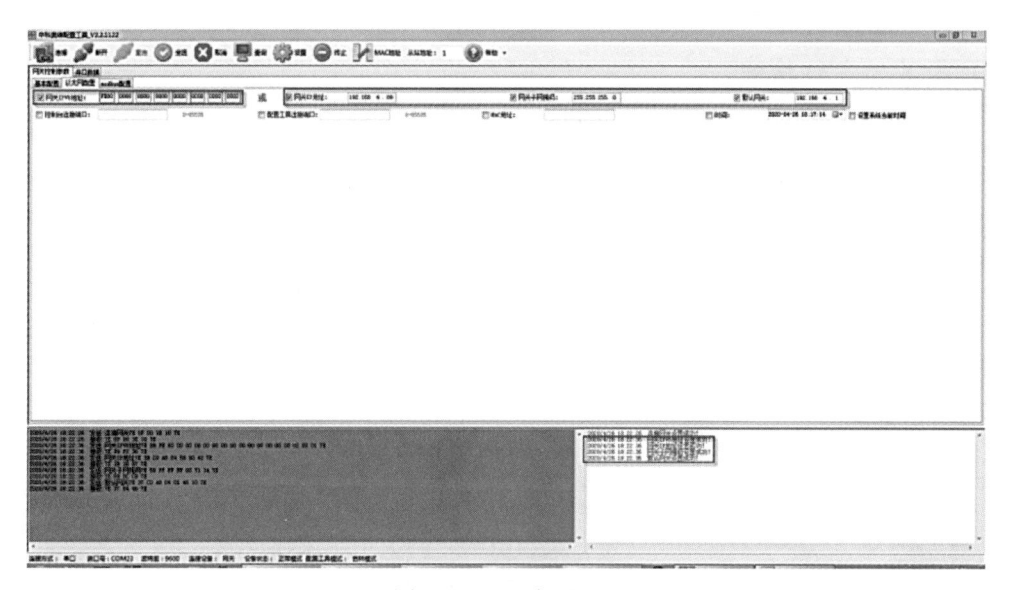

图 2.2.13 以太网配置

配置完成后，可以通过3种方式验证以太网配置是否成功。

（1）重启网关后，勾选网关IPv6或网关IP地址、网关子网掩码和默认网关复选框，点击菜单栏上的查询按钮，查看查询结果，均为此前设置的数值，即设置成功（图2.2.14）；

（2）使计算机与网关在同一个局域网内，在计算机上ping该网关，能ping通，即设置成功；

（3）使计算机与网关在同一个局域网内，在计算机上运行配置工具，通过网口连接网关，能连接成功，则设置成功。

以上3种方法均可验证以太网设置是否成功。

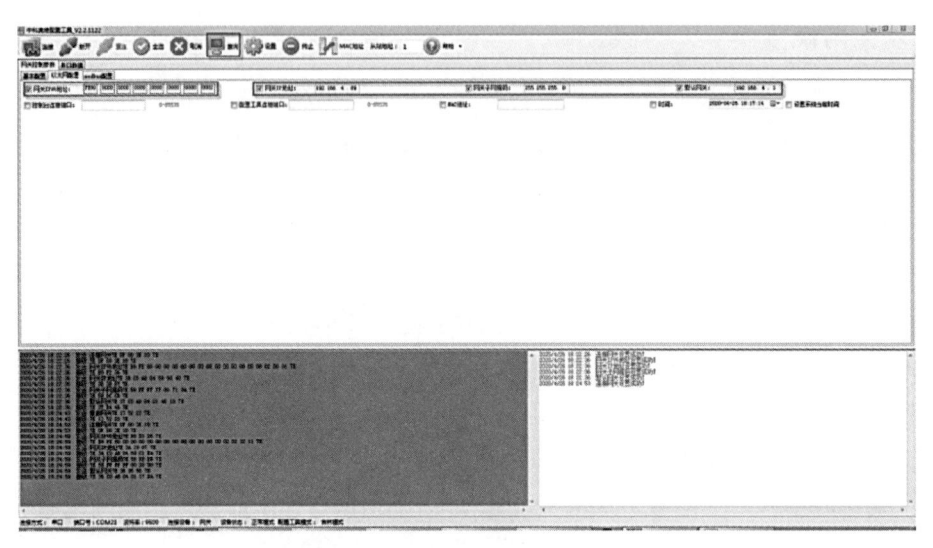

图 2.2.14 以太网配置查询验证

3. 网关的高级功能

网关的高级功能包括无线接入有线网功能、大规模网络功能、本地地理时间功能、Modbus RTU 功能、Modbus TCP 功能、恢复出厂默认配置功能、重启功能、井口数据查询功能，以上功能均可通过串口、RS485 口和网口进行相关配置，以下分别描述了三种连接方法和各功能的使用方法，参数配置时以网口 IPv6 连接方式的配置为例。

1）串口连接

网关串口参数固定为：波特率 9600、无校验、8 个数据位、1 个停止位，不可配置，当忘记或不知道网口 IP 时，可以选择串口连接网关。

通过以下步骤对无线网关进行串口连接：

第一步：使用网关专用串口通信电缆连接网关与电脑，网关上电工作。

第二步：打开专用配置工具，在"连接"对话框中选择串口连接，选择与串口线相对应的串口号，波特率为 9600，奇偶校验为无校验，数据位为 8bit，停止位为 1bit，连接设备选择网关，点击连接（图 2.2.15）。

第三步：点击连接后，进入网关的配置主界面，在网关控制参数主 tab 页下，包括三个子 tab 页：基本配置、以太网配置和 Modbus 配置，在基本配置子 tab 页内，点击连接网关按钮，右下角窗口显示"连接网关设置成功！"，此时可以对 3 个子 tab 页内的所有参数进行设置和读取（图 2.2.16）。

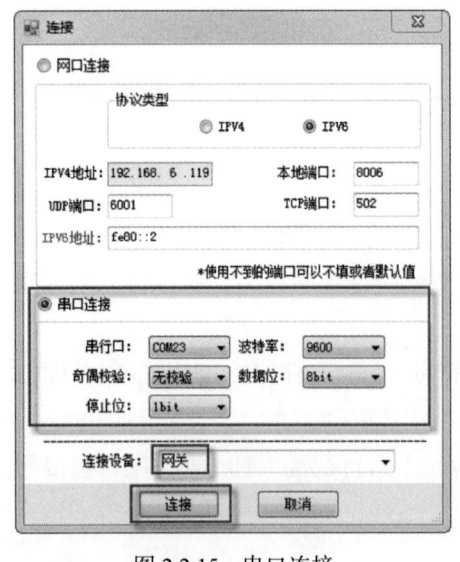

图 2.2.15 串口连接

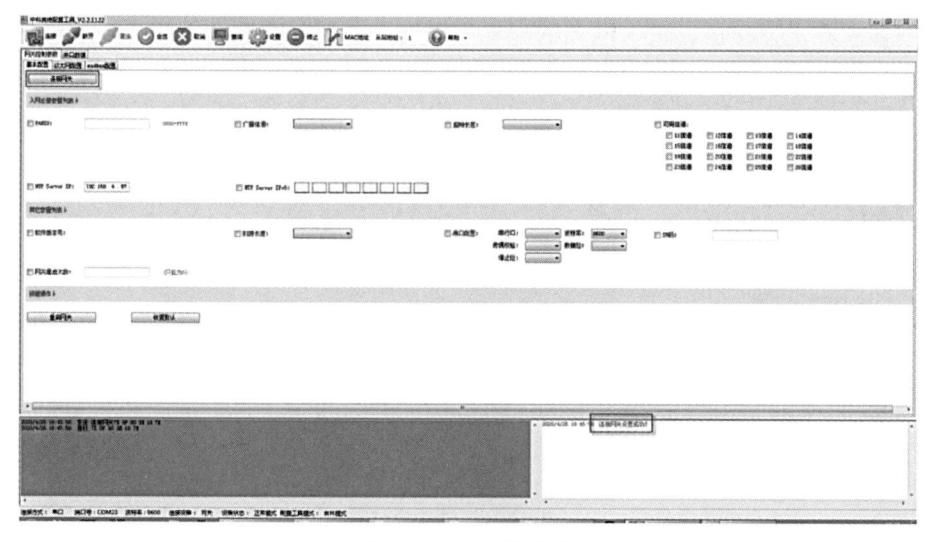

图 2.2.16 连接网关

专用配置工具的串口连接方式，仅支持网关控制参数的配置和查询，井口数据的查询可通过其他工具的串口连接方式进行查询，如 ModScan32、ModbusPoll 等 Modbus 工具。

2）网口连接

网口连接可选择 IPv4 连接和 IPv6 连接，当网关的软件版本号为 SWR007S.V3.xx 时，只能选择 IPv6 的连接方式；当网关的软件版本号为 SWR007S.V1.xx 或 SWR007S.V2.xx 时，只能选择 IPv4 的连接方式。

网关网口的配置工具 UDP 端口固定为 6001，TCP 端口固定为 502；网关的网口 IPv4 地址默认为 192.168.4.89，IPv6 地址默认为 FE80::1，可配置。通过网口对网关进行配置时，需知道网关的版本号和对应的 IP 地址，计算机与网关在同一局域网时，需保证计算机 IP 与网关在同一网段；计算机与网关通过路由器连接时，需保证网关设置了正确的默认网关（仅限 IPv4 连接方式），配置方法详见本节"接入有线网功能"部分。

通过以下步骤对无线网关进行网口连接：

第一步：将网关接入到有线网络中，网关上电工作。

第二步：打开专用配置工具，在"连接"对话框中选择网口连接，协议类型选择 IPv4 或 IPv6，填入网关 IPv4 或 IPv6 地址，本地端口、UDP 端口和 TCP 端口保持不变，连接设备选择网关，点击连接（图 2.2.17）。

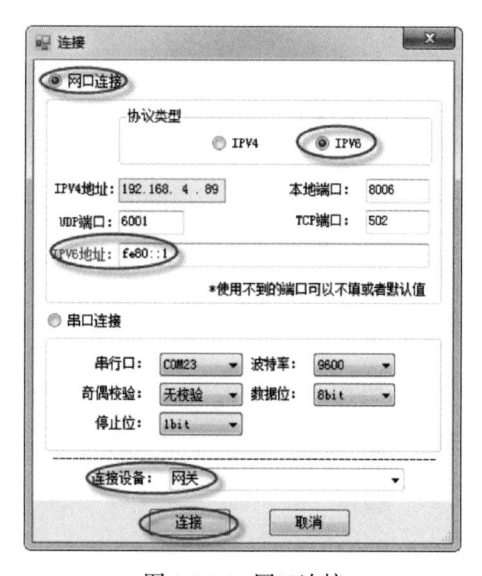

图 2.2.17 网口连接

第三步：点击连接后，进入网关的配置主界面，在网关控制参数主 tab 页下，包括三个子 tab 页：基本配置、以太网配置和 Modbus 配置，在基本配置子 tab 页内，点击连接网关按钮，右下角窗口显示"连接网关设置成功！"，此时可以对 3 个 tab 页内的所有参量进行设置和读取，并且可以对井口数据进行查询（图 2.2.18）。

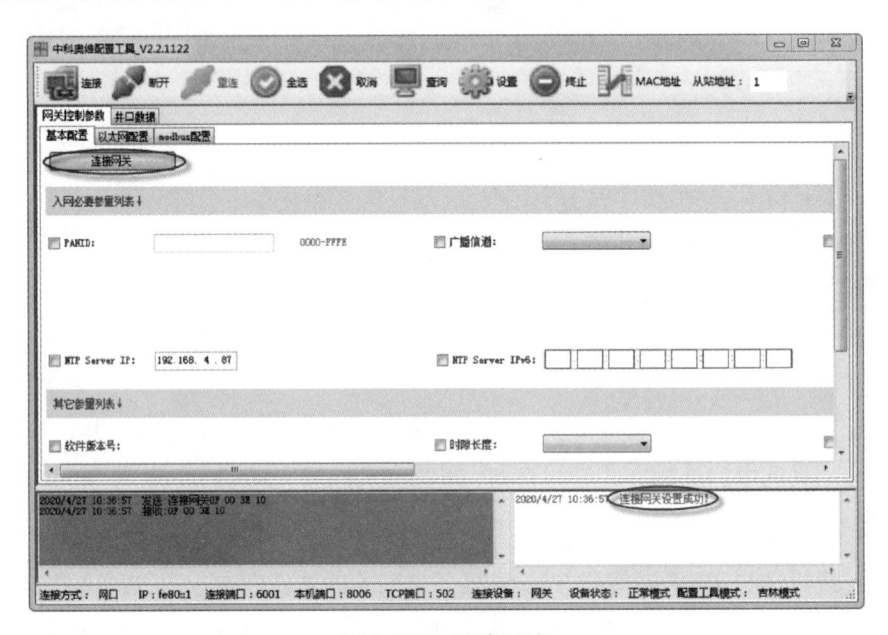

图 2.2.18　连接网关

3）RS485 口连接

RS485 口的通信参数可配置，通过 RS485 口连接网关前，需知道网关 RS485 口的波特率、奇偶校验位、停止位，默认参数为：9600 波特率、无校验、8 个数据位、1 个停止位，计算机端使用与网关 RS485 口相同的参数，与网关建立连接，连接建立后，可以对网关各功能相关参数进行配置，并且可以对井口数据进行查询。

通过以下步骤对无线网关进行 RS485 连接：

第一步：需要使用 RS485 转 USB 转接线，连接网关的 RS485 到计算机的 USB 口，网关上电工作。

第二步：打开中科奥维专用配置工具，在"连接"对话框中选择串口连接，选择与 RS485 转 USB 转接线对应的串口号，波特率、奇偶校验、数据位、停止位均与网关 RS485 的参数值一致，连接设备选择网关，点击连接（图 2.2.19）。

图 2.2.19　RS485 连接

第三步：点击连接后，进入网关的配置主界面，在网关控制参数主 tab 页下，包括三个子 tab 页：基本配置、以太网配置和 Modbus 配置，在基本配置子 tab 页内，点击连接网关按钮，右下角窗口显示"连接网关设置成功！"，此时可以对 3 个 tab 页内的所有参量进行设置和读取（图 2.2.20）。

图 2.2.20 RS485 连接网关

专用配置工具的 RS485 连接方式，仅支持网关控制参数的配置和查询，井口数据的查询可通过其他工具的 RS485 连接方式进行查询，如 ModScan32、ModbusPoll 等 Modbus 工具。

网关有两个网口，如图 2.2.21 所示。

图 2.2.21 网关主副网口

其中，仅主网口为用户可用网口，可配置；副网口用户不可用，不可配置。因此，用户仅可通过主网口连接网关。

4. 网关的配置

当网关软件版本为 SWR007S.V1.xx 或 SWR007S.V2.xx 时，网口仅支持 IPv4 协议。该网关需要与计算机通过网线直连，或通过两层交换机接入局域网时，只需将网关的 IPv4 地址配置为与计算机在同一网段的 IPv4 地址，且子网掩码与计算机一致即可。

当网关软件版本为 SWR007S.V3.xx 时，网口仅支持 IPv6 协议。该网关需要与计算机通过网线直连，或通过两层交换机接入局域网时，只需将网关的 IPv6 地址配置为与计算机在同一网段的 IPv6 地址即可，无须配置网关的子网掩码。

1）网关的 IPv4 配置

网关的 IPv4 地址和子网掩码，配置步骤如下：

（1）计算机串口连接网关（SWR007S.V1.xx 或 SWR007S.V2.xx），连接成功后，填入要配置的网关 IP 地址、网关子网掩码的值，均为 IPv4，网关 IP 要与计算机 IP 网段相同，子网掩码与计算机子网掩码相同；

（2）勾选网关 IP 地址、网关子网掩码前面的复选框；

（3）点击菜单栏中的设置；

（4）查看右下角窗口，提示"网关 IP 地址设置成功！""网关子网掩码设置成功！"，则配置完成，重启网关，重启后生效（图 2.2.22）。

图 2.2.22　网口 IPv4 配置

配置后的验证：

（1）重启网关后，计算机配置工具通过串口连接网关，连接成功后，勾选网关 IP 地址、网关子网掩码前面的复选框；

（2）点击菜单栏中的查询；

（3）查看结果，网关 IP 地址、网关子网掩码均为此前设置的数值，则设置成功（图 2.2.23）；

图 2.2.23　网口 IPv4 配置验证

（4）计算机通过网线与网关的主网口直连，计算机的 IP 设置为与网关主网口相同 IP 网段的 IP，计算机上使用 ping 命令 ping 网关主网口 IP，能 ping 通，说明配置成功；ping 不通，则配置失败（图 2.2.24）。

图 2.2.24　ping 网口 IPv4

2）网关的 IPv6 配置

网关的 IPv6 地址配置步骤如下：

（1）计算机串口连接网关（SWR007S.V3.xx），连接成功后，填入要配置的网关 IPv6 地址，网关 IPv6 地址要与计算机 IPv6 网段相同；

（2）勾选网关 IPv6 地址前面的复选框；

（3）点击菜单栏中的设置；

（4）查看右下角窗口，提示"网关 IPv6 地址设置成功！"，则配置完成，重启网关，重启后生效（图 2.2.25）。

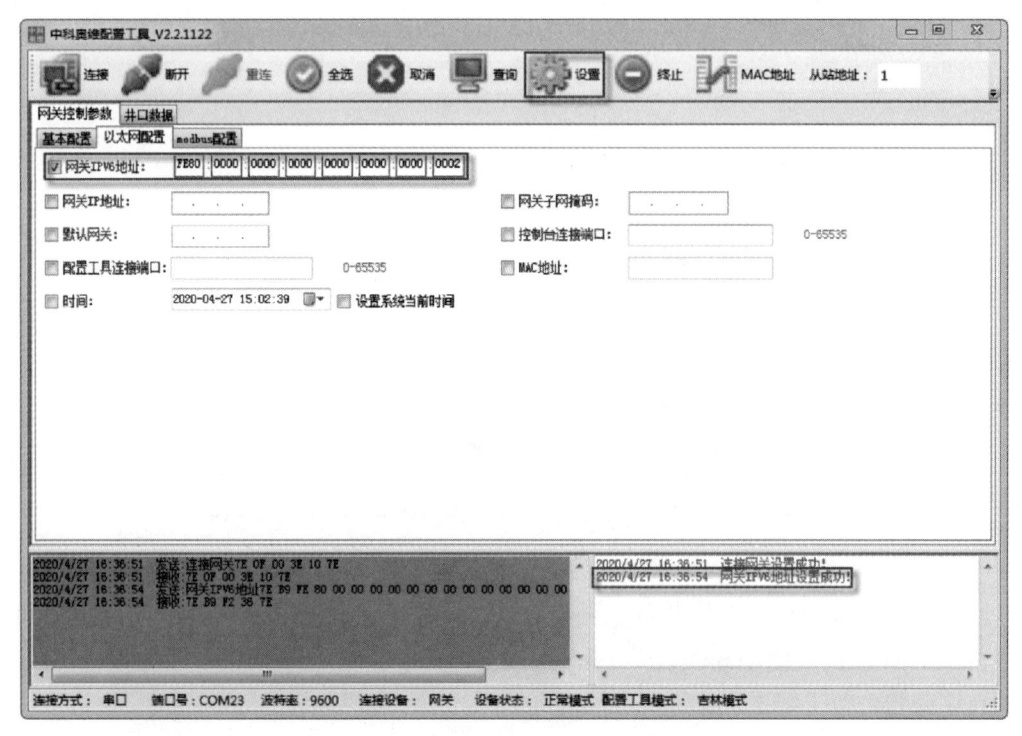

图 2.2.25　网口 IPv6 配置

配置后的验证：

（1）重启网关后，计算机配置工具通过串口连接网关，连接成功后，勾选网关 IPv6 地址前面的复选框；

（2）点击菜单栏中的查询；

（3）查看结果，网关 IPv6 地址为此前设置的数值，则设置成功（图 2.2.26）；

（4）计算机通过网线与网关的主网口直连，计算机的 IPv6 地址设置为与网关主网口相同 IPv6 网段的 IP，计算机上使用 ping 命令 ping 网关主网口 IP，能 ping 通，说明配置成功；ping 不通，则配置失败（图 2.2.27）。

图 2.2.26　网口 IPv6 配置验证

图 2.2.27　ping 网口 IPv6

3）网关配置注意事项

当网关的软件版本号为 SWR007S.V1.xx 或 SWR007S.V2.xx 时，网口仅支持 IPv4 协议。当该网关需要通过三层路由器与计算机相连时，需要配置网关网口的 IP 地址、子网掩码和默认网关。当网关的软件版本号为SWR007S.V3.xx时，网口仅支持IPv6协议。当该网关需要通过三层路由器与计算机相连时，仅需配置网关网口的IPv6地址即可，其配置方法与局域网内连接的网口IPv6地址配置方法相同。

以配置网口的IPv4地址、子网掩码和默认网关为例，配置步骤如下：

（1）计算机串口连接网关（SWR007S.V1.xx或SWR007S.V2.xx），连接成功后，填入要配置的网关IP地址、网关子网掩码和默认网关的值，均为IPv4，默认网关应为网关接入的路由器端口的IP，网关IP应与接入的路由器端口IP网段相同，子网掩码应与接入的路由器端口子网掩码相同；

（2）勾选网关IP地址、网关子网掩码和默认网关前面的复选框；

（3）点击菜单栏中的设置；

（4）查看右下角窗口，提示"网关IP地址设置成功！""网关子网掩码设置成功！""默认网关设置成功！"，则配置完成，重启网关，重启后生效（图2.2.28）。

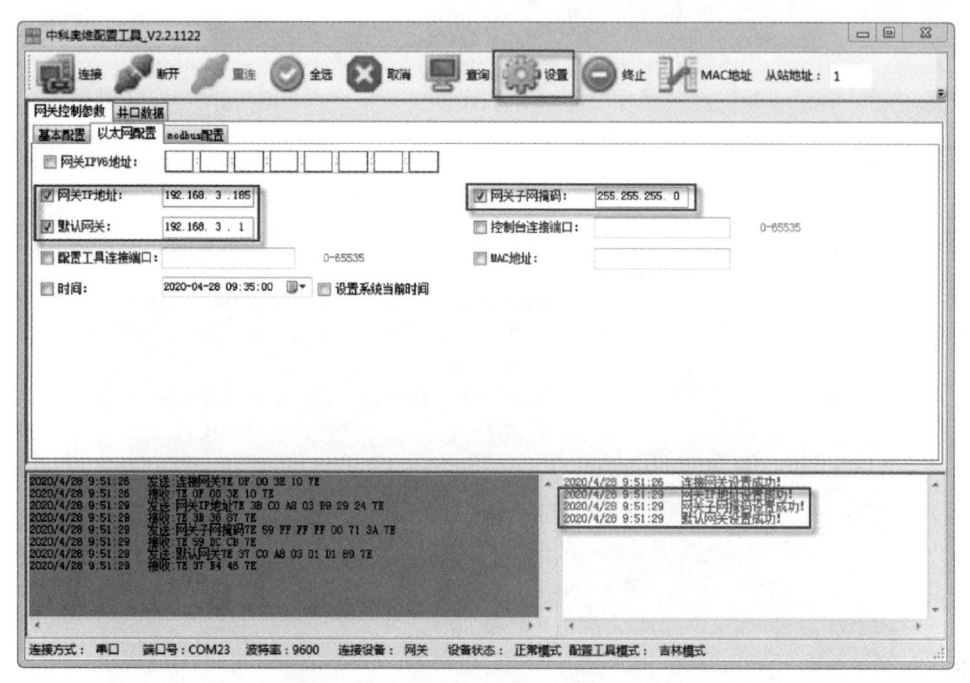

图2.2.28 跨网段访问的网口IPv4配置

配置后的验证：

（1）重启网关后，计算机配置工具通过串口连接网关，连接成功后，勾选网关IP地址、网关子网掩码、默认网关前面的复选框；

（2）点击菜单栏中的查询；

（3）查看结果，网关IP地址、网关子网掩码、默认网关均为此前设置的数值，则设置成功（图2.2.29）；

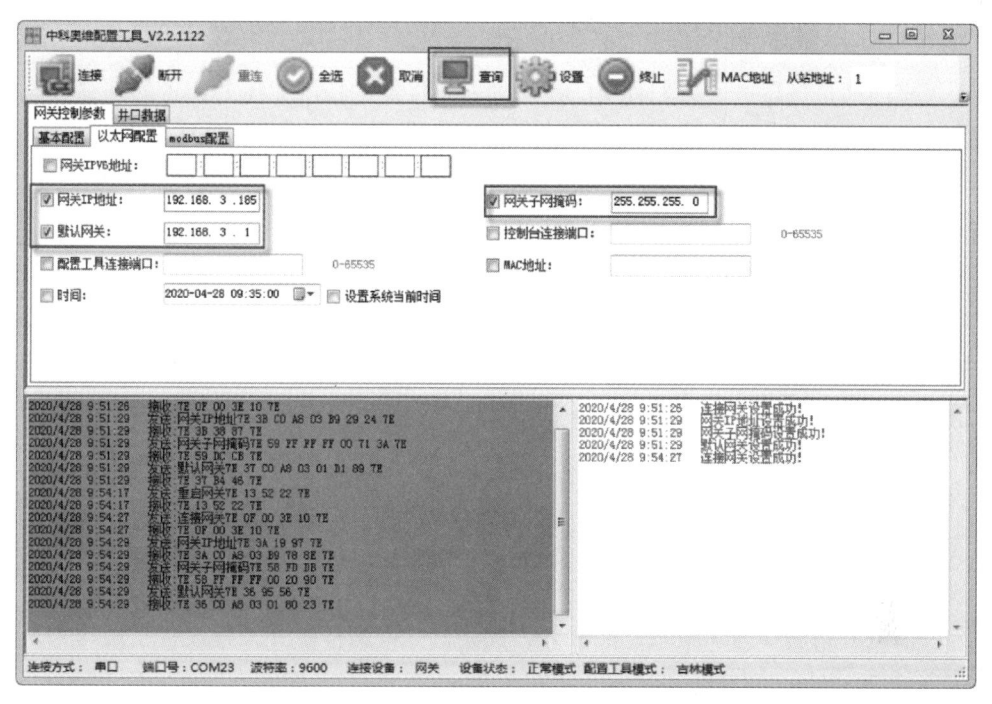

图 2.2.29　跨网段访问的网口 IPv4 配置验证

（4）计算机通过网线连接到路由器的某端口，网关的主网口通过网线连接到路由的 192.168.3.1 端口，计算机的 IP 设置为与计算机接入的路由器端口 IP 相同网段的 IP，计算机上使用 ping 命令 ping 网关主网口 IP，能 ping 通，说明配置成功；ping 不通，则配置失败（图 2.2.30）。

图 2.2.30　跨网段 ping 网口 IPv4

5. 大规模网络配置参量

大规模网络是指超过快速配置所能达到的网络性能的情况，需要配置的网络参数包括超帧长度、可用信道这两个参量。

（1）仪表井站类型均为油井时（每口油井包含 1 个 RTU、1 个示功仪、1 个温度表、1 个压力表）：

当网络规模在 9～18 口井、仪表上传的最快速率 16s 时，需将超帧长度设置为 512；

当网络规模在 9～18 口井、仪表上传的最快速率 8s 时，需将超帧长度设置为 1024；

当网络规模在 19～30 口井、仪表上传的最快速率 32s 时，需将超帧长度改为 1024；

当网络规模在 7 口井以内、仪表上传的最快速率为 1s 时，需将超帧长度设置为 1024，可用信道需设置 4 个以上；

当网络规模在 19～30 口井、仪表上传的最快速率 8s 时，需将超帧长度改为 1024，可用信道需设置 4 个以上；

仪表上传的最快速率为 1s 时，不建议网络规模超过 7 口井。

（2）仪表井站类型为计量站、注水井、抽油机井或螺杆泵井，且设备类型均为采集设备时：

当网络规模在 35～50 点以内、仪表上传的最快速率为 1s 时，需将超帧长度设置为 1024；

当网络规模在 100～120 点、仪表上传的最快速率 8s 时，需将超帧长度改为 512；

仪表上传的最快速率为 1s 时，不建议网络规模超过 50 点。

（3）配置方法。

① 根据以上范围，选择合适的超帧长度和可用信道；

② 在配置工具的网关控制参数主 tab 页下的基本配置页面，选择要配置的超帧长度值（需要配置时），勾选可用信道（需要配置时），需选择无 wifi 干扰的信道；

③ 勾选超帧长度和可用信道前面的复选框；

④ 点击菜单栏中的设置，查看右下角窗口，提示"超帧长度设置成功！""可用信道设置成功！"，则超帧长度和可用信道设置完成，重启网关，重启后生效（图 2.2.31）。

配置后的验证：

重启网关后，连接网关，在配置工具的基本配置页面，勾选超帧长度和可用信道复选框，点击菜单栏的查询，查看查询结果，超帧长度和可用信道均为此前设置的内容，则超帧长度和可用信道设置成功。

6. 网关时间配置

网关带有 RTC 时钟功能和校时功能，RTC 时钟功能用于记录功图和电流图的采集时间；网关的校时功能可以手动校时，也可以网络校时。手动校时，通过配置工具，将计算机的本地时间设置到网关；网络校时，即 Internet 时间同步（NTP），通过设置 NTP Server

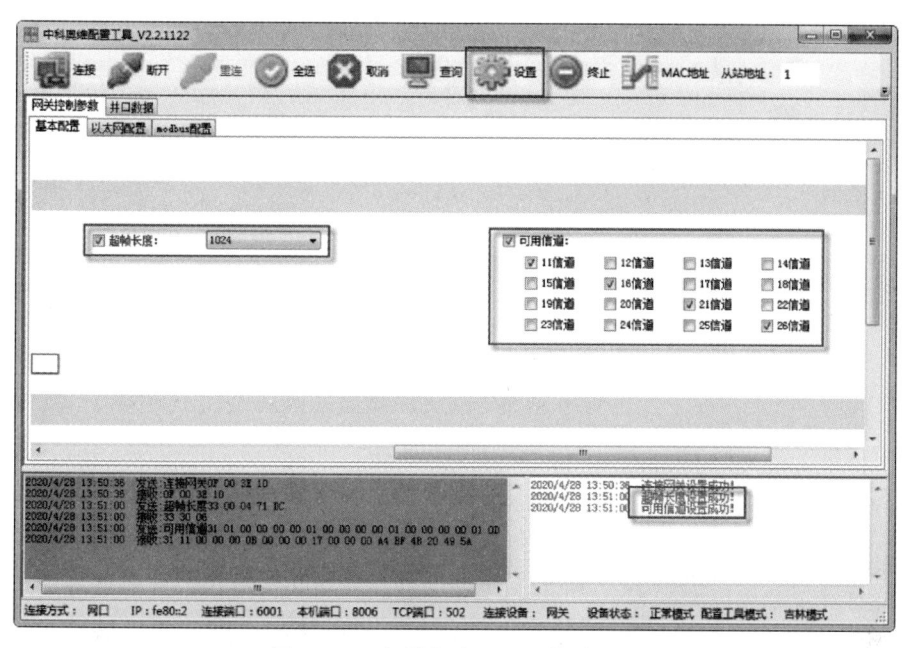

图 2.2.31　超帧长度和可用信道配置

IP，实时校准网关的地理时间；NTP Server IP 默认为 0，不开启网络校时功能，为了准确记录功图和电流图的采集时间，建议设置 NTP 服务器，并确保服务器端的 NTP 服务已打开。

地理时间手动配置的步骤如下：

（1）在配置工具的网关控制参数主 tab 下的以太网配置页面，勾选上设置系统当前时间；

（2）勾选时间前面的复选框；

（3）点击菜单栏中的设置；

（4）查看右下角设置结果，提示"时间设置成功！"，则网关的地理时间设置完成，立即生效（图 2.2.32）。

配置后的验证：

（1）在配置工具的以太网配置页面，勾选时间前面的复选框；

（2）点击菜单栏中的查询，查看查询的结果，与计算机的系统时间一致，则网关的地理时间设置成功。

网络校时，需要配置服务器 IP，当网关的软件版本为 SWR007S.V1.xx 或 SWR007S.V2.xx 时，NTP Server IP 有效；当网关的软件版本为 SWR007S.V3.xx 时，NTP Server IPv6 有效。

NTP Server IP/NTP Server IPv6 配置的步骤如下：

（1）在配置工具的网关控制参数主 tab 页下的基本配置页面，填入要配置的 NTP Server IP（IPv4 的网关程序）或 NTP Server IPv6（IPv6 的网关程序）；

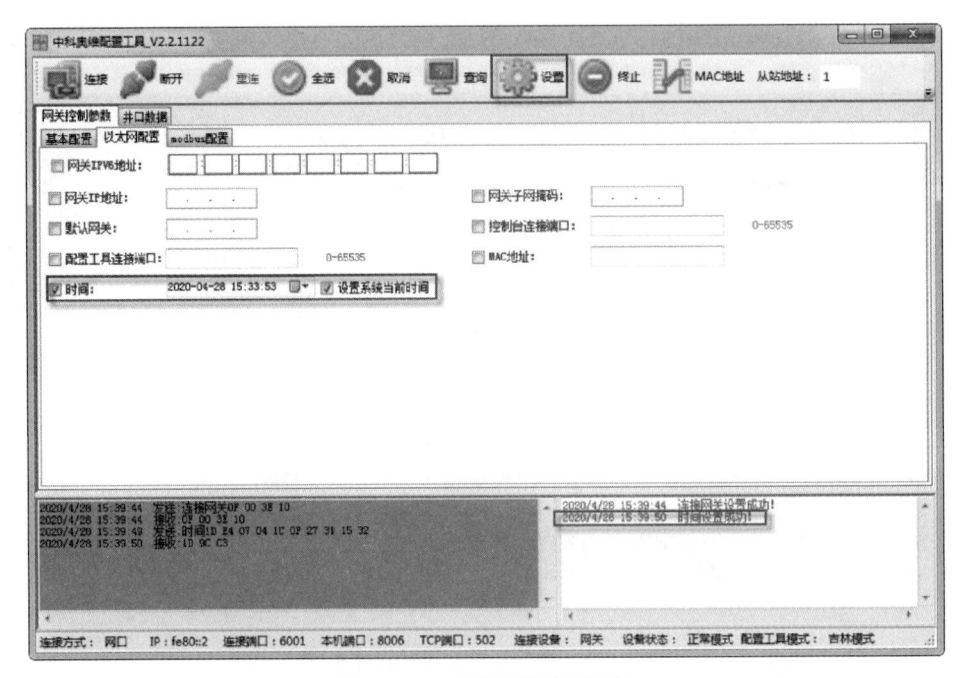

图 2.2.32　手动配置地理时间

（2）勾选 NTP Server IP 或 NTP Server IPv6 前面的复选框；

（3）点击菜单栏中的设置；

（4）查看右下角设置结果，提示"NTP Server IP 设置成功！"或"NTP Server IPv6 设置成功！"，则网关的 NTP Server 设置完成，重启生效（图 2.2.33）。

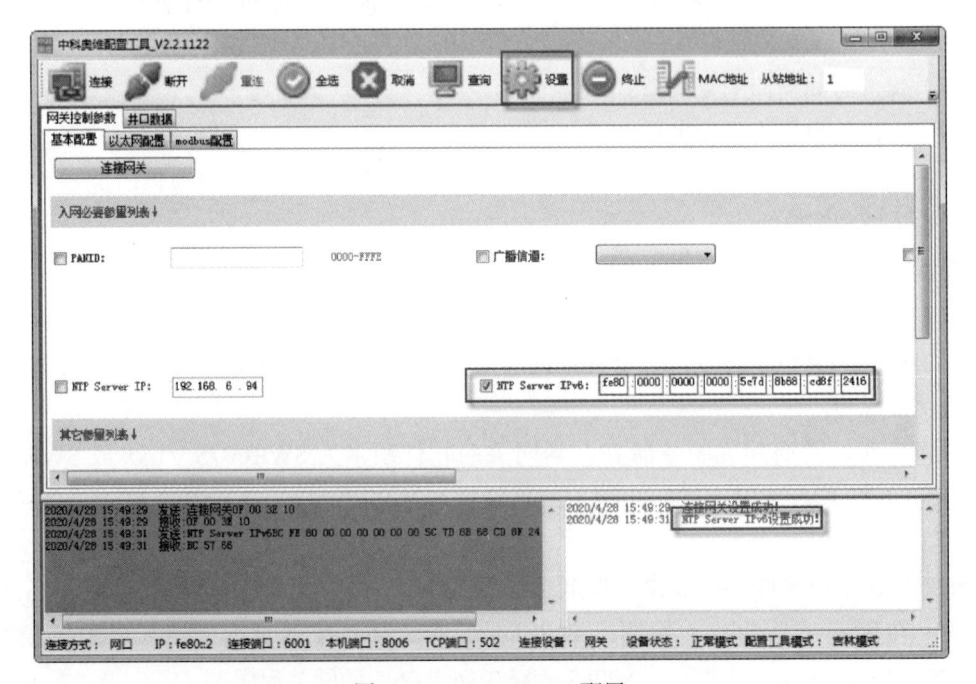

图 2.2.33　NTP Server 配置

配置后的验证：

（1）修改 NTP Server 所在计算机的本地时间，3min 后，在配置工具的以太网配置页面，勾选时间前面的复选框；

（2）点击菜单栏中的查询，查看查询的结果，与修改后的计算机的系统时间一致，则网关的 NTP Server 设置成功。

7. 网关的 Modbus RTU 功能

网关的 Modbus RTU 功能可通过 RS485 接口或 RS232 接口，向 Modbus 主站提供 Modbus 从站功能，使用此功能前，需匹配 RS485 或 RS232 的通信参数，保证与 Modbus 主站的通信参数一致，还要获取井口对应的从站地址，从而读取每个井口对应的数据。每个井口对应的从站地址由网关分配，分配方式可配置为动态分配和静态分配；用户配置好从站地址分配方式后，仅需要通过配置工具查询从站映射表即可，且从站映射表只能查询和清空，不可设置。

网关的 RS485 接口参数可配置，RS232 接口参数不可配置，固定为 9600 波特率、无校验、8 个数据位、1 个停止位。

RS232 接口的 Modbus RTU 功能与 RS485 接口的 Modbus RTU 功能相同，仅硬件连接不同；以下以 RS485 接口的连接方式为例进行说明。

网关的 485 参数配置：

（1）在配置工具网关控制参数主 tab 页下的基本配置页面，选择正确的串口配置 5 项通信参数：串行号、波特率、奇偶校验位、数据位（必须为 8 位）、停止位；

（2）勾选 485 配置前面的复选框；

（3）点击菜单栏中的设置；

（4）查看右下角窗口，提示"串口配置设置成功！"，则 RS485 参数配置完成，立即生效（图 2.2.34）。

1）Modbus 使能配置

（1）在配置工具网关控制参数主 tab 页下的 Modbus 配置页面，首先要确保 Modbus 使能状态为使能，如果为禁用状态，必须设置为使能后，Modbus 功能才可以使用。查询 Modbus 使能状态，勾选 Modbus 使能前面的复选框，点击菜单栏的查询，查看结果（图 2.2.35）。

（2）如果 Modbus 使能状态为禁用状态，要设置成使能状态，下拉列表选择使能，勾选 Modbus 使能前面的复选框，点击菜单栏的设置，查看右下角窗口提示"Modbus 使能设置成功！"，则 Modbus 使能设置完成，重启生效（图 2.2.36）。

2）Modbus 从站地址分配模式配置

网关的 Modbus 从站地址分配模式可配置为动态分配和静态分配：其中，动态分配模

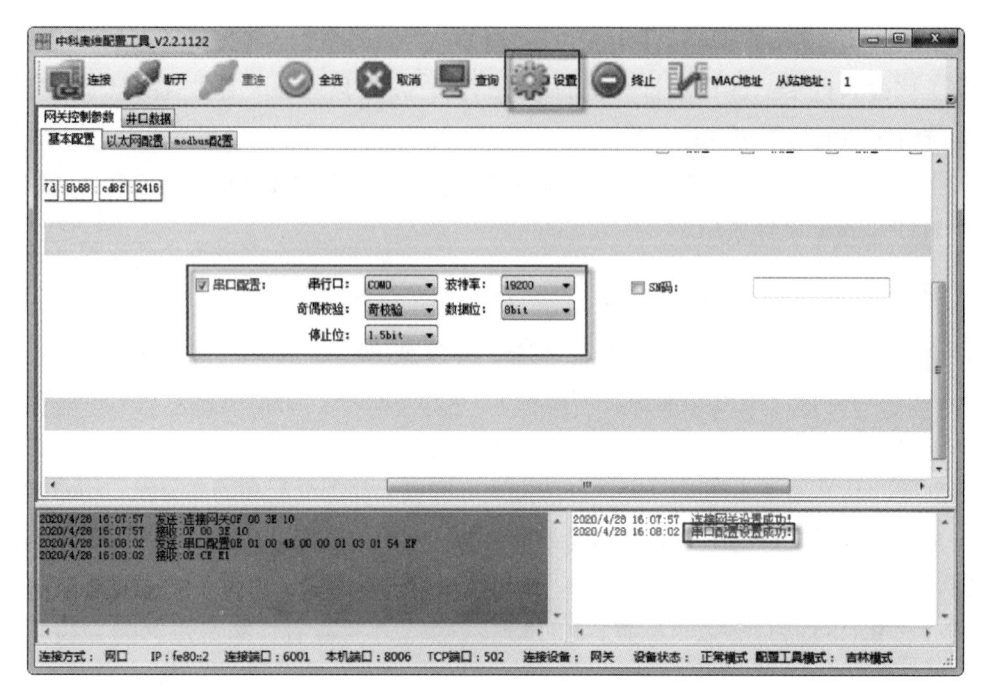

图 2.2.34　RS485 参数配置

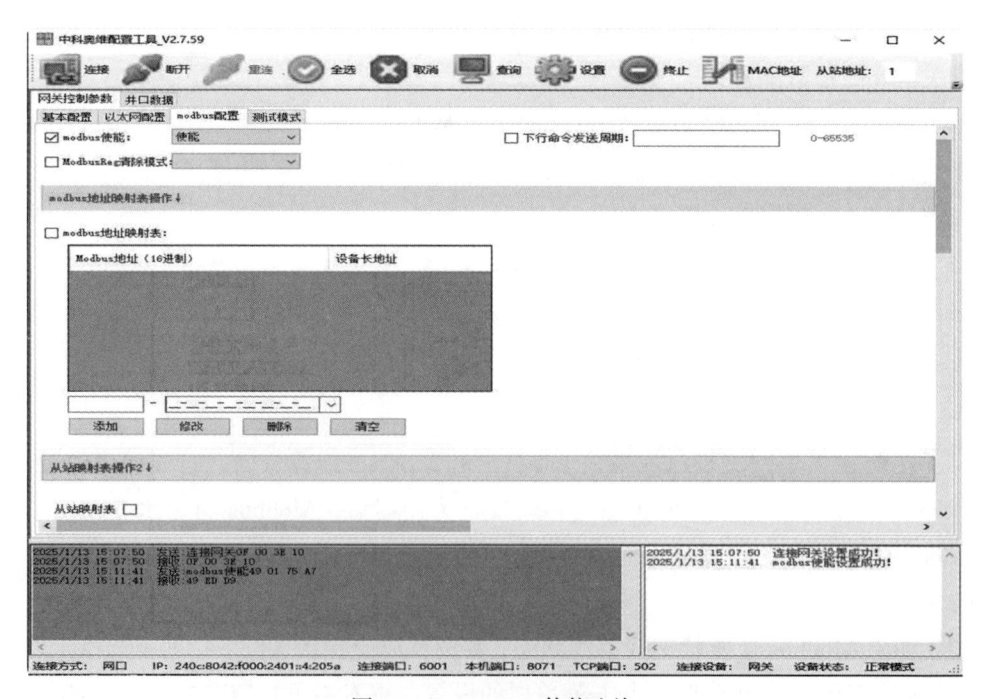

图 2.2.35　Modbus 使能查询

式下,各井站的从站地址根据初次加入网络的顺序,由网关动态分配,分配后保持不变,该模式下,更换网关时会引起从站地址变动;静态分配模式下,各井站的从站地址与其组号一致。

图 2.2.36 Modbus 使能配置

Modbus 从站地址分配模式配置步骤：

（1）在配置工具网关控制参数主 tab 页下的 Modbus 配置页面，在从站地址分配模式的下拉框里，选择要配置的模式；

（2）勾选从站地址分配模式前面的复选框；

（3）点击菜单栏中的设置；

（4）查看右下角窗口，提示"从站地址分配模式设置成功！"，则从站地址分配模式配置完成，重启生效（图 2.2.37）。

3）Modbus 从站映射表查询

（1）在配置工具的网关控制参数主 tab 页下的 Modbus 配置页面，勾选从站映射表前面的复选框；

（2）点击菜单栏中的查询；

（3）查看列表中的查询结果，其中，从站地址为 0~29 的数值，该值 +1，即为查询井口数据时的 Modbus 从站地址，即 1~30 的数值；井站类型和井站编号为井口参数，是无线模块端的配置参量，用于区分不同井口；在网设备列出了当前已入网的设备，只有在网设备的井口数据可查询，未在网设备的井口数据均为全 FF（图 2.2.38）。

清空从站映射表功能：

当从站映射表中某井口设备已拆除，不再入网，欲删除其所占用的从站地址，可进行清空从站映射表操作，操作步骤如下：

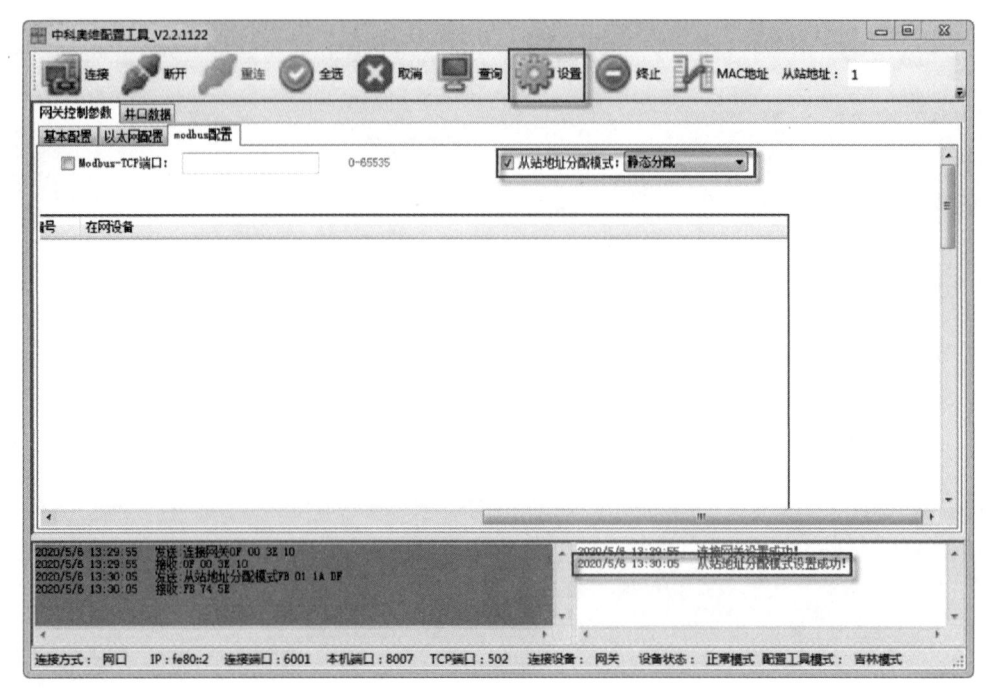

图 2.2.37　从站地址分配模式配置

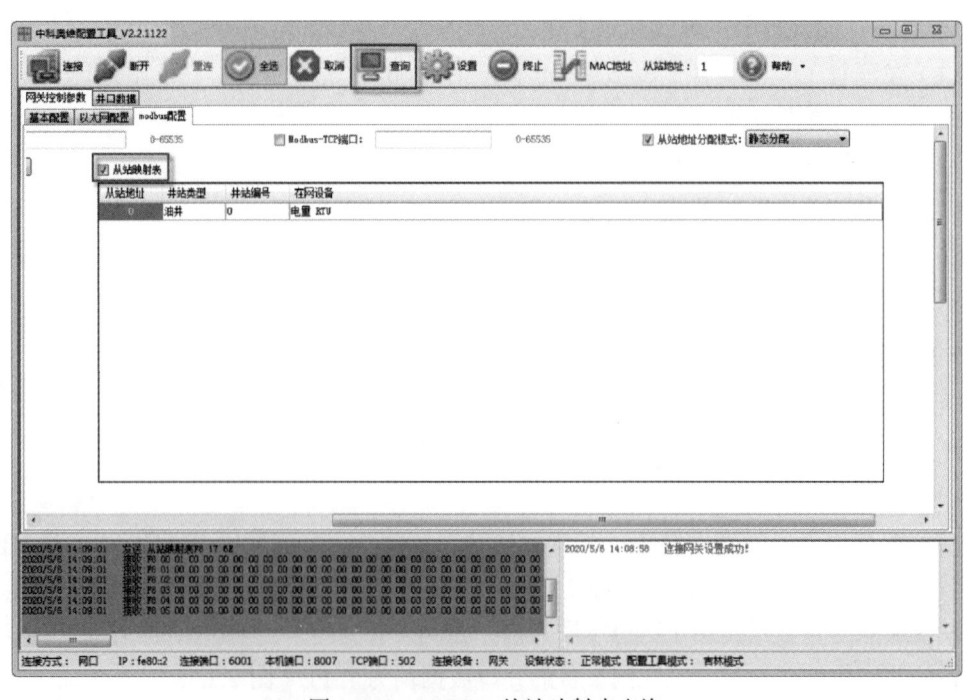

图 2.2.38　Modbus 从站映射表查询

（1）连接网关后，在配置工具网关控制参数主 tab 页下的 Modbus 配置页面，点击"清空从站映射表"按钮；

（2）勾选从站映射表前面的复选框；
（3）点击菜单栏中的查询；
（4）查看从站映射表为空，则从站映射表清空完成，重启生效（图2.2.39）。

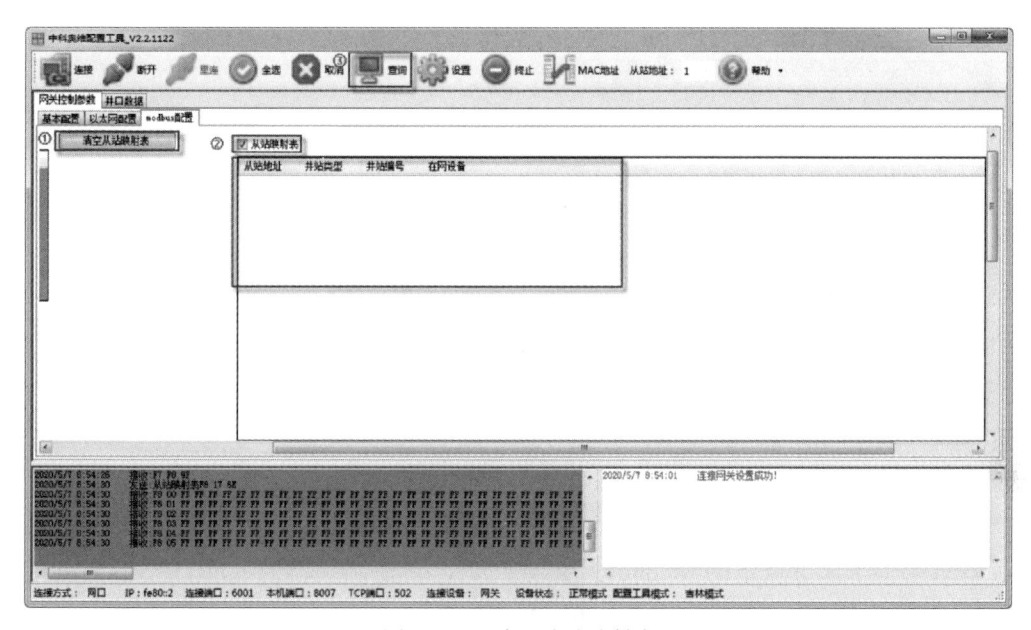

图 2.2.39　清空从站映射表

注意：当从站地址分配模式为动态分配时，清空从站映射表，重启网关后，入网后的井口，其从站地址可能与清空前的从站地址不一致；因此，清空从站映射表的操作需慎重！

4）IO/RTU Modbus 表查询

井口设备中的 IO 设备和 RTU 设备，作为 Modbus 主设备，周期上传所连接的从机的 Modbus 寄存器数值时，需在 IO 和 RTU 设备端配置要上传的从站信息，以及该信息在网关端的存储地址；当所有 IO 和 RTU 的 Modbus 数据均已上传至网关，则网关端的 IO/RTU Modbus 表即为所有 IO 和 RTU 终端的 Modbus 地址映射表的汇总；网关端的 IO/RTU Modbus 表仅可查询和清空，不可设置；且需要终端数据上传至网关，网关端才能查询到该信息。

查询 IO/RTU Modbus 表的操作步骤：

（1）待 IO 或 RTU 设备入网后，且已上传表内所有 Modbus 数据，打开专用配置工具，连接网关后，进入网关控制参数主 tab 页下的 Modbus 配置页面；
（2）勾选"读 IO/RTU Modbus 表"前面的复选框；
（3）点击菜单栏中的查询；
（4）查询结果显示在表格中，表格中所列表项为 IO/RTU 已上传的数据表项，且与 IO/RTU 端的地址映射表一一对应（图 2.2.40）。

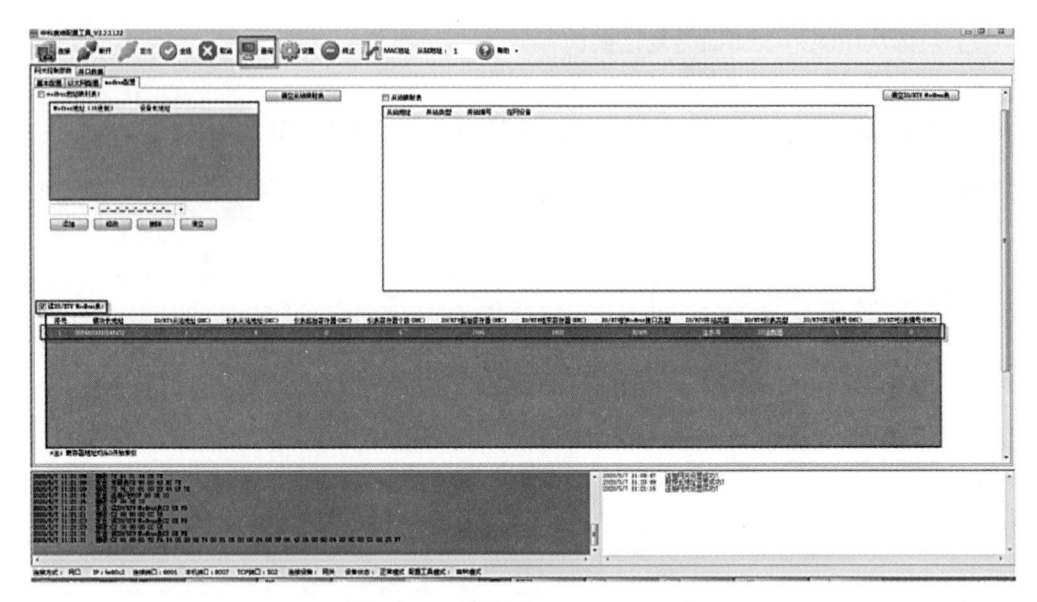

图 2.2.40　读取 IO/RTU Modbus 表

注意：若某 IO 设备端的 Modbus 地址映射表配置了 5 行，分别对应 5 个从站，但该 IO 设备只上传了 3 个从站的 Modbus 数据到网关，则在网关端的 IO/RTU Modbus 表中，只能查询到已上传的这 3 个从站的 Modbus 数据信息。

5）清空 IO/RTU Modbus 表

当 IO 和 RTU 终端的 Modbus 地址映射表配置发生变化，或设备已被拆除时，需在网关端删除相关记录，可对网关进行清空 IO/RTU Modbus 表操作，让网关重新记录有用信息，操作步骤如下：

（1）连接网关后，在配置工具网关控制参数主 tab 页下的 Modbus 配置页面，点击"清空 IO/RTU Modbus 表"按钮；

（2）勾选"读 IO/RTU Modbus 表"前面的复选框；

（3）点击菜单栏中的查询；

（4）查看 IO/RTU Modbus 表为空，则 IO/RTU Modbus 表清空完成，重启生效（图 2.2.41）。

寄存器数据读取：

（1）将网关通过 RS485 转 USB 设备，连接到计算机。

（2）选择一个已入网的井口设备，通过配置工具查询对应的从站地址 k，待其上传数据后，根据寄存器列表，查询对应该设备的寄存器地址。

（3）打开 ModbusPoll 软件，菜单栏中选择 Connection，选择对应串口和与网关一致的串口参数，连接网关（图 2.2.42）。

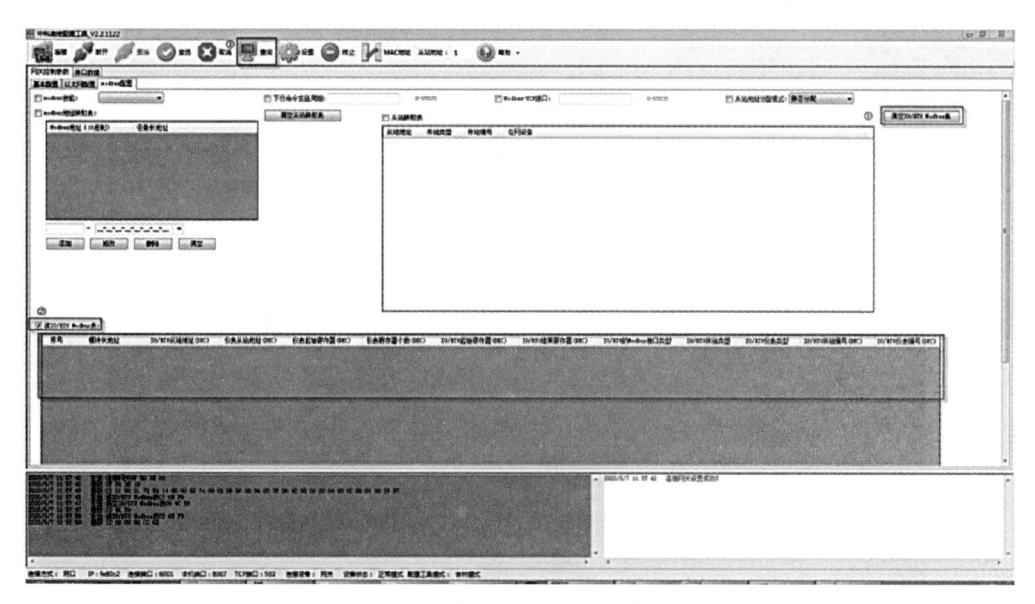

图 2.2.41 清空 IO/RTU Modbus 表

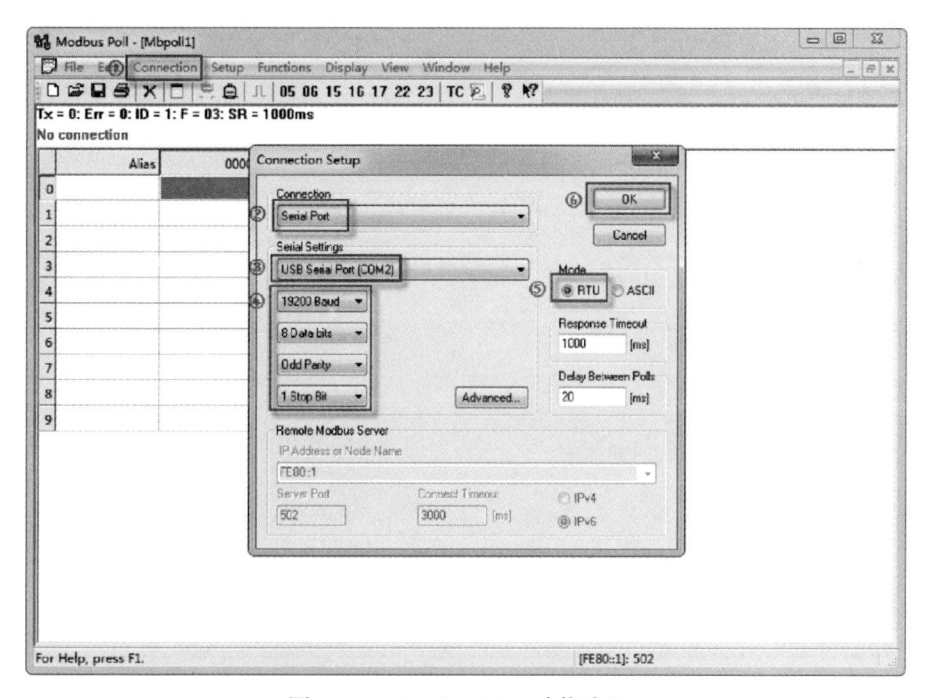

图 2.2.42 Modbus RTU 功能验证 1

（4）连接后，在菜单栏中选择 Display，在子菜单中选择 PLC Address（Base 1），如此，寄存器地址与寄存器表中的地址一致，即为从 1 开始的地址；若选择 Protocol Address（Base 0），则寄存器地址从 0 开始，寄存器表中的地址需减 1，该例中，选择 PLC Address（Base 1）（图 2.2.43）。

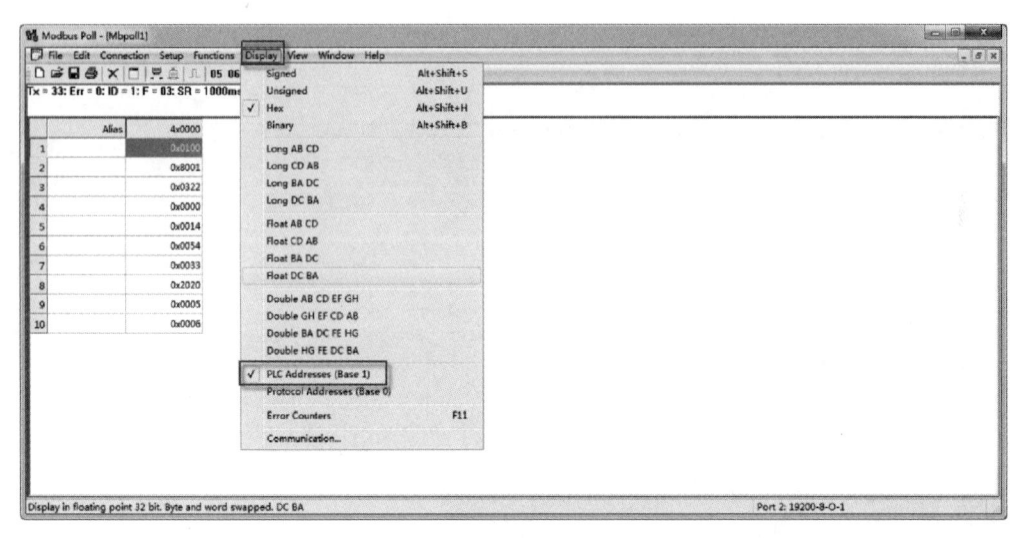

图 2.2.43　Modbus RTU 功能验证 2

（5）在菜单栏中选择 Setup，在子菜单中选择 Read/Write Definition，如图 2.2.44 所示。

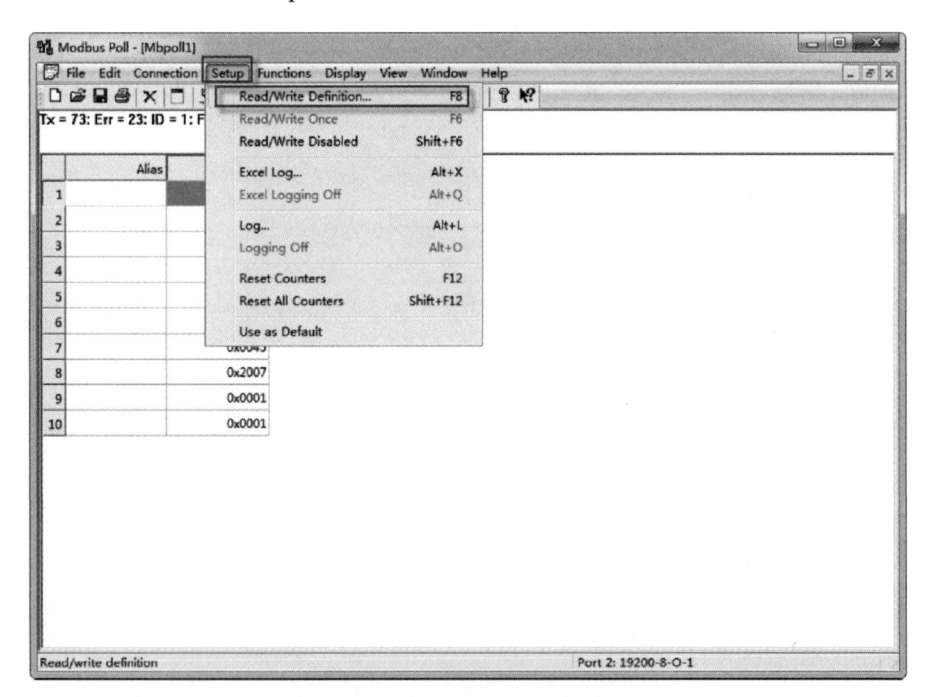

图 2.2.44　Modbus RTU 功能验证 3

（6）在弹出的对话框中，Slave ID 填入在配置工具中获取到的从站地址 $k+1$ 的数值，该例中，获取到的从站地址为 0，则 Slave ID 填 1；Function 选择保持寄存器［03 Read Holding Registers（4x）］；Address 填入要查看的寄存器起始地址，如 1［步骤（4）中选择 PLC Address（Base 1）］；Quantity 填入要查看的寄存器长度，如 100（图 2.2.45）。

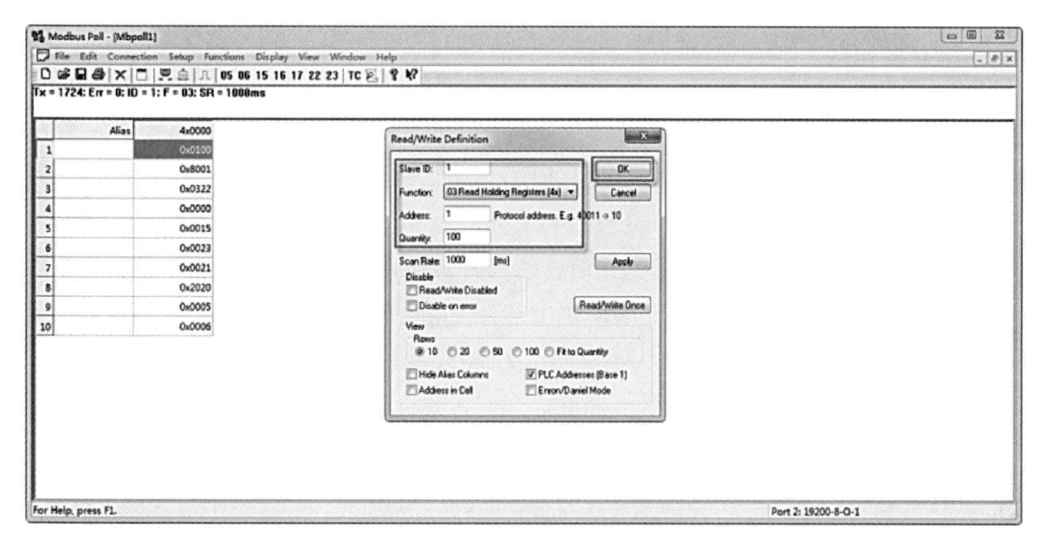

图 2.2.45　Modbus RTU 功能验证 4

（7）查看 Tx 个数递增，且没有任何红色字体的异常提示，说明已读取到寄存器中数值；对比寄存器表，可知寄存器地址 8~10 分别为年、月、日，寄存器地址 5~7 为时分秒，读取到的数值与网关内时间一致，则说明 Modbus 功能的相关参数已配置成功；此时可以根据寄存器表所示地址，查询井口各数据（图 2.2.46）。

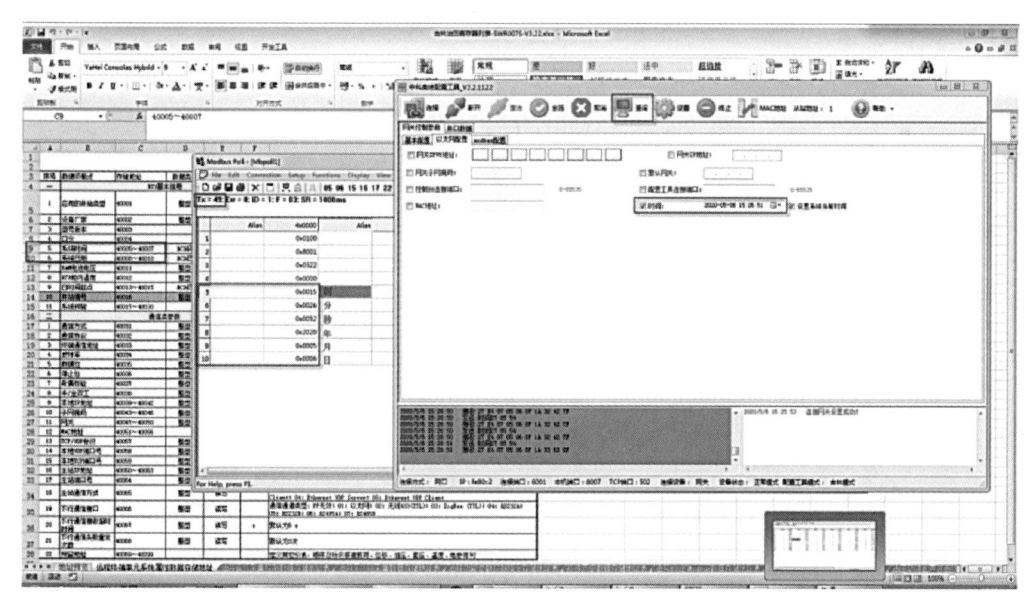

图 2.2.46　Modbus RTU 功能验证 5

6）网关的 Modbus TCP 功能

网关的 Modbus TCP 功能通过网关主网口，在 502 端口向 Modbus 主站提供 Modbus 从站功能，使用此功能前，需确保网关被连接的网口的 IP 与计算机可以通信，配置方法详见本节"接入有线网功能"部分，与 Modbus RTU 功能一样，需要确保 Modbus 使能打开，Modbus 映射表已配置完整，获取到从站映射表，具体的配置方法与 Modbus RTU 功能的配置方法相同，详见本节的"Modbus RTU 功能"部分。

ModbusPoll 软件的 Modbus TCP 功能使用：

（1）将网关通过网线接入计算机所在局域网；

（2）选择一个获取到从站地址的井口，待其井口设备加入网络，且已上传数据；

（3）打开 ModbusPoll 软件，在菜单栏中选择 Connection，选择 Modbus TCP/IP，选择 IPv4 或 IPv6，填入对应的 IP 地址，端口固定为 502，如图 2.2.47 所示；

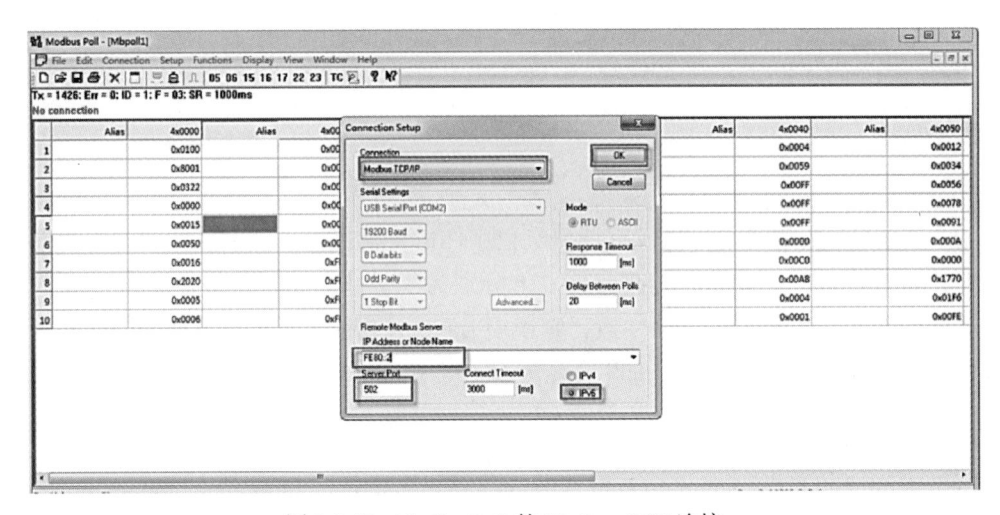

图 2.2.47　ModbusPoll 的 Modbus TCP 连接

（4）连接后，操作步骤与 Modbus RTU 的步骤（4）～（7）相同，此处省略。

配置工具 Modbus TCP 功能的使用：

（1）将网关通过网线接入计算机所在局域网；

（2）选择一个获取到从站地址的井口，待其井口设备加入网络，且已上传数据；

（3）打开专用配置工具，连接方法详见本节"网口连接"部分；

（4）连接后，进入井口数据主 tab 页，在菜单栏的从站地址处，填入要查询的从站地址，即从站映射表中的从站地址 $k+1$，本例中，从站映射表中的从站地址为 0，则此处填入 1（图 2.2.48）；

（5）在井口数据的主 tab 页下，进入数据查询子 tab 页，勾选任意 tab 页内的参量前面的复选框，点击菜单栏中的查询，可查询其数值（图 2.2.49）；

（6）在井口数据的主 tab 页下，进入实时功图子 tab 页，进入后，配置工具会立即查询当前从站地址的功图和电流图的实时数据，并绘出图形，可以切换 tab 页面，分别查看载荷功图、电流功图、有功功率功图和数据信息（图 2.2.50）；

（7）若需要再次获取功图数据，则在任意实时功图的子 tab 页内点击右键，点击"获取最新功图"，即可再次获取实时功图数据（图 2.2.51）；

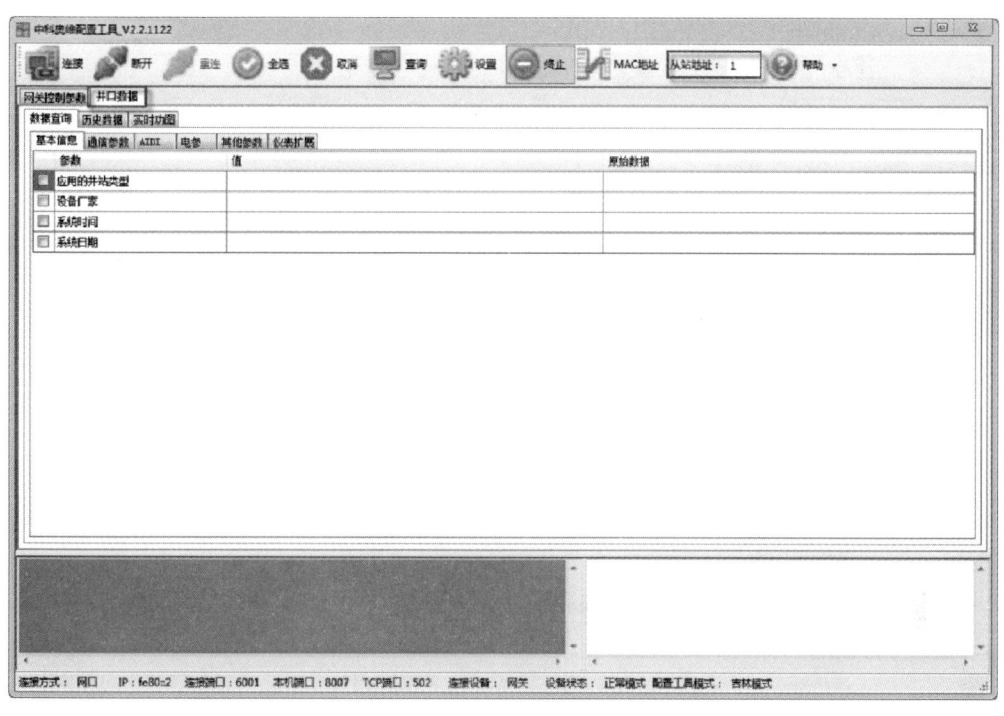

图 2.2.48　专用配置工具的 Modbus TCP 功能 1

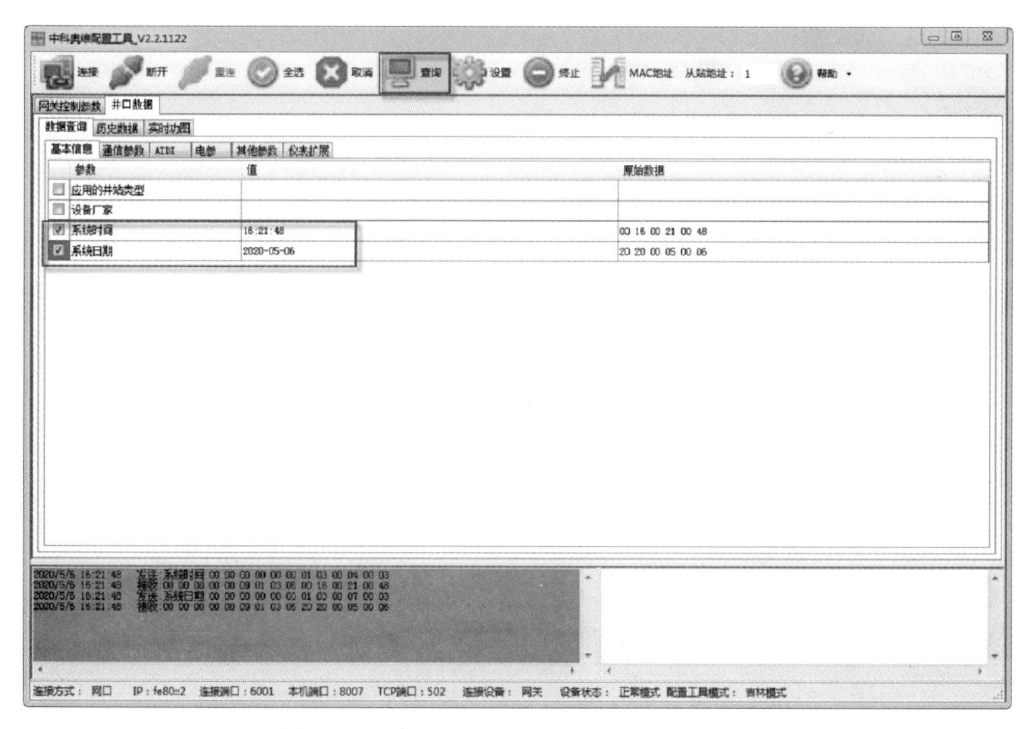

图 2.2.49　专用配置工具的 Modbus TCP 功能 2

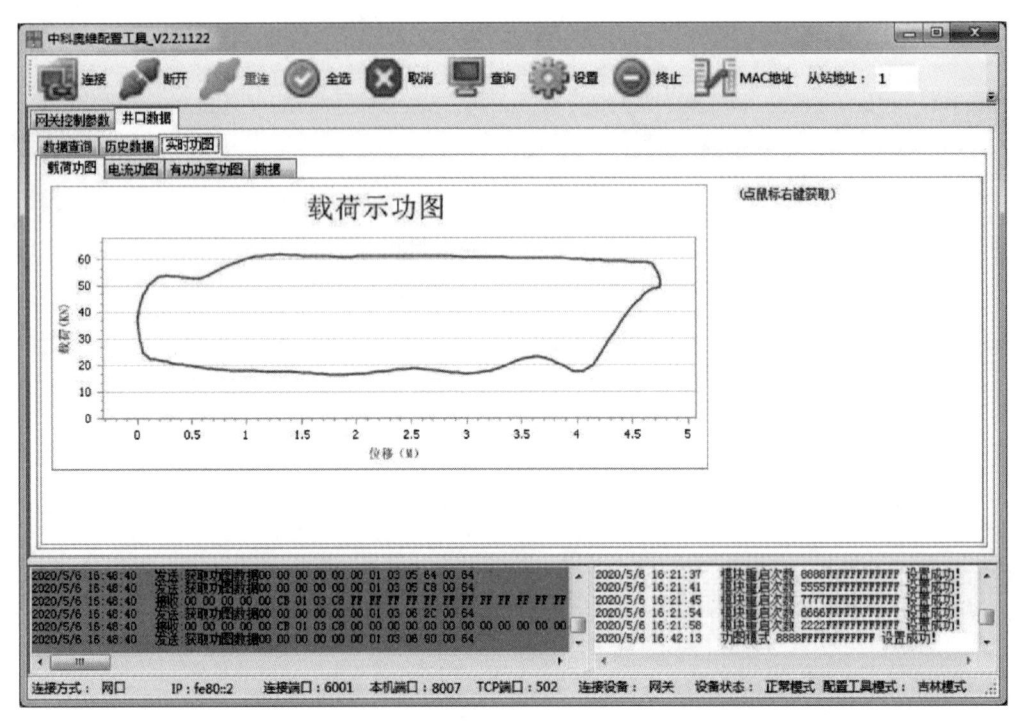

图 2.2.50　专用配置工具的 Modbus TCP 功能 3

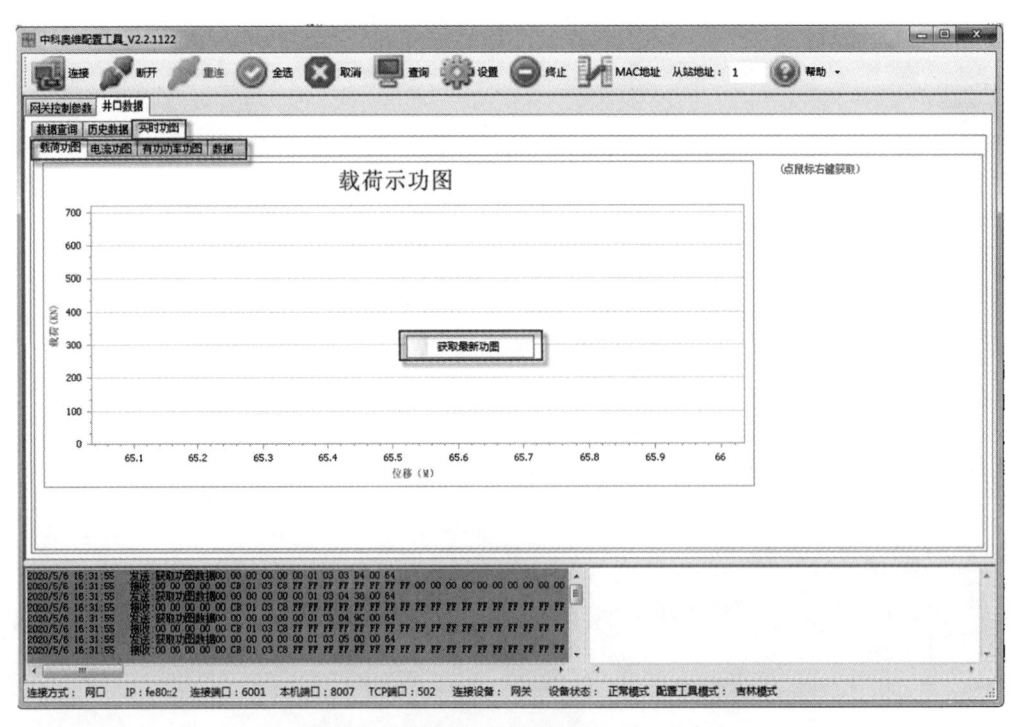

图 2.2.51　专用配置工具的 Modbus TCP 功能 4

(8)在井口数据的主 tab 页下,进入历史功图子 tab 页,进入后,在时间栏里,填入要查询的历史时刻的时间,点击时间栏右侧的"设置"按钮,再点击时间栏下面的"查询"按钮,即可查询到不早于时间栏内时间,且离该时间最近的一幅历史功图,可以切换 tab 页面,分别查看历史功图的载荷功图、电流功图、有功功率功图和数据信息,若该时间后没有功图,则返回全 FF(图 2.2.52)。

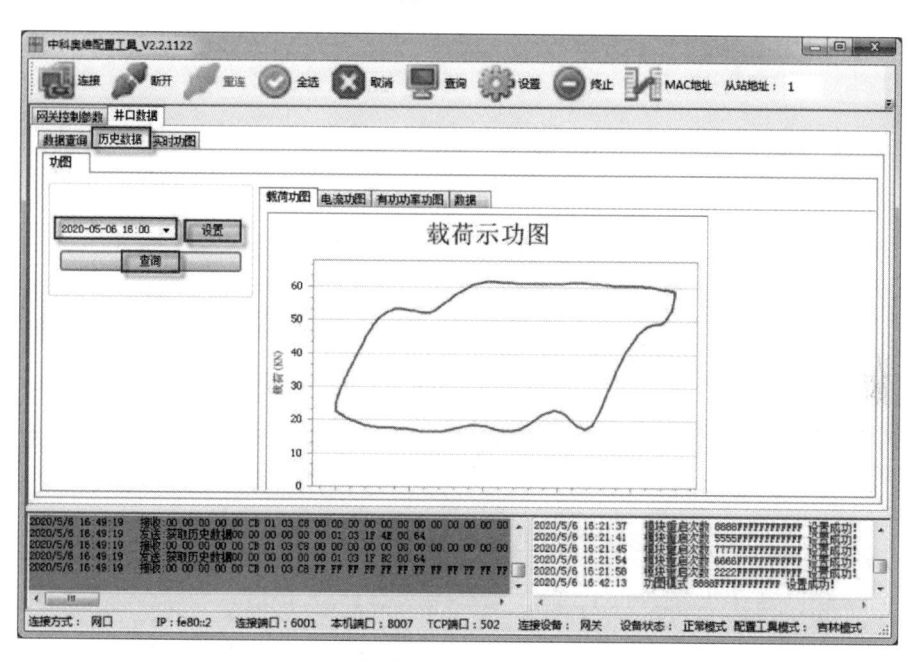

图 2.2.52　专用配置工具的 Modbus TCP 功能 5

8. 恢复网关出厂设置

网关提供两种恢复出厂默认配置方式:一是通过配置工具的命令,恢复网关出厂默认配置;二是通过核心板的按钮恢复出厂默认配置。对网关进行恢复出厂默认配置后,对应参数表,所有可以恢复出厂默认配置的参量均恢复为默认值,重启网关后生效。

配置:

(1)在网关控制参数主 tab 页下的基本配置页面,点击"恢复默认"按钮,等待网关回复响应;

(2)重启网关(图 2.2.53)。

配置后的验证:

重启网关后,通过配置工具重新连接网关,查看网关所有参数,与网关参量列表对应,所有可以恢复出厂默认配置的参量均与出厂默认值相同,则恢复出厂默认配置成功。

操作步骤:

(1)按住核心板上的 DS 按钮持续 5s 以上;

(2)重启网关(图 2.2.54)。

图 2.2.53　配置工具恢复默认

图 2.2.54　按钮重启

9. 重启网关方式

网关提供两种重启网关的方式：一是通过配置工具的命令，重启网关；二是通过核心板的按钮重启网关。当配置了网关需要重启生效的参量时，可以通过这两种方法来重启网关或直接断电重启网关（图 2.2.55）。

在网关控制参数主 tab 页的基本配置页面，点击"重启网关"按钮，等待回复响应，重启网关。

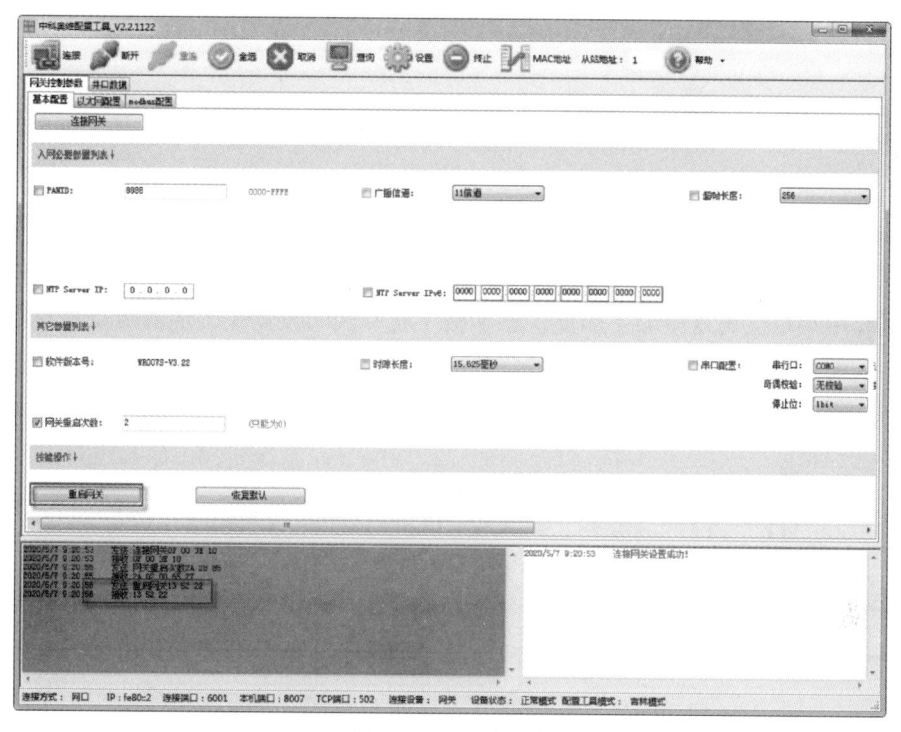

图 2.2.55 重启网关

（1）重启前，在配置工具的基本配置页面，读取并记录网关的启动次数；

（2）重启网关后，配置工具连接网关，在配置工具的基本配置页面，查看网关重启次数加 1，则重启成功。

操作步骤：

（1）确保"看门狗"跳线已连接，即 JP2；

（2）按下按钮 RST，松开；

（3）观察指示灯 LED6、LED7、LED8、LED11、LED12、LED13 全灭，然后正常闪烁和亮起，则重启成功（图 2.2.56）。

图 2.2.56 按钮重启

第三章 运维案例详解

数字化井、间仪器仪表在石油、天然气等行业中扮演着至关重要的角色,它们的准确性和可靠性直接关系到生产效率和安全性。然而,由于工作环境复杂多变,这些仪器仪表在使用过程中难免会出现故障。因此,掌握数字化井、间仪器仪表的故障诊断及维修方法显得尤为重要。本章通过科学合理的故障诊断和维修方法,借鉴典型井、间故障运维案例详细介绍运维方法,准确判断故障部位,排除隐患。

第一节 仪表及仪器故障诊断及维修方法

一、水流量计故障判断及维修方法

1. 涡街流量计故障判断及维修方法

涡街流量计是根据卡门涡街原理测量气体、蒸汽或液体的体积流量、标况下的体积流量或质量流量的体积流量计,可作为流量变送器应用于自动化控制系统中。

涡街流量计其常见故障现象主要有以下六类,具体故障原因及解决方法如下:
(1)接通电源后无输出信号。
原因分析:
① 管道无介质流动或流量低于始动流量;
② 前置放大器与输出线虚接或断开(图3.1.1);

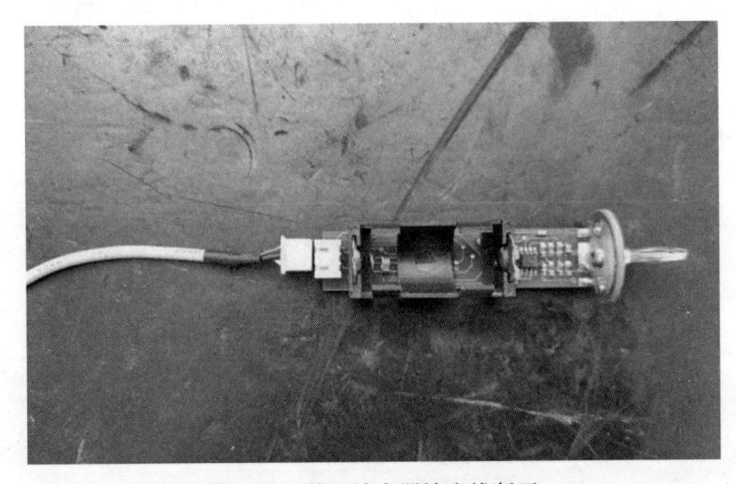

图 3.1.1 前置放大器输出线断开

③ 前置放大器损坏（积算仪不计数，瞬时值为"0"）；
④ 驱动放大器电路损坏（积算仪显数正常）。

解决方法：
① 提高介质流量或者换用更小通径的流量计，使其满足流量范围的要求；
② 正确接线；
③ 更换前置放大器；
④ 更换驱动放大器中损坏的元件。

（2）无流量时有信号输出。

原因分析：
① 流量计接地不良及强电和其他地线接线受干扰；
② 放大器灵敏度过高或产生自激；
③ 电池电压低或无电（图 3.1.2）。

解决方法：
① 正确接好地线，排除干扰；
② 更换前置放大器；
③ 更换电池。

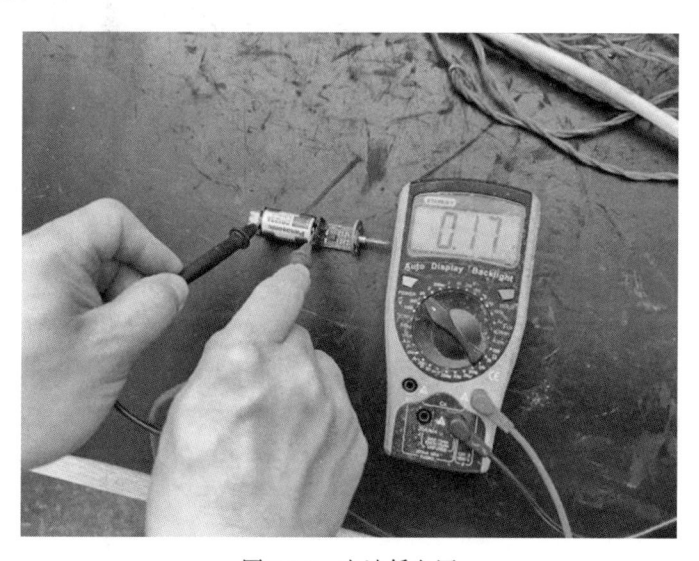

图 3.1.2　电池低电压

（3）瞬时流量示值显示不稳定。

原因分析：
① 介质流量不稳定；
② 放大器灵敏度过高或过低，有多计、漏计脉冲现象；
③ 壳体内有杂物（图 3.1.3）；
④ 接地不良；

⑤ 流量低于下限值；
⑥ 后部密封圈伸入管道，形成扰动。

解决方法：

① 待流量稳定后再测；
② 更换前置放大器；
③ 排出脏物；
④ 检查接地线路，使之正常。

（4）累计流量示值和实际累计量不符。

原因分析：

① 流量计仪表系数输入不正确（图 3.1.4）；

图 3.1.3　涡街流量计壳体　　　　　图 3.1.4　流量计系数

② 正常使用时流量低于或高于选用流量计的正常流量范围；
③ 流量计本身超差。

解决方法：

① 重新标定后输入正确仪表系数；
② 调整管道流量使其处于正常流量范围或选用合适规格的流量计（图 3.1.5）；
③ 重新标定。

（5）转换器显示不正常。

原因分析：转换器按键接触不良或按键锁死。

解决方法：更换按键。

（6）换新电池后出现死机。

原因分析：上电复位电路不正常或振荡电路不起振。

排除方法：重装电池（需放电 5s 后重装）或将电池盒下的大电解电容两脚短路放电复位。

2. 电磁流量计故障判断及维修方法

电磁流量计主要由磁路系统、测量导管、电极、外壳、衬里和转换器等部分组成。在电磁流量计中，上下两端的两个电磁线圈产生恒定磁场，当有导电介质流过时，则会产生感应电势，管道内部的两个电极测量产生的电势 E，传送到转换器，经放大、变换滤波等信号处理后，显示瞬时流量和累计流量。

电磁流量计其常见故障现象及表现形式主要有以下四类，具体故障表现及判断解决办法如下：

（1）仪表无显示。

① 电源未接通。

维修方法：连接仪表电源（电磁流量计电源为 220V AC 或 24V DC，直流电源注意极性）。

② 保险管熔断。

维修方法：更换保险管。

③ 电源板故障（图 3.1.6）。

a. 判断方法：保险管完好的情况下，接通电源后仪表仍无显示。

b. 维修方法：按生产厂家及相应型号更换电源板。

图 3.1.5　涡街流量计表头　　　　图 3.1.6　电源板示意图

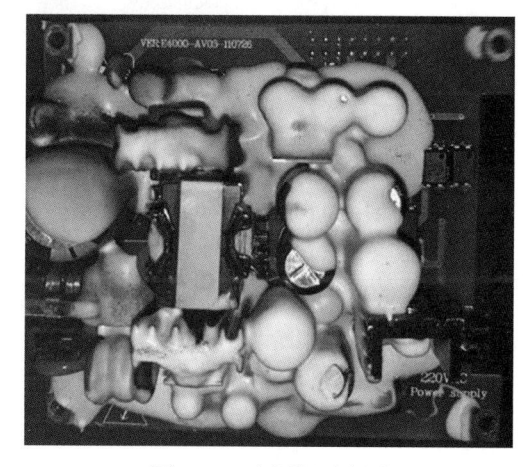

（2）在给定流量后，流量计瞬时为 0。

① 励磁线圈及探头线未接好。

维修方法：将表体内的励磁线圈及探头线接好。

② 励磁线圈损坏。

判断方法：拔出电源板励磁线圈供电接口，使用万用表检测励磁线圈电阻，电阻正常值应为 50~60Ω 之间，短路或断路判断为励磁线圈故障，仪表无修复价值。

③探头损坏。

判断方法：取下主板上的探头插槽，分别检测两个探头通断，如断路表示探头损坏，仪表无修复价值。

④主板故障。

a. 判断方法：上述检查项目均无问题，仍不走量，则主板故障（图3.1.7）。

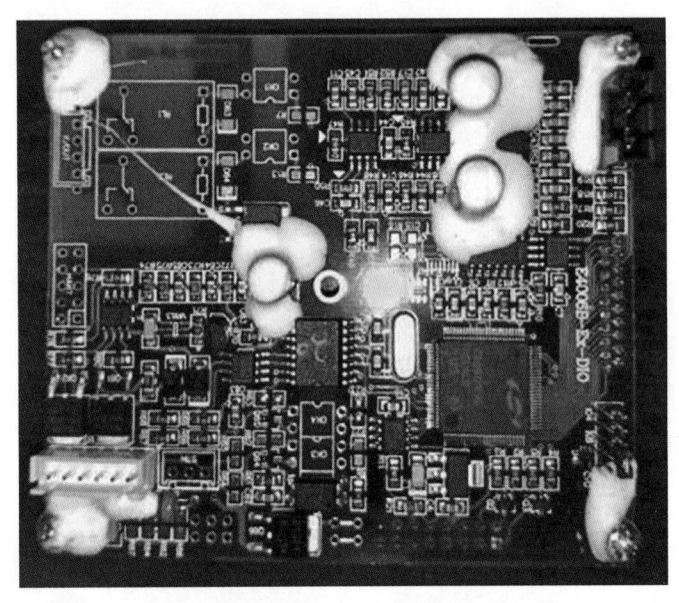

图3.1.7 表内主板示意图

b. 维修方法：按生产厂家及相应型号更换主板。

（3）测量的流量不准确。

①参数设置不正确。

a. 判断方法：送电后，仪表的铭牌数据（如口径、量程范围、仪表系数等）和表内参数设置不一致。

b. 维修方法：将错误的参数改正。

②仪表参数需调整。

a. 判断方法：表内参数均与铭牌数据一致的情况下，测量的流量仍不准确，需调整仪表参数。

b. 维修方法：0点修正按实际显示流量增减修正值使无流量时显示为0；调整阻尼时间（一般为15s左右）正确反映流量变化；调整传感器系数（按检定系数进行置入）等。调整完毕后，设置流量，重复检定，直到流量显示准确。

（4）励磁报警。

判断方法：

①检查励磁接线EX1和EX2是否开路；

② 检查传感器励磁线圈总电阻是否小于150Ω；

③ 如果①和②两项都正常，则转换器有故障。

（5）空管报警。

判断方法：

① 测量流体是否充满传感器测量管；

② 用导线将传感器信号输入端子 SIG1、SIG2、和 SIGGND 三点短路，此时如果"空管"提示撤销，说明转换器正常，有可能是被测流体电导率低或空管阈值设置错误；

③ 检查信号连线是否正确；

④ 检查传感器电极是否正常：

a. 使流量为0，显示电导比应小于100%；

b. 在有流量的情况下，分别测量端子 SIG1 和 SIG2 对 SIGGND 的电阻应小于 50kΩ（介质为水时的测量值。最好用指针万用表测量，并可看到测量过程有充放电现象）。

⑤ 用万用表测量 DS1 和 DS2 之间的直流电压应小于1V，否则说明传感器电极被污染，应给予清洗。

二、压力仪表故障判断及维修方法

压力是油田生产中的重要参数之一，常用的压力检测仪表有指针式压力表、电接点压力表、压力变送器、差压变送器等。一般指针式压力表和电接点压力表都是在现场就地显示、控制电机启停，不具有数据远传功能，这里不做介绍。压力检测系统一般由压力变送器（差压变送器）、安全栅、显示仪表（PLC系统）组成。其故障判断及维修方法如下：

1. 线路故障

当出现线路故障时，计算机显示数值出现异常，将变送器接线盒（图 3.1.8）打开，检查线路是否存在虚接、短接或者断接的现象，再采用测电源、摇绝缘，以及量电阻等方法排查故障。

2. 信号干扰

在进行布线时，多种信号线之间互相干扰，尤其是在动力线与信号线（图 3.1.9）串在同一管道中产生的干扰作用更为严重，此种情况下会导致变送器信号传输错误。可以通过增大仪表电缆与动力电缆槽架距离的方式来避免此类错误操作。

3. 引压管故障

引压管（图 3.1.10）故障通常有引压管堵塞、引压管漏气、引压管积液三种故障类型，引压管堵塞一般是由排放不及时或者介质脏、黏等导致的；引压管漏气是由于变送器连接管线、阀门等附件较多，增加了泄漏点，导致密封不好；引压管积液通常是由于气体取压方式不合理或者引压管安装错误造成的，引压管积液会影响测量精度。

图 3.1.8 压力变送器接线盒 　　　图 3.1.9 动力电缆与信号电缆

4. 输出信号为 0

当压力变送器出现压力为 0 的现象时，可以从以下几个方面进行处理：首先检查管道内是否存在压力，仪表是否正常供电，之后检查是否存在电源极性接反的现象，最后检查电子线路板、感压膜头、变送器电源电压等。

5. 压力变送器读数偏差

压力变送器出现压力读数明显偏高或偏低的现象时，首先检查取压管路是否存在泄漏现象，再检查取压管上的阀门，对传感器进行微调，若还存在问题，更换新的传感膜头（图 3.1.11）。

图 3.1.10 差压变送器引压管 　　　图 3.1.11 压力变送器传感膜盒

三、温度仪表故障判断及维修方法

温度检测仪表按测温方式可分为非接触式和接触式两大类。非接触式测温仪表有辐射式、红外线等；接触式测温仪表有膨胀式、压力式、热电偶、热电阻等。由于热电阻是中低温区常用的温度检测仪表，在油田应用较为广泛，多用于现场监测及自动联锁控制系统，在此做重点介绍，而其他几种形式的仪表相对较为简单，而且出现的故障也非常直观，在此就不做介绍。

热电阻是基于金属的电阻值随温度的增加而增加这一特性来进行温度测量的。最常用的是用金属铂和铜制成的，分度号为 Pt100、Pt10、Pt50（测温范围为 $-200 \sim 850\,℃$），Cu50、Cu100（测温范围为 $-50 \sim 150\,℃$）。热电阻测温系统一般是由热电阻、连接导线和显示仪表等组成。热电阻和显示仪表的分度号必须一致，为消除连接导线电阻变化对测温的影响，一般采用三线制接法。

热电阻测温系统常见故障及处理方法：

1. 热电阻短路

应用万用表测量热电阻阻值，当阻值小于 $100\,\Omega$ 接近 $0\,\Omega$（图 3.1.12），可确定热电阻短路，此时找到短路处查看短路原因，做好绝缘处理即可。

2. 热电阻断路

应用万用表测量热电阻阻值，当阻值为无穷大时（图 3.1.13），可判定热电阻已断路。断路时修理必须改变电阻丝的长短，从而影响电阻值，为此以更换新的电阻体为好，若采用焊接修理，焊接后要校验合格后才能使用。

图 3.1.12　万用表测电阻短路　　　　图 3.1.13　万用表测电阻断路

3. 显示仪表指示值比实际值低或指示值不稳

当热电阻保护管（图 3.1.14）内有金属屑、灰尘，接线柱间脏污及热电阻短路（积水等)时会出现此故障。解决办法为除去金属屑,清扫灰尘、水滴等,找到短路点,加强绝缘处理。

4. 显示仪表指示无穷大

热电阻或引出线断路及接线端子(图3.1.15)松动易出现此故障,此时更换电阻体,或焊接及紧固接线端子螺钉。

图 3.1.14 热电阻保护管　　　　图 3.1.15 热电阻接线盒

5. 阻值与温度关系有变化

当热电阻丝材料受腐蚀变质时,热电阻阻值与温度变化关系与分度表不符。此时更换热电阻(图3.1.16)。

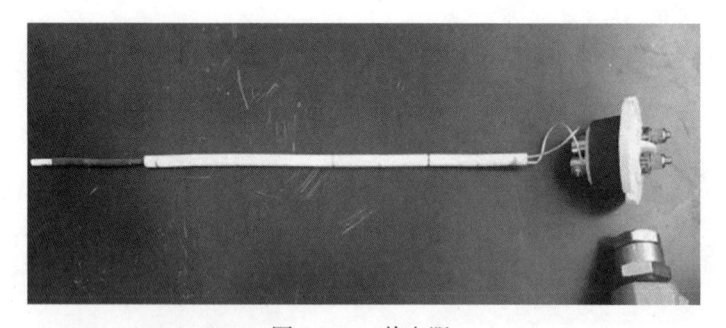

图 3.1.16 热电阻

6. 显示仪表指示负值

显示仪表与热电阻接线错误(图3.1.17),或热电阻有短路现象时显示仪表指示为负值。此时改正接线,或找出短路处加强绝缘。

一体化热电阻温度变送器是将热电阻与变送器合为一体,变送模块置于接线盒中,温度值经热电阻检测后转换为4~20mA DC的标准信号输出。其常见故障及处理方法如下:

（1）温度变送器断路。

当温度变送器断路时上位机显示低于量程下限值（图3.1.18），此时测量回路电流信号低于4mA，检查变送器接线端子与热电阻接线端子，判断断路位置并解决故障。

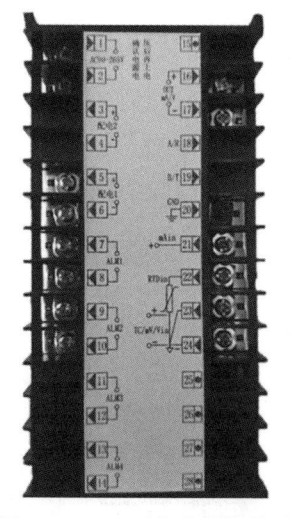

图3.1.17　显示仪表接线端子 　　　　　图3.1.18　测量温度变送器电流

（2）温度变送器虚接。

温度显示时而正常，时而不正常，检查热电阻接线端子和变送器输出端子（图3.1.19），判断故障部位，紧固线路。

（3）温度测量数值偏低。

这是由测温元件在套管内未插到底或未与被测介质完全接触引起的（图3.1.20），重新安装测温元件。

图3.1.19　温度变送器接线盒 　　　　　图3.1.20　温度变送器插管

（4）温度变送器输出无变化。

一般是测温元件或温度转换器故障、接线方式不对导致的，更换故障元件解决该问题。

四、载荷传感器故障判断及维修方法

示功仪常见故障包括示功图变形、载荷线突然下降、传感器接触不良或压偏等，处理方法包括重新夹入传感器、调整防脱卡子位置、使用保护装置等（图3.1.21）。

（1）示功图变形：示功图在加载或卸载时出现严重变形。处理方法：重新夹入传感器，确保两个载荷受力点完全与负荷方卡接触，无虚压现象。（2）载荷线突然下降：示功图中载荷线突然下降，可能是防脱卡子碰到井口导致卸载。处理方法：将防脱方卡向上调至安全距离后再进行测试。（3）传感器接触不良或压偏：抽油机在加载、卸载时，示功仪传感器和光杆卡子不能有效接触配合，导致接触不良、压偏，造成示功图变形。处理方法：使用无线示功仪保护装置，该装置能在光杆卡子和无线示功仪接触时增加受力面，保证载荷传感器受力均衡，同时在抽油机异常运转时保护示功仪。

图3.1.21 载荷传感器

五、电参传感器故障判断及维修方法

1.电流互感器二次侧开路

故障现象：电流表、功率表指示为0，电度表不转，并发出嗡嗡声；电流互感器本身有吱吱的放电声或其他异常声音，端子排可能烧焦。

解决过程：电流互感器开路时，产生的电势高低与一次电流大小有关。因此，在处理电流互感器的开路故障时，一定要将负荷减小或使负荷为0，然后使用绝缘工具进行线缆连接。

2.电流互感器二次侧与测量端接反

故障现象：测量值在电流计上显示为负数。

解决过程：由于需要重新接线，会造成二次侧断路，一定要将负荷减小或使负荷为0，然后使用绝缘工具进行线缆连接。

3.电流互感器工作时过热

故障现象：使用温度计测量互感器超过70℃。

解决过程：互感器一旦长时间过负荷，将导致铁芯磁通密度达到饱和，使电流互感器的误差增大，表计指示不正确，因此不易掌握实际负荷或运行情况。此外，由于磁通密度增大，将使铁芯和二次线圈过热，绝缘损坏。

六、RTU 故障判断及维修方法

如果出现故障且现场通信器没有显示诊断信息，根据以下步骤检查设备硬件和过程连接是否处于良好的工作状态。从最有可能出现问题的地方开始故障排除。

1. 信号强度低

原因分析：天线存在遮挡或者信号接收存在问题。

解决办法：

（1）检查天线周围是否距离金属物较近（小于1.5m），在信号传输的方向上是否有大面积遮挡，如果存在，建议调整天线安装方向；

（2）检查天线是否拧紧，天线弯折角度应大于120°。

2. 井口设备不入网

图 3.1.22　RTU 安装实物图

原因分析：设备失电、设备参数配置存在问题。

解决办法：

（1）检查设备是否上电、电池电压是否正常；

（2）检查网络参数配置 PANID、广播信道是否和网关配置一致；

（3）重启设备查看是否能够入网（图 3.1.22 至图 3.1.24）。

图 3.1.23　水井数字化设备实物图

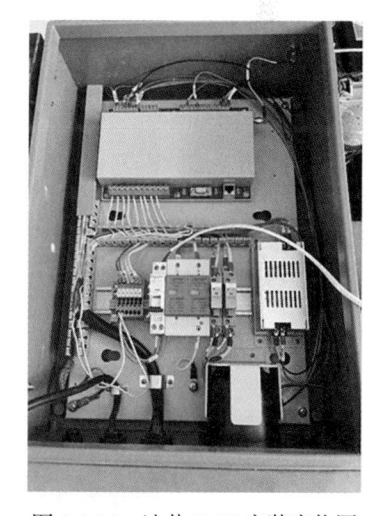

图 3.1.24　油井 RTU 安装实物图

3. 串口连接不上配置工具

原因分析：串口、波特率设置存在问题。

解决办法：

（1）检查电脑是否安装串口驱动（图 3.1.25）；

（2）检查电脑串口是否选择正确，检查波特率是否设置正确（图 3.1.26）。

图 3.1.25　串口查找方法

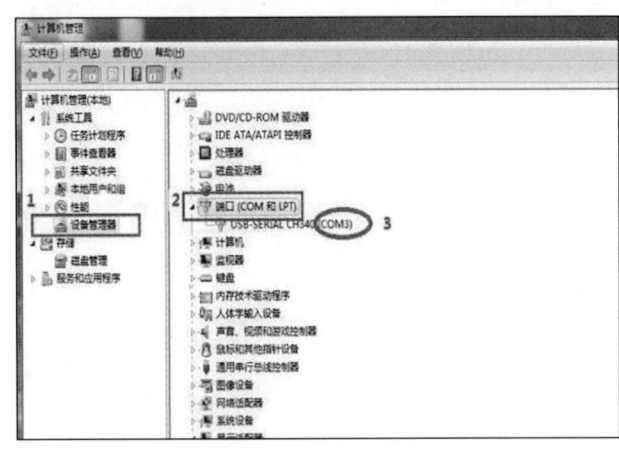

图 3.1.26　端口连接

4. 电量采集参数不正常

原因分析：接线或者参数设置不一致。

解决办法：

（1）查询 RTU 控制台设置的外置电流互感器变比是否与现场互感器变比一致；

（2）检查电量采集接线是否正确（图 3.1.27）。

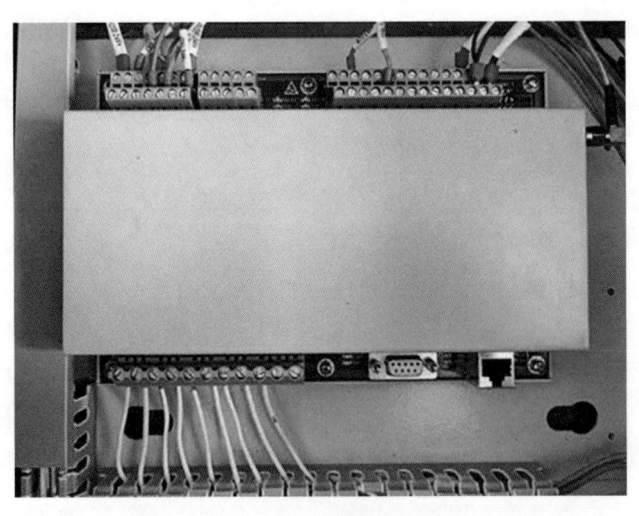

图 3.1.27　电参箱 RTU

5. 没有电流图上传

原因分析：参数设置存在问题、设备故障。

解决办法：

（1）没有外部抽油机运行状态信号输入情况下查询 RTU 的模拟启井的设置情况，需设置模拟启井状态为使能，否则设置为取消；

（2）有外部抽油机运行状态信号输入情况下检查井工作状态，停井状态没有电流图上传；

（3）检查 RTU 上 WIA 模块的定时参数与具有相同井号的示功仪上 WIA 模块的定时参数是否一致，定时参数设定一致且示功仪周期上传功图时 RTU 才能周期上传电流图（图 3.1.28）；

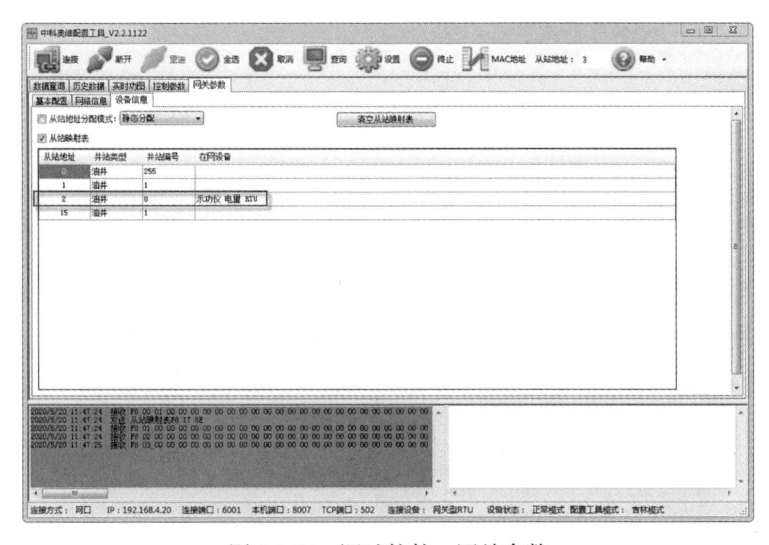

图 3.1.28　调试软件—网关参数

（4）查询 RTU 上 WIA 模块的在网状态，WIA 模块在网才可以上传电流图（图 3.1.29）；

（5）查询 RTU 主板工作状态，RTU 主板故障可能导致不发送电流图。

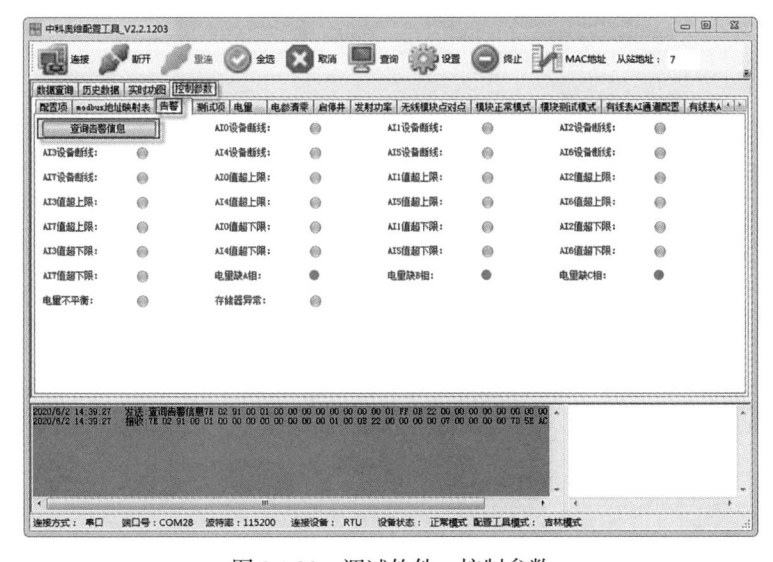

图 3.1.29　调试软件—控制参数

6. 没有常规电量数据上传

原因分析：参数设置存在问题、设备故障。

解决办法：

（1）查询 WIA 数据率，WIA 数据率为 0 会导致不发送常规电量数据；

（2）查询 RTU 主板工作状态，RTU 主板故障可能导致不发送常规电量数据。

7. 网口连接不上配置工具（远程）

原因分析：参数设置存在问题。

解决办法：

（1）检查待连接网关的 IP 是否正常（图 3.1.30）；

（2）如果忘记网关的 IP 地址，建议使用串口查询或重置 IP 后使用网络连接（图 3.1.31 和图 3.1.32）。

图 3.1.30　IP 测试

图 3.1.31　IPv4 设置　　　图 3.1.32　调试软件—连接设置

第二节　井、间故障维修案例

一、油井故障及维修

1. 智能无线压力监测单元问题

故障案例1：压力表现场施工中，测试压力数值与之前使用压力表数值不符。

故障现象：测试压力数值与之前使用压力表数值不符。

解决过程：

（1）先检查压力表有没有被破坏，传感器接口有没有异物堵塞（图3.2.1）；

（2）可以将原有压力表及测试表进行更换，看数值是否一致。如有偏差，联系厂家工作人员到现场排查，也可以到厂仪表检定中心进行测试比对。

2. 抽油机无线工况采集单元问题

故障案例2：油井安装的示功仪，与之前测试队测试的功图图形及参数有偏差。

故障现象：示功仪与测试队测试的功图图形及参数有偏差。

解决过程：如出现这类问题，测试队测试功图时所用的仪器一般是通过测试抽油杆的运动中的弹性形变推算该井的实际载荷，受多种因素影响（如抽油杆的新旧程度、材质、磨损情况等）。而数字化的示功仪是压载式，直接测试油井载荷，不进行二次计算，准确度较高（图3.2.2）。

图3.2.1　压力变送器

3. 抽油机无线工况采集单元问题

故障案例3：在平台上查看功图时间不正确。

故障现象：未连续半个小时上传一次功图。

解决过程：查看功图的采集时间段，如停井会则不会上传功图；若未停井，需判断井况，现场检查示功仪载荷传感器是否压严，是否有卡井现象，导致示功仪未正确测量出载荷无法生成功图（图3.2.3）。

如上述两种情况都不是，需联系技术人员到现场排查。

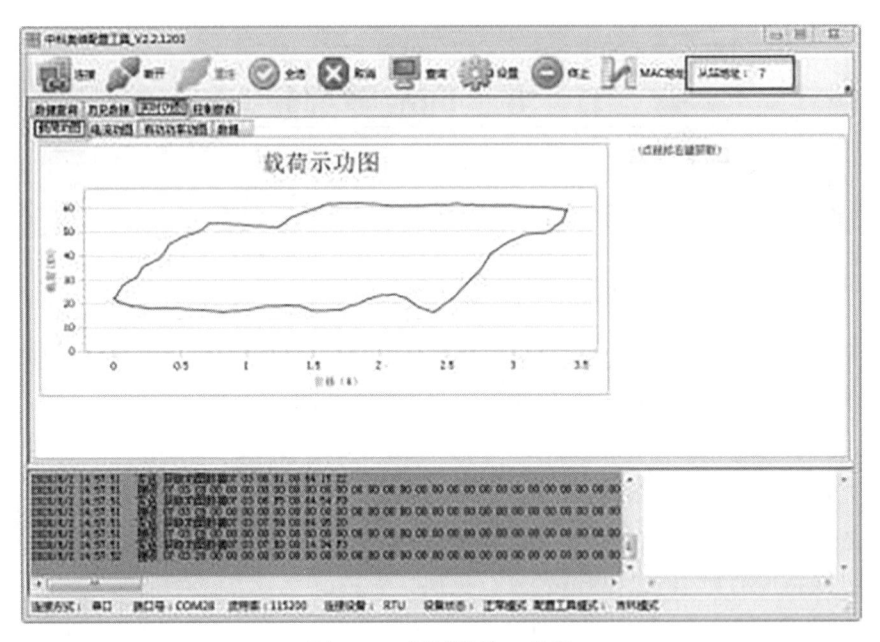

图 3.2.2 调试软件—载荷

图 3.2.3 调试软件—控制参数

4. 智能无线电参分析控制器（RTU）问题

故障案例 4：出现故障且现场通信器没有显示诊断信息。

故障现象：现场通信器没有显示诊断信息。

解决过程：根据以下步骤检查设备硬件和过程连接是否处于良好的工作状态。从最有可能出现问题的地方开始故障排除。

（1）信号强度低。

检查天线周围是否距离金属物较近（小于 1.5m），在信号传输的方向是否有大面积遮挡，如果存在，建议调整天线安装方向；

检查天线是否拧紧，天线弯折角度应大于 120°（图 3.2.4）。

图 3.2.4　油水井现场

（2）井口设备不入网。

检查设备是否上电、电池电压是否正常；

检查网络参数配置 PANID、广播信道是否和网关配置一致；

重启设备查看是否能够入网（图 3.2.5）。

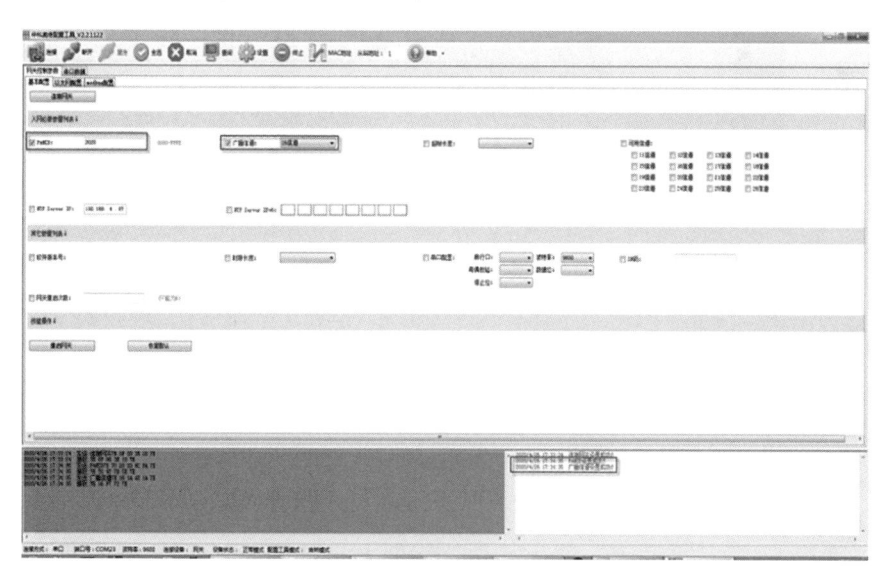

图 3.2.5　调试软件—网关控制参数

（3）串口连接不上配置工具。

检查电脑是否安装串口驱动；

检查电脑串口是否选择正确，检查波特率是否设置正确（图 3.2.6 和图 3.2.7）。

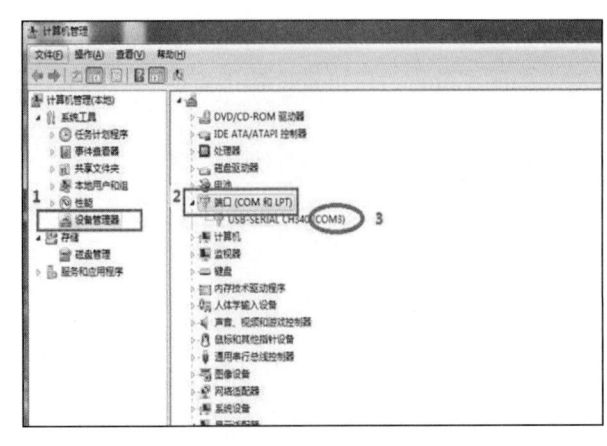

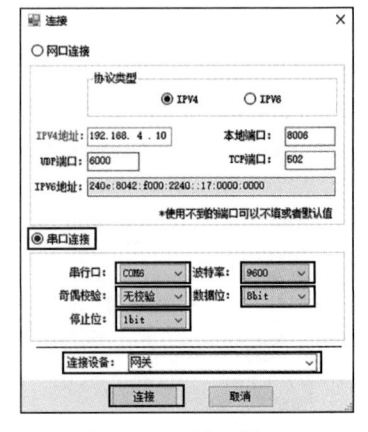

图 3.2.6　查看端口　　　　　　图 3.2.7　端口设置

（4）电量采集参数不正常。

查询 RTU 控制台设置的外置电流互感器变比是否与现场互感器变比一致；

检查电量采集接线是否正确（图 3.2.8）。

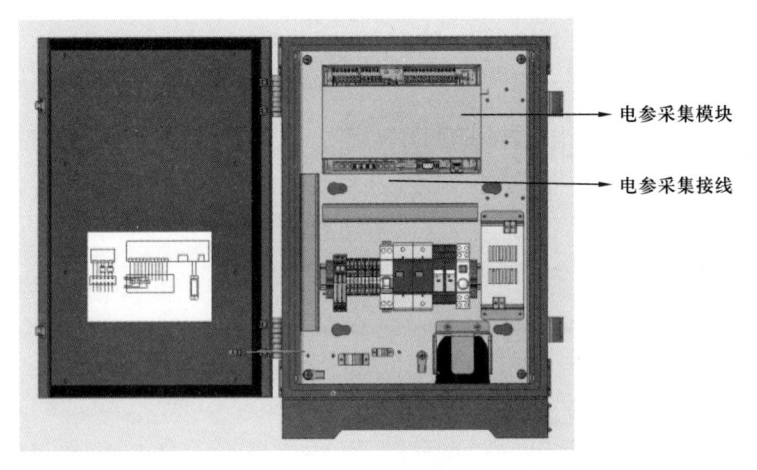

图 3.2.8　电参箱

（5）没有电流图上传。

没有外部抽油机运行状态信号输入情况下查询 RTU 的模拟启井的设置情况，需设置模拟启井状态为使能，否则设置为取消；

有外部抽油机运行状态信号输入情况下检查井工作状态，停井状态没有电流图上传；

检查 RTU 上 WIA 模块的定时参数与具有相同井号的示功仪上 WIA 模块的定时参数是否一致，定时参数设定一致且示功仪周期上传功图时 RTU 才能周期上传电流图（图 3.2.9）；

查询 RTU 上 WIA 模块的在网状态，WIA 模块在网才可以上传电流图；

查询 RTU 主板工作状态，RTU 主板故障可能导致不发送电流图。

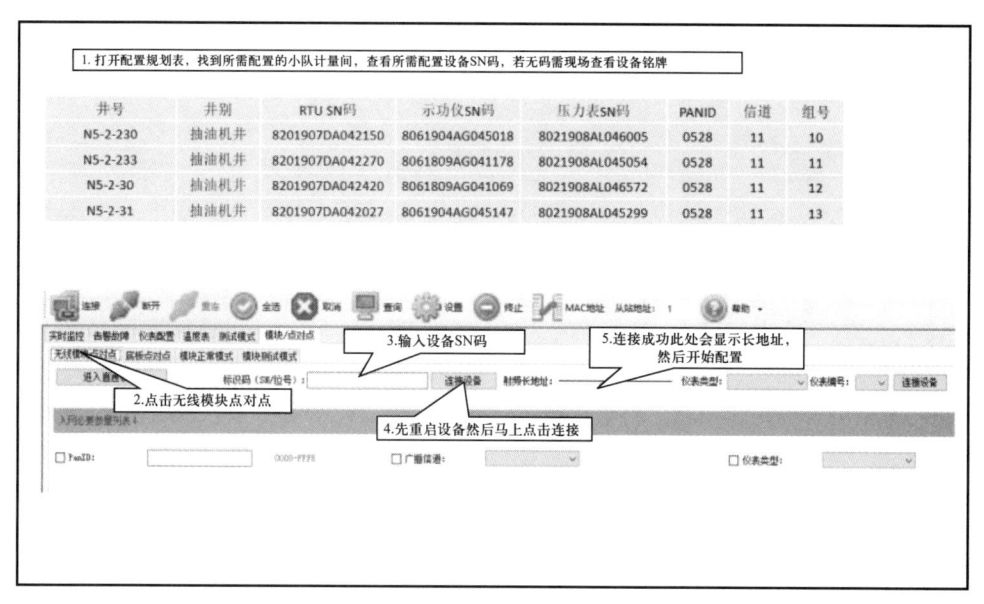

图 3.2.9　WIA 设置

（6）没有常规电量数据上传。

查询 WIA 数据率，WIA 数据率是 0 会导致不发送常规电量数据；

查询 RTU 主板工作状态，RTU 主板故障可能导致不发送常规电量数据。

（7）网口连接不上配置工具（远程）。

检查待连接网关的 IP 是否正常（图 3.2.10）；

如果忘记网关的 IP 地址，建议使用串口查询或重置 IP 后使用网络连接（图 3.2.11）。

图 3.2.10　IP 测试

图 3.2.11　串口设置

5. 智能无线电参分析控制器（RTU）问题

故障案例 5：今日耗电量、总功耗电参数值显示为负值。

故障现象：今日耗电量、总功耗电参数值为负值。

解决过程：由于电参的数据是通过电量芯片采集电流和电压计算得出，现场未正确接线会导致计算错误，得出负值。应重新调整电流、电压接线，恢复电参数据显示（图3.2.12）。

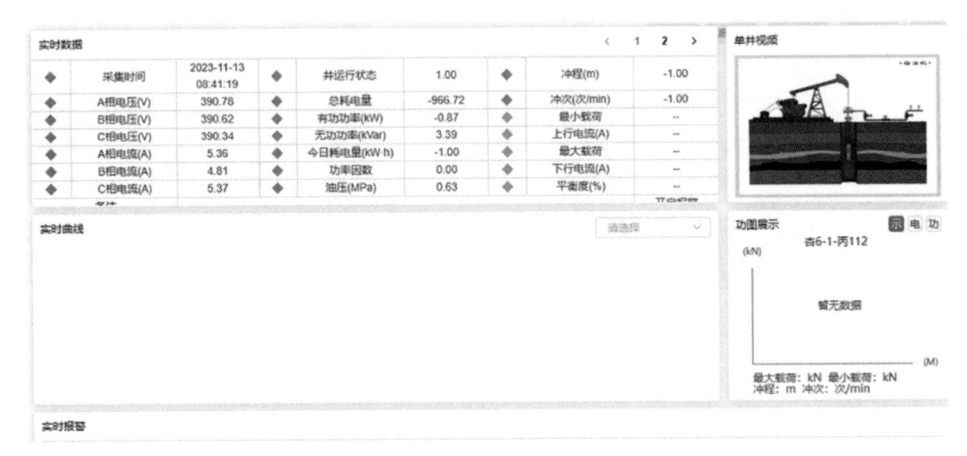

图 3.2.12　A11 平台—单井界面 1

6. 智能无线电参分析控制器（RTU）问题

故障案例 6：现场将智能无线电参分析控制器送上电了，平台只显示电参，压力表功图都不显示是怎么回事？

故障现象：现场将智能无线电参分析控制器供电后，平台只显示电参，压力表功图都不显示。

解决过程：因为 RTU12s 就上传一次电参数据，而压力表是 10min 上传一次，示功仪是半小时（按照时间的半小时上传，例如 10：30 出一幅，下一幅功图时间为 11：00）采取一份功图，所以在刚送电之后需要等段时间再去查看数据（图3.2.13）。

图 3.2.13　A11 平台—单井界面 2

二、水井故障及维修

注水井控制系统的故障排查，首先要了解 RTU 控制系统的数据链路。中控室工控机通过工控网络读取组态服务器的数据并下发指令，组态服务器再通过工控网络读取 RTU 数据并对 RTU 下发指令，RTU 则通过现场总线读取井口仪表数据并对其下发指令。

RTU 控制系统可能发生的故障节点有：

（1）工控机；

（2）工控网络；

（3）组态服务器；

（4）RTU、DTU；

（5）现场总线和仪表。

RTU 控制系统故障一般表现为工控机数据与现场不一致、工控机数据显示为"0"或"？"，可能发生的故障分为 3 类：

（1）全部注水井数据异常；

（2）单井流量控制器或压变数据异常；

（3）单井流量控制器、压变全部数据异常。

故障案例 7：全部注水井数据异常。

故障现象：平台显示数据全为问号。

解决过程：

第一步，检查本地工控机网络是否正常，使用窗口键 +R 键打开命令窗口，输入 CMD 命令打开 DOS 命令输入窗口，利用计算机 ping 命令测试网络连接是否正常，如果连接不正常需检查本地网络（图 3.2.14）。

(a) 网络异常　　　　　　　　　　(b) 网络正常

图 3.2.14　网络状态

第二步，如网络连接正常，则需联系运维人员查看组态服务器是否运行正常。

第三步，如发现组态服务器死机或组态软件运行异常，由运维人员重启组态服务器或重启组态软件，平台数据会在 10min 之内逐步恢复正常（图 3.2.15）。

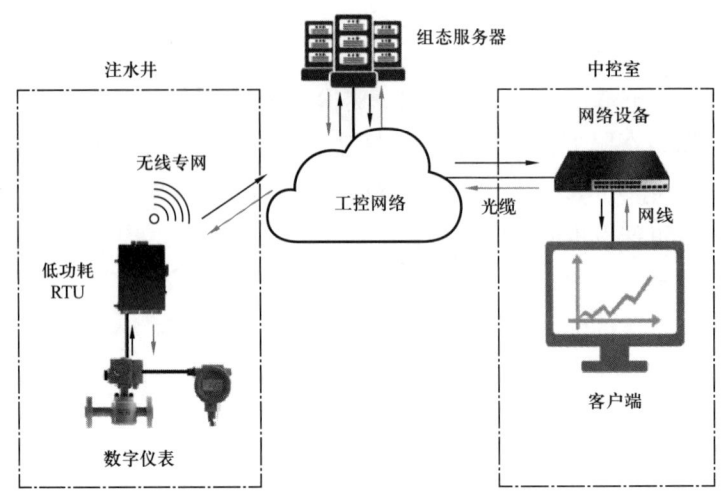

图 3.2.15 数据传输流程图

故障案例 8：单井数据全部异常（一）。

故障现象：平台单井数据显示全为 0。

解决过程：

第一步，检查水井现场 RTU 控制箱内是否有电，如果控制箱内无电则需电工检查。

第二步，如果配电箱内电源正常，则需用笔记本电脑连接 RTU，通过配置软件查看 RTU 配置是否复位（图 3.2.16）。

第三步，如果 RTU 复位，则需重新配置 RTU，RTU 配置完毕后，平台数据即可恢复。

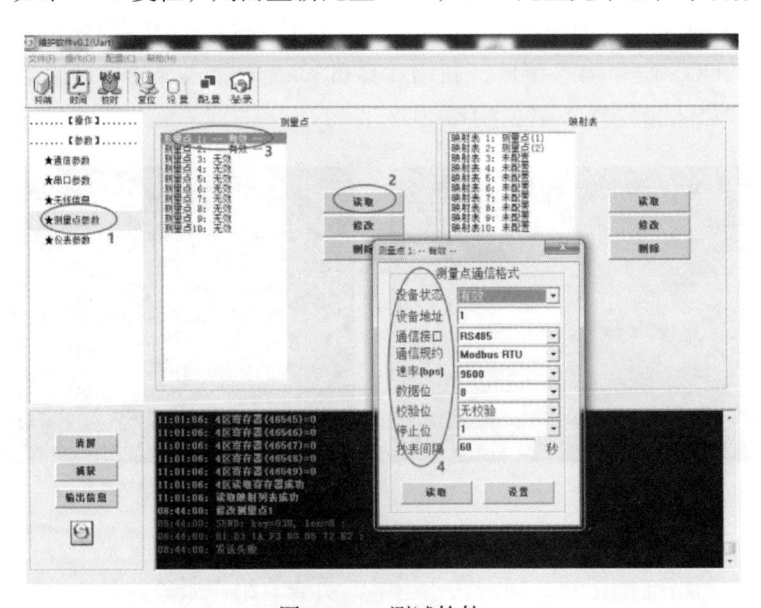

图 3.2.16 测试软件

故障案例 9：单井数据全部异常（二）。

故障现象：平台单井数据显示全为问号。

解决过程：

第一步，检查水井现场 RTU 控制箱（图 3.2.17）内是否有电，如果控制箱内无电则需电工检查。

第二步，如果配电箱内电源正常，则需用笔记本电脑连接查看 DTU，观察 DTU 信号是否在线。

第三步，如果 DTU 信号不在线，则需重启 DTU（拔电重启或者软件重启），重启 DTU 后，平台数据即可恢复（图 3.2.18）。

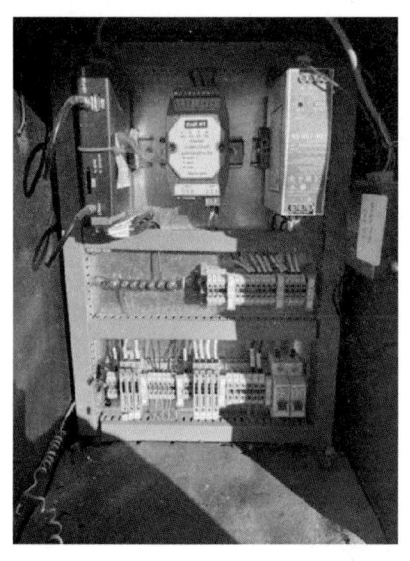

图 3.2.17　水井现场 RTU 控制箱

图 3.2.18　DTU 设备

故障案例 10：单井流量控制器或压力变送器数据异常。

故障现象：平台单井底数、目标流量、瞬时流量或压力值显示为问号。

解决过程：

第一步，检查流量控制器或压力表设备地址、波特率、奇偶校验位设置是否正确，如不正确则需调整相应参数（图 3.2.19）。

第二步，相应仪表设置无问题则检查注水井到总线数据线是否有断路、短路、接反现象。

图 3.2.19　压力变送器

第三步，线路无问题时使用 modscan 工具连接仪表通信端子检查能否通信，判断注水井通信芯片故障、损毁时需向上级单位报修（图 3.2.20）。

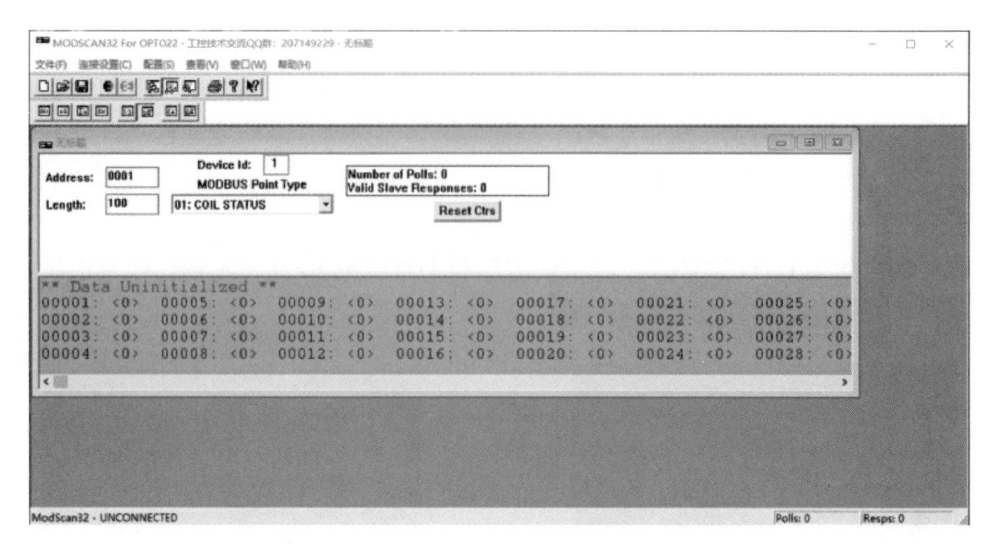

图 3.2.20　调试软件

三、小型站点故障及维修

中控室的工控机通过联入生产网对服务器上的数据进行读写,服务器再通过生产物联网读取 RTU 数据并对 RTU 下发指令,RTU 则通过 RS-485 总线读取单个设备数据并对其下发指令(图 3.2.21)。

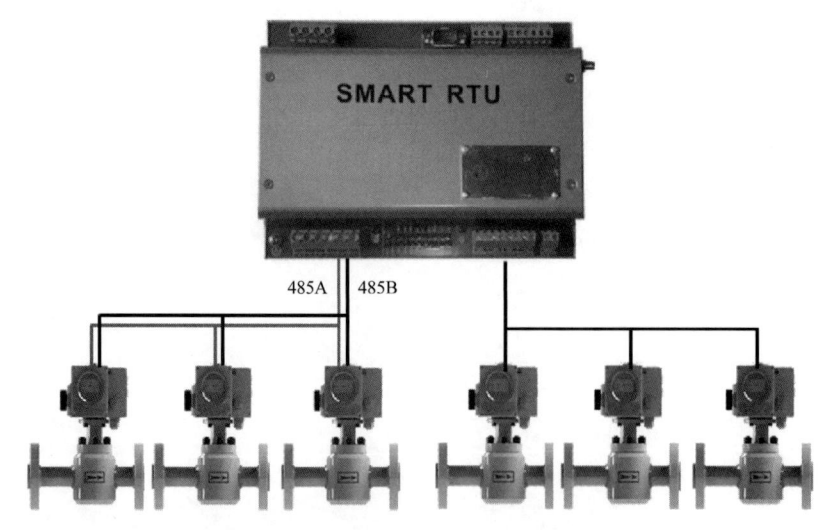

图 3.2.21　计量间、配水间连接架构

RTU 控制系统可能发生故障的节点有:工控机、生产网、组态服务器、物联网、RTU、RS-485 总线和井口仪器仪表(图 3.2.22)。

故障案例 11:区域计量间数据异常。

故障现象:多个同区域计量间数据异常。

解决过程：中控室全部数据异常时应首先退出并重启系统客户端（电脑）以排除系统客户端卡死等故障；使用 ping 命令检查与组态服务器的网络连接，网络不通时询问上联生产网是否断网，如上联网络正常则检查工控机网络配置是否异常、网络线路是否断开和中控机房其他网络设备是否断电或损坏；如使用 ping 命令检查网络畅通则检查组态服务器是否死机或进程卡死（图 3.2.23）。

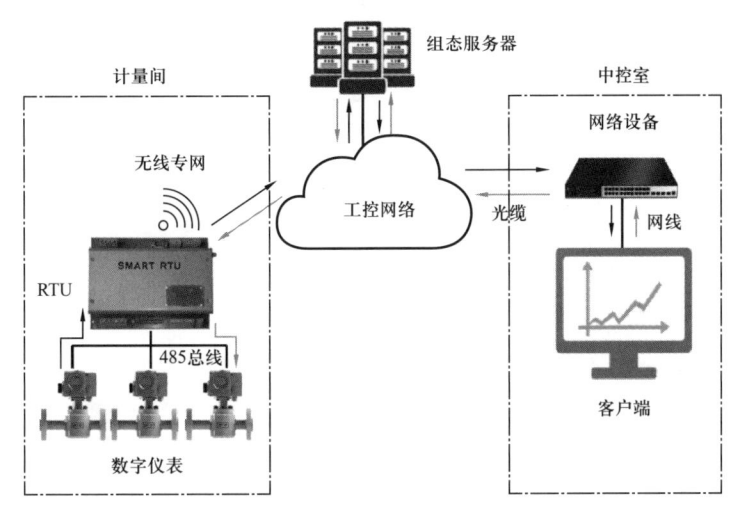

图 3.2.22 数据传输流程图

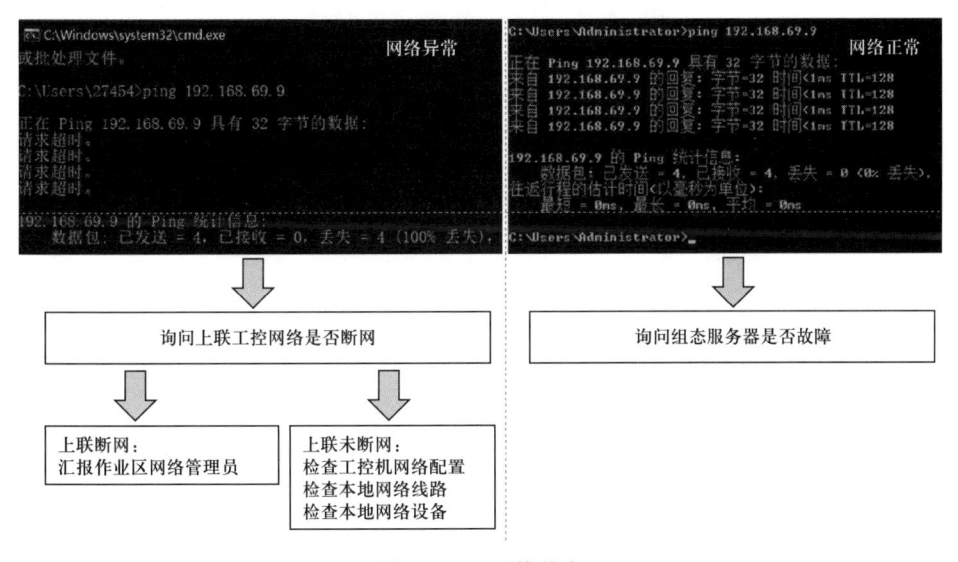

图 3.2.23 网络状态

故障案例 12：单个计量间数据异常。

故障现象：单一计量间数据全部异常。

解决过程：首先使用 ping 命令检查目标计量间网络，无法 ping 到目标设备时，询问计量间是否停电、RTU 控制箱是否断电，如无电力问题需到现场检查 RTU 工作状态，检查 RTU 设备供电，查看 RTU 运行指示灯，断电重启 RTU 以排除程序卡死等故障，无法恢复运行时使用串口调试工具检查 RTU 配置，必要时重新配置 RTU。

使用 ping 命令可以 ping 到目标计量间 RTU 设备时，判断数据异常为总线故障或 RTU 配置异常。需到现场检查井仪器仪表到 RTU 的 RS-485 端口数据线是否有数据，无数据时排除总线上故障（断路、短路、反接、设备地址重复），有数据时检查 RTU 配置（图 3.2.24 和图 3.2.25）。

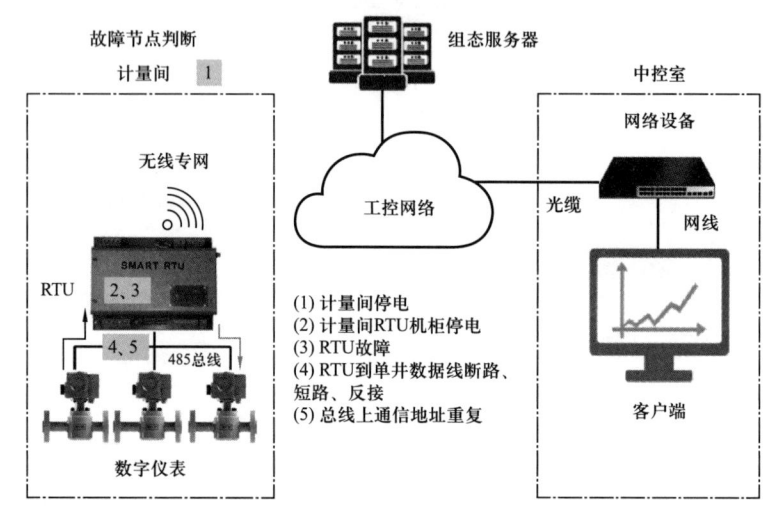

图 3.2.24　单个计量间数据异常诊断

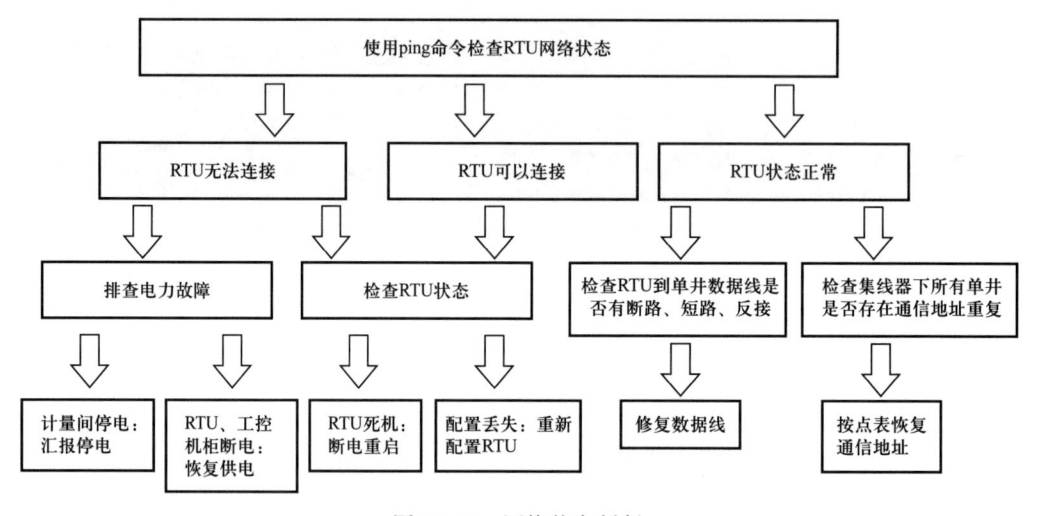

图 3.2.25　网络状态判断

故障案例 13：计量间多井（连续）数据异常。

故障现象：计量间内多口井数据异常。

解决过程：当某一总线的所有单井数据异常时检查下联总线 485 数据线 AB 线是否接线错误或有断路、短路，检查总线上设备供电情况。

当总线上某一节点的所有单井数据异常时检查此节点数据线是否有断路、短路。

当任意两口或多口单井数据异常时，可能是设备通信地址重复，检查异常井通信地址并恢复（图 3.2.26 和图 3.2.27）。

图 3.2.26　计量间多井数据异常诊断

1. 某一总线到 RTU 数据线断路、短路、反接；2. 某一节点数据线断路、短路、反接；3. 设备通信地址重复

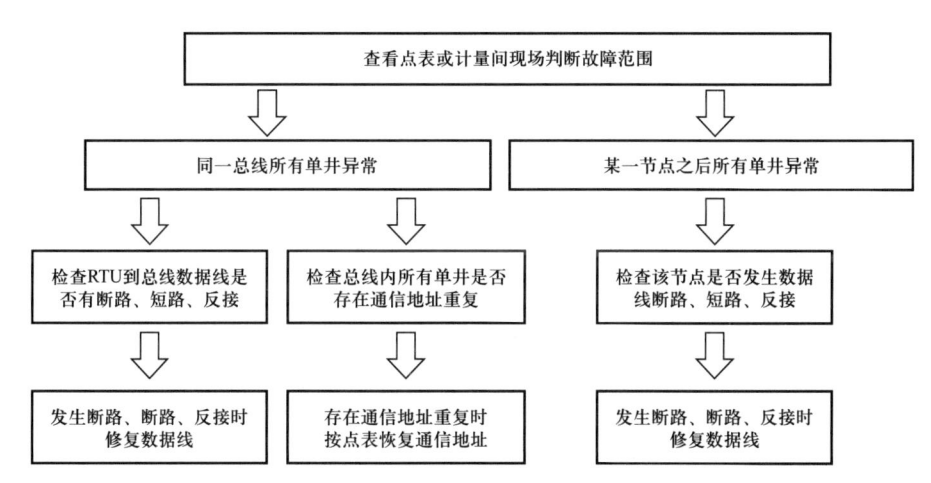

图 3.2.27　点表故障判断

故障案例 14：计量间内单井数据异常。

故障现象：计量间内单井数据异常。

解决过程：计量间单井数据异常，一般为设备通信参数变更、电线或数据线故障、通信芯片损坏等。发生单井数据异常时，首先要现场检查单井供电并检查流量控制器通信参数是否变更。通信参数正常时使用电脑的串口工具连接仪表，检查能否通信，通信正常时检查仪表到总线的数据线是否断路、短路、反接（图 3.2.28 和图 3.2.29）。

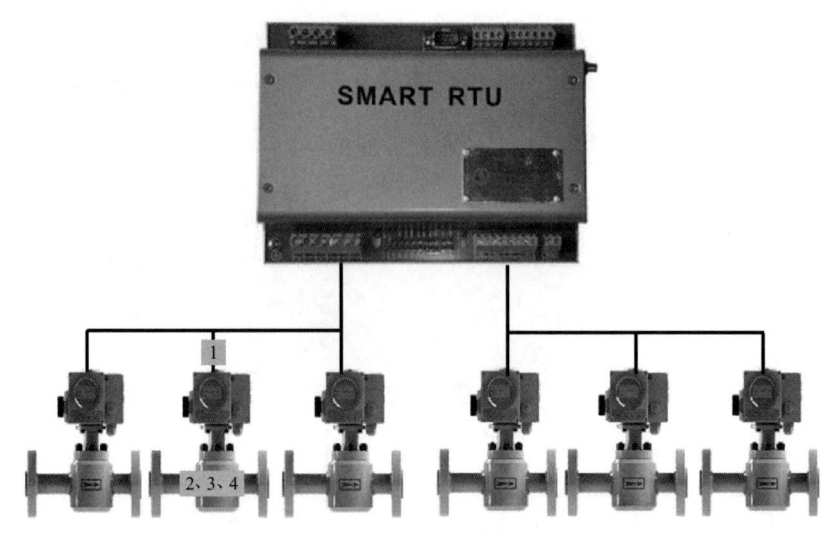

图 3.2.28　计量间单井数据异常诊断

1. 单井到总线数据线断路、短路、反接；2. 单井停电；3. 单井控制器通信参数变更；4. 单井通信芯片故障、损毁

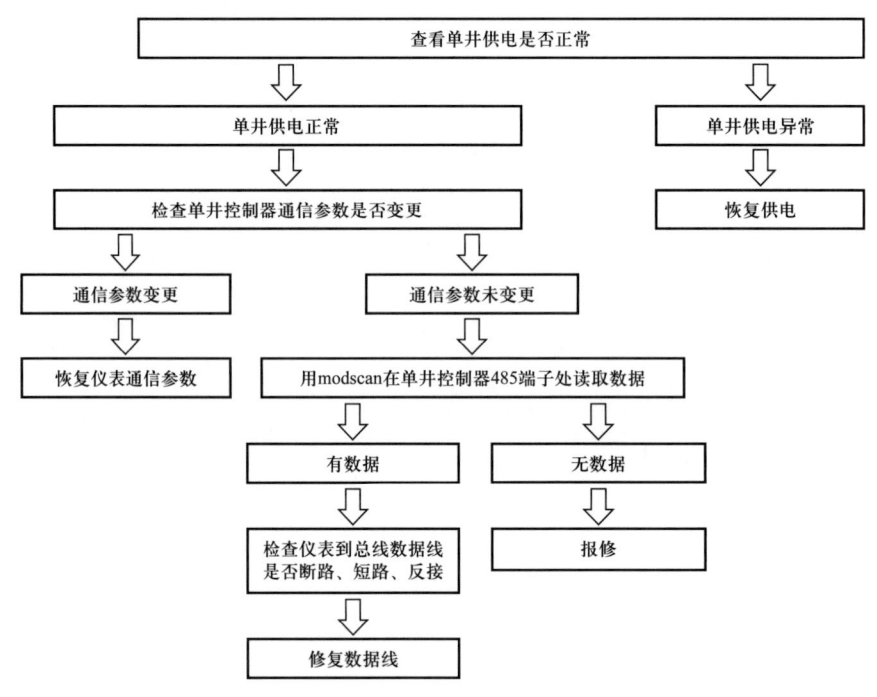

图 3.2.29　供电故障判断

第四章 运维工具应用

数字化运维工作的开展离不开运维工具,本章主要对万用表的使用及 Modbus 应用软件进行介绍,万用表是一种通用的测量工具,在数字化运维中主要用于运维现场的故障判断,而 Modbus 软件是最常用的工业通信协议测试软件,能够在运维故障现场为运维人员提供便捷的设备调试和参数设定,两者共同为数字化运维的高效、智能化发展提供了有力支持。

第一节 万 用 表

万用表又称多用表、三用表、复用表,是一种多功能、多量程的测量仪表(图 4.1.1),一般万用表可测量直流电流、直流电压、交流电压、电阻和音频电平等,有的还可以测交流电流、电容量、电感量及半导体的一些参数。

万用表由表头、测量电路及转换开关等三个主要部分组成。

(a) 指针式万用表　　　　(b) 数字式万用表

图 4.1.1　指针式万用表和数字式万用表实物图

一、表头

它是一只高灵敏度的磁电式直流电流表,万用表的主要性能指标基本上取决于表头的性能。表头的灵敏度是指表头指针满刻度偏转时流过表头的直流电流值,这个值越小,表头的灵敏度越高。测电压时的内阻越大,其性能就越好。表头上有四条刻度线,它们的功能如下:第一条(从上到下)标有 R 或 Ω,指示的是电阻值,转换开关在欧姆挡时,即读此条刻度线。第二条标有∽和VA，指示的是交流、直流电压和直流电流值，当转换开关在交流、直流电压或直流电流挡，量程在除交流10V以外的其他位置时，即读此条刻度线。第三条标有10V，指示的是10V的交流电压值，当转换开关在交流、直流电压挡，量程在交流10V时，即读此条刻度线。第四条标有dB，指示的是音频电平。而数字万用表的表头一般都采用数字液晶屏，通过切换开关和表头程序来显示使用者所需的测量刻度。

二、测量线路

测量线路是用来把各种被测量转换到适合表头测量的微小直流电流的电路，它由电阻、半导体元件及电池组成，它能将各种不同的被测量（如电流、电压、电阻等）、不同的量程，经过一系列的处理（如整流、分流、分压等）统一变成一定量限的微小直流电流送入表头进行测量。

三、转换开关

其作用是用来选择各种不同的测量线路，以满足不同种类和不同量程的测量要求。转换开关一般有两个，分别标有不同的档位和量程。

第二节　万用表上各符号的含义

（1）"∽"表示交直流。
（2）"V-1.2KV 4000Ω/V"表示对于交流电压及1.2kV的直流电压挡，其灵敏度为4000Ω/V。
（3）"A-V-Ω"表示可测量电流、电压及电阻。
（4）"45-65-1000Hz"表示使用频率范围为1000Hz以下，标准工频范围为45～65Hz。
（5）"2000Ω/V DC"表示直流挡的灵敏度为2000Ω/V。
钳表和摇表盘上的符号与上述符号相似。

第三节　指针式万用表的使用

一、使用规程

（1）熟悉表盘上各符号的意义及各个旋钮和选择开关的主要作用。
（2）进行机械调零。
（3）根据被测量的种类及大小，选择转换开关的档位及量程，找出对应的刻度线。

（4）选择表笔插孔的位置。

（5）测量电压：测量电压（或电流）时要选择好量程，如果用小量程去测量大电压，则会有烧表的危险；如果用大量程去测量小电压，那么指针偏转太小，无法读数。量程的选择应尽量使指针偏转到满刻度的 2/3 左右。如果事先不清楚被测电压的大小时，应先选择最高量程档，然后逐渐减小到合适的量程。

① 交流电压的测量：将万用表的一个转换开关置于交流、直流电压挡，另一个转换开关置于交流电压的合适量程上，万用表两表笔和被测电路或负载并联即可。

② 直流电压的测量：将万用表的一个转换开关置于交流、直流电压挡，另一个转换开关置于直流电压的合适量程上，且"+"表笔（红表笔）接到高电位处，"-"表笔（黑表笔）接到低电位处，即让电流从"+"表笔流入，从"-"表笔流出。若表笔接反，表头指针会反方向偏转，容易撞弯指针。

（6）测电流：测量直流电流时，将万用表的一个转换开关置于直流电流挡，另一个转换开关置于 50μA～500mA 的合适量程上，电流的量程选择和读数方法与电压一样。测量时必须先断开电路，然后按照电流从"+"到"-"的方向，将万用表串联到被测电路中，即电流从红表笔流入，从黑表笔流出。如果误将万用表与负载并联，则因表头的内阻很小，会造成短路烧毁仪表。其读数方法如下：

$$实际值 = 指示值 \times 量程 / 满偏$$

（7）测电阻：用万用表测量电阻时，应按下列方法操作：

① 选择合适的倍率档。万用表欧姆挡的刻度线是不均匀的，所以倍率档的选择应使指针停留在刻度线较稀的部分为宜，且指针越接近刻度尺的中间，读数越准确。一般情况下，应使指针指在刻度尺的 1/3～2/3 间。

② 欧姆调零。测量电阻之前，应将 2 个表笔短接，同时调节"欧姆（电气）调零旋钮"，使指针刚好指在欧姆刻度线右边的零位。如果指针不能调到零位，说明电池电压不足或仪表内部有问题。并且每换一次倍率档，都要再次进行欧姆调零，以保证测量准确。

③ 读数：表头的读数乘以倍率，就是所测电阻的电阻值。

二、注意事项

（1）在测电流、电压时，不能带电换量程。

（2）选择量程时，要先选大的，后选小的，尽量使被测值接近于量程。

（3）测电阻时，不能带电测量。因为测量电阻时，万用表由内部电池供电，如果带电测量则相当于接入一个额外的电源，可能损坏表头。

（4）用毕，应使转换开关在交流电压最大挡位或空挡上。

第四节　数字万用表的使用

目前，数字式测量仪表已成为主流，有取代模拟式仪表的趋势。与模拟式仪表相比，数字式仪表灵敏度高，准确度高，显示清晰，过载能力强，便于携带，使用更简单。本节简单介绍其使用方法和注意事项。

一、使用方法

（1）使用前，应认真阅读有关的使用说明书，熟悉电源开关、量程开关、插孔、特殊插口的作用。

（2）将电源开关置于 ON 位置。

（3）交流、直流电压的测量：根据需要将量程开关拨至 DCV（直流）或 ACV（交流）的合适量程，红表笔插入 V/Ω 孔，黑表笔插入 COM 孔，并将表笔与被测线路并联，读数即显示。

（4）交流、直流电流的测量：将量程开关拨至 DCA（直流）或 ACA（交流）的合适量程，红表笔插入 mA 孔（小于 200mA 时）或 10A 孔（大于 200mA 时），黑表笔插入 COM 孔，并将万用表串联在被测电路中即可。测量直流量时，数字万用表能自动显示极性。

（5）电阻的测量：将量程开关拨至 Ω 的合适量程，红表笔插入 V/Ω 孔，黑表笔插入 COM 孔。如果被测电阻值超出所选择量程的最大值，万用表将显示"1"，这时应选择更高的量程。测量电阻时，红表笔为正极，黑表笔为负极，这与指针式万用表正好相反。因此，测量晶体管、电解电容器等有极性的元器件时，必须注意表笔的极性。

二、使用注意事项

（1）如果无法预先估计被测电压或电流的大小，则应先拨至最高量程档测量一次，再视情况逐渐把量程减小到合适位置。测量完毕，应将量程开关拨到最高电压挡，并关闭电源。

（2）满量程时，仪表仅在最高位显示数字"1"，其他位均消失，这时应选择更高的量程。

（3）测量电压时，应将数字万用表与被测电路并联。测电流时应与被测电路串联，测直流量时不必考虑正、负极性。

（4）当误用交流电压挡去测量直流电压，或者误用直流电压挡去测量交流电压时，显示屏将显示"000"，或低位上的数字出现跳动。

（5）禁止在测量高电压（220V 以上）或大电流（0.5A 以上）时换量程，以防止产生

电弧，烧毁开关触点。

（6）当显示"–"或"BATT"或"LOW BAT"时，表示电池电压低于工作电压。

三、Fluke 707 使用说明

Fluke 707 是一种袖珍型的供应电流和测量工具，按键说明如图 4.4.1 所示。校准器测试 0~20mA 或 4~20mA 的电流回路，并可测量 28V 以内的直流电压。

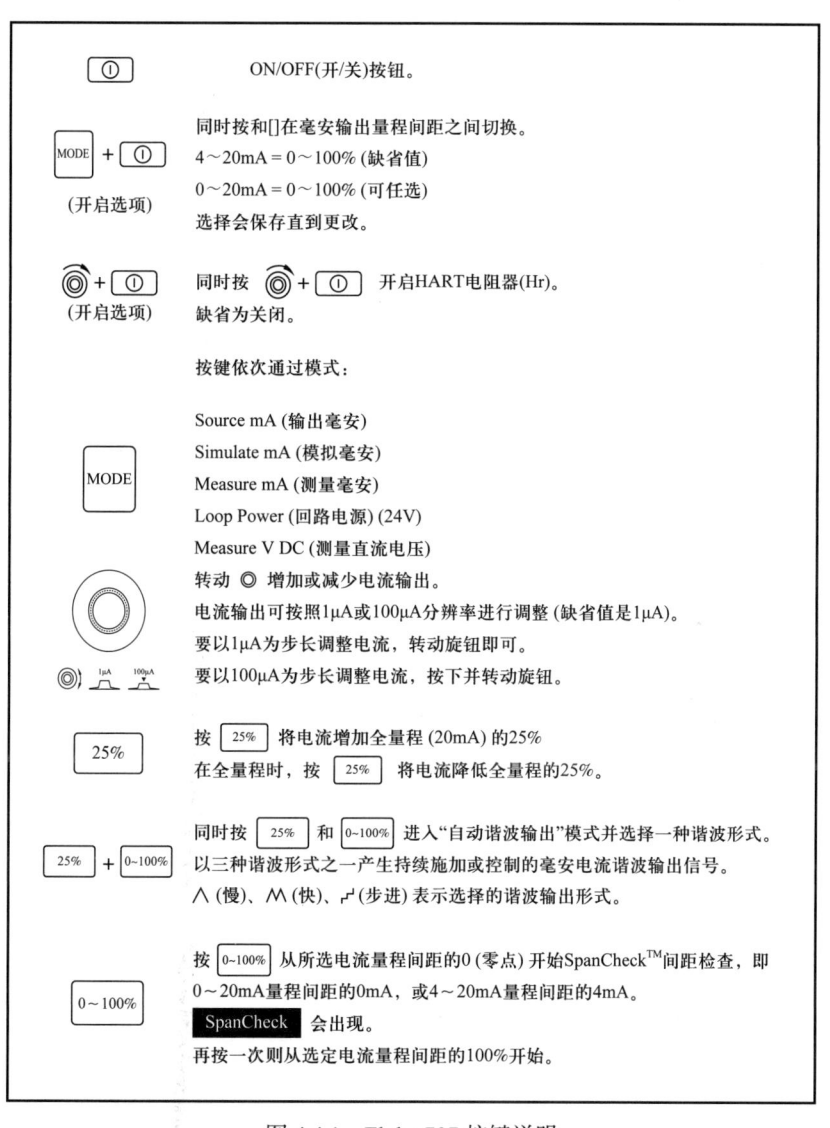

ⓘ	ON/OFF(开/关)按钮。
MODE + ⓘ (开启选项)	同时按和[ ]在毫安输出量程间距之间切换。 4~20mA = 0~100% (缺省值) 0~20mA = 0~100% (可任选) 选择会保存直到更改。
◎ + ⓘ (开启选项)	同时按 ◎ + ⓘ 开启HART电阻器(Hr)。 缺省为关闭。
MODE	按键依次通过模式： Source mA (输出毫安) Simulate mA (模拟毫安) Measure mA (测量毫安) Loop Power (回路电源) (24V) Measure V DC (测量直流电压)
◎ 1µA 100µA	转动 ◎ 增加或减少电流输出。 电流输出可按照1µA或100µA分辨率进行调整 (缺省值是1µA)。 要以1µA为步长调整电流，转动旋钮即可。 要以100µA为步长调整电流，按下并转动旋钮。
25%	按 25% 将电流增加全量程 (20mA) 的25% 在全量程时，按 25% 将电流降低全量程的25%。
25% + 0~100%	同时按 25% 和 0~100% 进入"自动谐波输出"模式并选择一种谐波形式。 以三种谐波形式之一产生持续施加或控制的毫安电流谐波输出信号。 ∧ (慢)、∧∧ (快)、⌐ (步进) 表示选择的谐波输出形式。
0~100%	按 0~100% 从所选电流量程间距的0 (零点) 开始SpanCheck™间距检查，即 0~20mA量程间距的0mA，或4~20mA量程间距的4mA。 SpanCheck 会出现。 再按一次则从选定电流量程间距的100%开始。

图 4.4.1　Fluke 707 按键说明

1. 使用 mA Sourcing（输出毫安）模式

校准器能输出电流，用来校准并测试 0~20mA 和 4~20mA 的电流回路及仪表。在

SOURCE（输出）模式下，校准器能供应电流。

在 SIMULATE（模拟）模式下，校准器能模拟成一个外部供电电流回路中的双线式变送器。

2. 更改毫安输出量程间距

校准器有两个毫安输出量程间距：

（1）4～20mA（0～100%）（缺省值）；

（2）0～20mA（0～100%）（可任选）。

若要更改输出量程间距，关闭校准器。同时按下 MODE + ①。选定的设置会保存，直到再次更改。

3. 输出毫安

使用 SOURCE（输出）模式给无源电路供电。

必须有路径让电流在 + 和 COM 端子之间流通，否则在设置输出值时会显示过载（OL）。

4. 模拟变送器

当校准器被用作模拟变送器的时候，它能把输出回路电流调整到选择的已知值。

必须有 12～28V 的回路电源。请按图 4.4.2 所示连接测试线。

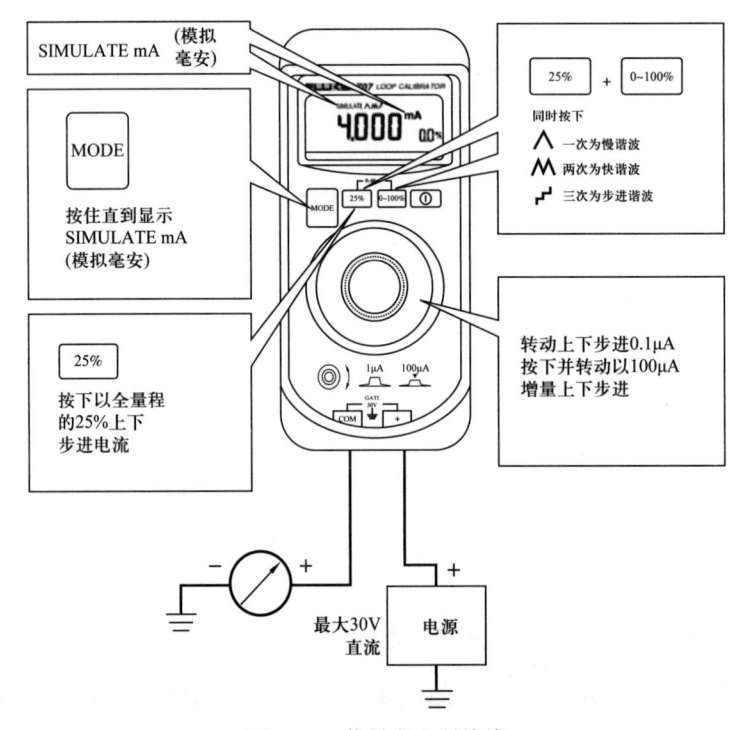

图 4.4.2　信号发生器接线

5. 毫安电流自动谐波输出

电流自动谐波输出可将校准器提供的一个不断变化的电流持续施加到无源电路（输出）或有源回路（模拟）。此时可测试变送器响应。

同时按 25% + 0~100% 进入"自动谐波输出"模式并步进到一个谐波输出类型。

校准器在 0~20mA 或 4~20mA 量程间距内以三种谐波输出类型之一施加或控制一个不断重复的毫安信号：

（1）慢（∧）：40s 内 0 到 100% 到 0 平缓谐波输出。
（2）快（∧）：15s 内 0 到 100% 到 0 平缓谐波输出。
（3）步进（⊓）：以 25% 为步长，从 0 到 100% 再到 0 的阶梯谐波输出。每一步停顿 5s。

欲退出，可按任意按钮或关闭校准器。

6. 使用量程间距检查（SpanCheck）功能

量程间距检查（SpanCheck™）功能能在 SOURCE（输出）或 SIMULATE（模拟）模式下检查一个变送器的零点或量程间距。若要选择间距检查，按 0~100% 欲退出，可按任意按钮或转动旋钮（图 4.4.3）。

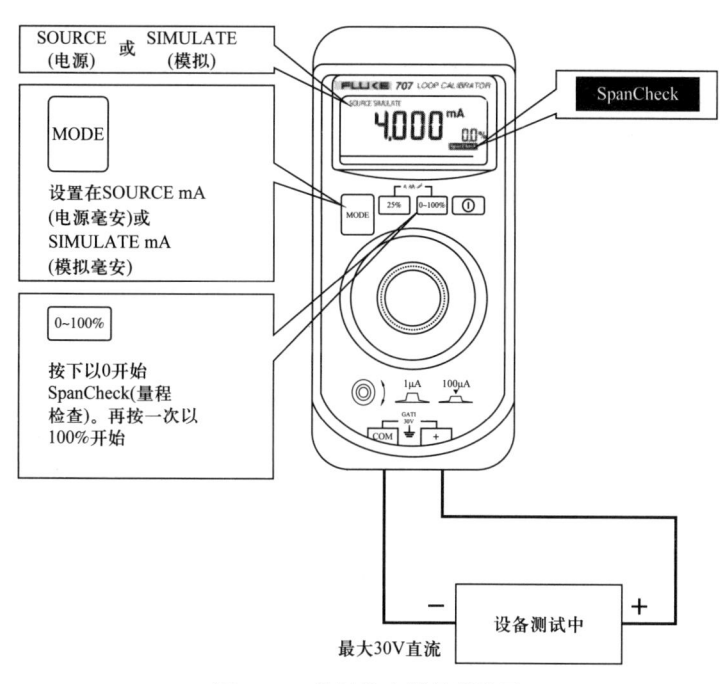

图 4.4.3　信号发生器量程设置

7. 测量直流电流（毫安）

注意：为避免测试时损坏被测装置，确保在连接测试线之前，先将校准器置于正确的模式。若要测量直流毫安：

（1）按 |MODE| 步进至 MEASURE（测量）模式。

显示 MEASURE mA（测量毫安）。

（2）如图 4.4.4 所示，以测试线探针接触载荷电路或电源。

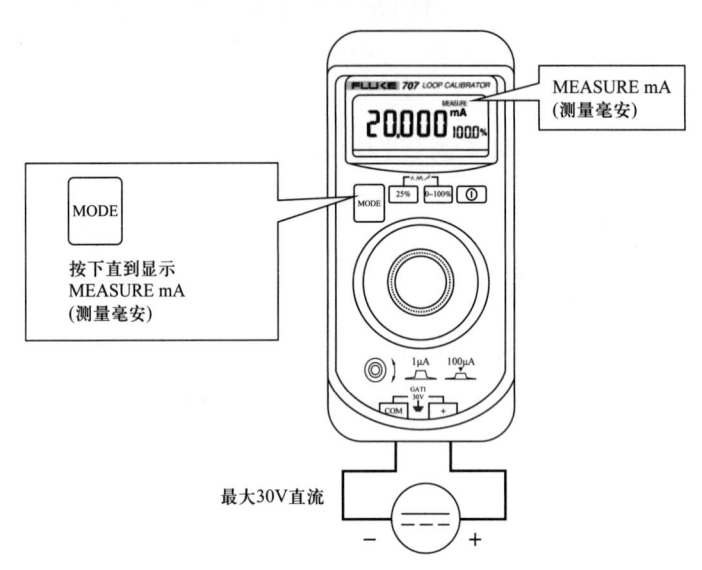

图 4.4.4　信号发生器测量直流电流（毫安）

8. 用回路电源测量直流毫安

注意：为避免测试时损坏被测装置，确保在连接测试线之前，先将校准器置于正确的模式。

在回路电源挡下，校准器能为变送器提供 +24V 的回路电源，并同时读出回路电流。

用回路电源测量直流毫安：

（1）按 |MODE| 步进至 Loop Power（回路电源）模式。

显示 MEASURE mA（测量毫安）及 Loop Power（回路电源）。

（2）如图 4.4.5 所示，以测试线探针接触载荷电路或电源。

若要退出 Loop Power（回路电源），更改测量模式。

9. 测量直流电压

注意：为避免测试时损坏被测装置，确保在连接测试线之前，先将校准器置于正确的模式。若要测量直流电压：

（1）按 |MODE| 步进至 MEASURE（测量）模式。

显示 MEASURE V（测量电压）。

（2）以测试线探针接触载荷或电源（图 4.4.6）。

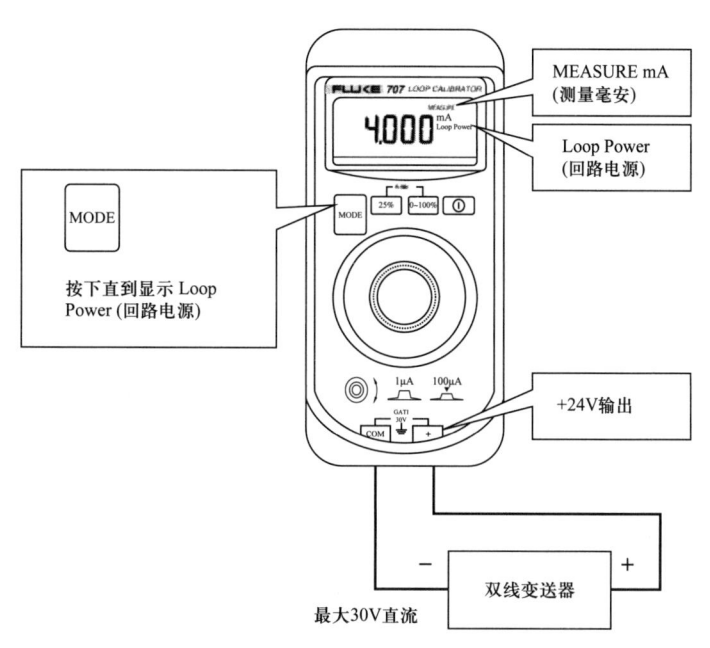

图 4.4.5 信号发生器用回路电源测量直流电流

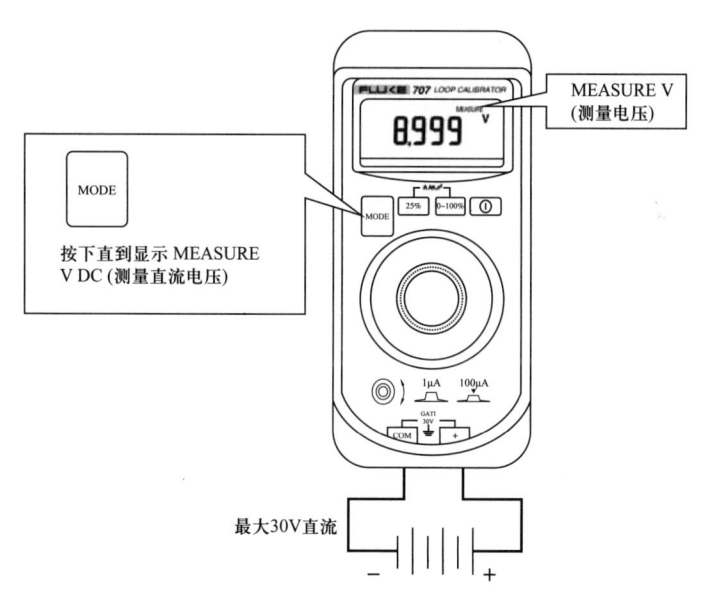

图 4.4.6 信号发生器测量直流电压

第五节　Modbus 应用软件

Modscan32 是运行在 Windows 下，用来模拟 RTU 或 ASCII 传输模式下的 MODBUS 协议主设备的应用程序（与之相对的是 Modsim32，用于模拟从设备）。它可以发送指令报文到从机设备中，从机响应之后，就可以在界面上返回相应寄存器的数据。本节将详细介绍Modscan32的使用，对于Modbus本身通信协议的具体内容，将不做讲解。

一、设备的连接和断开

Modscan32的连接方式可分为普通连接和快速连接两种：

1. 普通连接

点击菜单栏"Connection"（连接设置）>"Connect"（连接），弹出连接配置窗口（图4.5.1）。

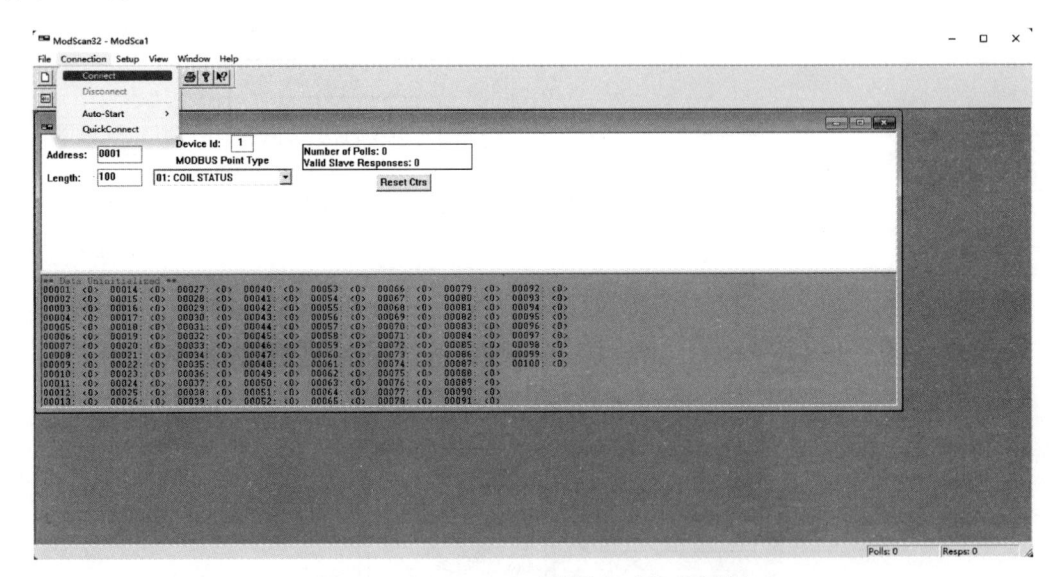

图4.5.1　Modscan32连接设置（普通连接）

在"Connect"（使用的连接）那里选择"Direct Connection to COMXX"（XX是根据当前使用的端口号来定），表示当前是使用串口通信，如果使用的是Modbus/TCP，则选择"Remote modbusTCP Server"。

2. 快速连接

点击菜单栏"Connection"（连接设置）>"QuickConnect"（快速连接），或点击 ，可根据前一时刻的连接配置进行连接（图4.5.2）。

3. 断开连接

点击菜单栏"Connection"（连接设置）>"Disconnect"（断开连接），或点击 ，断开当前连接（图4.5.3）。

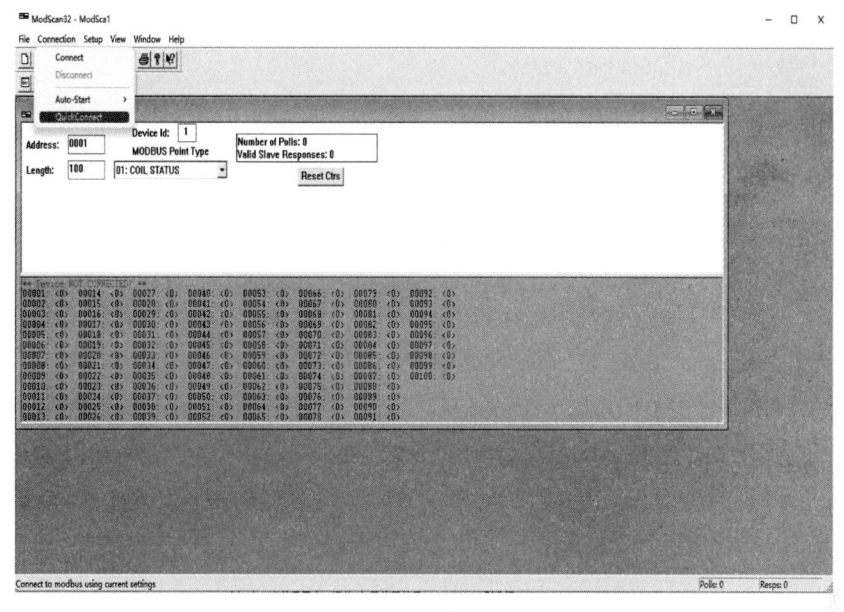

图 4.5.2　Modscan32 连接设置（快速连接）

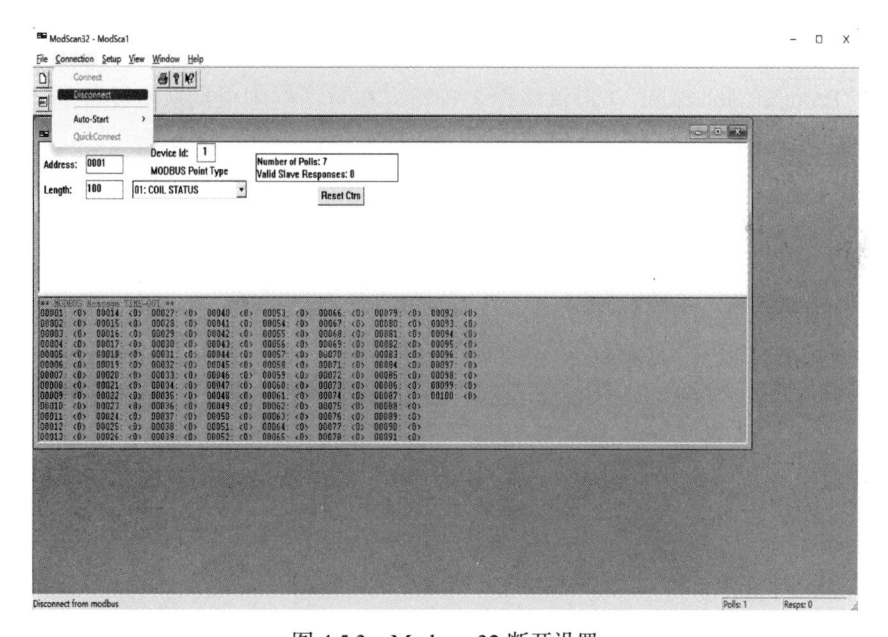

图 4.5.3　Modscan32 断开设置

二、通信参数配置

1. 串口通信配置

在连接配置窗口中配置好端口号、波特率、数据位、校验位、停止位，该参数需根据厂家生产的从设备通信配置情况进行设置，一般情况下厂家均采用默认配置，即（图 4.5.4）：

（1）9600 波特率（9600 Baud）；

（2）8 个数据位（8 Data bits）；

（3）无校验位（None Parity）；

（4）1 个停止位（1 Stop Bit）。

图 4.5.4　Modscan32 串口通信配置 1

点击"Protocol Selection"（协议选择）按钮，在对话框中根据从机设备的通信方式选择 RTU 模式或 ASCII 模式，在工业应用中一般采用 RTU 模式（图 4.5.5）。

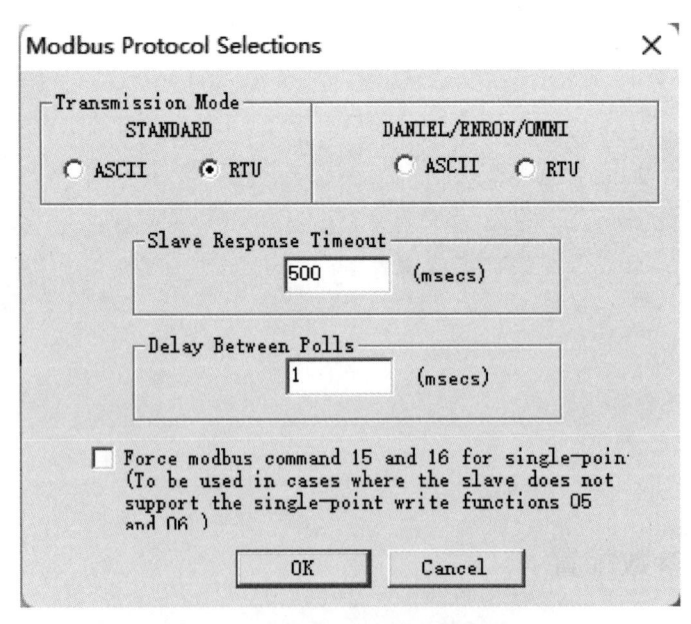

图 4.5.5　Modscan32 串口通信配置 2

从机响应时间（实际就是每个窗口之间的发送间隔）和轮询之间的延迟，按默认设置即可。在勾选框中可选择单个写入线圈/寄存器时，是使用 15/16 指令（支持批量写入）

还是 05/06 指令（只支持单个写入）。

2.TCP 通信配置

在"Connect"（使用的连接）中选择"Remote modbusTCP Server"，设置好 IP 及端口号，Modbus/TCP 的默认端口号为 502。实际使用时根据从机设备的 IP 和端口号来设置（图 4.5.6）。

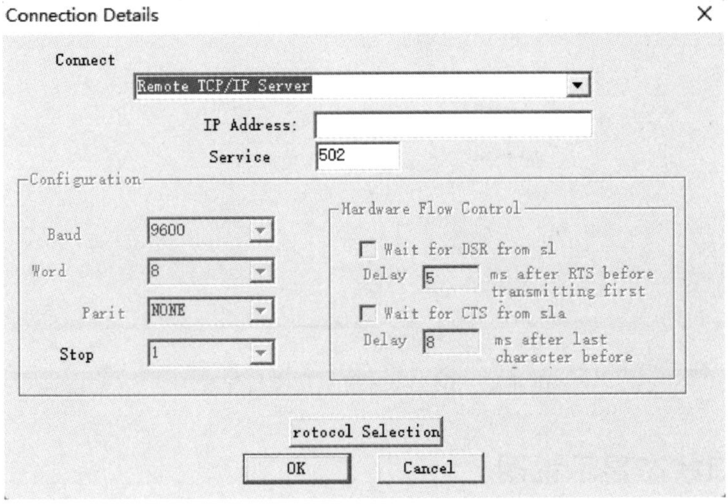

图 4.5.6　Modscan32 TCP 通信配置

三、信息参数配置

信息参数可以在调试窗口里直接配置，也可以点击"Setup"（配置）＞"Data Definition"（数据定义），在弹窗中进行配置（图 4.5.7）。

（1）Scan（扫描速率）：配置当前窗口报文发送的周期间隔。

（2）Address：可以配置读/写的寄存器/线圈起始地址（注意这里最低只能配置为 1，对应 Modbus 指令里的 0 地址）。

（3）Length：可以配置读/写的寄存器/线圈个数。

（4）Device Id：可以配置目标从机地址。

（5）MODBUS Point Type：可以配置使用的 Modbus 点位类型（注意：修改不同的点位类型时，对应地址前面会带有不同的前缀数据，这个并不影响 Modbus 指令里的起始地址，只是用于 PLC 的地址分段）：

① 01：COIL STATUS，线圈（可读可写）。

② 02：INPUT STATUS，输入线圈（只读）。

③ 03：HOLDING REGISTER，保持寄存器（可读可写）。

④ 04：INPUT REGISTER，输入寄存器（只读）。

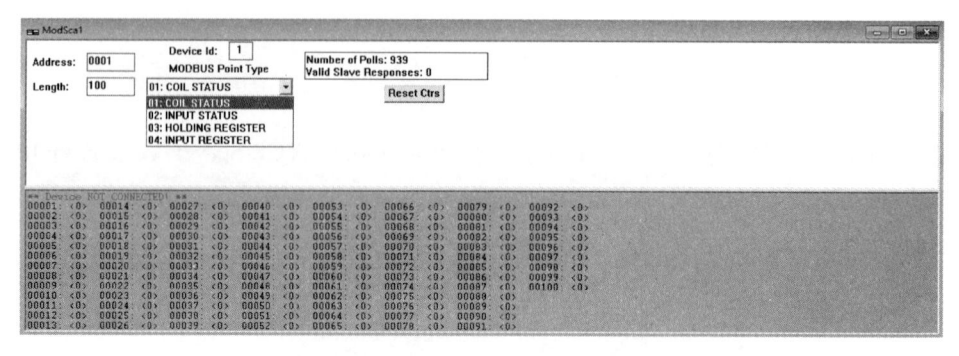

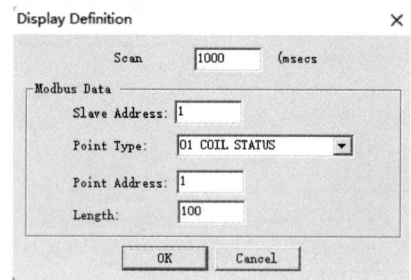

图 4.5.7　Modscan32 信息参数配置 1

四、窗口状态显示说明

参数配置区中黑色框内显示的是发送和接收的数据数量，其中：

（1）Number of Polls：当前已发送的指令数量。

（2）Valid Slave Responses：目标从机回复的指令数量。

数据显示区中红色字样表示当前故障状态，详见以下故障说明：

（1）** Device NOT CONNECTED！**：当前未连接。

（2）** Data Uninitialized **：当前窗口未进行配置（图 4.5.8）。

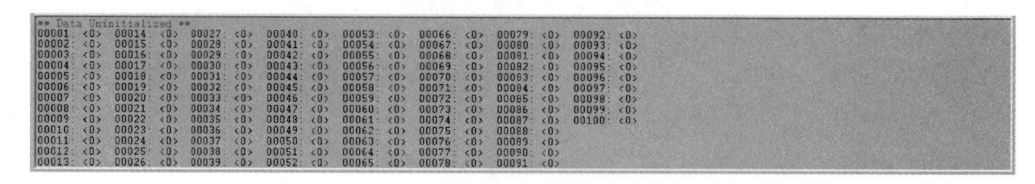

图 4.5.8　Modscan32 信息参数配置 2

（3）** MODBUS Message TIME-OUT **：发送指令后从设备超时未响应。从设备超时未响应的可能性有很多，例如：① 连接配置错误，主机的波特率、设备地址等信息与从设备不符。② 线路异常，电脑跟从机设备之前的通信线存在异常，也是无法正常收到回复。③ 从机设备解析异常不回复，这个需查看 Modbus 协议详解并逐步分析。

（4）** Checksum Error in Response Message **：响应的数据校验错误。

（5）** MODBUS Exception Response from Slave Device **：地址异常。

一般是当访问的从机设备不存在要读取的寄存器/线圈地址时，会返回不存在此地址的 02 异常码，软件接收到此指令时就会报出这个错误。

五、设置数据格式

点击"Setup"（配置）>"Display Options"（显示选项）>"Binary"二进制/"Hex"十六进制……，或点击工具栏按钮 ![按钮] 选择对应的数据格式（图 4.5.9）。

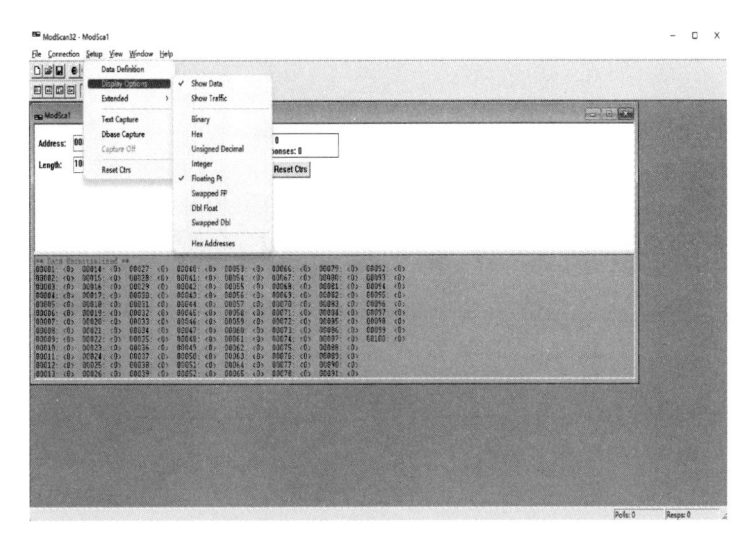

图 4.5.9　Modscan32 数据格式

六、注意事项

（1）当 Modscan32 时间设置较短时，发送时间会出现不准的情况。例如当把每一帧的发送间隔时间调成 1ms 时，实际用示波器抓到的数据，时间间隔大概 100ms 左右。测试中低于 100ms 时的设置都不能实现。此情况的原因可能跟电脑本身性能有关系，因此不要过于相信软件的时间设置，应以实际测量的为准。

（2）当软件运行的系统卡顿时，可能会影响 Modbus 软件的运行，表现出来的现象是查看的报文会出现异常。

第二部分
站库运维技术

第五章　测控系统基础

自动控制技术在各行业的应用越来越广泛，为紧跟信息化的时代趋势及大庆油田推进数字化建设的步伐，实施"数字油田、智能油田、智慧油田"三步走的战略，加速油田数字化建设已成为当下油田振兴新发展的重要实现途径。各类站库测控系统的全面改造与投用显得愈发重要与迫切。测控系统不是一个独立的设备，而是涉及仪表、变频器、PLC、人机界面、执行机构等多领域相结合的自动控制系统。

本章主要讲解油田测控系统的分类、PLC控制系统和测控系统常见故障处理方法。

第一节　油田测控系统分类

测控系统是指安装在联合站、中转站、注入站等地面站库，用于集中显示现场生产数据、远程控制现场执行器、对超限信号进行报警提示的控制系统。

测控系统包含两个方面，一个是测一个是控。"测"是对被测对象中的一些物理量进行测量并获得相应的测量数据；"控"则是依靠现代计算机的计算处理能力，根据数据得出相应结果，通过反馈等方式控制整个系统。

油田测控系统按功能可分为前端感知层、中端控制层、末端执行层三部分。其中前端感知层是测控系统的眼睛，包括气体旋进漩涡流量计、电磁流量计、温度变送器、压力变送器、差压变送器、液位传感器等。通过感知层的各类仪表可实时掌握现场数据，并将各种生产参数采集至控制层，为控制层的运算提供数据支撑。感知层如果出现故障，测控系统将无法监测现场生产参数。

中端控制层主要由PLC控制系统和上位机组成。PLC是在传统的顺序控制器的基础上引入了微电子技术、计算机技术、自动控制技术和通信技术而形成的工业控制装置，目的是用来取代继电器，执行逻辑、计时、计数等顺序控制功能，建立柔性的远程控制系统。具有通用性强、使用方便、适应面广、可靠性高、抗干扰能力强、编程简单等特点。上位机是指可以直接发出操控命令的计算机，一般安装组态软件，实时显示各种操作按钮及信号变化（如液位、压力、温度等），操作人员根据生产需求发出控制指令。PLC系统将计算机（上位机）发出的指令解释成相应时序信号直接控制相应设备。

执行层是测控系统的执行单元，将控制层发出的调节指令精准地实施到所在的工艺流程，执行层一旦发生故障将导致工艺流程失去控制，引发生产事故，因此保持控制层的稳定是维修维护的重要任务。常见的执行机构有电动调节阀、气动调节阀和变频器等。

测控系统在油田按站库类别可分为联合站、中转站、注入站、注水站测控系统（图5.1.1）。

(a) 联合站　　　　　　　　　　　　　　(b) 中转站

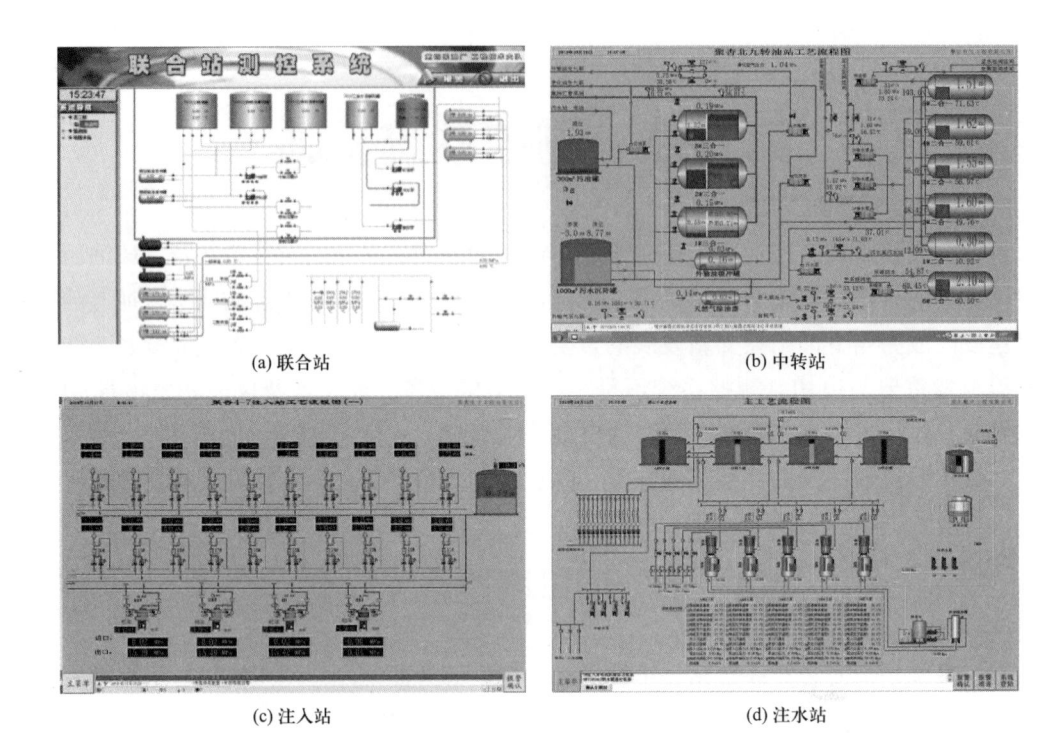

(c) 注入站　　　　　　　　　　　　　　(d) 注水站

图 5.1.1　测控系统界面

杏北油田测控系统以控制器类型分类可以分为：AB PLC、GE PLC、SIEMENS PLC、OPTO22 PLC、TDCS 系统等（图 5.1.2）。

(a) AB PLC　　　　　　　　　　　　　　(b) SIEMENS PLC

(c) TDCS 系统　　　　　　　　　　　　(d) GE PLC

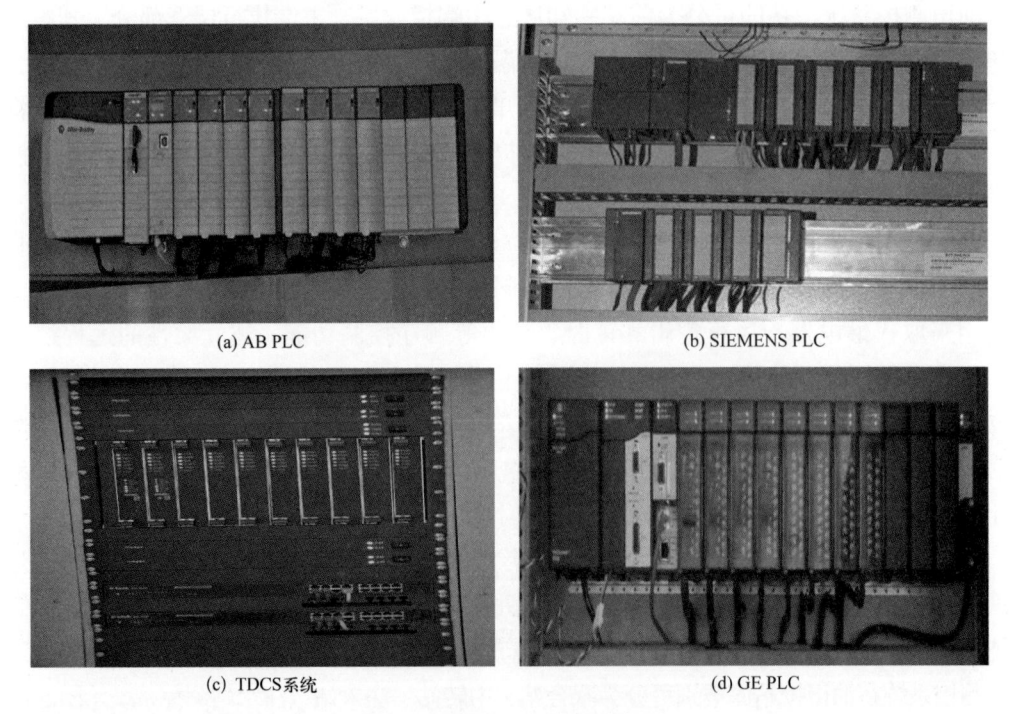

图 5.1.2　测控系统控制器类型

油田测控系统主要有以下功能：

一、测量

在生产过程中，被测参量分为非电量与电量。常见的非电量参数有位移、液位、压力、转速、扭矩、流量、温度等，常见的电量参数有电压、电流、功率、电阻、电容、电感等。非电量参数可以通过各种类型的传感器转换成电量信号输出。

测量过程通过传感器获取被测物理量的电信号或控制过程的状态信息，通过串行或并行接口接收数字信息。在测量过程中，计算机周期性地对被测信号进行采集，把电信号通过 A/D 转换成等效的数字量。输入信号经线性化处理、噪声数字滤波、平方根处理等信号处理后保持与原输入信号一致。

为了检查生产装置是否处于安全工作状态，对大多数测量值还必须检查是否超过上、下限值，如果超过，则应发出报警信号，超限报警是过程控制计算机的一项重要任务。

二、执行机构的驱动

对生产装置的控制通常是通过对执行机构进行调节、控制来达到目的。计算机可以直接产生信号去驱动执行机构达到所需要的位置，也可通过 A/D 转换产生一个正比于某设定值的电压或电流去驱动执行机构，执行机构在收到控制信号之后，通常还要反馈一个测量信号给计算机，以便检查控制命令是否已被执行。

三、控制

利用计算机控制系统可以方便地实现各种控制方案。在工业过程控制系统中常用的控制方案有三种类型：直接数字控制（DDC）、顺序控制和监督控制（SPC）。大多数生产过程的控制需要其中一种或几种控制方案的组合。

四、人机交互

控制系统必须为操作员提供关于被控过程和控制系统本身运行情况的全部信息，为操作员直观地进行操作提供各种手段，应当能显示各种信息和画面，打印各种记录，通过专用键盘对被控过程进行操作等。例如改变设定值、手动调节各种执行机构、在发生报警的情况下进行处理等。

此外，控制系统还必须为管理人员和工程师提供各种信息，例如生产装置每天的工作记录，以及历史情况的记录，各种分析报表等，以便管理人员掌握生产过程的状况和做出改进生产状况的各种决策。

五、通信

现今的工业过程控制系统一般都采用分组分散式结构，即由多台计算机组成计算机网络，共同完成上述的各种任务。因此，各级计算机之间必须能实时地交换信息。此外，有时生产过程控制系统还需要与其他计算机系统（例如：全单位的综合信息管理系统）进行数据通信。

第二节　PLC 控制系统

测控系统控制层负责控制现场采集数据的处理及控制命令的发出，是测控系统的大脑和指令中枢，一般采用 PLC（可编程逻辑控制器）或 DCS（离散控制系统）系统。主要包括上位控制计算机、输入单元、输出单元、电源管理组件、CPU、通信单元、拓展功能模块及相关电路元件。杏北油田测控系统主要以 PLC 系统作为控制层的处理核心，下面以 PLC 系统为例介绍控制层基本工作原理、基本结构、主要功能及特点。

一、PLC 的工作原理

可编程逻辑控制器简称 PLC，基于电子计算机技术发展而来。PLC 的"测""控"功能依靠数据的输入及输出来实现，输入输出信息变换靠运行存储于 PLC 内存中的程序实现。PLC 程序既有生产厂家的系统程序（不可更改），又有用户自行开发的应用（用户）程序。系统程序提供运行平台，同时，还为 PLC 程序可靠运行及信号与信息转换进行必要的公共处理。用户程序由程序开发人员依据生产工艺流程设计，满足生产需求。

各项生产参数的采集及控制命令的输出的物理实现，主要依靠输入（INPUT）及输出（OUTPUT）电路（I/O 电路）。PLC 的 I/O 电路都经过专门设计。输入电路要对输入信号进行滤波，以去掉高频干扰。而且与内部计算机电路在电上是隔离的，靠光耦元件建立联系。输出电路内外也是电隔离的，靠光耦元件或输出继电器建立联系。输出电路还要进行功率放大，以带动一般的工业控制元器件，如电磁阀、接触器等。I/O 电路种类多种多样，每一输入点或输出点都要有一个 I 或 O 电路。PLC 有多少 I/O 点，一般也就有多少个 I/O 电路。由于它们都是由高度集成化的电路组成的，所以所占体积并不大。输入电路时刻监视着输入状况，并将其暂存于输入暂存器中。每一输入点都有一个对应的存储其信息的暂存器。输出电路要把输出锁存器的信息传送给输出点。输出锁存器与输出点也是一一对应的，这里的输入暂存器及输出锁存器实际就是 PLC 处理器 I/O 点的寄存器。它们通过计算机总线与计算机内存交换信息，并主要由运行的系统程序实现。把输入暂存器的信息读到 PLC 的内存中，称输入刷新，PLC 内存有专门开辟的存放输入信息的映射区，这个区的每一对应位（bit）称之为输入继电器。这些位置成 I，表示接点通，置成 O 为接点断。由于它的状态是由输入刷新得到的，所以它反映的就是输入状态。

输出锁存器与 PLC 内存中的输出映射区也是对应的。一个输出锁存器有一个内存位（bit）与其对应，这个位称为输出继电器，或称输出线圈。通过运行系统程序将输出继电器的状态映射到输出锁存器中，这个映射也称输出刷新。输出刷新主要是靠运行系统程序实现的。这样，用户所要编的程序只是内存中输入映射区到输出映射区的变换，特别是怎么按输入的时序变换成输出的时序。

综上所述，PLC 实现控制的过程是：输入刷新—再运行用户程序—再输出刷新—再输入刷新—再运行用户程序—再输出刷新……永不停止地循环反复地进行着，除了执行用户程序之外，在每次循环过程中，PLC 还要完成内部处理、通信服务等工作。当 PLC 运行时，一次循环可分为五个阶段：内部处理、通信服务、输入处理、程序执行和输出刷新（图 5.2.1）。PLC 的这种周而复始的循环工作方式称为扫描工作方式。

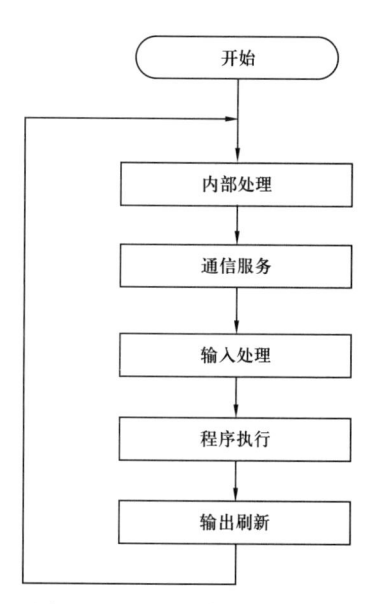

图 5.2.1 PLC 程序执行示意图

二、PLC 控制系统的基本结构

以 SIEMENS PLC 控制系统的控制柜（图 5.2.2）为例进行介绍，该设备主要由 PLC 功能模块（SIEMENS）、电源开关、电压转换模块、安全栅及接线端子等组成。

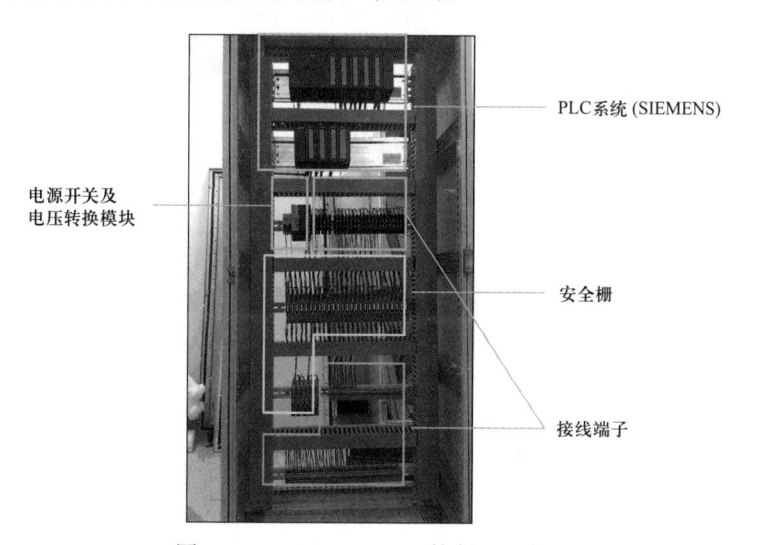

图 5.2.2 SIEMENS PLC 控制柜示意图

PLC 系统（SIEMENS）主要由以下 7 部分组成（图 5.2.3）：
（1）电源模块（PS）：为整个 PLC 系统供电。
（2）中央处理器（CPU）：数据运算和控制（PLC 的核心）。
（3）信号模块（SM）：采集信号、发出信号。
（4）功能模块（FM）：采集特殊信号，如脉冲信号等。
（5）通信模块（CP）：与工控机（或触摸屏）进行通信。

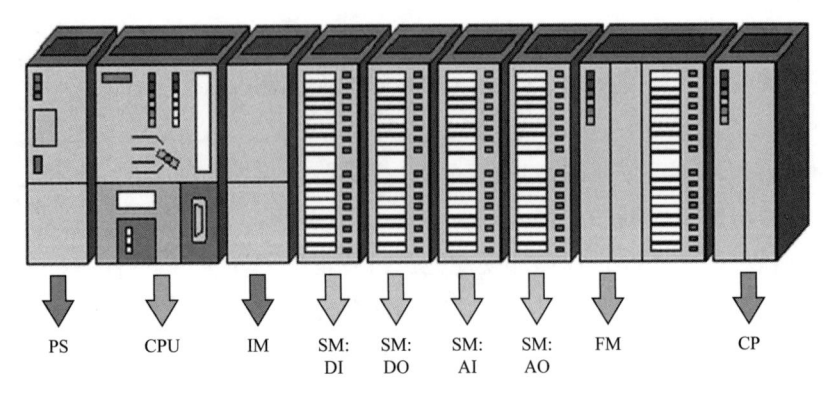

图 5.2.3 PLC 系统（SIEMENS）结构示意图

（6）接口模块（IM）：用于设备扩展。

（7）导轨："连接"上述各功能模块。

三、PLC 控制系统的主要特点

PLC 控制系统是一种采用可编程的存储器，用于其内部存储程序，执行逻辑运算、顺序控制、定时、计数与算术操作等面向用户的指令，并通过数字或模拟式输入/输出控制各种类型的机械或生产过程。与传统式继电器相比，在功能方面具有如下特点：

1. 使用方便，编程简单

采用简明的梯形图、逻辑图或语句表等编程语言，而无须计算机知识，因此系统开发周期短，现场调试容易。另外，可在线修改程序，改变控制方案而不拆动硬件。

2. 功能强，性能价格比高

一台小型 PLC 内有成百上千个可供用户使用的编程元件，有很强的功能，可以实现非常复杂的控制功能。它与相同功能的继电器系统相比，具有很高的性能价格比。PLC 可以通过通信联网，实现分散控制、集中管理。

3. 硬件配套齐全，用户使用方便，适应性强

PLC 产品已经标准化、系列化、模块化，配备有品种齐全的各种硬件装置供用户选用，用户能灵活方便地进行系统配置，组成不同功能、不同规模的系统。PLC 的安装接线也很方便，一般用接线端子连接外部接线。PLC 有较强的带负载能力，可以直接驱动一般的电磁阀和小型交流接触器。

4. 可靠性高，抗干扰能力强

传统的继电器控制系统使用了大量的中间继电器、时间继电器，由于触点接触不良，容易出现故障。PLC 用软件代替大量的中间继电器和时间继电器，仅剩下与输入和输出有

关的少量硬件元件,接线可减少到继电器控制系统的1/100~1/10,因触点接触不良造成的故障大为减少。PLC采取了一系列硬件和软件抗干扰措施,具有很强的抗干扰能力,平均无故障时间达到数万小时以上,可以直接用于有强烈干扰的工业生产现场,PLC已被广大用户公认为最可靠的工业控制设备之一。

5. 系统的设计、安装、调试工作量少

PLC的梯形图程序一般采用顺序控制设计法来设计。这种编程方法很有规律,很容易掌握。对于复杂的控制系统,设计梯形图的时间比设计相同功能的继电器系统电路图的时间要少得多。

PLC的用户程序可以在实验室模拟调试,输入信号用小开关来模拟,通过PLC上的发光二极管可观察输出信号的状态。完成了系统的安装和接线后,在现场的统调过程中发现的问题一般通过修改程序就可以解决,系统的调试时间比继电器系统少得多。

6. 维修工作量小,维修方便

PLC的故障率很低,且有完善的自诊断和显示功能。PLC或外部的输入装置和执行机构发生故障时,可以根据PLC上的发光二极管或编程器提供的信息迅速地查明故障的原因,用更换模块的方法可以迅速地排除故障。

第三节 测控系统常见故障处理方法

杏北油田测控系统站库类别多、种类繁杂,测控系统故障形式也各不相同。当出现故障时,需要测控运维现场分析故障发生原因,查找解决手段,排除故障。

为了便于初学人员掌握测控维修技术,笔者在多年维修经验基础上,总结了根据故障位置及现象快速查找故障原因的方法,具体内容如下。

一、上位机显示单路仪表数据故障

(1)检查仪表、安全栅及信号电缆等硬件设备是否故障,排除硬件故障;

(2)检查计算机软件设置的仪表量程是否正确,检查计算机显示是否为科学计数法或负值;

(3)如显示科学记数法(如9E-3)则属于数值超出设计显示长度,需修改计算机显示该数值的长度;

(4)如流量仪表显示变为负值且累计值递减,则说明仪表底数超出计算机设计计量上限,需将仪表底数清零;

(5)如计算机显示为0而现场不为0时,说明该数据对应模块通道可能故障,需将通道进行更换。

二、上位机多台仪表显示同时故障

（1）排除仪表、安全栅、485数据总线及电源、信号电缆故障；

（2）检查数据采集模块（如：模拟量输入、485总线分配器及485数据终端等）工作指示灯是否正常；

（3）如出现红灯闪烁或指示灯熄灭等不正常状态时，查找故障原因，利用重启模块、在线清除故障代码或更换故障模块等措施排除故障；

（4）如模块工作指示灯正常，需检查计算机软件内对应程序是否处于启动状态；

（5）如软件及硬件工作均正常，请逐一检查故障仪表对应模块通道采集情况。

三、上位机全部数据均无显示或均为 0

（1）检查PLC系统供电、PLC运行状态、现场仪表供电；

（2）PLC通信模块、计算机网卡、交换机或网线存在故障，需一一排查；

（3）计算机软件数据库配置设置丢失，需重新建立数据库；

（4）PLC系统CPU故障或因断电等情况导致PLC存储器内程序丢失，需更换硬件或重新下载控制程序；

（5）计算机中与测控系统相关程序可能未处于启动状态。

第六章 测控系统感知层的故障诊断与维修

测控系统感知层由各类检测仪表组成，实时监测生产运行参数，在油田生产中发挥重要作用。当仪表显示出现异常现象（指示偏高、偏低，不变化，不稳定等），本身包含两种因素：一是工艺因素，仪表正确地反映出工艺异常情况；二是仪表因素，由于仪表（测量系统）某一环节出现故障而导致工艺参数指示与实际不符。这两种因素总是混淆在一起，很难马上判断出故障到底出现在哪里。测控维护人员要提高仪表故障判断能力，除了对仪表工作原理、结构、性能特点熟悉外，还需熟悉测量系统中每一个环节，同时，对工艺流程及工艺介质的特性、设备的特性都有所了解，这能帮助测控维护人员拓展思路，有助于分析和判断故障现象。

本章主要讲解油田常用感知层仪表故障判断及维修方法。

第一节 旋进漩涡流量计故障判断及维修方法

旋进漩涡流量计由表头、传感器、漩涡发生体、腔体等组成。当气流进入流量传感器入口时，经过螺旋形的漩涡发生体产生旋转，形成漩涡流，经过扩散段时漩涡流因回流作用被迫二次旋转，此时它的旋转频率与气体流速呈正向线性关系，两个压电传感器检测到的电荷信号通过前置放大器转换为与流速成正比的脉冲信号，然后再与温度、压力等检测信号一起传送至微处理器，最后在液晶屏上显示出测量结果（瞬时流量、累计流量及温度、压力数据）。

气体旋进漩涡流量计在油田主要用于天然气计量，其常见故障现象及表现形式主要有以下七类，下面详述具体故障表现及判断解决办法。

一、转换器无瞬时流量

当表头液晶显示仪无瞬时流量显示时，可能有两种设备故障：流量传感器的前置放大器损坏和流量传感器损坏。

1. *流量传感器的前置放大器损坏*

维修方法：将两个流量传感器接头及放大器与主板的接头拔下，更换新的放大器（图6.1.1）。

2. *流量传感器损坏*

维修方法：

第一步：将表体拆开（图6.1.2）；

图 6.1.1　前置放大器　　　　　图 6.1.2　流量计拆解图

第二步：将流量传感器的通信线从线束上拆下来；

第三步：将其中一个流量传感器从表体上拆下来；

第四步：安装新的流量传感器；

第五步：现场测试该表是否正常，若不正常，更换另一个流量传感器（注：两个流量传感器规格相同）。

二、表头液晶显示屏压力显示异常

表头液晶显示屏压力闪烁或不显示，主要原因有压力放大器接触不牢、压力口堵死及压力传感器损坏。

1. 压力放大器接触不牢

（1）判断方法：检查转换器各接线是否松动，若有松动，重新接线。

（2）维修方法：将与压力放大器相关的部件接好紧固（图 6.1.3）。

2. 压力口堵死

（1）判断方法：检定过程中压力不变化。

（2）维修步骤：

第一步：将表体拆开；

第二步：将压力传感器与线束的接线拆下；

第三步：将压力传感器从表体上拆下；

第四步：检查压力检测口是否有堵死情况，若堵死则将压力口（图 6.1.4）通开。

3. 压力传感器损坏

（1）判断方法：排除掉压力传感器接触不牢和压力口堵死的原因后，若仍不正常，则判断为压力传感器损坏。

（2）维修步骤：

第一步：将表体拆开；

图 6.1.3　压力放大器 　　　　　　　　图 6.1.4　压力口

第二步：将压力传感器、温度传感器从放大器上拔下，将放大器从主板上拔下；

第三步：将压力传感器与线束的接线拆下；

第四步：将压力传感器从表体上拆下；

第五步：更换新的压力传感器及对应的放大器（注：压力传感器必须跟与其对应的放大器同时更换）。

三、表头液晶显示屏温度显示异常

表头液晶显示屏温度不显示或显示错误，主要原因有温度传感器接触不牢和温度传感器损坏。

1. 温度传感器接触不牢

（1）判断方法：检查转换器处各接线是否松动，若有松动，重新接线。

（2）维修方法：将与温度传感器连接的相关部件紧固。

2. 温度传感器损坏

（1）判断方法：检查接线无问题若仍不正常，则可判断温度传感器损坏。

（2）维修步骤：

第一步：将表体拆开；

第二步：将温度传感器与线束的接线拆下；

第三步：将温度传感器从表体上拆下；

第四步：更换新的温度传感器。

四、表头无脉冲输出

表头在正常计量过程中如果脉冲端子无脉冲输出，主要原因有外接电源断电、电源线接错和表内参数错误。

1. 外接电源断电或电源线接错

（1）判断方法：用万用表直流电压挡测量外电源信号，无 24V 显示。

（2）维修方法：正确供电。

2. 表内参数错误

维修步骤：通过按表头内部修改键、设置键，输入该气体流量计正确密码，修改表内参数。

五、漩涡发生体破损

漩涡发生体（图 6.1.5）安装在表体内，仪表拆卸后，可目测检测发生体是否破损，发生体破损维修方法如下：

图 6.1.5　漩涡发生体

将破损的漩涡发生体卸下来，选择同型号漩涡发生体的装上去。

六、表体无气体通过时有流量显示

流量传感器的前置放大器损坏时会出现无天然气通过表体，但表头液晶显示屏有流量显示情况，维修方法为更换流量传感器的前置放大器。

七、示值误差或重复性误差超差

在仪表检定过程中，气体流量计会出现示值误差或重复性误差超差情况，其主要原因有漩涡发生体破损、部分堵塞和表线性差。

1. 漩涡发生体破损或部分堵塞

（1）判断方法：检定的示值误差通常大于 10%。

（2）维修方法：更换或清洗漩涡发生体。

2. 表线性差

（1）维修方法：仪表系数分段调整，只适用于示值误差小于 10% 的表。

（2）维修步骤：

第一步：打开表盖；

第二步：进入仪表参数设置界面，输入仪表密码；

第三步：按仪表设置键，进入瞬时流量非线性修正界面，可以对流量点进行非线性修正，且流量值必须按从小到大的顺序修正；

第四步：其他流量点设置方法同上。

第二节 涡街流量计故障判断及维修方法

涡街流量计是根据卡门涡街原理测量气体、蒸汽或液体的体积流量、标况下的体积流量或质量流量的体积流量计，可作为流量变送器应用于自动化控制系统中。

涡街流量计其常见故障现象主要有以下六类，下面详述具体故障原因及解决方法。

一、接通电源后无输出信号

原因分析：

（1）管道无介质流动或流量低于始动流量；

（2）前置放大器与输出线虚接或断开（图6.2.1）；

（3）前置放大器损坏（积算仪不计数，瞬时值为"0"）；

（4）驱动放大器电路损坏（积算仪显数正常）。

解决方法：

（1）提高介质流量或者换用更小通径的流量计，使其满足流量范围的要求；

（2）正确接线；

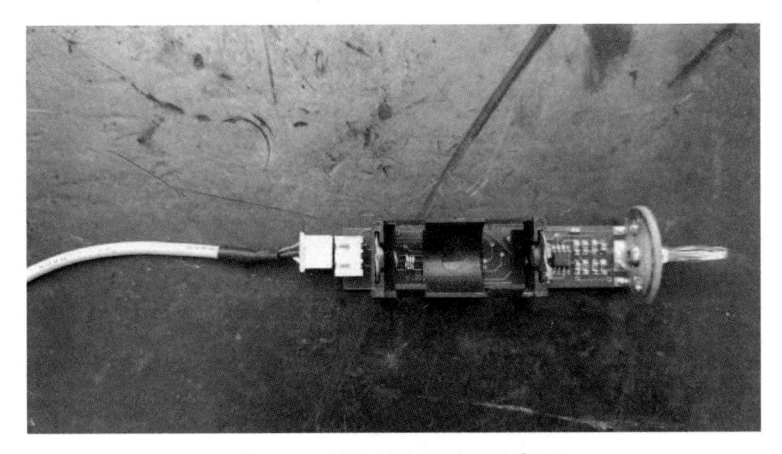

图 6.2.1 前置放大器输出线断开

（3）更换前置放大器；

（4）更换驱动放大器中损坏的元件。

二、无流量时有信号输出

原因分析：

（1）流量计接地不良及强电和其他地线接线受干扰；

（2）放大器灵敏度过高或产生自激；

（3）电池电压低或无电（图6.2.2）。

解决方法：

（1）正确接好地线，排除干扰；

（2）更换前置放大器；

（3）更换电池。

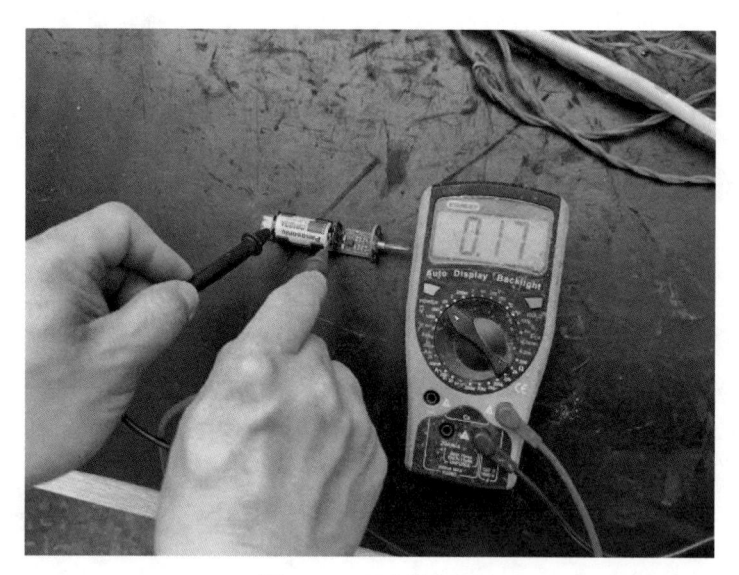

图 6.2.2　电池低电压

三、瞬时流量示值显示不稳定

原因分析：

（1）介质流量不稳；

（2）放大器灵敏度过高或过低，有多计、漏计脉冲现象；

（3）壳体内有杂物（图6.2.3）；

（4）接地不良；

（5）流量低于下限值；

（6）后部密封圈伸入管道，形成扰动。

解决方法：

（1）待流量稳定后再测；

（2）更换前置放大器；

（3）排出脏物；

（4）检查接地线路，使之正常；

（5）提高介质流量或者换用更小通径的流量计；

（6）调整密封圈位置。

四、累计流量示值和实际累计量不符

原因分析：

（1）流量计仪表系数（图 6.2.4）输入不正确；

（2）测量流量低于或高于选用流量计的正常流量范围；

（3）流量计本身超差。

解决方法：

（1）重新标定后输入正确仪表系数；

（2）调整管道流量使其处于正常范围或选用合适规格的流量计；

（3）重新标定。

图 6.2.3　涡街流量计壳体　　　　图 6.2.4　流量计系数

五、转换器显示不正常

原因分析：转换器按键接触不良或按键锁死。

解决方法：更换按键。

六、换新电池后出现死机

原因分析：上电复位电路不正常或振荡电路不起振。

排除方法：重装电池（需放电 5s 后重装）或将电池盒下的大电解电容两脚短路放电复位。

第三节 电磁流量计故障判断及维修方法

电磁流量计主要由磁路系统、测量导管、电极、外壳、衬里和转换器等部分组成。在电磁流量计中,上下两端的两个电磁线圈产生恒定磁场,当有导电介质流过时,则会产生感应电势,管道内部的两个电极测量产生的电势 E,传送到转换器,经放大,变换滤波等信号处理后,显示瞬时流量和累计流量。

电磁流量计其常见故障现象及表现形式主要有以下四类,下面详述具体故障表现及判断解决办法。

一、仪表无显示

1. 电源未接通

维修方法:连接仪表电源(电磁流量计电源为 220V AC 或 24V DC,直流电源注意极性)。

2. 保险管熔断

维修方法:更换保险管。

3. 电源板故障

(1)判断方法:保险管完好的情况下,接通电源后仪表仍无显示。

(2)维修方法:按生产厂家及相应型号更换电源板(图 6.3.1)。

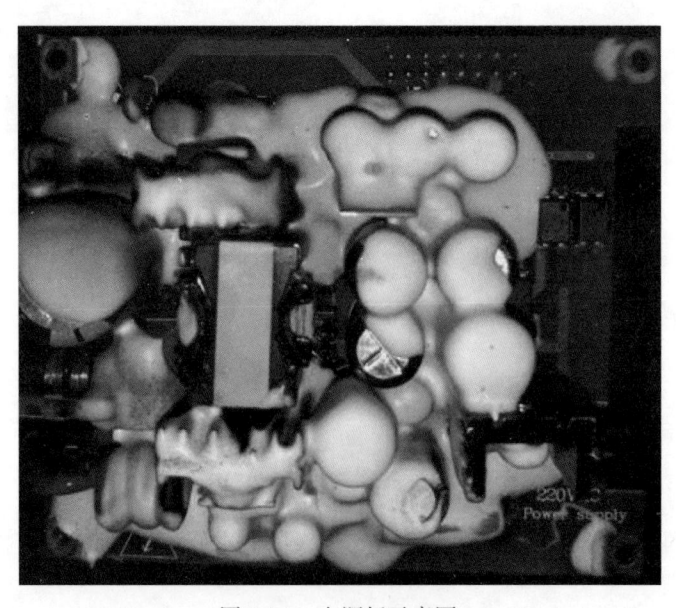

图 6.3.1 电源板示意图

二、在给定流量后流量计瞬时为零

1. 励磁线圈及探头线未接好

维修方法：将表体内的励磁线圈及探头线接好。

2. 励磁线圈损坏

判断方法：拔出电源板励磁线圈供电接口，使用万用表检测励磁线圈电阻，电阻正常值应为 50~60Ω 之间，短路及断路判断为励磁线圈故障，仪表无修复价值。

3. 探头损坏

判断方法：取下主板上的探头插槽，分别检测两个探头通断，如断路表示探头损坏，仪表无修复价值。

4. 主板故障

（1）判断方法：上述检查项目均无问题，仍不走量，则主板故障（图6.3.2）。

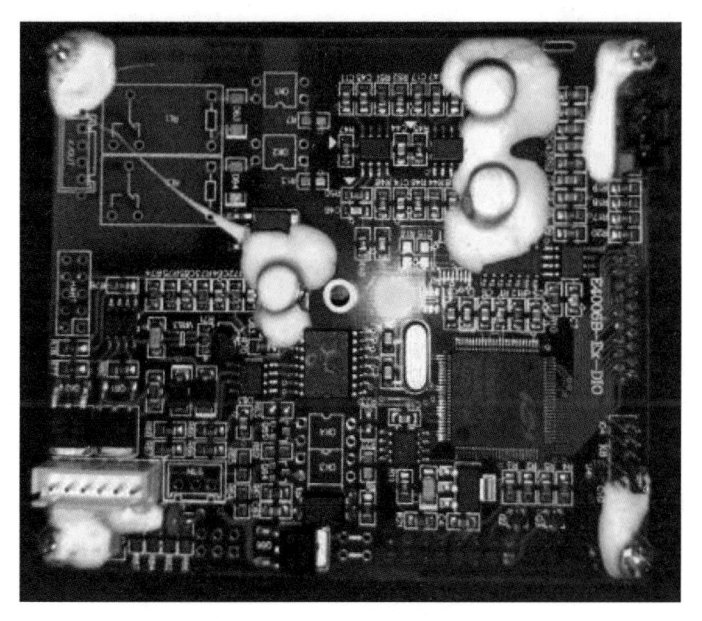

图 6.3.2　表内主板示意图

（2）维修方法：按生产厂家及相应型号更换主板。

三、测量的流量不准确

1. 参数设置不正确

（1）判断方法：送电后，仪表的铭牌数据（如口径、量程范围、仪表系数等）和表内参数设置不一致。

（2）维修方法：将错误的参数改正。

2. 仪表参数需调整

（1）判断方法：表内参数均与铭牌数据一致的情况下，测量的流量仍不准确，需调整仪表参数。

（2）维修方法：零点修正按实际显示流量增减修正值使无流量时显示为零；调整阻尼时间（一般为15s左右），正确反映流量变化；调整传感器系数（按检定系数进行置入）等。调整完毕后，设置流量，重复检定，直到流量显示准确。

四、励磁报警

判断方法：

（1）检查励磁接线 EX1 和 EX2 是否开路；

（2）检查传感器励磁线圈总电阻是否小于 150Ω；

（3）如果上述两项都正常，则转换器有故障。

五、空管报警

判断方法：

（1）测量流体是否充满传感器测量管；

（2）用导线将传感器信号输入端子 SIG1、SIG2 和 SIGGND 三点短路，此时如果"空管"提示撤销，说明转换器正常，有可能是被测流体电导率低或空管阈值设置错误；

（3）检查信号连线是否正确；

（4）检查传感器电极是否正常：

① 使流量为0，显示电导比应小于 100%；

② 在有流量的情况下，分别测量端子 SIG1、SIG2 对 SIGGND 的电阻应小于 50kΩ（介质为水时的测量值。最好用指针万用表测量，可看到测量过程有充放电现象）。

（5）用万用表测量 DS1 和 DS2 之间的直流电压应小于1V，否则说明传感器电极被污染，应给予清洗。

第四节　刮板流量计故障判断及维修方法

刮板流量计是一种容积式流量测量仪表，用于测量封闭管道中流体的体积流量。流量计不但可以现场显示累计流量，还可以通过光电式脉冲转换器远传至流量计算仪进行远程显示和控制。油田在用的刮板流量计包括橡皮刮板流量计和金属刮板流量计，主要用于转油站、联合站外输油计量。

一、橡皮刮板流量计

其常见故障现象及表现形式主要有以下三类,下面详述具体故障表现及判断解决办法。

1. 流量计表头计数器不转

(1)先判断计数器是否损坏,把计数器拿下来后,用手转动计数器后面的齿轮,转不动或正面的计数器发卡,则为计数器损坏,更换计数器(图 6.4.1)。

(a) 计数器正面　　(b) 计数器背面

图 6.4.1　刮板流量计计数器

(2)若计数器正常转动,则可能是内磁钢或外磁钢消磁。

① 判断是否外磁钢消磁,拿下外磁钢放在检定装置的金属架上,若吸力较小,则为外磁钢消磁,更换外磁钢。更换外磁钢时注意磁钢的型号。

② 若外磁钢磁性正常,则要检查内磁钢,在线拆内磁钢时注意要关闭油的进口阀门并进行扫线,反向旋转螺纹拆下内磁钢,若内磁钢磁性较小,则内磁钢消磁,更换内磁钢。有时根据故障情况需要同时更换内、外磁钢(图 6.4.2)。

(a) 外磁钢　　(b) 内磁钢

图 6.4.2　表外磁钢与内磁钢示意图

(3)若不是上述两种原因则可能刮板卡在腔体内,需打开腔体查看原因。

① 若是原油凝固导致不转,清理原油。

② 若是刮板变形或腔体内的密封条变形导致刮板卡住，更换刮板或腔体内的密封条（图 6.4.3）。

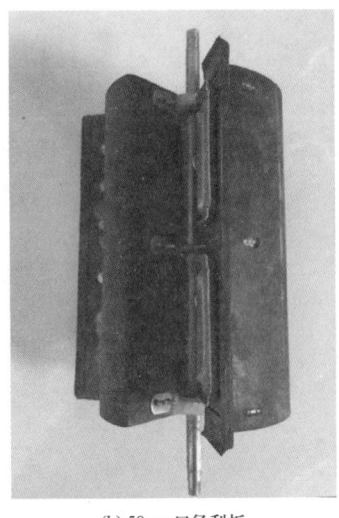

(a) 25mm口径刮板　　(b) 50mm口径刮板　　(c) 刮板腔体内的密封条

图 6.4.3　表内腔体示意图

2. 信号无法远传

流量计信号无法远传时，在排除电路故障情况下，有可能是计数器下磁钢消磁或脱落造成的，需要拆卸计数器检查磁钢。如果计数器下面的磁钢上的磁块消磁或4个磁块有脱落，则更换计数器（图 6.4.4）。

(a) 磁钢正常　　(b) 磁钢脱落

图 6.4.4　磁钢、磁块示意图

3. 流量计计量误差大

在现场使用时刮板流量计计量的数值与实际相比误差较大，检查内磁钢或外磁钢是否退磁，若退磁则更换内磁钢或外磁钢。

若磁钢无故障则打开后盖，检查刮板和腔体的密封条是否完好，若密封条变形或损坏，漏失量大，导致计量的量减少，则更换密封条；若刮板变形，更换刮板。

二、金属刮板流量计

金属刮板流量计属于容积型流量计，由主腔体、齿轮组、精度修正器和表头等部分组成。下面介绍其常见故障分析及维修方法。

1. 卡簧断裂和拨杆脱落

转子上部拨叉（图6.4.5）与表头底部沟槽对接，卡簧必须卡在槽内，防止脱落，卡簧一旦断裂，拨杆就会掉出来，造成表头与转子脱离，表头出现不走字。卡簧长时间磨损、腐蚀会造成断裂。

维修方法：更换新卡簧。用专用钳子夹住卡簧，放入卡槽内，固定拨杆，连接表头与转子拨杆，即可恢复计量。

图 6.4.5　刮板流量计拨叉

2. 齿轮箱齿轮磨损

运行过程中磨损严重，没有及时进行润滑保养。表头走字出现不连续或表头卡死。

维修过程：更换一对新齿轮或新齿轮箱（图6.4.6），与转子主动齿轮啮合，上紧3个固定螺栓，大法兰槽内抹黄油将"O"形密封圈放好，上紧大盖，连接表头拨杆。

3. 输出齿轮钢销断裂

输出齿轮钢销（图6.4.7）断裂，造成输出齿轮空转，与齿轮箱齿轮不啮合，表头不走字。

图 6.4.6　刮板流量计齿轮箱

维修过程：取出断裂的废钢销，打通孔眼，更换新钢销，注意钢销有大小头，全部打入孔内，装回原处。

图 6.4.7　输出齿轮钢销

4. 底部端盖上的 6 个硬质合金螺栓磨断

由于腐蚀或磨损原因，经常出现底盖上的 6 条螺栓（图 6.4.8）磨断，造成转子脱离主轴下沉到底部，流量计无法计量。

维修过程：更换 6 条新螺栓，上紧端盖，拧紧内六角螺栓。

5. 转子刮板卡死或破损故障

转子金属刮板（图 6.4.9）由于长时间使用，因介质原因会出现卡死或破损，影响流量计计量。

维修过程：更换新的刮板，重新标定流量计。

图 6.4.8　合金螺栓

图 6.4.9　流量计金属刮板

6. 中心轴固定螺栓导致故障

安装调试中心轴固定螺栓（图 6.4.10）过紧或过松。调节过紧，造成转子不转，调节过松，转子下沉，干磨底部固定螺栓。

调试过程：第一个螺栓的调试很关键，要一边调一边用双手转动转子，当转子转动起来后能够由惯性自转为佳，然后，再上紧第二个螺栓。

图 6.4.10 中心轴固定螺栓

第五节 腰轮流量计故障判断及维修方法

腰轮流量计主要由计量腔、密封联轴器和计数器三部分组成。当被测液体流经计量室时，在流量计的进出口形成压差，腰轮在此压差的推动下旋转。同时通过固定在腰轮轴上的一对驱动齿轮，使两个腰轮保持连续旋转。随着腰轮的转动，液体经由计量室被不断排出流量计。每对流过的液体量是计量室容积的四倍，通过密封联轴器、减速机构，将旋转速度减速后传递到计数器，计数器即指示液体瞬时流量和累计流量。

腰轮流量计在油田主要用于外输原油计量，其常见故障现象及表现形式主要有以下六类，下面详述具体故障表现及判断解决办法。

图 6.5.1 腰轮转子

一、表头不转且管线憋压

腰轮流量计是通过腔体内两个腰轮转子（图 6.5.1）转动进行计量的，当进入流量计腔体内液体有杂质时会导致两个转子卡死不动，这时流量计表头停止转动，流量计管线压力升高，此时需将流量计腔体打开，清理腔体内杂质，并检查转子损伤情况，若转子损伤需更换转子。

二、表头不转或转得不连续

腰轮转子和齿轮箱通过出轴齿轮（图 6.5.2）连接，应用齿轮销子固定，当出轴齿轮磨损严重或齿轮销子断裂时，流量计会出现表头不转或表头转得不连续情况，此时需打开流量计腔体更换故障部位即可。

图 6.5.2　出轴齿轮

三、表头不转

（1）当流量计内齿轮箱（图 6.5.3）因长期运行磨损严重时，会出现流量计表头不转故障，此时检查更换流量计齿轮箱即可。

（2）当流量计内精度修正器（图 6.5.4）轴承断裂时，会出现流量计表头不转故障，此时整体更换精度修正器。

图 6.5.3　齿轮箱　　　　　　　　图 6.5.4　精度修正器

四、密封联轴器腔室漏油

当密封联轴器（图 6.5.5）腔室漏油时检查密封联轴器内密封圈，每个密封联轴器内有 4 个密封圈，更换破损密封圈。

图 6.5.5　密封联轴器

五、表头计数器数字进位不正常

机械表头有时会出现计数器（图 6.5.6）数字进位不正常情况，一般是内部数字轮磨损变形导致的，此时需整体更换表头。

图 6.5.6　流量计表头计数器

六、脉冲输出异常

流量计脉冲输出是通过光电脉冲转换器（图 6.5.7）实现的，当光电脉冲转换器 24V 供电断电时无脉冲输出，在供电正常情况下光电脉冲转换器有 3 个接线端子输出脉冲，当有 1 路故障时可更换其他端子，更换端子时需与上位机参数设置匹配。当 3 个端子都无脉冲输出时检查光电脉冲转换器与流量计连接部位是否未连接，若无异常更换光电脉冲转换器。

图 6.5.7　光电脉冲转换器

第六节　压力检测仪表故障判断及维修方法

压力是油田生产中的重要参数之一，常用的压力检测仪表有指针式压力表、电接点压力表、压力变送器、差压变送器等。一般指针式压力表和电接点压力表都是在现场就地显示、控制电动机启停，不具有数据远传功能，这里不做介绍。压力检测系统一般由压力变送器（差压变送器）、安全栅、显示仪表（PLC 系统）组成。下面介绍其故障判断及维修方法。

一、线路故障

当出现线路故障时，计算机显示数值出现异常，将变送器接线盒（图 6.6.1）打开，检查线路是否存在虚接、短接或者断接的现象，再采用测电源、摇绝缘，以及量电阻等方法排查故障。

二、信号干扰

在进行布线时，多种信号线之间互相干扰，尤其是在动力线与信号线（图 6.6.2）串在同一管道中产生的干扰作用更为严重，此类情况下会导致变送器信号传输错误，可以通过增大仪表电缆与动力电缆槽架距离的方式来避免。

图 6.6.1　压力变送器接线盒　　　　图 6.6.2　动力电缆与信号电缆

三、引压管故障

引压管（图 6.6.3）故障通常有引压管堵塞、引压管漏气、引压管积液三种故障类型。引压管堵塞一般是由排放不及时或者介质脏、黏等导致的；引压管漏气是由变送器连接管线、阀门附件较多，增加了泄漏点，导致密封不好；引压管积液通常是由于气体取压方式不合理或者引压管安装错误造成的，引压管积液会影响测量精度。

四、输出信号为 0

当压力变送器出现压力为 0 的现象时，可以从以下几个方面进行处理：首先检查管道内是否存在压力，仪表是否正常供电，之后检查是否存在电源极性接反的现象，最后检查电子线路板、感压膜头、变送器电源电压等。

五、压力变送器读数偏差

压力变送器出现压力读数明显偏高或偏低的现象时，首先检查取压管路是否存在泄漏现象，再检查取压管上的阀门，对传感器进行微调，若还存在问题，更换新的传感膜头（图 6.6.4）。

六、上位机数值显示误差

当压力变送器量程与 PLC 量程设置不一致时，现场与 PLC 显示会有偏差。此时修改 PLC 组态的量程，使之与仪表量程一致，避免出现显示误差（图 6.6.5）。

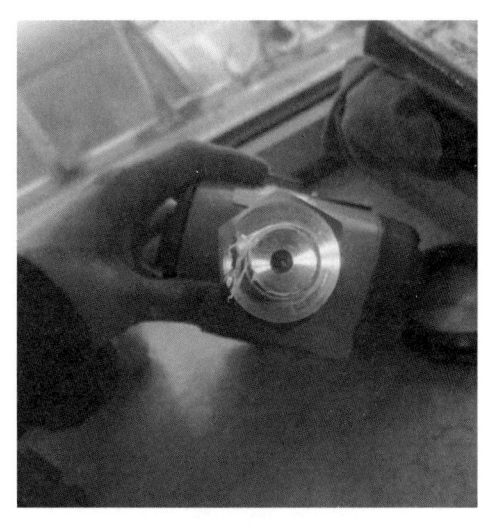

图 6.6.3 差压变送器引压管　　　　　图 6.6.4 压力变送器传感膜盒

图 6.6.5 上位机量程设置

第七节　温度检测仪表故障判断及维修方法

温度检测仪表按测温方式可分为非接触式和接触式两大类。非接触式测温仪表有辐射式、红外线等；接触式测温仪表有膨胀式、压力式、热电偶、热电阻等。由于热电阻是中低温区常用的温度检测仪表，在油田应用较为广泛，多用于现场监测及自动联锁控制系统，在此做重点介绍，而其他几种形式的仪表相对较为简单，而且出现的故障也非常直观，在此就不做介绍。

热电阻是基于金属的电阻值随温度的增加而增加这一特性来进行温度测量的。最常用的是用金属铂和铜制成的，分度号为Pt100、Pt10、Pt50（测温范围为-200～850℃），以及Cu50、Cu100（测温范围为-50～150℃）。热电阻测温系统一般是由热电阻、连接导线和显示仪表等组成。热电阻和显示仪表的分度号必须一致，为消除连接导线电阻变化对测温的影响，一般采用三线制接法。

一、热电阻测温系统常见故障及处理方法

1. 热电阻短路

应用万用表测量热电阻阻值，当阻值小于100Ω接近0Ω（图6.7.1），可确定热电阻短路，此时找到短路处查看短路原因，做好绝缘处理即可。

2. 热电阻断路

应用万用表测量热电阻阻值，当阻值为无穷大时（图6.7.2），可判定热电阻已断路。断路时修理必须改变电阻丝的长短，从而影响电阻值，为此以更换新的电阻体为好，若采用焊接修理，焊接后要校验合格后才能使用。

图6.7.1 万用表测电阻短路　　　　图6.7.2 万用表测电阻断路

3. 显示仪表指示值比实际值低或指示值不稳

当热电阻保护管（图6.7.3）内有金属屑、灰尘，接线柱间脏污及热电阻短路（积水等）时会出现此故障。解决办法为除去金属屑，清扫灰尘、水滴等，找到短路点，加强绝缘处理。

4. 显示仪表指示无穷大

热电阻或引出线断路及接线端子（图6.7.4）松动易出现此故障，此时更换电阻体，

或焊接及紧固接线端子螺钉。

5. 阻值与温度关系有变化

当热电阻丝材料受腐蚀变质时，热电阻阻值与温度变化关系与分度表不符。此时更换热电阻（图6.7.5）。

图6.7.3　热电阻保护管

图6.7.4　热电阻接线盒

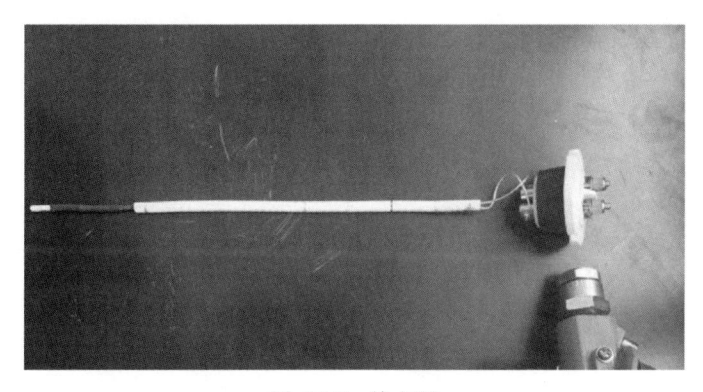

图6.7.5　热电阻

6. 显示仪表指示负值

显示仪表与热电阻接线错误（图6.7.6），或热电阻有短路现象时显示仪表指示为负值。此时改正接线，或找出短路处加强绝缘。

二、一体化热电阻温度变送器

一体化热电阻温度变送器是将热电阻与变送器合为一体，变送模块置于接线盒中，温度值经热电阻检测后转换为4～20mA DC的标准信号输出。其常见故障及处理方法如下。

1. 温度变送器断路

当温度变送器断路时上位机显示低于量程下限值（图6.7.7），此时测量回路电流信号低于4mA，检查变送器接线端子与热电阻接线端子，判断断路位置并解决故障。

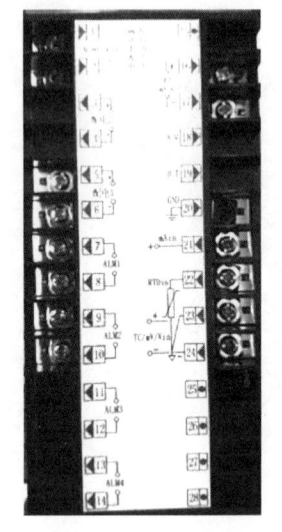

图6.7.6　显示仪表接线端子

图6.7.7　测量温度变送器电流

2. 温度变送器虚接

温度显示时而正常，时而不正常，检查热电阻接线端子和变送器输出端子（图6.7.8），判断故障部位，紧固线路。

3. 温度测量数值偏低

这是由测温元件在套管内未插到底或未与被测介质完全接触引起的（图6.7.9），重新

图6.7.8　温度变送器接线盒

图6.7.9　温度变送器插管

安装测温元件。

4. 温度变送器输出无变化

一般是测温元件或温度转换器故障、接线方式不对导致的，更换故障元件解决该问题。

第八节 液位检测仪表故障判断及维修方法

液位检测系统一般由液位检测仪表、显示仪表和 PLC 等组成，每种液位检测仪表故障判断都需要依据显示系统检测状态进行判断。油田常用的液位检测仪表有：浮球式液位计、法兰式液位变送器、磁翻板液位计、雷达液位计、超声波液位计等。下面分别对每种液位检测仪表故障判断及处理方法进行介绍。

一、浮球液位计

浮球液位计由浮球、插杆等组成。浮球液位计通过连接法兰安装于容器顶上，浮球浮于液面，由于磁性作用，浮球液位计的干簧受磁性吸合，把液面位置变换成电信号，通过显示仪表用数字显示液体的实际位置，从而达到液面的远距离检测和控制。

浮球液位计故障现象及处理方法见表 6.8.1。

表 6.8.1 浮球液位计故障现象及处理方法

故障现象	故障原因	处理方法
数值显示稳定在某一值不变	浮球卡住	清理插杆
数值显示量程最小值	浮球卡住；电路板或传感器故障；安全栅故障	清理插杆；更换电路板、更换传感器；更换安全栅
数值显示量程最大值	浮球卡住；浮球脱落；电路板或传感器故障；安全栅故障	清理插杆；检查浮球；更换电路板、更换传感器；更换安全栅
显示仪表数值与实际液位不符	显示仪表或上位机量程设置与传感器不匹配	修改显示仪表内量程参数
液位波动大	工艺原因、信号干扰	检查信号传输线路，做好信号隔离

二、法兰式液位变送器

法兰式液位变送器由差压变送器、毛细管和带密封隔膜的法兰组成。密封隔膜的作用是防止管道中的介质直接进入差压变送器，它与变送器之间是靠注满液体（硅油）的毛细管连接起来，当膜片受压后产生微小变形，变形位移或频率通过毛细管的液位传递给变送器，由变送器处理后转换成输出信号。

法兰式液位计故障现象及处理方法见表 6.8.2。

表 6.8.2　法兰式液位计故障现象及处理方法

故障现象	故障原因	处理方法
显示仪表正常、现场无显示	现场表头故障	更换表头
显示仪表错误或无显示、现场显示正常	仪表变送板故障	更换变送板
显示仪表错误、现场无显示	信号线脱落、线路异常或电路板故障	重新接线、线路排查、处理电路板故障
显示仪表、现场显示最大值（最小值）	高压侧（低压侧）膜片、毛细管损坏封入液泄漏	更换变送器
显示仪表、现场显示最大值（最小值）	高压侧（低压侧）阀门未打开、排污口堵塞	打开阀门、排污口清理
液位波动大	信号受到干扰	排查并加装隔离栅测试
液位波动大	高、低压侧膜片损坏	更换变送器
显示仪表、现场显示偏大（偏小）	仪表未校准	重新校对仪表

三、磁翻板液位计

磁翻板液位计是根据磁耦合作用原理和浮力原理来实现液位的检测，在非磁性浮筒内，装有一个磁性浮子，该浮子始终悬浮于液面或界面上，浮子的位置随储罐液位的变化而同步改变。浮子内的永久磁钢通过磁耦合传递到磁翻柱指示器，驱动红、白翻柱翻转180°，当液位上升时翻柱由白色转变为红色，当液位下降时翻柱由红色转变为白色，指示器的红白交界处为容器内部液位的实际高度。通常磁翻板液位计会装配高低报警盒，盒内装有干簧管（真空密封玻璃管）作为液位计的高低报警，也有磁翻板液位计会装有远传变送器。

磁翻板液位计故障现象及处理方法见表 6.8.3。

表 6.8.3　磁翻板液位计故障现象及处理方法

故障现象	故障原因	处理方法
液位无变化	浮筒内浮子被杂质卡住，无法移动	拆洗
液位显示异常，磁子错乱，无规律	磁子或浮子消磁；面板与浮筒的距离过大	用吸铁石吸腔体内的浮子可判断真实液位的位置，若吸铁石测试无效则需更换距离调整
报警异常或无报警	报警盒内干簧管破裂	更换干簧管
现场液位与仪表显示液位不一致（带远传的液位计）	远传变送器内干簧管故障	更换干簧管

四、雷达液位计（超声波液位计）

雷达液位计采用发射—反射—接收的工作模式。雷达液位计的天线发射出电磁波（超声波液位计发射出的是超声波），这些波经被测对象表面反射后，再被天线接收，距离信号转换为液位信号。

雷达液位计故障现象及处理方法见表6.8.4。

表 6.8.4 雷达液位计故障现象及处理方法

故障现象	故障原因	处理方法
显示仪表、现场显示值无变化（或正常使用中波动很小）	液位计死机	断电重启
PLC、现场显示值为一个高液位恒定值	喇叭口结垢，形成反射	清理喇叭口结垢

第七章　测控系统控制层的故障诊断与维修

测控系统控制层是测控系统的核心，控制层设备多，包括 PLC、功能模块、工控机、网络设备等，每种设备出现故障的现象也不同，因此控制层的故障判断及维修方法很难遵照固定步骤进行。本章将测控系统控制层故障细分为 11 类，根据故障现象不同，分析故障原因并给出故障解决方案。维修方法及步骤请阅读案例，初学人员可根据故障现象直接查找故障解决方法，快速解决测控系统故障。

第一节　CPU 内程序丢失故障案例分析

在 PLC 系统中 CPU 存储应用程序，当程序因断电或误操作等原因丢失时，PLC 系统会停止运行，系统无显示、无控制输出，直接影响到控制系统平稳运行，这时需要判断 CPU 硬件模块是否正常，如果正常需要重新下载应用程序，并将 CPU 切换到运行模式，即可恢复故障。

一、故障案例 1——上位机数据显示异常

系统类别：GE RX3i。

故障现象：上位机数据显示"？？？"，现场检查发现该站 CPU 处于断电状态。

解决过程：

第一步：检查 CPU 供电线路，判断是否供电电源故障，排除电源故障后，送电，观察 CPU 运行状态是否正常（图 7.1.1），上位机是否正常显示。

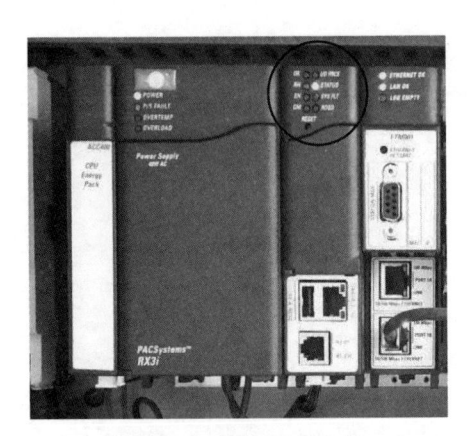

图 7.1.1　CPU 运行状态

第二步：重启 CPU 后上位机数据显示由"？"变为"0"后，初步判断 PLC 程序丢失，GE PLC 在长时间断电情况下，CPU 如果未安装备用电池或电池失效时 CPU 内部程序会丢失，因此需要重新下载 PLC 应用程序。

第三步：启动 GE PLC 开发软件，下载 PLC 应用程序。

点击 Windows 程序菜单，打开 GE PLC 开发程序 Proficy Machine Edition（图 7.1.2）。

打开开发软件后，在 Machine Edition 对话框中选择与要下载 CPU 模块对应的应用程序后，点击 OK 即可（图 7.1.3）。

图 7.1.2　程序菜单　　　　　　　　图 7.1.3　Machine Edition 对话框

应用程序打开后，首先建立工控机与 PLC 之间的连接，为防止程序误下载到其他 CPU 中，建议将网络模块连接网线断开，只保留与丢失程序的 CPU 模块网络连接。

在开发软件菜单栏选择 Target 选项卡，在选项卡中点击 Go Online with "Target1"（图 7.1.4），如果应用程序中设置的 IP 地址与通信模块的地址相同，可直接将工控机与 PLC 建立连接，如果不同则确认程序是否与目标 CPU 一致。一般情况下通信模块中 IP 地址不会改变，在网络物理连接正常情况下点击 Go Online 命令可以建立连接。

图 7.1.4　Target 选项卡 1

连接建立后，在菜单栏 Target 选项卡中点击 Download and Start "Target1"（图 7.1.5），下载应用程序到 CPU 中，并将 CPU 置到运行状态。

图 7.1.5 Target 选项卡 2

此时上位机组态软件数据显示正常，若还显示为 0，确认各变量量程是否已设置，若未设置，需重新设置变量量程。

二、故障案例 2——注水岗所有数据显示为 0

系统类别：AB LOGIX5562。

故障现象：该站全站停电（3h），来电后注水泵运行正常，上位机液位、温度、压力等监测数据显示为 0，无法进行远程启停润滑油和冷却水泵。

解决过程：

第一步：根据故障现象查看 AB PLC CPU 运行状态，观察发现 CPU 指示灯显示异常（图 7.1.6），初步判断 CPU 程序丢失。CPU 在无备用电池情况下，断电后会出现程序丢失情况。

第二步：打开 AB PLC 开发软件，建立工控机与 PLC 连接。

点击 Windows 程序菜单，打开 AB PLC 程序开发软件 RSLogix 5000（图 7.1.7）。此时需要注意 RSLogix 5000 软件版本较多，选择与应用程序对应的软件打开程序。

打开开发软件后，在 StartPage 页面中选择最后编辑过的应用程序，点击打开 [图 7.1.8（a）]。或点击菜单栏 File 选项卡，在下拉菜单中选择应用程序 [图 7.1.8（b）]。

打开应用程序后，点击 Path 路径条右侧按钮 Who Active，选择 PLC 以太网通信模块（图 7.1.9）。

通信路径选择正确后，点击菜单栏 Communications 选项卡，选择 Go Online 命令，建立 PLC 与工控机连接（图 7.1.10）。

第三步：下载 PLC 应用程序并运行 CPU。连接建立后，点击菜单栏 Communications 选项卡，选择 Download 命令，将应用程序下载到 PLC 中（图 7.1.11）。

图 7.1.6　AB PLC CPU 运行状态

图 7.1.7　RSLogix 5000

(a) StartPage 页面

(b) 程序选择菜单

图 7.1.8　打开应用程序

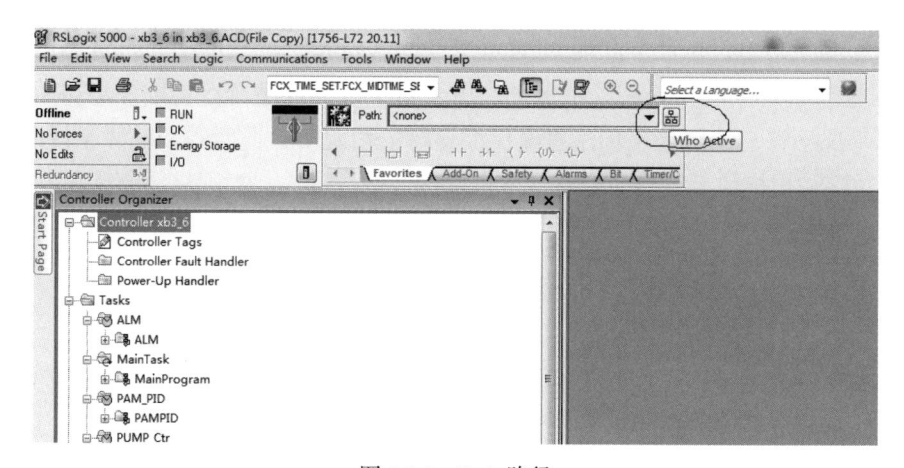

图 7.1.9　Path 路径

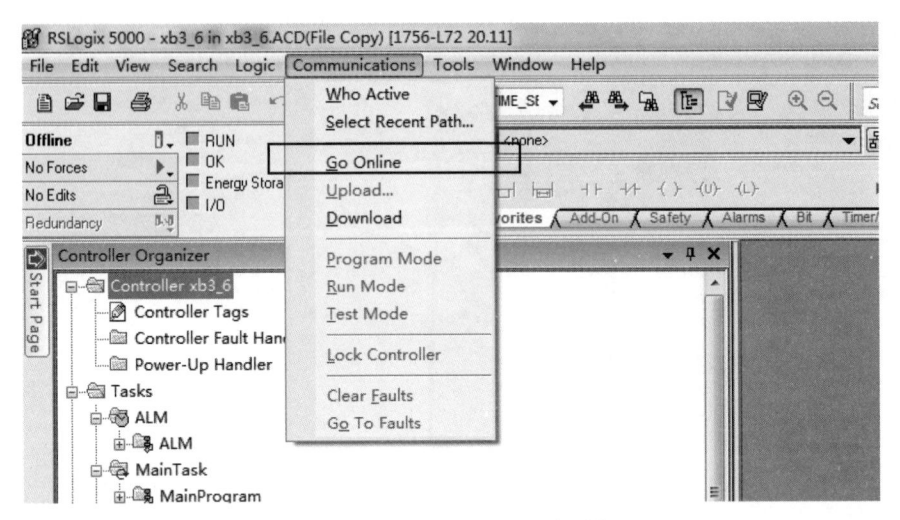

图 7.1.10 Communications 选项卡 1

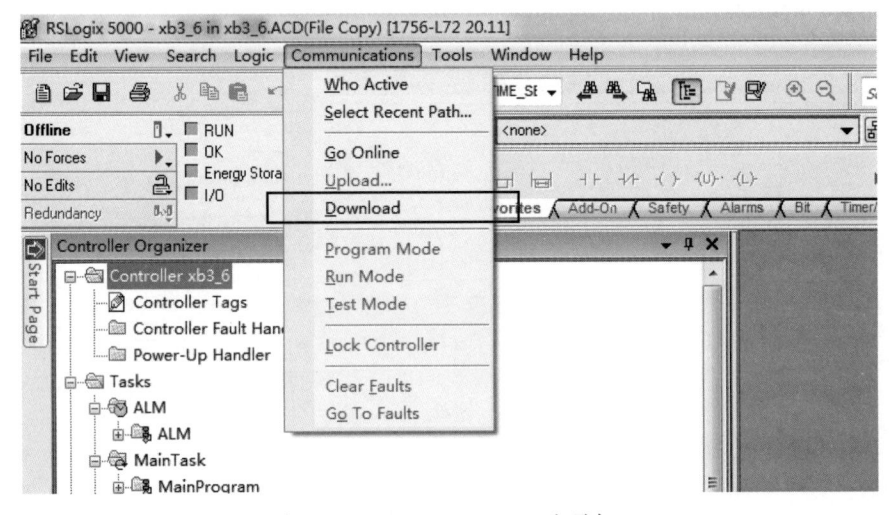

图 7.1.11 Communications 选项卡 2

程序下载到 PLC 中后，此时 CPU 处于 Program Mode，在切换到运行模式（Run Mode）时需要确定系统是否有联锁保护，由于新下载的程序所有参数都是初始状态，与现场实际工况不符，特别是现场注水电机都运行的情况下，此时需要摘除系统联锁保护，确认 DO 数字输出模块无输出命令时，才可以投入运行模式，否则易导致注水电机停泵。

第二节 源程序错误故障案例分析

有些站库测控系统在投产时未经全面测试即投产，在正常生产时未发现故障，当切换生产模式，例如由手动切换自动、自动切换手动、1 号泵切换到 2 号泵等时，由于源程序有错，这时会出现控制错误，此时需要解析源程序，并修改错误程序代码，保证系统平稳运行。

一、故障案例 1——程序中 PID 参数设置错误

系统类别：AB LOGIXL35E。

故障现象：某转油站 2# 外输油泵变频器，在上位机手动控制时状态正常，可以正常调节，当自动控制时变频器频率为 0。

解决过程：

第一步：查找图纸确认该泵变频器控制电缆编号为 LV203，其对应程序数据点为 LV203_control。

第二步：打开 RSLogix 5000 软件及该站对应 PLC 程序并在线编译检查（见故障案例 2 第一步和第二步）。

第三步：检查该程序块 PID 模块 PID_LV203 设定值。由 Error 误差值发现变量中 set2 值为 6.65，与被调节生产参数（2# 罐液位）数值不同，查找标签目录发现该液位在程序中定义名称为 set1，液位值为 1.57（图 7.2.1）。

图 7.2.1　PLC 程序界面

第四步：修改过程变量 Process Variable 由 set2 改为 set1，修改 CV Low Limit 输出下限最小值为 20%，实际变频器输出值为 10Hz，修改 Control Varable 输出最大值 Max 为 100，变频器自动控制功能恢复正常（图 7.2.2）。

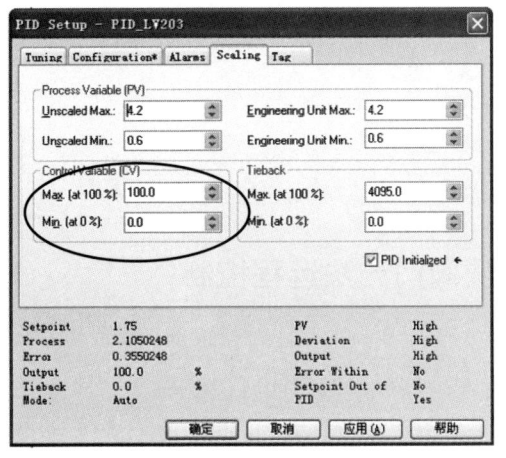

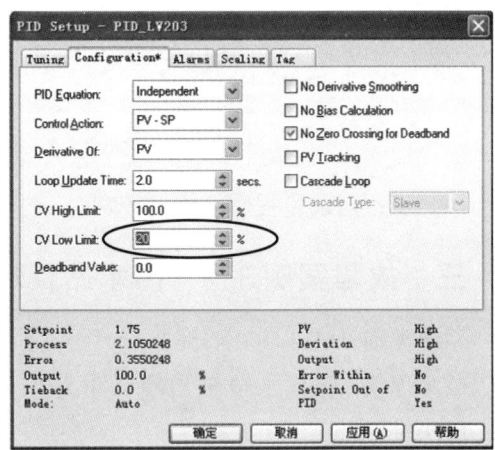

图 7.2.2　修改变量

二、故障案例 2——现场压力值与微机显示不一致

系统类别：AB LOGIX5571。

故障现象：某站外输气和 3 号三相分离器压力变送器现场显示与值班室微机内的显示相差 0.03MPa。

解决过程：

第一步：检查现场仪表铭牌标注仪表量程，现场仪表量程均为 0.6MPa（图 7.2.3）。

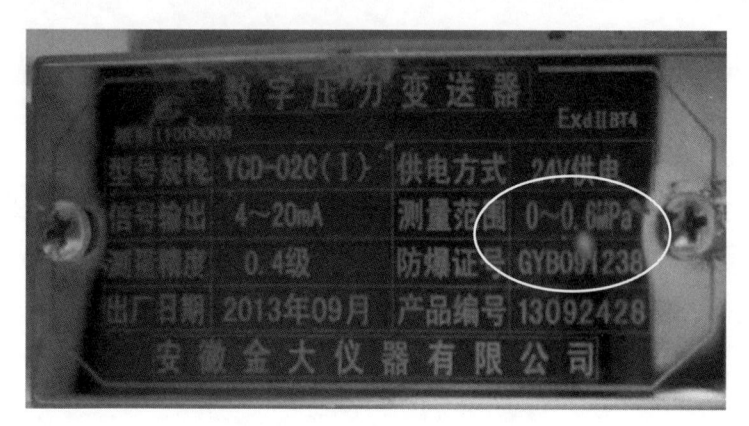

图 7.2.3　仪表铭牌标注仪表量程

第二步：检查计算机操作界面内对应外输气压力及 3 号三相分离器压力对应量程设置为 0.6MPa（图 7.2.4）。

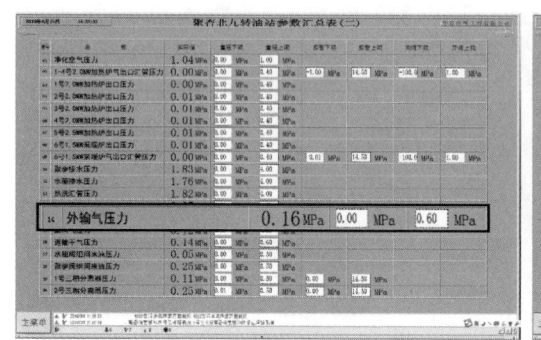

图 7.2.4　上位机设置量程

第三步：修改量程后，恢复正常。

三、故障案例 3——污水站反冲洗阀门无法远程控制

系统类别：AB LOGIX5562。

故障现象：某污水站 8# 滤罐反冲洗出口阀无法远程控制关闭。

解决过程：

第一步：利用控制程序发出关阀命令，观察继电器动作情况（图 7.2.5）。

图 7.2.5 反冲洗系统工艺流程图

第二步：当关阀命令发出时继电器动作正常，说明信号传输正常（图 7.2.6）。

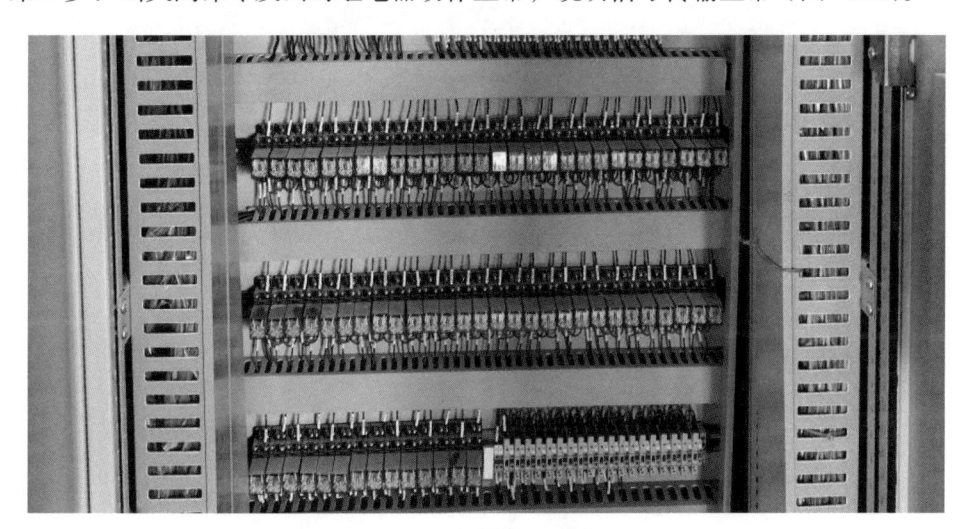

图 7.2.6 控制柜中间继电器

第三步：清除系统故障报警后，远程控制恢复正常（图 7.2.7）。

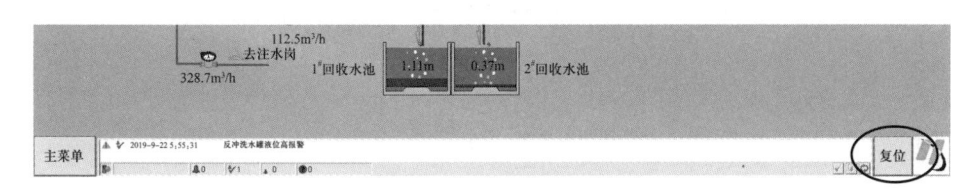

图 7.2.7 工艺流程界面复位键

四、故障案例 4——调节阀调节速度过慢

系统类别：AB LOGIX5571。

故障现象：该站 1# 界面调节阀调节速度过慢。

解决过程：

第一步：检查计算机 1# 界面调节阀调节界面（图 7.2.8），更改液面调节参数设定值 SP，观察调节阀开度变化，发现调节阀开度有反馈，但变化速度过慢。

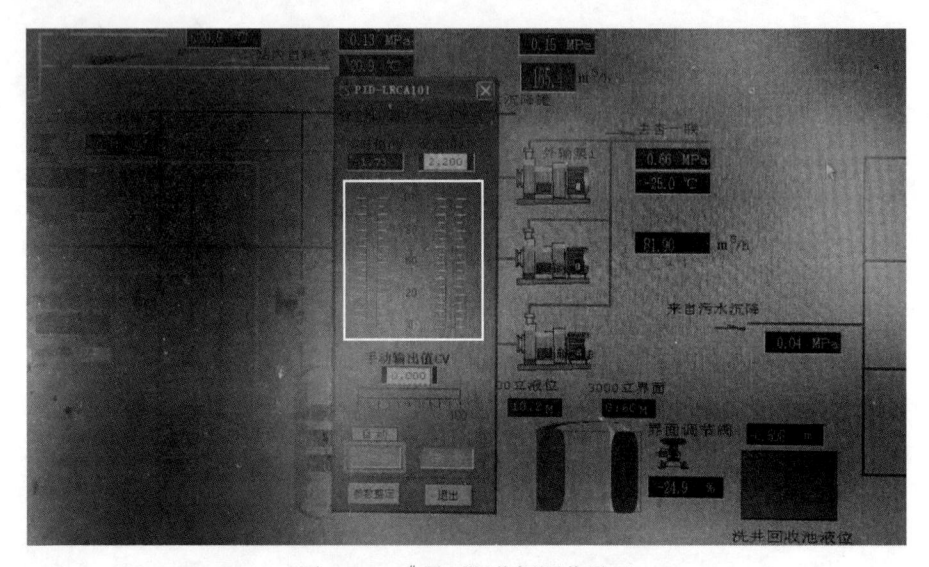

图 7.2.8　1# 界面调节阀调节界面

第二步：检查 PID 参数（图 7.2.9），发现 PID 参数比例值设置过小。重新设置 PID 参数，调节阀调节速度恢复正常。

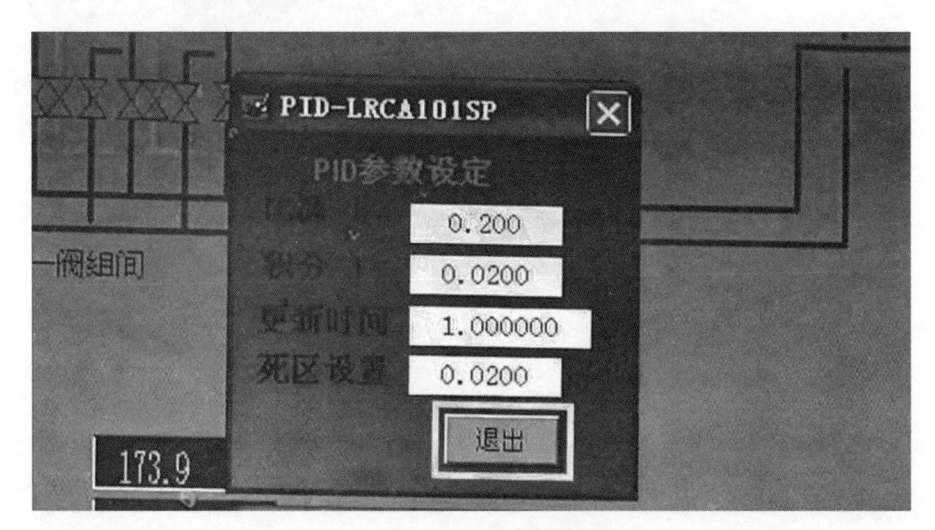

图 7.2.9　PID 参数设定界面

五、故障案例 5——流量计现场显示与计算机示数不一致

系统类别：OPTO 22。

故障现象：注入站母液总来液量现场与计算机显示不一致，计算机内显示 $2m^3/h$，现场显示为 $20m^3/h$。

解决过程：

第一步：应用万用表检查现场流量计的输出电流为 10mA，经换算与现场实际相符。

第二步：打开下位机程序，检查量程设置（图 7.2.10）。

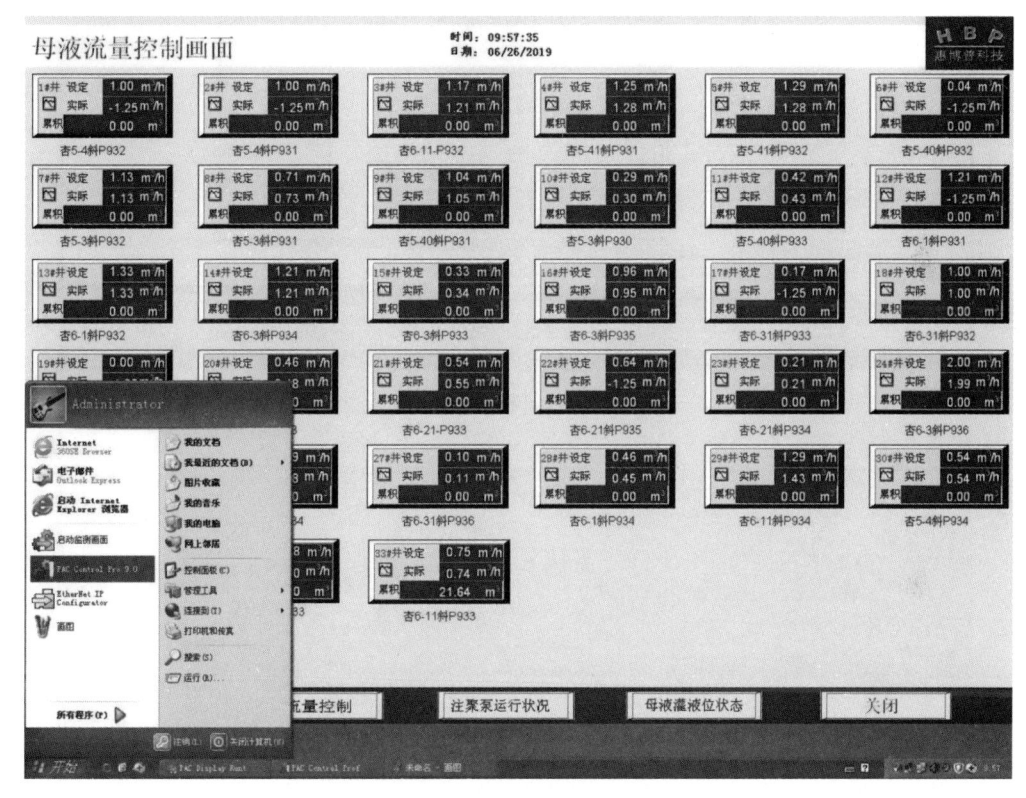

图 7.2.10　系统控制操作界面

第三步：该流量计的量程显示设置为 $0\sim5m^3/h$，与实际不符，改为 $0\sim50m^3/h$ 后，点击上载及运行程序后，恢复正常，现场流量显示与计算一致（图 7.2.11）。

六、故障案例 6——联合站中控室上位机单个参数无示值

系统类别：AB LOGIX5562。

故障现象：上位机单个参数示值无显示。

解决过程：

第一步：现场检查该点一次仪表工作情况，一次仪表工作正常（图 7.2.12）。

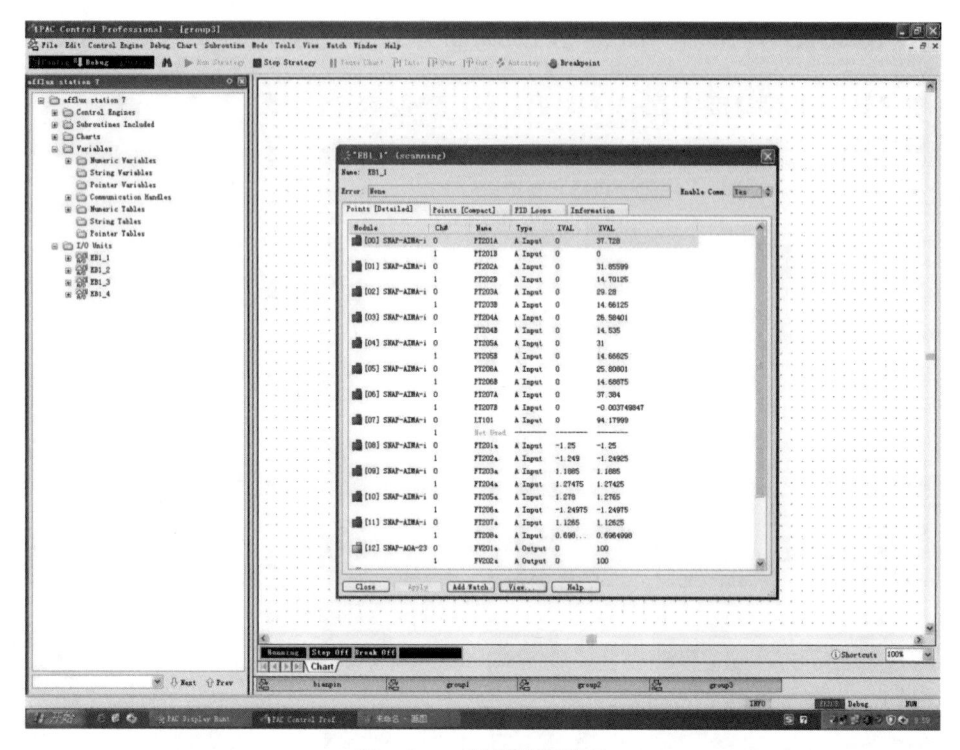

图 7.2.11　模块设置界面

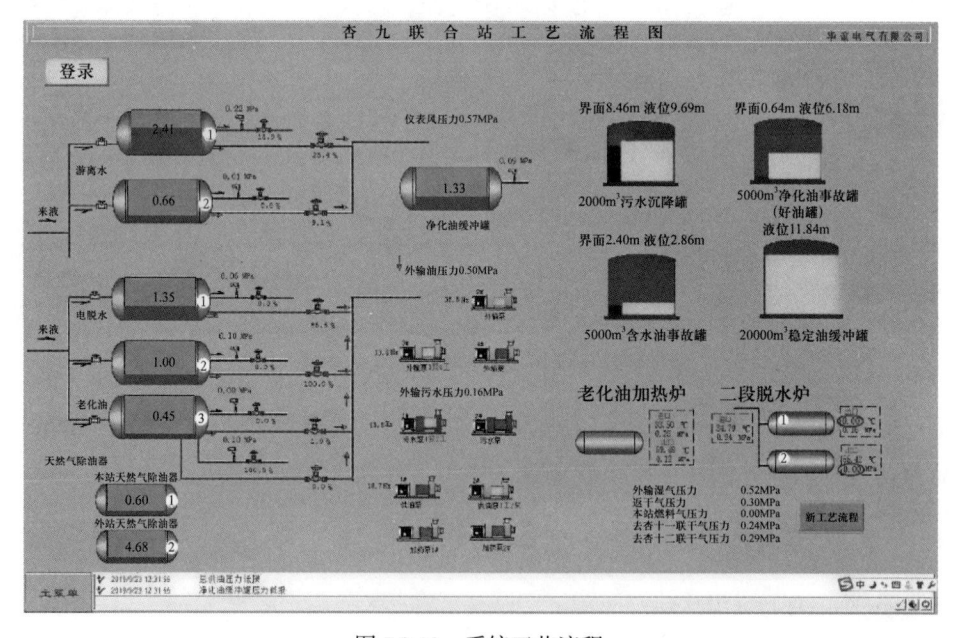

图 7.2.12　系统工艺流程

第二步：检查上位机软件参数设置情况，发现参数设置中量程上下限与现场仪表量程不符，量程设置错误，修正后恢复正常（图 7.2.13）。

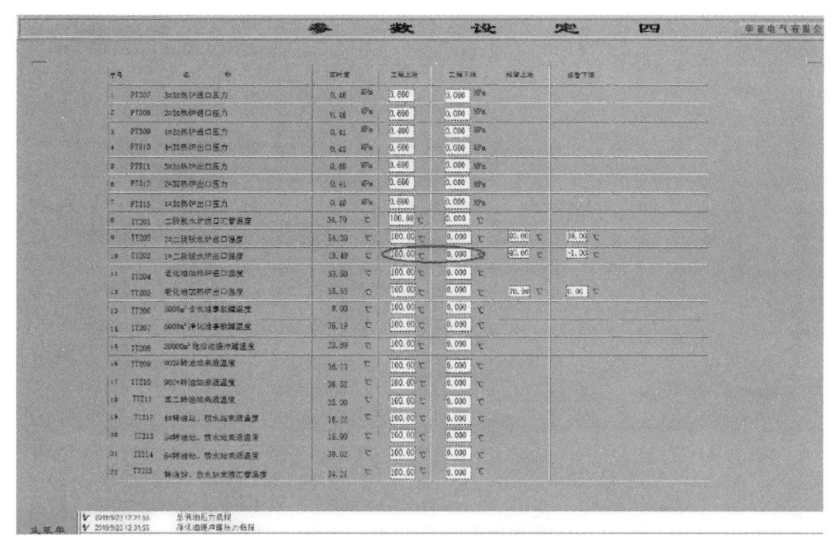

图 7.2.13　参数设置界面

七、故障案例 7——污水站滤罐反冲洗过程中流量偏大

系统类别：Sunytech TDCS 反冲洗系统。

故障现象：该站 8# 罐反冲洗过程中流量偏大，超出设定值。

解决过程：

第一步：打开下位机软件并观察反冲洗过程中各程序块数值变化情况，发现变频器频率控制算法中浮动值为 ±5Hz，允许频率修改时间为程序运行后 100s，导致反冲洗水量过大时变频器频率修改响应时间过长，频率变化幅度过小，达不到流量调整目标（图 7.2.14）。

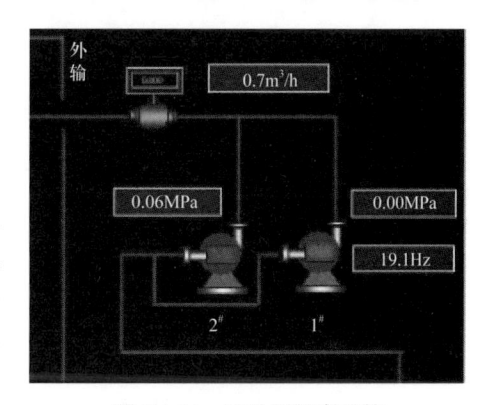

图 7.2.14　反洗泵频率监控

第二步：将频率修改浮动值调整为 ±10Hz，允许频率修改时间为程序运行后 50s，反冲洗流量控制恢复正常（图 7.2.15）。

八、故障案例 8——注水站注水泵停泵无报警

系统类别：AB LOGIX 5572。

故障现象：该站 1#、2#、3# 注水泵停泵无报警。

解决过程：

第一步：打开上位机组态软件，查看开关量报警设定情况，发现无相关报警触发点（图 7.2.16）。

第二步：程序内相应增加 3 个报警触发点，设置 1#、2#、3# 电机电流小于 20A 时报警触发（图 7.2.17）。

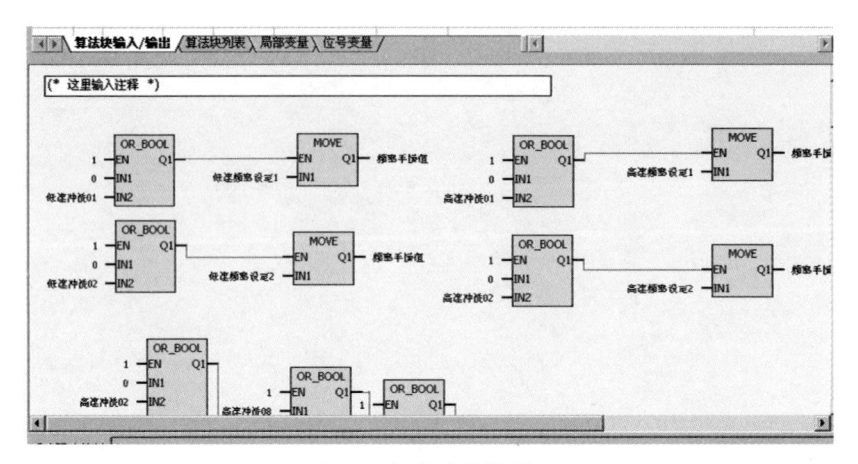

图 7.2.15 算法编辑界面

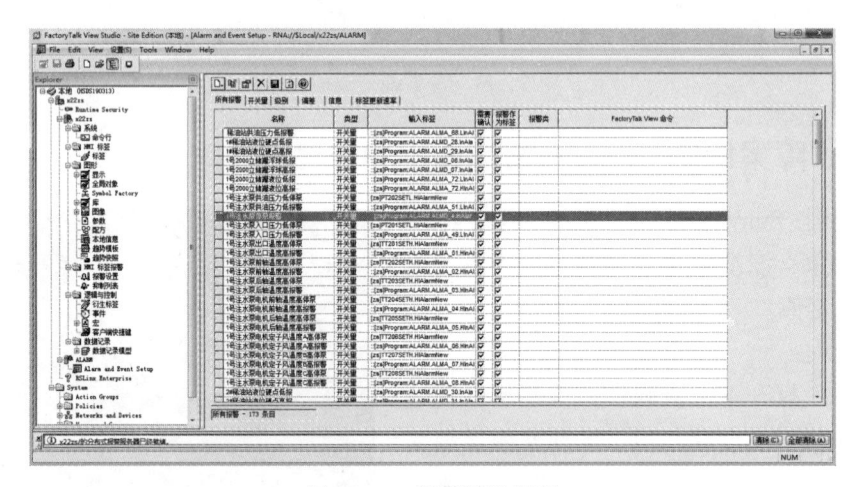

图 7.2.16 报警设置界面

图 7.2.17 创建报警标签

第三步：打开下位机软件，在线编辑模式下对应新增 ALMA_67、ALMA_68、ALMA_107 三个报警程序块（图 7.2.18），保存运行，经测试后报警功能正常。

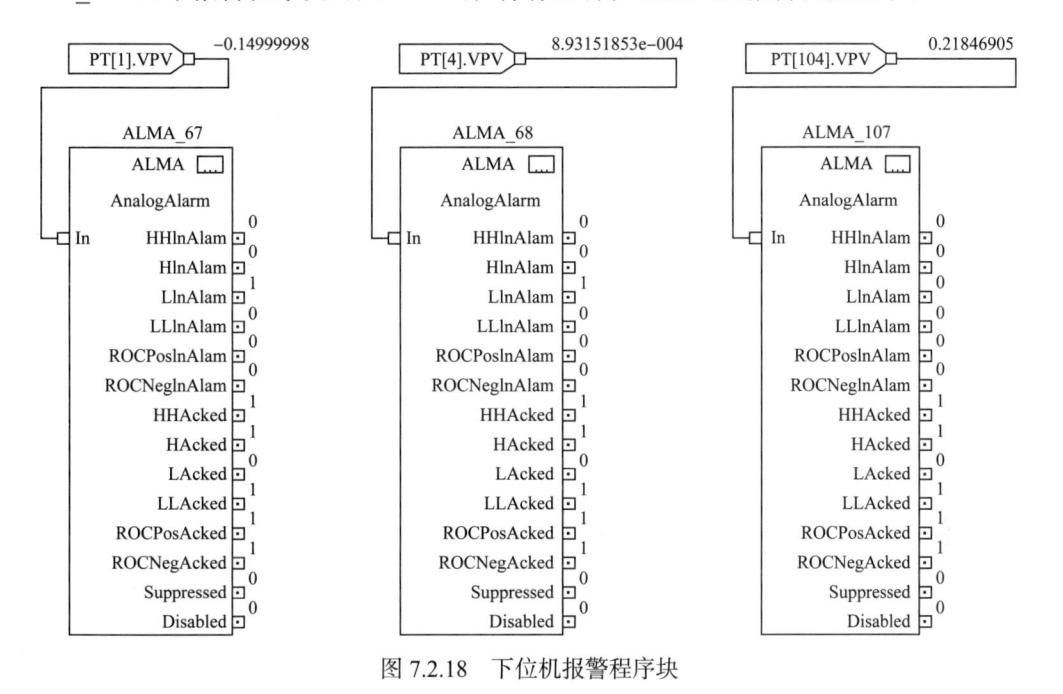

```
PT[1].VPV  −0.14999998        PT[4].VPV  8.93151853e−004      PT[104].VPV  0.21846905

       ALMA_67                       ALMA_68                       ALMA_107
       ALMA                          ALMA                          ALMA
       AnalogAlarm                   AnalogAlarm                   AnalogAlarm
   In         HHInAlam  0        In         HHInAlam  0        In         HHInAlam  0
              HInAlam   0                   HInAlam   0                   HInAlam   0
              LInAlam   1                   LInAlam   0                   LInAlam   0
              LLInAlam  1                   LLInAlam  0                   LLInAlam  0
              ROCPosInAlam 0                ROCPosInAlam 0                ROCPosInAlam 0
              ROCNegInAlam 0                ROCNegInAlam 0                ROCNegInAlam 0
              HHAcked   0                   HHAcked   0                   HHAcked   0
              HAcked    0                   HAcked    0                   HAcked    0
              LAcked    1                   LAcked    0                   LAcked    0
              LLAcked   1                   LLAcked   0                   LLAcked   0
              ROCPosAcked 0                 ROCPosAcked 0                 ROCPosAcked 0
              ROCNegAcked 0                 ROCNegAcked 0                 ROCNegAcked 0
              Suppressed 0                  Suppressed 0                  Suppressed 0
              Disabled  0                   Disabled  0                   Disabled  0
```

图 7.2.18　下位机报警程序块

第三节　源程序缺陷故障案例分析

测控系统在开发过程中，由于开发人员与工艺流程结合不足，在系统源程序中会存在缺陷，在投运时当有开发人员在现场，及时调整运行参数，系统能够正常运行。但当系统因断电或 CPU 故障等情况重新加载时，部分初始参数设置与系统运行时不同，这时需要维护人员根据现场实际工况进行调整设置，否则会出现系统个别控制环节有故障，影响生产正常运行。

一、故障案例 1——污水站单台滤灌无法自动反冲洗

系统类别：AB LOGIX 5572。

故障现象：某站 3# 过滤罐不能执行自动反冲洗程序。

解决过程：

第一步：将 3# 过滤罐由自动反冲洗改为手动，并点击电动阀开启或关闭，观察现场电动阀响应情况，发现电动阀无响应（图 7.3.1）。

第二步：打开 RSLogix 5000 程序（见案例 2 第一步和第二步），检查 3# 滤罐反冲洗程序发现该罐程序处于锁定状态，无法进行操作（图 7.3.2）。

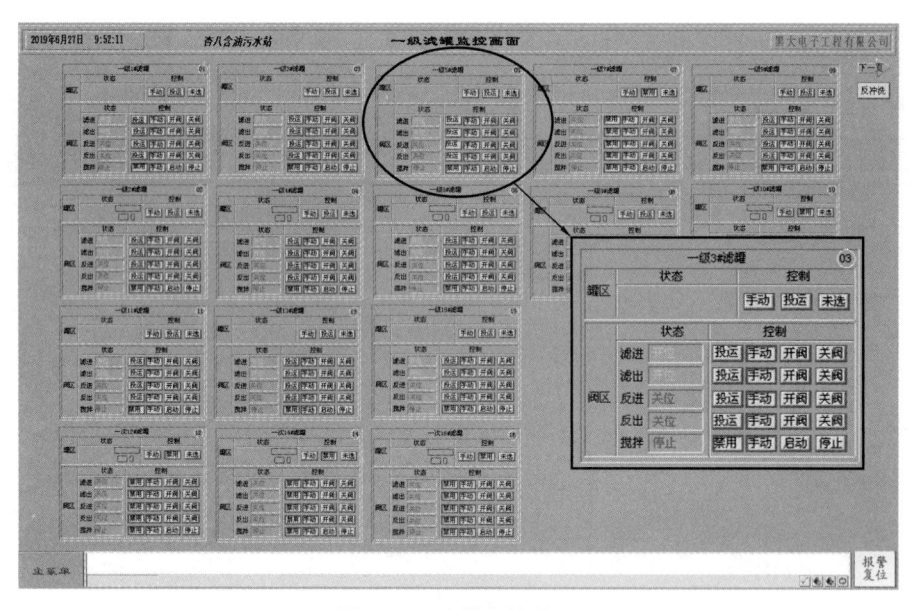

图 7.3.1 滤罐监控界面

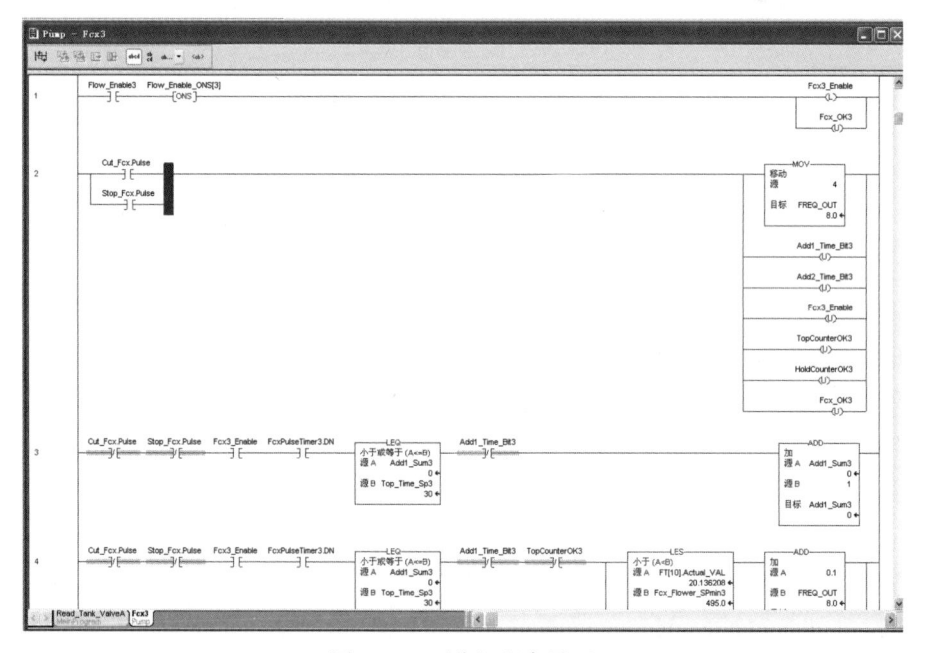

图 7.3.2 下位机程序界面

第三步：分析情况应为反冲洗过程中程序意外退出所导致，但程序开发人员未设置锁定解除选项，操作人员无法解除锁定。

第四步：将该罐阀门恢复到运行状态，取消反洗选择并停止反冲洗流程操作（图 7.3.3）。

第五步：重新选择反洗滤罐，按正常反洗操作流程进行反洗后状态恢复正常。

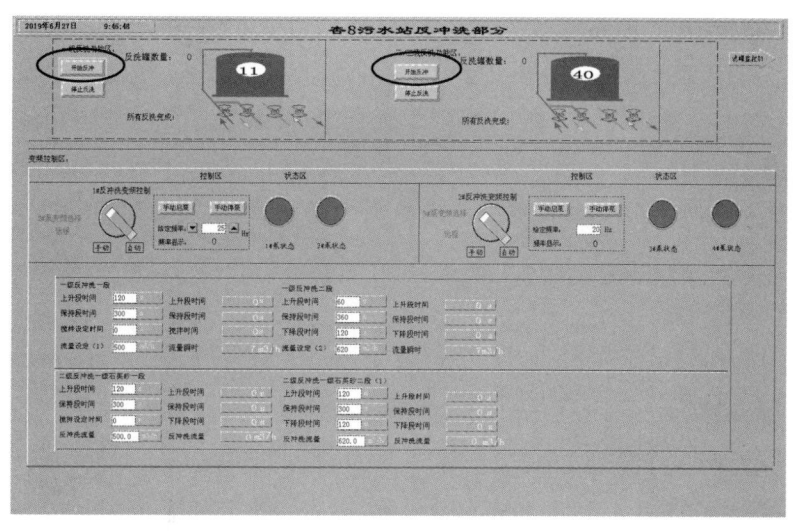

图 7.3.3 反洗操作界面

二、故障案例 2——污水站污水外输泵变频器不能自动调节

系统类别：AB LOGIX1769-L35E。

故障现象：该站污水泵变频器不能自动调节，当设置为自动调节时无论污水罐液位为任何数值，变频器频率均为 15Hz。

解决过程：

第一步：将计算机污水泵变频器改为手动控制并输入 CV 参数值观察变频器工作情况，发现变频器频率调节正常。说明变频器无故障，PLC 控制通道正常，问题可能在程序部分（图 7.3.4）。

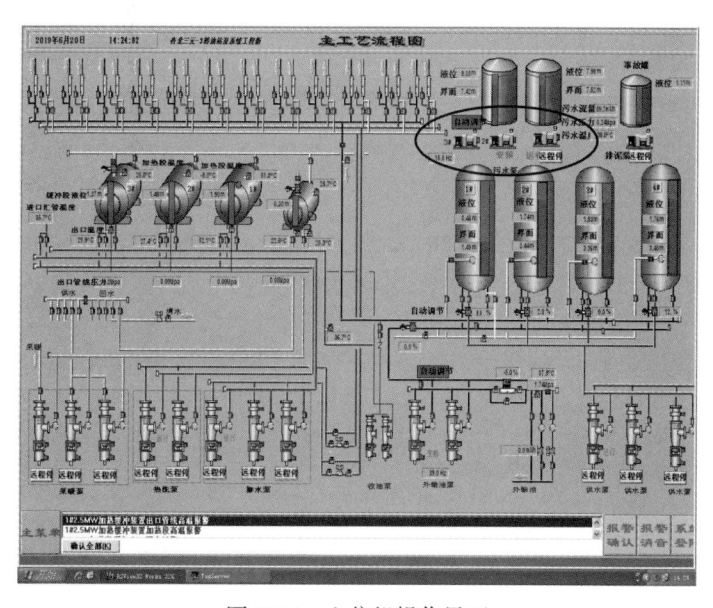

图 7.3.4 上位机操作界面

第二步：查找图纸，确定变频器对应电缆编号为 LV202。

第三步：利用 RSLogix 5000 Vr20.03 版打开 PLC 程序（见案例 2 第一步和第二步），打开 LV202 子程序，检查 PID 运算块内部参数设置，发现 Process Variable 对应参数点为 set1，而组态软件内部 PV 变量名为 set2，修改 Process Variable 对应参数为 set2 并观察对应数值变化，发现数值显示仍为错误值 0.6，变频器仍然不能自动调节（图 7.3.5）。

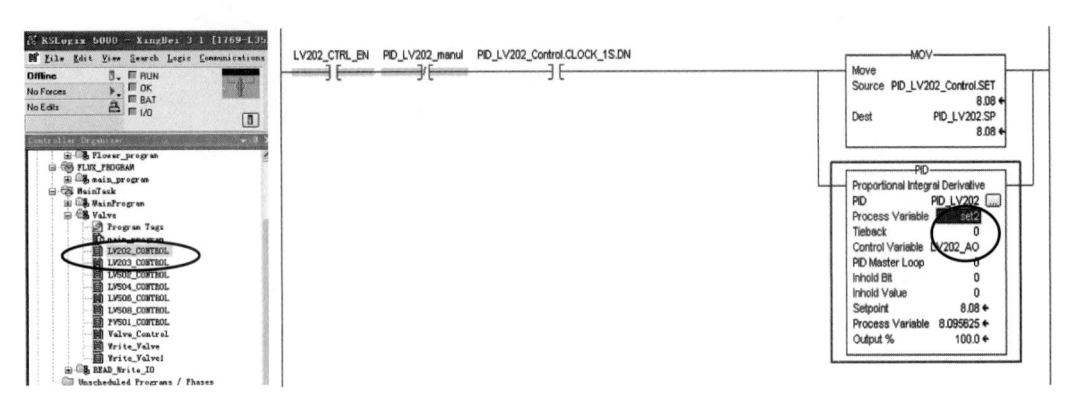

图 7.3.5 下位机程序界面 1

第四步：检查量程赋值语句，发现量程数据来源与组态软件内对应来源错误，修改量程数据来源由 LRCA203.Low 改为 LRCA703.Low，LRCA203.High 改为 LRCA703.High，观察 Process Variable 参数值，发现参数值恢复为正常值 7.7，此时污水变频器自动调节恢复正常（图 7.3.6）。

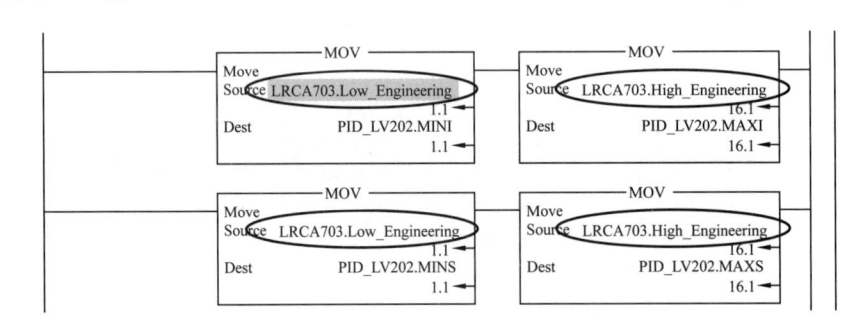

图 7.3.6 下位机程序界面 2

三、故障案例 3——污水岗反冲洗系统单台滤罐反洗时突然停止

系统类别：Sunytech TDCS。

故障现象：4# 罐反洗过程中突然停止。

解决过程：

第一步：启动 4# 罐反冲洗流程，观察数值变化（图 7.3.7），倒阀过程正常，在反洗时压力超过设定值后，反洗过程停止。

图 7.3.7 上位机操作界面

第二步：打开 Sunytech 8.0 程序开发界面，进入算法编辑器（图 7.3.8）。

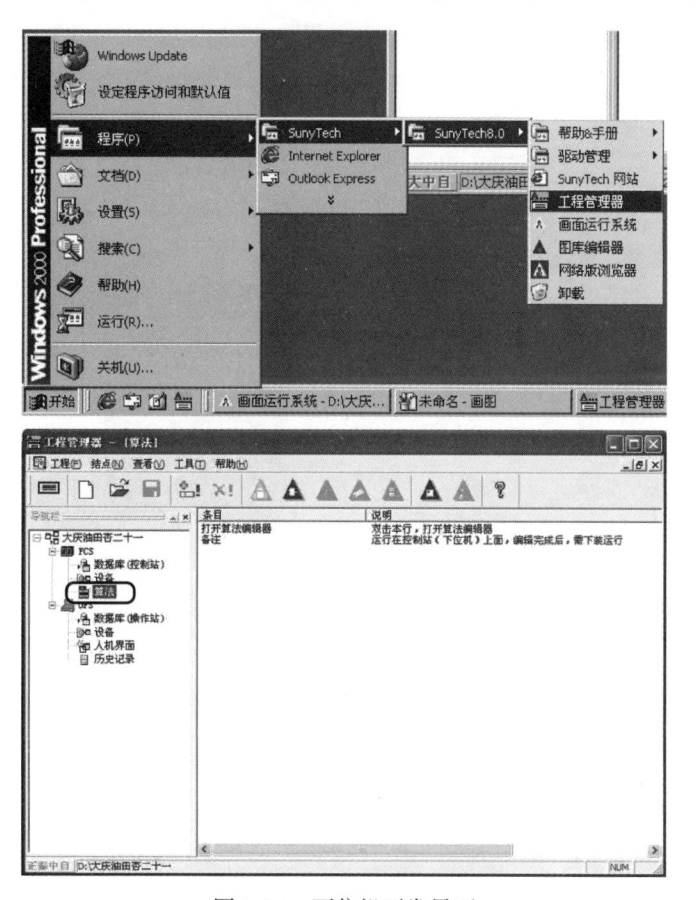

图 7.3.8 下位机开发界面

第三步：检查反洗急停设定条件发现设定条件中当泵出口压力 PI_201 大于水压上限值时反洗急停（图 7.3.9）。

图 7.3.9 下位机程序界面

第四步：查找程序标签发现水压上限值设定值为 0.5MPa，实际反冲洗过程中压力值超过设定值导致反洗急停，因此判断为工艺流程问题导致，站库进行滤料清洗后反洗流程恢复正常（图 7.3.10）。

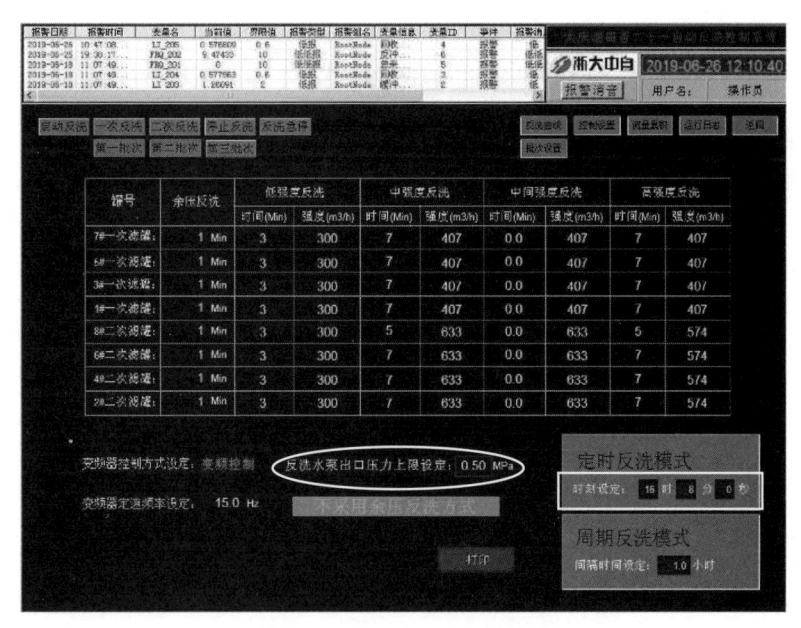

图 7.3.10　压力上限设定界面

四、故障案例 4——污水站全站停电后反冲洗系统不能正常运行

系统类别：Sunytech TDCS。

故障现象：污水站遭受雷击后全站失电，恢复供电后反冲洗系统不能正常操作。

解决过程：

第一步：初步判断断电后控制器内程序丢失，控制器重新下载程序后故障仍然存在（图 7.3.11）。

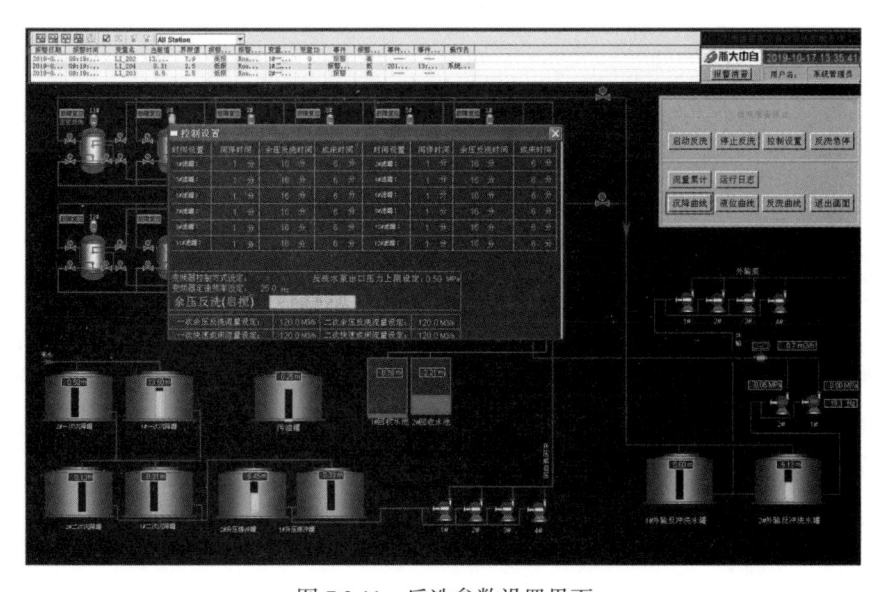

图 7.3.11　反洗参数设置界面

第二步：读该部分PLC程序发现由于断电重启导致程序初始化，反洗过程中成床工艺程序初始化后初始值为2，而执行该段程序的前提为0或1，因此程序不能执行（图7.3.12）。

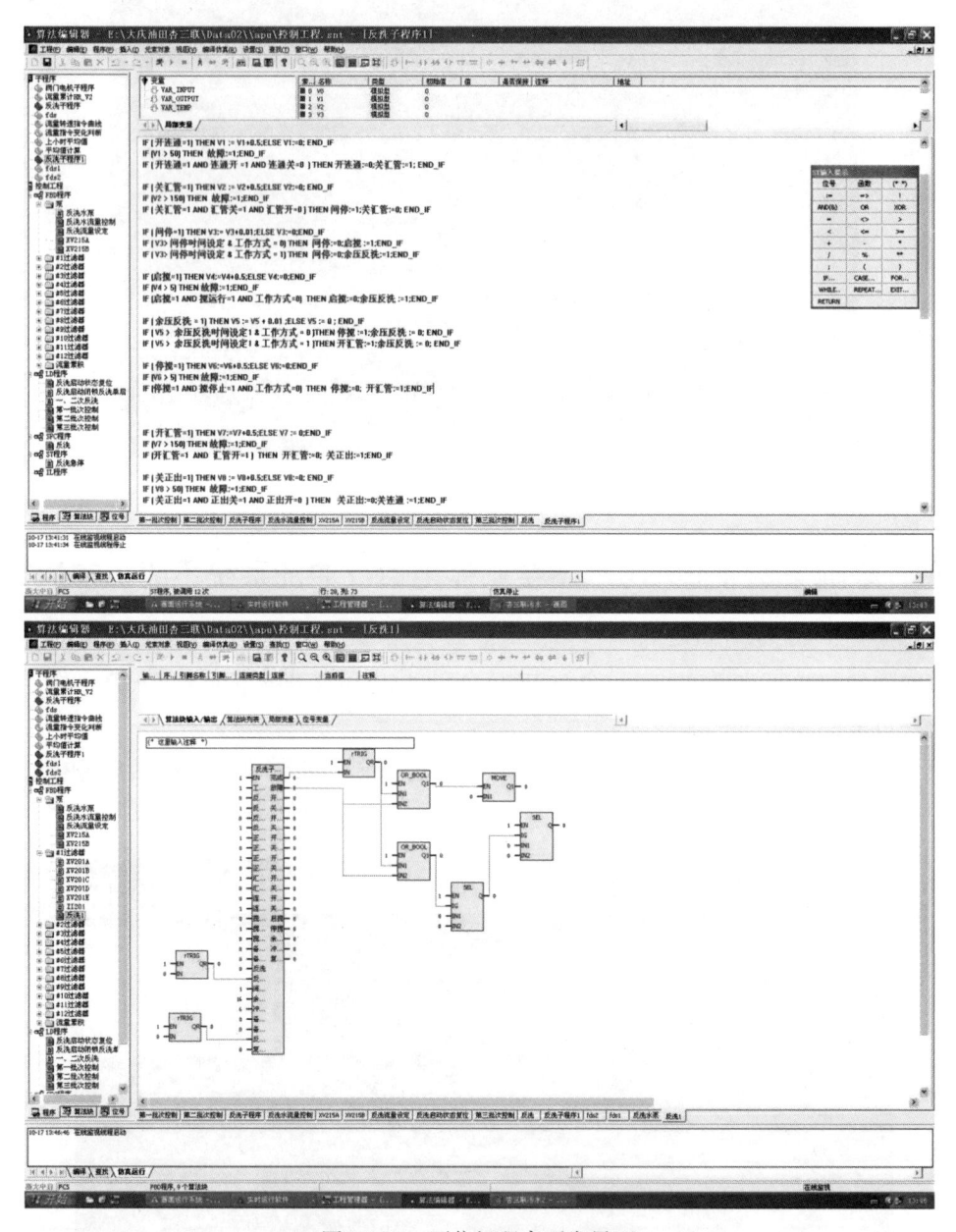

图7.3.12 下位机程序开发界面

第三步：解决该问题的方法是确认余压反洗是否启动搅拌桨，程序初始化后再次反洗时需要给系统输入余压反洗命令，确认是否启动搅拌桨，只有在选择确认后反洗程序才能正常操作（图7.3.13）。

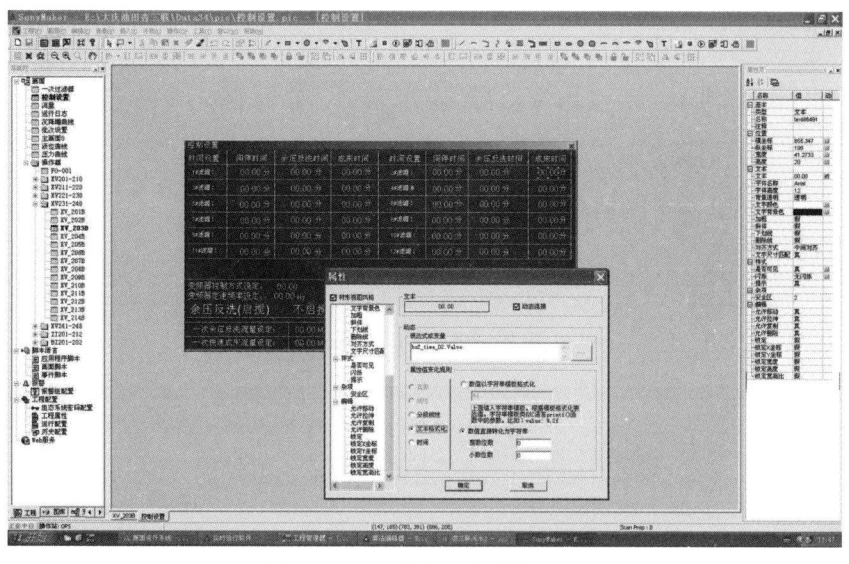

图 7.3.13 上位机组态编辑界面

五、故障案例 5——上位机参数点组态错误

系统类别：Sunytech TDCS。

故障现象：该站一次反冲洗中强度流量设置数值后，二次反冲洗中强度流量数值联动改变。

解决过程：

第一步：打开上位机组态软件画面编辑器，检查系统设置数值对应内部程序点位，发现一次反冲洗中强度流量对应点位与二次反冲洗中强度流量对应程序内部点位相同（图 7.3.14）。

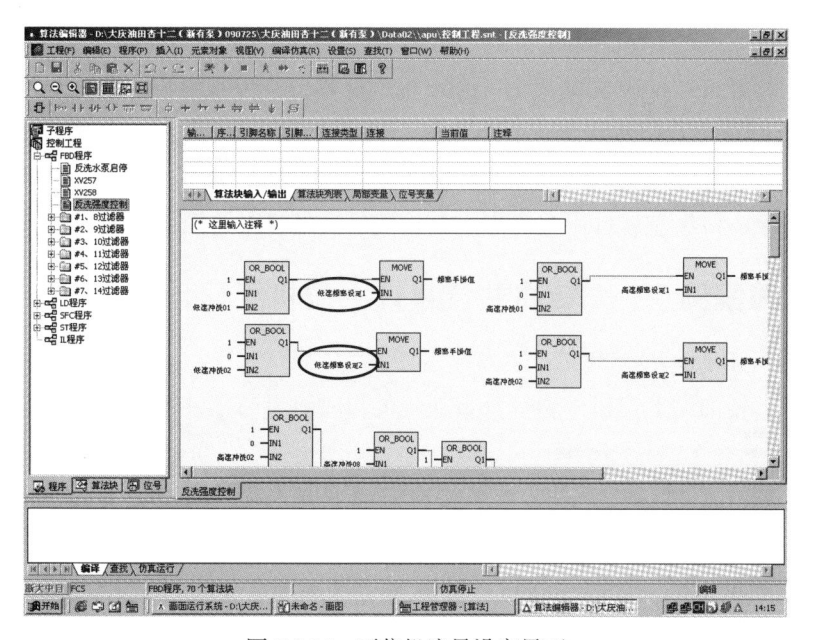

图 7.3.14 下位机流量设定界面

第二步：将一次反冲洗中强度流量组态点位修改后，程序恢复正常。

六、故障案例 6——注入站柱塞泵停泵无报警

系统类别：AB LOGIX5572。

故障现象：6 台柱塞泵停泵无报警。

解决过程：

第一步：检查上位机 Factory TalkView32 组态软件报警标签页，确定报警链接点名为 Program：ALM.ALMA_（58～64）.InAlarm（图 7.3.15）。

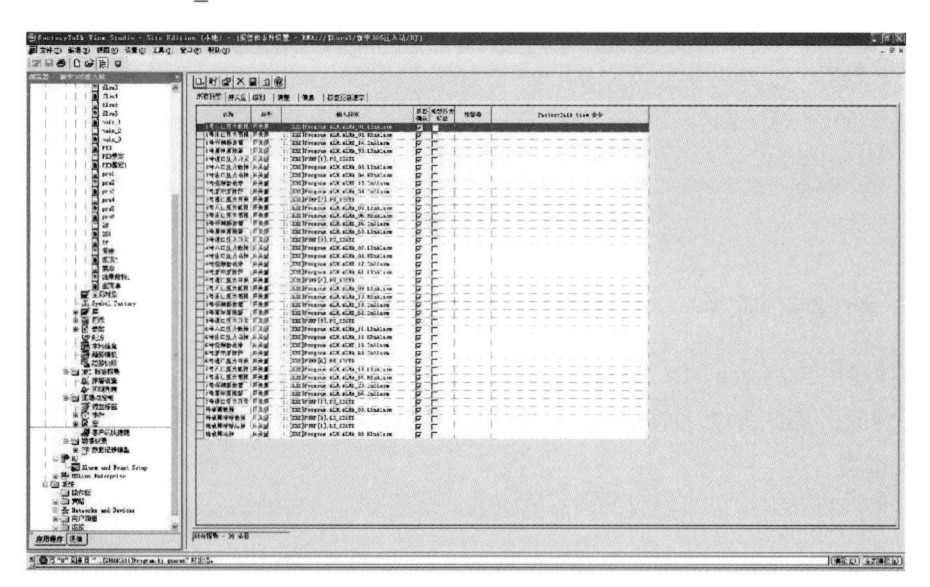

图 7.3.15　组态报警编辑界面

第二步：打开 RSLogix 5000 程序 ALM 程序标签，检查报警程序块运行情况，发现程序块报警判断值对应点位连接错误，将点位更改为 PUMP［1～7］.IN_PV（频率实际值）后观察报警情况，发现 RSLogix 5000 报警模块工作正常，报警值 InAlarm 已输出，但组态软件仍不报警。将组态软件中报警点重新连接后恢复正常（图 7.3.16）。

七、故障案例 7——转油站流量计上位机无显示

系统类别：AB LOGIX 5571。

故障现象：转油站上位机外输气及自耗气的瞬时流量与累计流量值无显示。

解决过程：

第一步：该站流量计数据采集方式采用 Modbus 协议采集，检查线路连接情况，无异常。

第二步：检查现场仪表及计算机内程序设置的地址（图 7.3.17），发现现场仪表地址与计算机设置地址不同，修改一致后计算机显示恢复正常（图 7.3.17），但数值显示不准确，且数据刷新速度过慢。

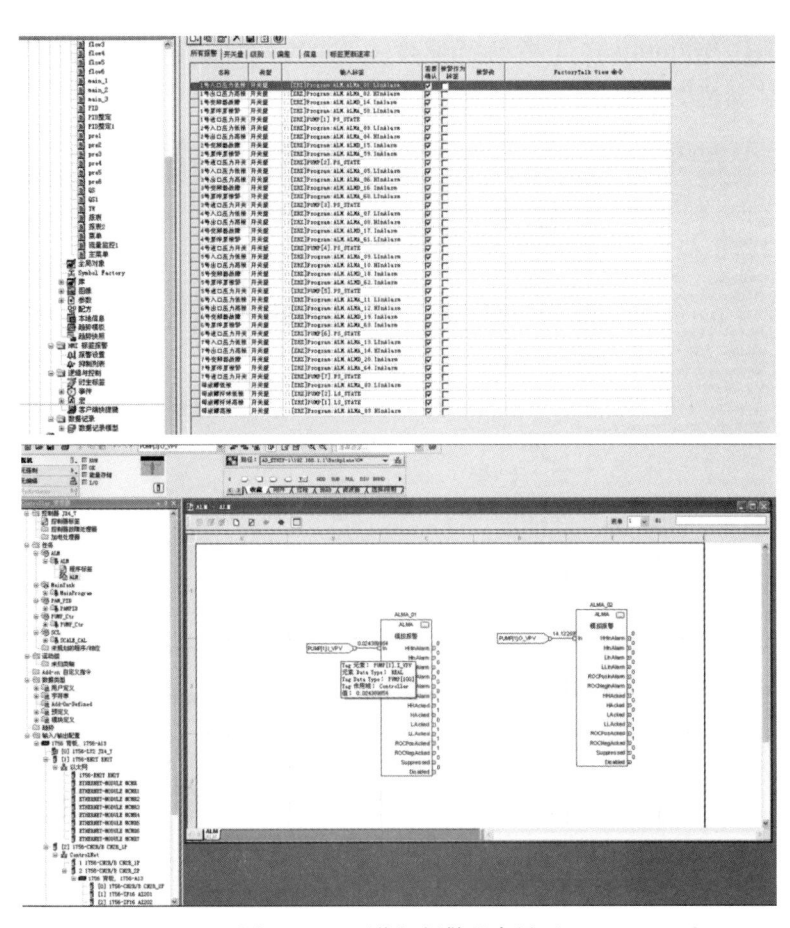

图 7.3.16 下位机报警程序界面

图 7.3.17 功能块参数界面

第三步：打开 Prosoft 软件将刷新速度由 1000ms 调整至 100ms 后数值显示准确（图 7.3.18），刷新速度正常。

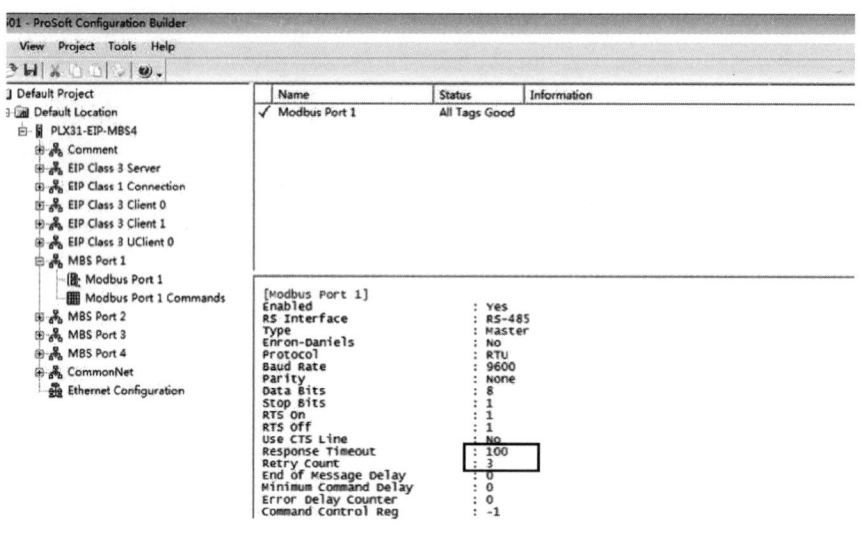

图 7.3.18　功能块参数设置

第四节　程序需启动或重启故障案例分析

OPTO 等测控系统部分模块因停电、网络通信等原因停运，上位机表现为所有数据不显示或部分数据无显示，此时需要进入系统编程模式，查看 CPU 及功能模块运行状态，当发现有停运模块时，重新启动即可解决此类故障。

一、故障案例 1——OPTO 系统上位机无数据显示

系统类别：OPTO SNAP-PAC-EB1。

故障现象：该站上位机显示界面无数据显示。

解决过程：

第一步：检查 PLC 控制柜，检查模块无异常（图 7.4.1）。

图 7.4.1　PLC 功能模块

第二步：检查路由器工作情况，路由器运行正常（图 7.4.2）。

第三步：使用窗口键 +R 键打开运行命令窗口，输入 CMD 命令打开 DOS 命令输入窗口，利用计算机 ping 命令测试网络连接正常（图 7.4.3）。

第四步：打开计算机 PAC Control Pro 9.0 PLC 程序，选择程序后点击 Debug 选项在线调试（图 7.4.4）。

图 7.4.2　路由器

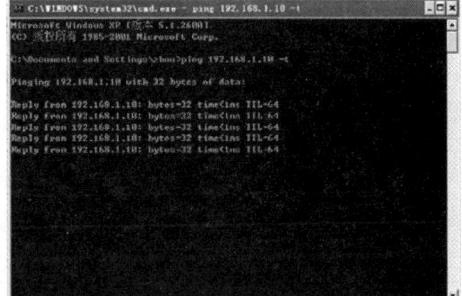

图 7.4.3　ping 命令

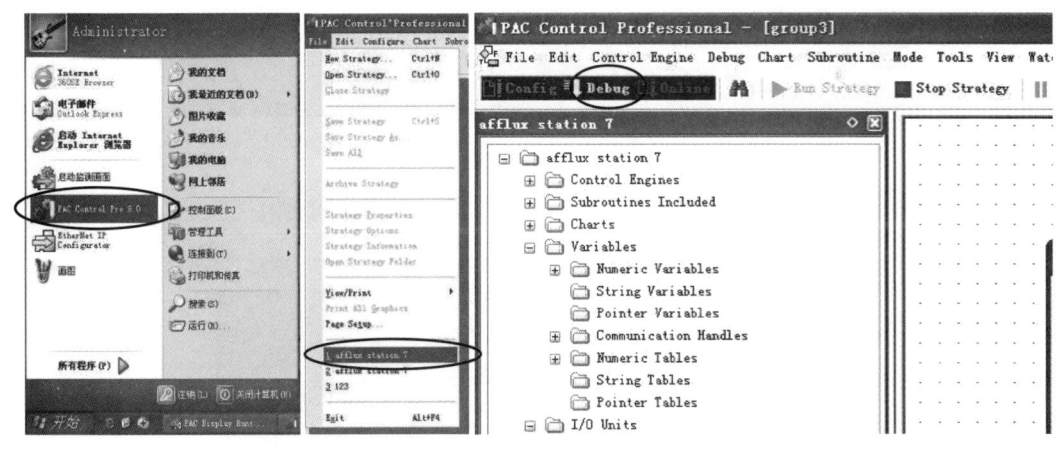

图 7.4.4　下位机程序调试

第五步：检查各机架运行情况，发现 PLC 模块在停止状态点击开始执行按钮后程序运行正常，数据显示正常（图 7.4.5）。

二、故障案例 2——PLC 工作状态异常

系统类别：OPTO SNAP-PAC-EB1。

故障现象：上位机所有数据无读数显示。

解决过程：

第一步：检查 PLC 模块工作状态，指示灯工作状态正常（图 7.4.6）。

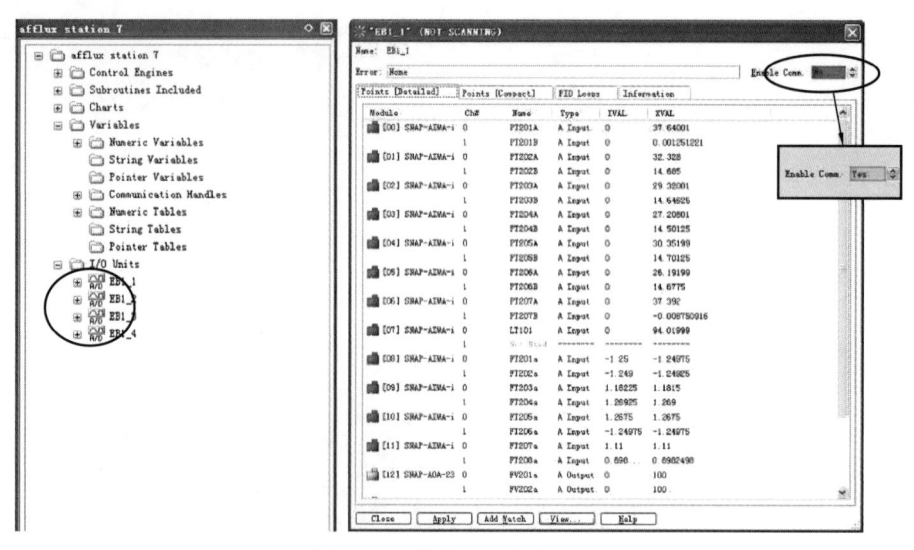

图 7.4.5　模块运行状态界面

图 7.4.6　控制柜硬件模块

第二步：检查工控机与 PLC 之间通信状态，工控机与 PLC 之间通信状态正常（图 7.4.7）。

图 7.4.7　ping 命令检查通信状态

第三步：检查工控机软件运行状态，发现 PLC 程序处于暂停状态，将其切换为工作状态后，数据读数恢复正常（图 7.4.8）。

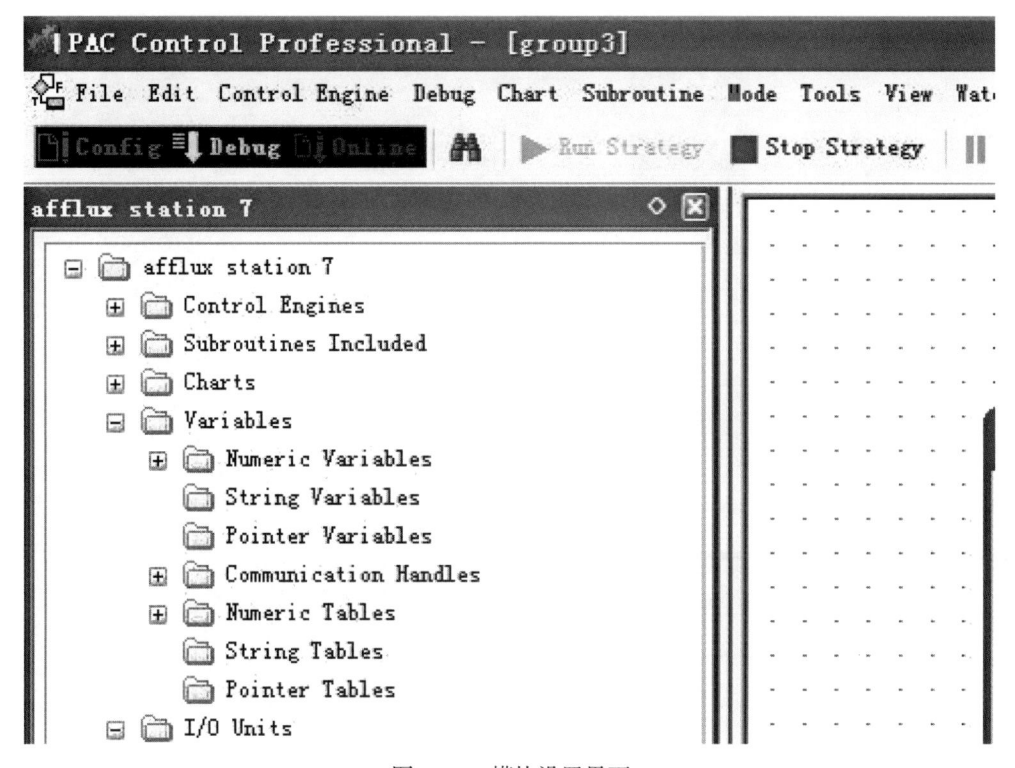

图 7.4.8　模块设置界面

三、故障案例 3——AB 系统上位机无数据显示

系统类别：AB LOGIX5555。

故障现象：上位机无数据显示。

解决过程：

第一步：检查 PLC 模块运行状态，打开 PLC 控制柜，发现 CPU 未运行，处于停运状态。

第二步：检查计算机与 PLC 通信情况，发现通信正常。打开 RSLogix 5000 程序，将 PLC 程序下载并运行后 CPU 运行正常，RSLogix 5000 中数据采集正常，但上位机仍无数据显示。

第三步：打开组态软件并查看点位链接路径，发现 OPC 路径为 Sanan3，打开 Rslinx 软件（图 7.4.9），查看 OPC 数据库名为 X11，重新建立 OPC 数据服务并命名为 Sanan3 后，数据链接恢复正常。计算机组态软件显示数据恢复正常。

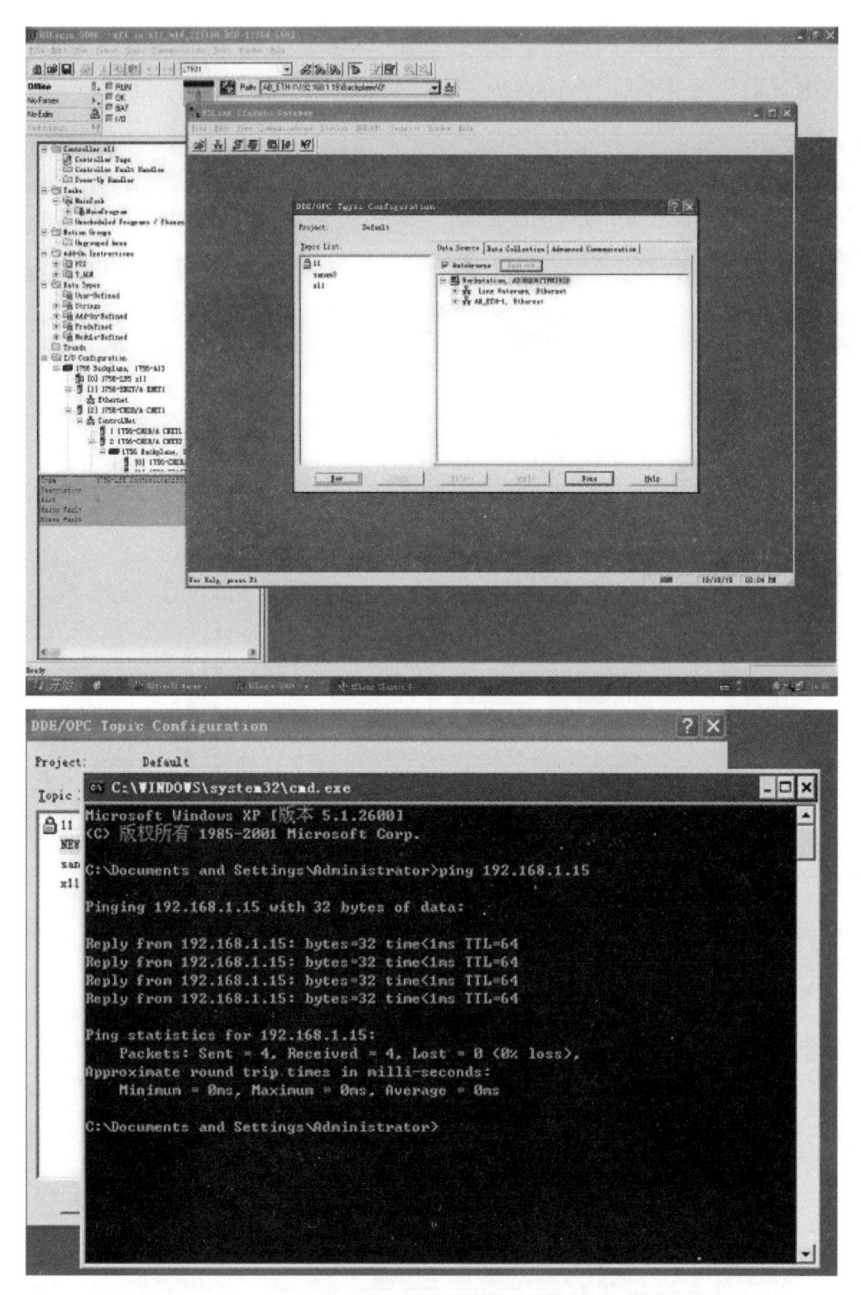

图 7.4.9　Rslink 及 ping 命令

四、故障案例 4——注入站变频器不能自动控制

系统类别：AB LOGIX5572。

故障现象：该站 49#、55#、56#、69#、71#、77# 等注入井变频器不能远程自动控制。

解决过程：

第一步：打开 RSlogix 5000 下位机软件，检查 PLC 程序在线运行情况（图 7.4.10）。

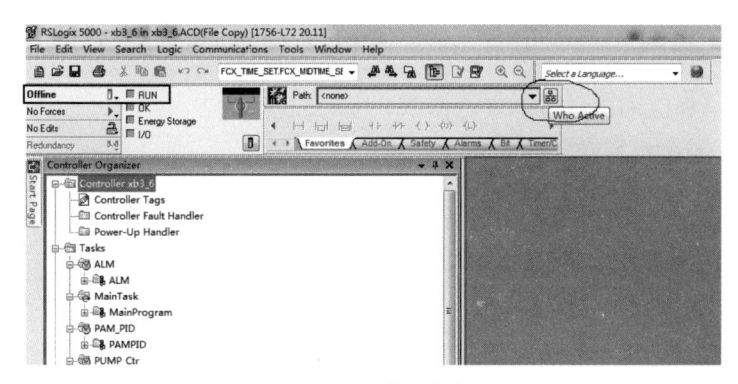

图 7.4.10 程序开发界面

第二步：发现这些不能自动控制的变频器程序输出值均为 0，读程序可知，输出值为 0 的原因为 PID 调节模块手动、自动条件判断值为初始状态，即程序未开始运行，如图 7.4.11 所示程序运行界面。

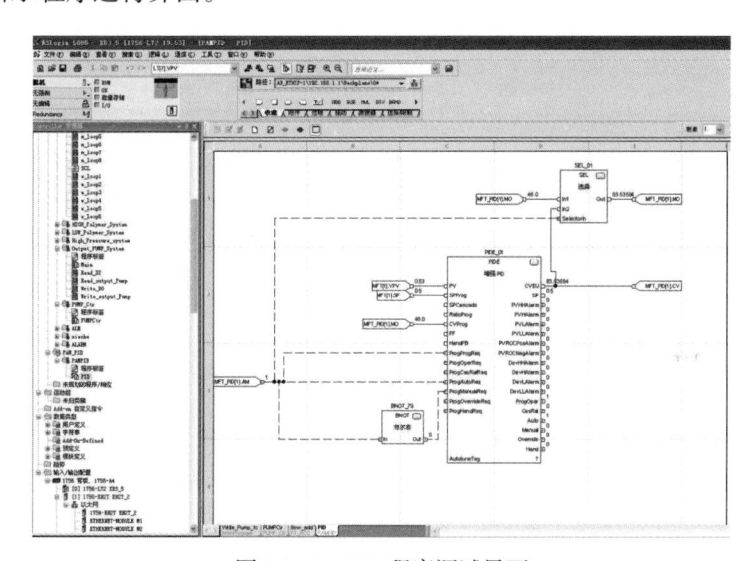

图 7.4.11 PID 程序调试界面

第三步：在上位机软件中，按故障井号逐一将软手动与自动按钮之间进行一次切换（图 7.4.12），程序输出值频率值被置入，系统恢复正常。

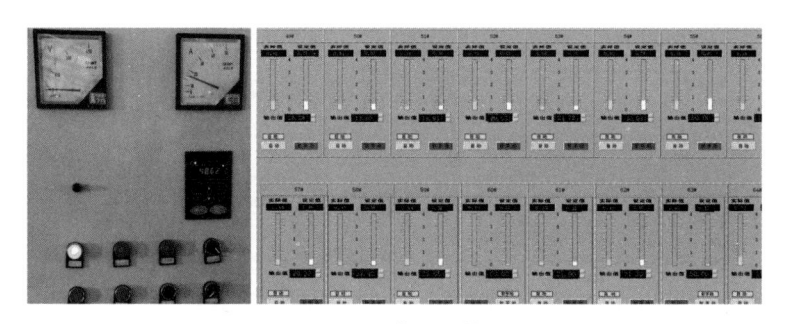

图 7.4.12 上位机监控界面

五、故障案例 5——联合站上位机所有数据无显示

系统类别：AB LOGIX 5555。

故障现象：上位机所有数据无显示。

解决过程：

第一步：检查 PLC 控制柜内 CPU 运行情况，发现 CPU 运行正常。

第二步：打开 RSLogix 5000 程序，在线观察数据采集情况，发现数据采集正常，但上位机组态软件仍不能正常采集数据。

第三步：打开 Rslinx 软件，发现程序无法打开，卸载后重新安装，发现 OPC 数据库无法建立，数据库无法打开。判断可能情况为杀毒软件将 OPC 服务及相关程序进程进行隔离（图 7.4.13）。

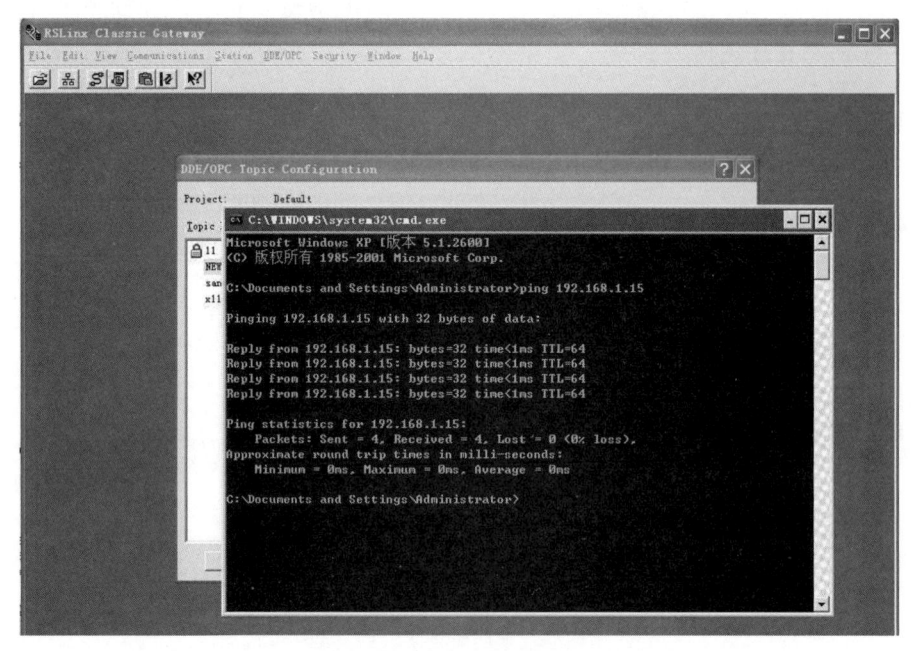

图 7.4.13　ping 命令界面

第四步：利用系统备份进行系统恢复（图 7.4.14）并卸载杀毒软件，打开组态软件后数据采集恢复正常。

六、故障案例 6——联合站污水岗滤罐控制阀门不能远程自动操作

系统类别：Sunytech TDCS。

故障现象：联合站污水岗 4#、6# 滤罐控制阀门不能远程自动操作。

解决过程：

第一步：将现场阀门档位调至成本地控制，进行开关阀试验，阀门正常运行，排除阀门自身故障（图 7.4.15）。

图 7.4.14　一键还原操作

第二步：将阀门档位调至远程，在上位机手动操作，控制阀门打开或关闭，观察阀门动作情况，发现阀门经多次操作后才能动作，初步判断为网络连接不连贯，上位机命令不能下置到控制器中。

第三步：利用 ping 命令测试网络通信情况，发现网络通信正常。

第四步：分析故障原因可能是控制器响应延迟，打开下位机软件，重新切换 $2^{\#}$、$3^{\#}$ 控制器后阀门控制响应恢复正常（图 7.4.16）。

图 7.4.15　阀门档位调节　　　　图 7.4.16　重启主控板

七、故障案例 7——联合站电动阀无法远程关闭

系统类别：AB LOGIX 5555。

故障现象：该站电动阀无法远程关闭。

解决过程：

第一步：打开上位机程序，找到开阀命令点名为 LalveD［35］（图 7.4.17）。

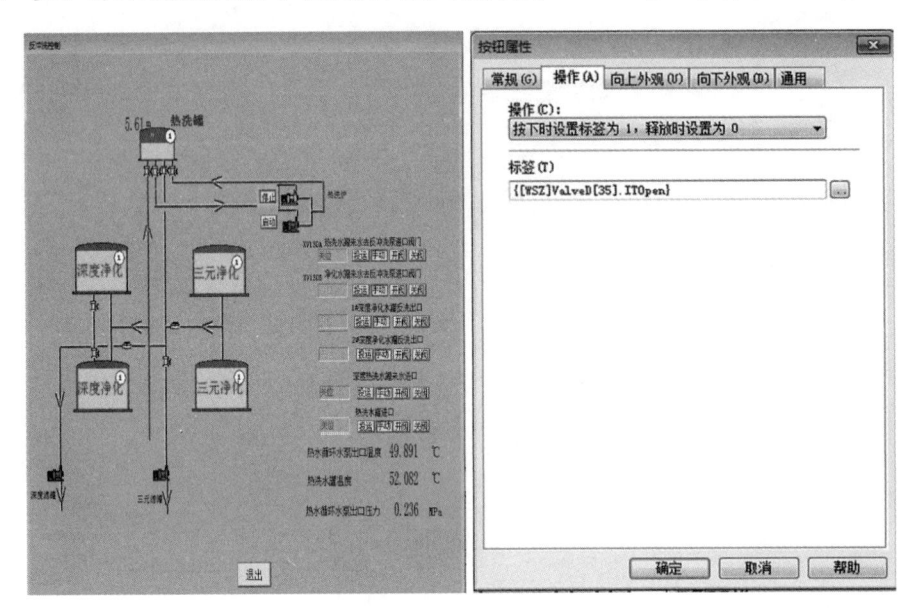

图 7.4.17　查找点位名

第二步：打开 RSLogix 5000 软件，找出下位机对应的开关阀程序（图 7.4.18）。

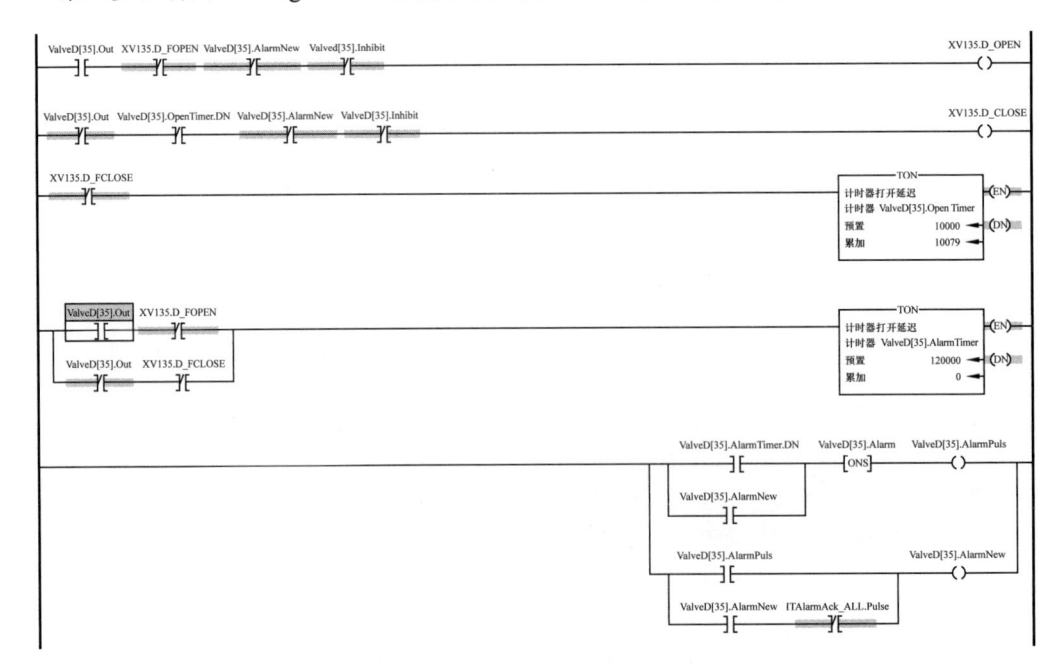

图 7.4.18　RSLogix 5000 软件查看

第三步：在线调试程序，发现程序内开阀命令已经发出，但接收不到反馈信号，程序中止（图 7.4.19）。

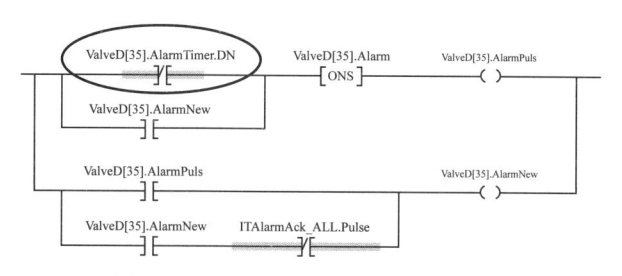

图 7.4.19　RSLogix 5000 反馈信号查看

第四步：检查现场阀门，发现阀门状态错误，将阀门控制打到远程状态（图 7.4.20），并重新登录程序，程序运行正常，系统恢复正常。

图 7.4.20　电动阀档位改变

八、故障案例 8——无法自动生成报表

报表大多为脚本编写，无法自动生成则看软件运行参数中脚本运行是否被设置启动取消，如正常则检查脚本内程序是否有中断设置及执行设置参数，将参数更改即可。

九、故障案例 9——无法启动上位机系统或无法打开上位机软件

重新安装系统及工控软件。

十、故障案例 10——上位机报警误报或无法取消报警

查看报警设置内对应报警点是否与实际报警点一致，无法取消则监测下位机程序，在报警产生时对应复位点是否动作。复位点没有动作则看上位机对应按钮是否和下位程序内复位点一致。

第五节　PLC 系统功能模块运行错误故障案例分析

测控系统在生产运行过程中，有时会因网络、模块等运行状态不对出现故障，当此类故障发生时，需要根据故障表现、故障现象分析故障原因，逐步解决故障。

一、故障案例 1——上位机软件操作异常

系统类别：Sunytech TDCS。

故障现象：该站计算机操作界面点击执行命令按钮时一定概率无响应。

解决过程：

第一步：利用 ping 命令检查 PLC 与计算机通信状态，发现 2# 主控板通信状态异常（图 7.5.1）。

图 7.5.1　ping 命令

第二步：进入硬件配置软件，将 2# 控制板退出主控，切换 3# 控制板为主控状态并检查上位机操作响应情况，发现上位机响应恢复正常（图 7.5.2）。

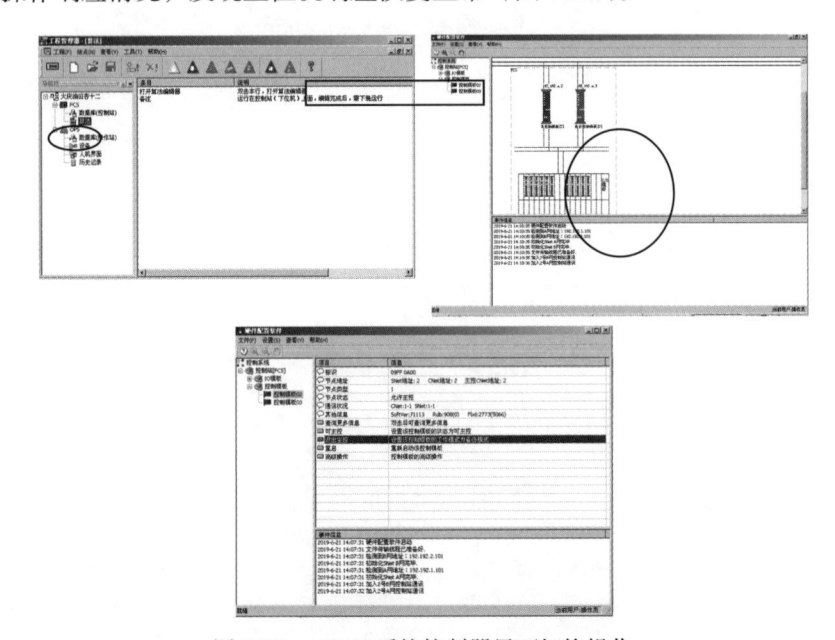

图 7.5.2　TDCS 系统控制器界面切换操作

二、故障案例 2——污水反冲洗系统不能正常反冲洗

系统类别：AB LOGIX5555。

故障现象：该站上位机所有参数显示正常，无法执行自动反冲洗程序。

解决过程：

第一步：检查 PLC 控制柜内各模块工作情况，发现各模块工作指示灯正常（图 7.5.3）。

图 7.5.3　功能模块

第二步：选中所有滤罐并执行反洗程序，观察程序运行情况，发现变频器启动正常，但开始反洗指示标志未显示，滤罐阀门未动作。点击停止反冲洗，变频不能停止。单独控制阀门时，各阀门响应正常（图 7.5.4）。

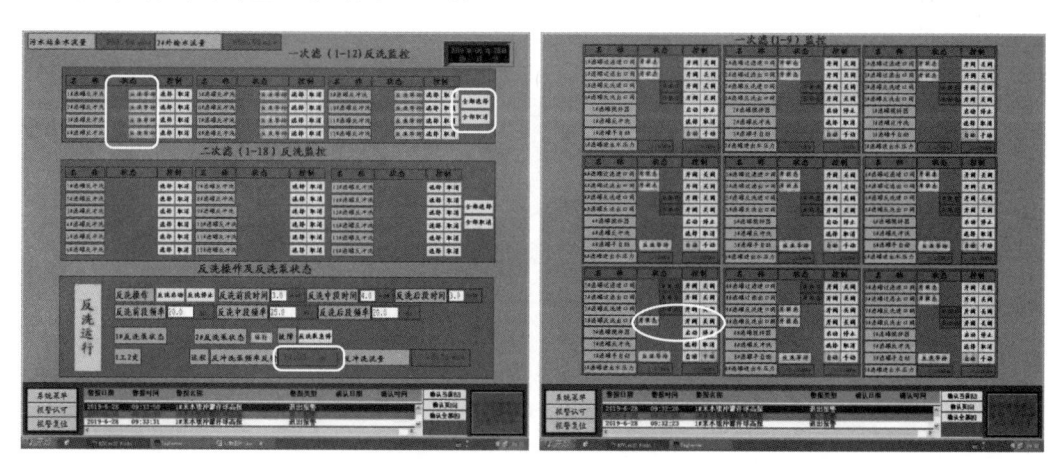

图 7.5.4　上位机操作界面

第三步：判断该反洗程序执行时出现错误，将上位机显示的所有报警信息确认并复位（图 7.5.4）。

第四步：重新启动 CPU，再次执行反洗程序，发现程序恢复正常（图 7.5.5）。

图 7.5.5　电源开关

三、故障案例 3——污水站反冲洗系统无数据显示

系统类别：AB LOGIX5555。

故障现象：该站上位机不能监控液位及罐状态，无数据显示，系统停运。

解决过程：

第一步：检查 PLC 控制柜，发现 CPU 模块 OK 灯红色闪烁，证明 CPU 模块故障（图 7.1.6）。

第二步：关闭 AB PLC CPU，3s 后重新打开。

第三步：打开 RSLogix 5000 程序选择在线模式（图 7.5.6）。

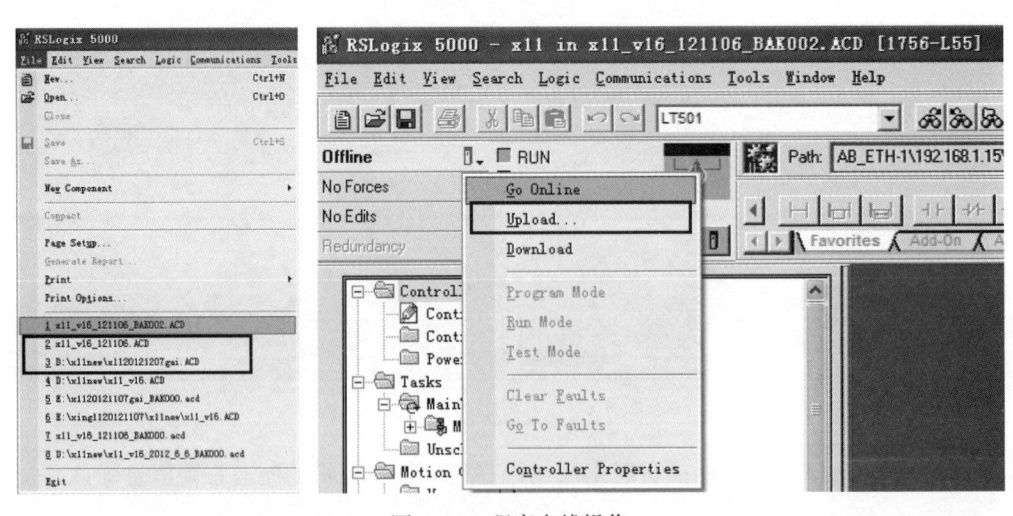

图 7.5.6　程序在线操作

第四步：检查 CPU 故障信息，发现存在故障码，清除后系统恢复正常（图 7.5.7）。

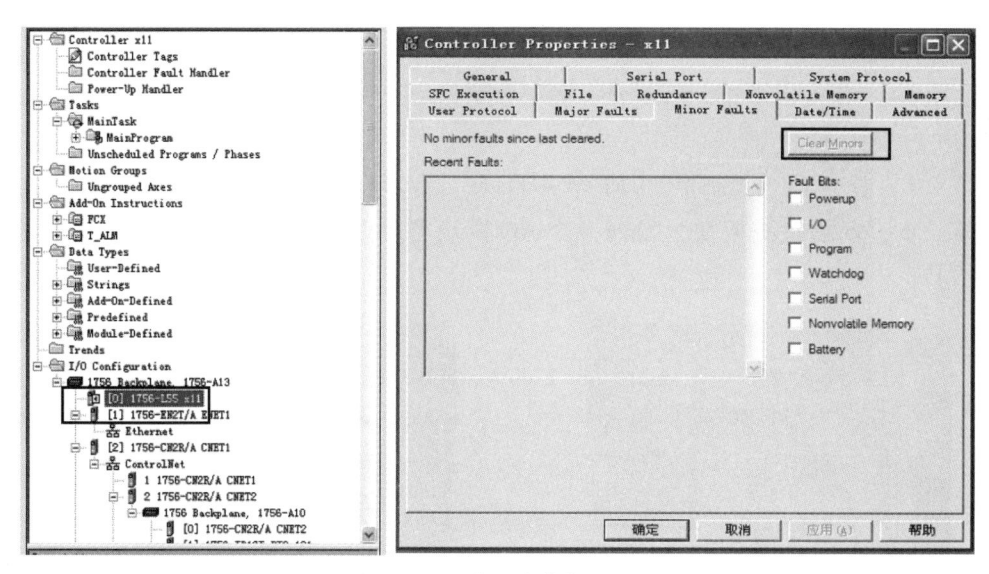

图 7.5.7　下位机故障信息界面

四、故障案例 4——转油站液位数据无显示

系统类别：AB LOGIX5571。

故障现象：该站液位数据无显示。

解决过程：

第一步：检查 PLC 控制器，发现 AI 模块 OK 指示灯处于非正常状态（图 7.5.8）。

第二步：利用信号发生器现场测试后，判断 AI 模块故障，更换模块后，液位数据恢复正常显示，系统恢复正常（图 7.5.9）。

图 7.5.8　PLC 模块故障指示灯 　　　　图 7.5.9　指示灯正常显示（全部绿灯）

五、故障案例 5——污水站无法自动反冲洗，各项数据显示为 0

系统类别：AB LOGIX1769-L35E。

故障现象：该站不能自动反冲洗，各项数据显示为 0。

解决过程：

第一步：检查 PLC 控制柜，CPU 状态错误，初步判断有模块故障（图 7.5.10）。

第二步：现场检查模块，发现一个 AO 模块（1769-OF4CI）损坏，导致系统错误（图 7.5.11）。

图 7.5.10　PLC 故障指示灯

图 7.5.11　AO 模块故障指示灯

第三步：将控制柜内的备用模块更换，重新配置通道并下载 PLC 程序后恢复正常。

六、故障案例 6——联合站水流量计上位机无数值显示

图 7.5.12　流量计表头正常显示

系统类别：AB LOGIXL35E。

故障现象：该站来水流量计上位机无数据显示。

解决过程：

第一步：检查流量计现场显示正常（图 7.5.12）。

第二步：检查控制柜内该流量计信号线传输，发现信号传输正常（图 7.5.13）。

第三步：检查该流量计对应通道，发现通道故障，更换到备用模块的备用通道并修改相应程序后流量显示恢复正常（图 7.5.14）。

图 7.5.13　PLC 柜内信号测量　　　　　　图 7.5.14　更换 PLC 通道

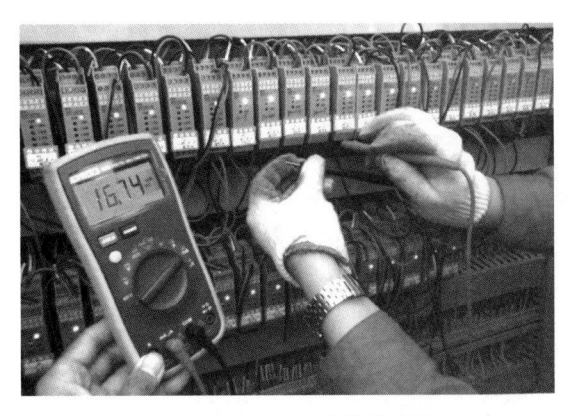

七、故障案例 7——污水站部分滤罐不能自动反冲洗

系统类别：AB LOGIX5561。

故障现象：该站 5#、6# 一次滤罐不能自动反冲洗。

解决过程：

第一步：检查 PLC 控制柜内继电器，发现继电器工作正常（图 7.5.15）。

图 7.5.15　继电器组正常工作

第二步：检查模块工作情况，发现一个 DO 输出模块工作指示灯显示状态异常，断电重新安装该模块，重装后模块工作状态正常，系统恢复运行。

八、故障案例 8——污水站滤罐无法自动反冲洗

系统类别：AB LOGIX5572。

故障现象：污水站 13# 至 18# 滤罐无法自动反冲洗。

解决过程：

第一步：检查控制柜内 PLC 显示是否异常。在 3P 控制柜内，控网模块 OK 灯红色闪烁，信号无法控制（图 7.5.16）。

图 7.5.16 网络模块故障灯闪烁

第二步：重新启动 3P 控制柜内电源模块，将网络模块复位后，恢复正常。

九、故障案例 9——注入站上位机数据无显示

系统类别：AB LOGIX5562。

故障现象：注入站上位机数据无显示。

解决过程：

第一步：检查控制柜内 CPU 模块，发现 CPU 及 BAT 显示灯为红灯常亮，表示 CPU 模块故障及备用电源故障（图 7.5.17）。

图 7.5.17　CPU 及 BAT 显示灯亮

第二步：打开下位机程序，检查程序发现存在两个故障（代码 60，不可恢复故障；代码 01，通电故障），清除故障后故障依旧存在，无法修复，需要更换 CPU 模块（图 7.5.18）。

第三步：更换 CPU 模块，重新下载 PLC 应用程序后，系统恢复正常（图 7.5.19）。

图 7.5.18　RSLogix 5000 报 CPU 故障代码 　　　图 7.5.19　下载 PLC 固件版本

十、故障案例 10——配注站上位机母液流量数据不变化

系统类别：AB LOGIX5572。

故障现象：该站上位机显示的母液瞬时流量和累计流量全部不变化。

解决过程：

第一步：检查网络连接情况，上位机显示网络连接异常（图 7.5.20）。

图 7.5.21　计算机显示网络连接异常

第二步：打开 RSlink 软件，查看 Modbus 模块应用情况，发现所有 Modbus 模块均显示故障（如图 7.5.21 所示模块应用界面）。

图 7.5.21　RXLINX 设备驱动故障

第三步：检查控制柜内485通信模块工作情况，发现模块状态指示灯均为红色（图7.5.22）。

图 7.5.22　模块故障指示灯亮

第四步：将全部485通信模块断电重启后工作状态指示灯恢复正常（图7.5.23为控制电源），上位机数据显示恢复正常。

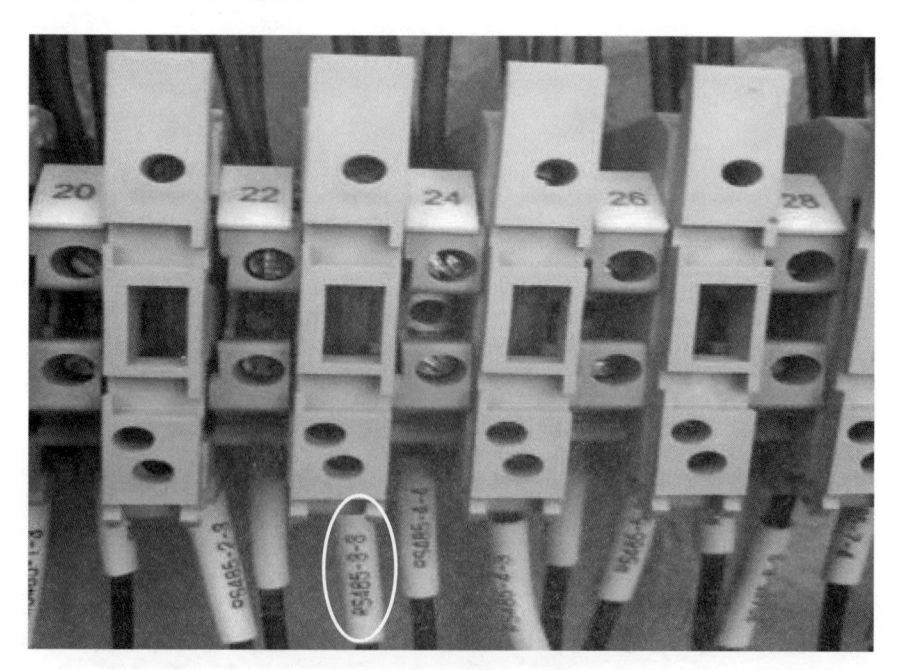

图 7.5.23　重新上电操作

十一、故障案例 11——联合站流量计瞬时流量及累计流量无显示

系统类别：AB LOGIX5562。

故障现象：该站上位机深度回收水流量计瞬时流量及累计流量无数值显示。

解决过程：

第一步：检查现场流量计运行情况，该流量计现场运行正常（图 7.5.12）。

第二步：检查流量计接线情况，信号输出端有电压，接线正常。图 7.5.24 为现场流量计接线。

第三步：检查现场总线分配器内的接线情况，分配器 3 个接线端子线路断路，未连通，判断为分配器电路板故障（如图 7.5.25 所示测试总线分配器）。

图 7.5.24　接线检查正常 　　　图 7.5.25　分配器测试正常

第四步：将 3 个接线端子线路短接在一起后，数据传输恢复正常。

十二、故障案例 12——单独数据或一组数据为 0

检查相对应输入模块或输入点是否正常（图 7.5.26 和图 7.5.27），如不正常，更换点位调整程序或更换模块。

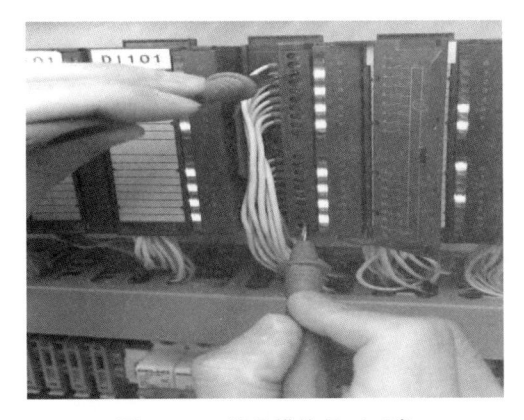

图 7.5.26　测量模块是否正常 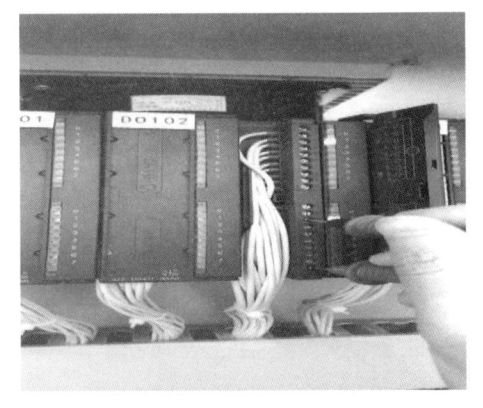　　　图 7.5.27　测量单路是否正常

十三、故障案例 13——数据卡死

检查一次表信号是否变化、检查通信是否正常、重启 CPU 看是否恢复、重新加载程序看是否恢复。数据卡死一般为通信连接断开时出现，或者电脑死机，电脑重启依然无法显示则排查通信问题（图 7.5.28 至图 7.5.30）。

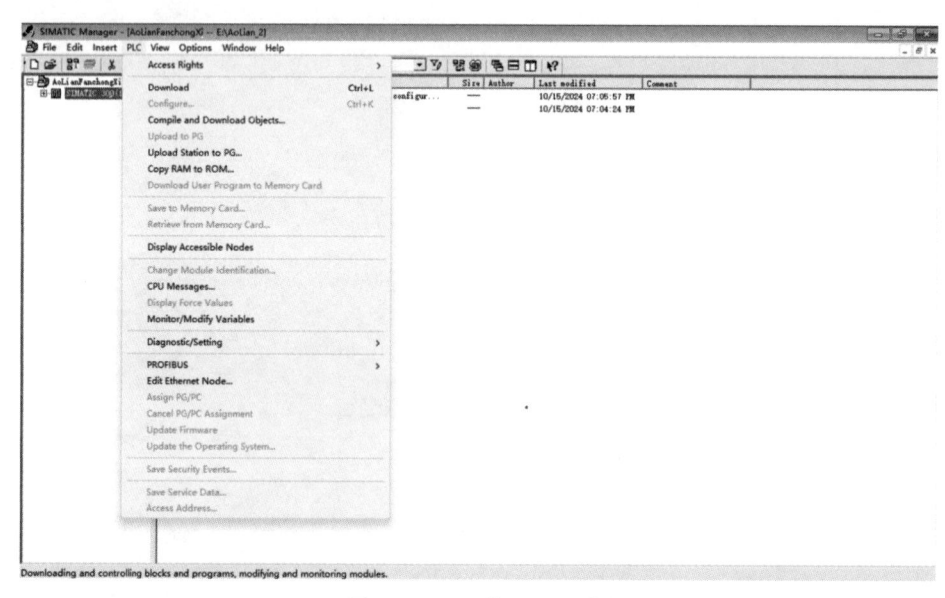

图 7.5.28　上传 PLC 程序

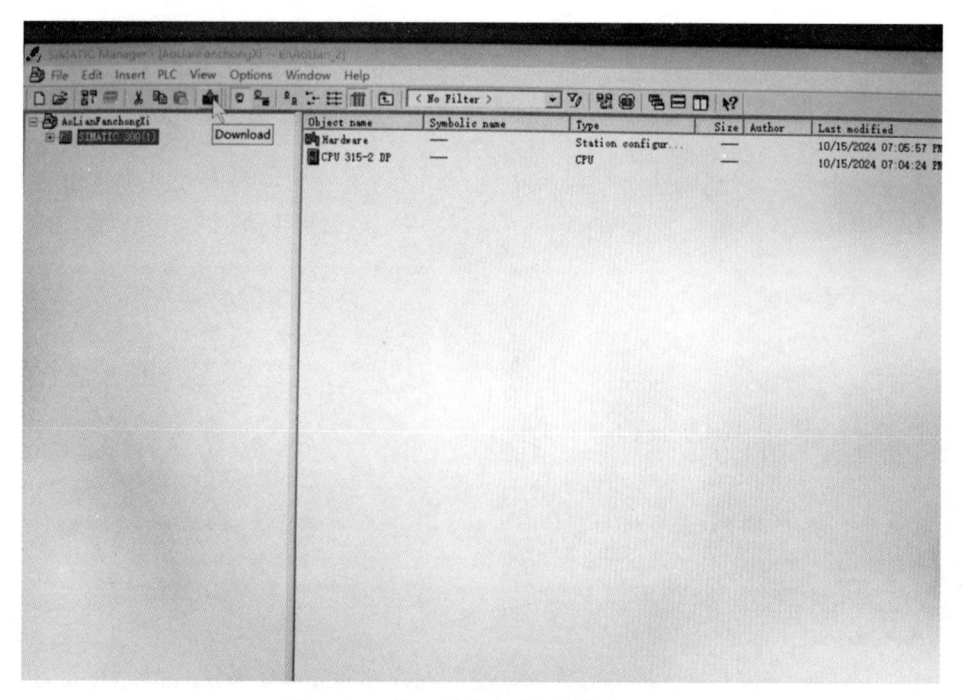

图 7.5.29　将上传程序重新下载至 PLC

图 7.5.30　将 PLC CPU 调至 STOP 档，再调节至 RUN 档

第六节　电源系统故障案例分析

24V 直流电源是测控系统一个重要组成部分，为现场仪表及 PLC 系统 CPU 和功能模块供电，在连续运行过程中容易因散热、供电不稳、产品质量等原因出现故障，当直流电源故障时，系统会出现上位机无数据显示、功能模块无法运行等情况，此时需判断电源是否正常工作，故障电源需及时更换。

一、故障案例 1——联合站部分上位机数据不显示

系统类别：AB LOGIX5562。

故障现象：该站上位机数据显示异常，部分数据不显示。

解决过程：

由于上位机不显示的数据数量较多，排除单台仪表或模块个别通道故障，在此基础上再进行分析判断。

第一步：打开控制柜检查 PLC 模块，发现 CPU 和其他 I/O 模块指示灯正常（图 7.6.1）。

图 7.6.1　AB PLC 功能模块

第二步：检查给现场供电的24V电源，发现电源指示灯闪烁，非正常工作（图7.6.2）。

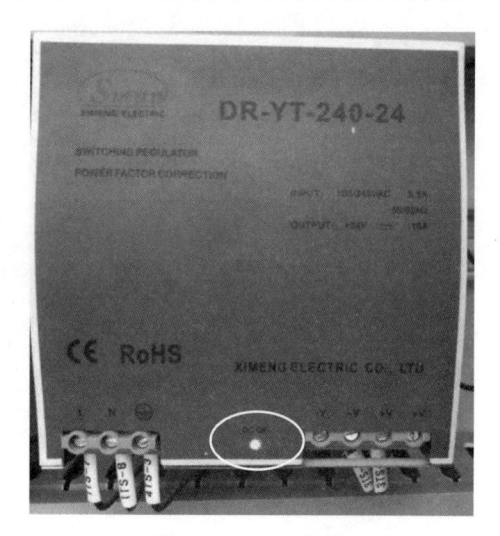

图7.6.2 24V电源

第三步：使用万用表测量其输入电压正常，输出电压为0，所以判断24V电源故障，更换后系统恢复正常（图7.6.3）。

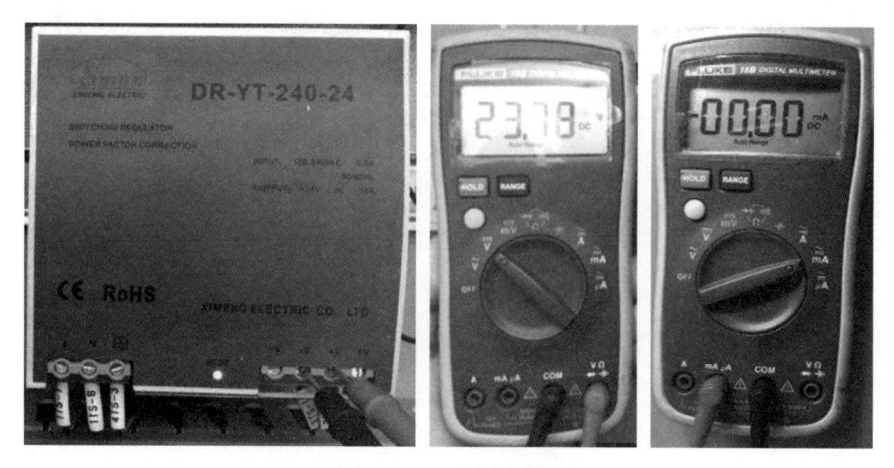

图7.6.3 万用表测量

二、故障案例2——转油站上位机数据显示异常

系统类别：AB LOGIX1769-L35E。

故障现象：该站上位机无数据显示，UPS报警，PLC无电。

解决过程：

第一步：检查PLC控制柜供电电源，发现220V供电端子排断电（图7.6.4）。

第二步：继续检查发现该控制柜由UPS进行供电。UPS输入电源正常，UPS输出无电压，UPS报警灯闪烁（图7.6.5）。

图 7.6.4　1TS 电源端子排

第三步：长按报警消除按钮至 UPS 报警声消除，报警灯不再闪烁并将其断电重启后 PLC 电源供电恢复正常，计算机数据恢复正常（图 7.6.6）。

图 7.6.5　UPS

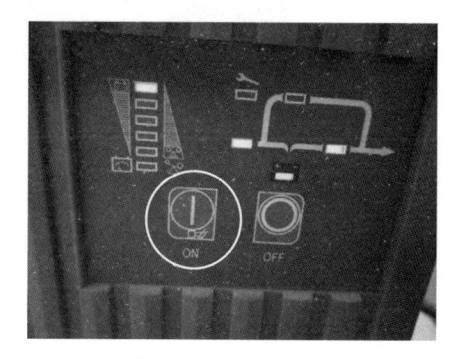

图 7.6.6　UPS 操作板

三、故障案例 3——注入站上位机部分数据无显示

系统类别：OPTO SNAP-PAC-EB1。

故障现象：该站上位机部分数据无显示。

解决过程：

第一步：检查控制柜内 PLC 模块工作情况，发现一组模块指示灯不亮，初步判断为系统供电出现异常（图 7.6.7）。

图 7.6.7　OPTO 功能模块

第二步：检查 PLC 220V 供电情况，供电正常（图 7.6.8a）。

(a) 电源端子　　　　　　(b) 电源开关

图 7.6.8　电源端子和电源开关

第三步：判断可能为直流电源模块故障，将直流电源断电复位，重新送电后（图 7.6.8b），各个功能模块恢复正常工作，上位机数据显示恢复正常。

四、故障案例 4——转油站上位机数据时有时无，无法实现远程控制

系统类别：AB LOGIX1769-L35E。

故障现象：该站上位机数据时有时无，无法实现远程控制。

解决过程：

第一步：检查该站计算机与 PLC 控制柜内网线连接情况，打开电脑桌面开始菜单，如图 7.6.9 所示，输入 ping 命令，显示网络连接正常。

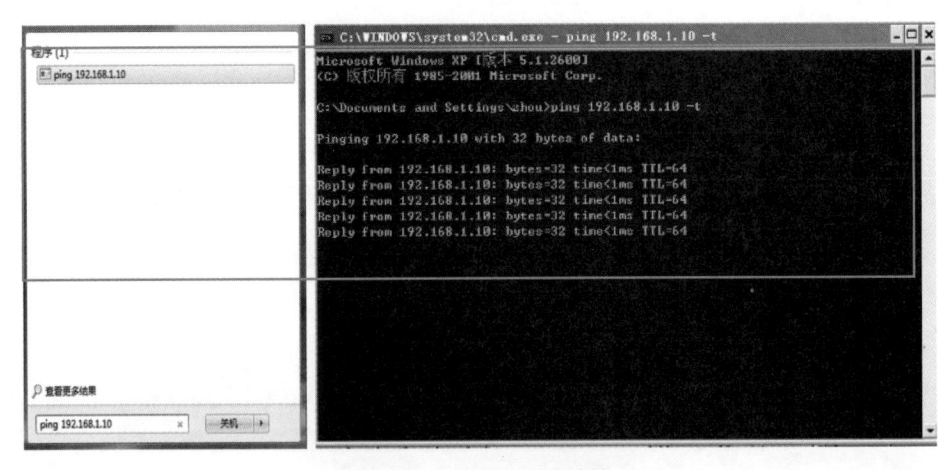

图 7.6.9　ping PLC IP 地址

第二步：检查 PLC 模块工作情况，发现模块工作指示灯均正常，断开 PLC 模块电源，并重新送电发现 CPU 工作指示灯中 I/O 指示灯熄灭，RUN 指示灯闪烁，说明系统内程序未正常运行，初步诊断 CPU 内部程序丢失（图 7.6.10）。

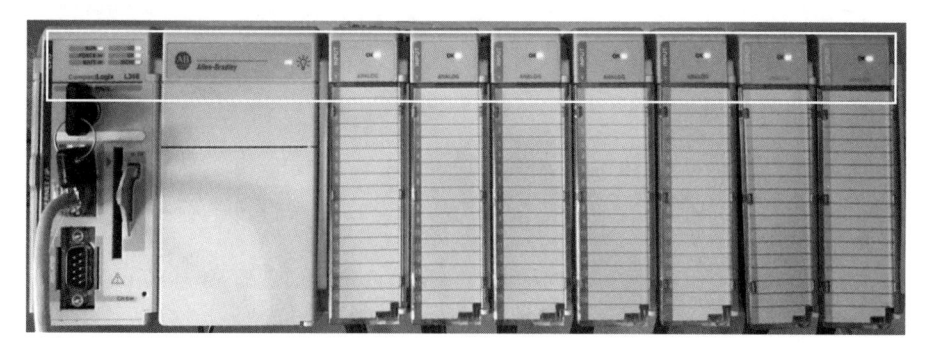

图 7.6.10　I/O 指示灯

第三步：利用 RSLogix 5000 程序将 PLC 程序重新载入后 I/O 口指示灯及 RUN 口指示灯恢复正常，但计算机与 PLC 通信的 RSLink 软件显示该组 PLC 模块反复断线重连（图 7.6.11）。因该信号 AB PLC 各模块为串联连接，因此怀疑 CPU 与各功能模块间通信出现故障，将各模块间连接插头断开后重连（图 7.6.12），故障仍未消失，判断各模块连接插头无问题，因此怀疑电源模块可能长时间运行后，功率下降，不能满足负载需求。

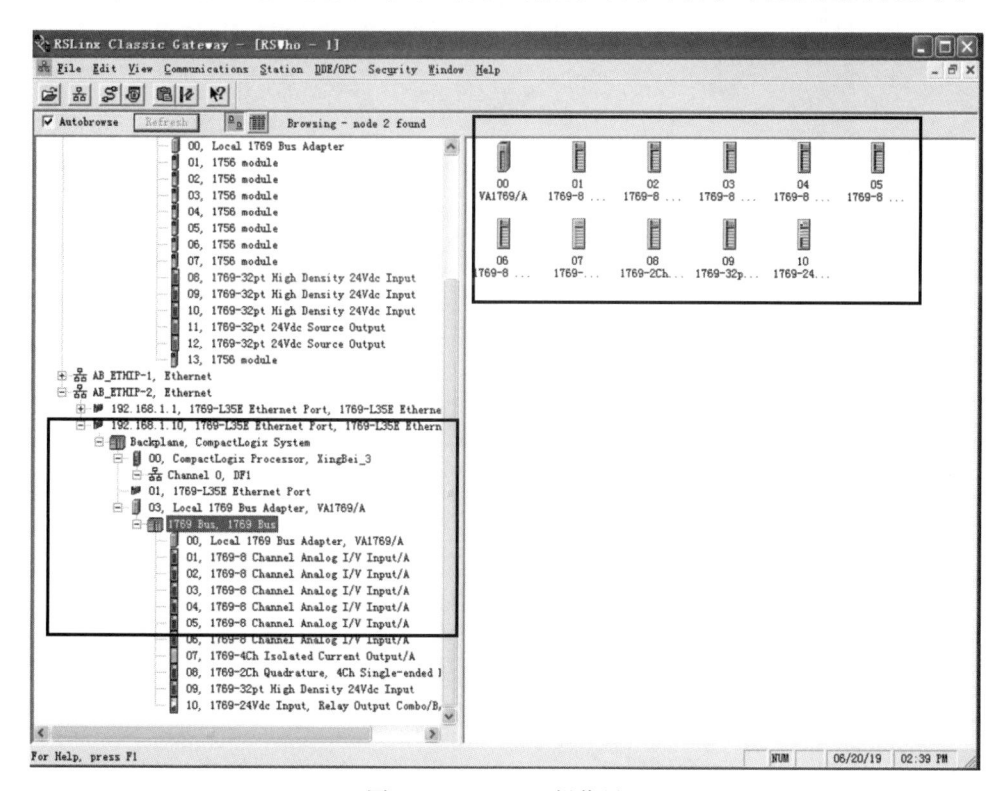

图 7.6.11　RSLink 操作界面

图 7.6.12 I/O 模块连接插头

第四步：将拓展机架上的电源与主机架电源交换后送电（图 7.6.13），故障消失，计算机显示恢复正常。

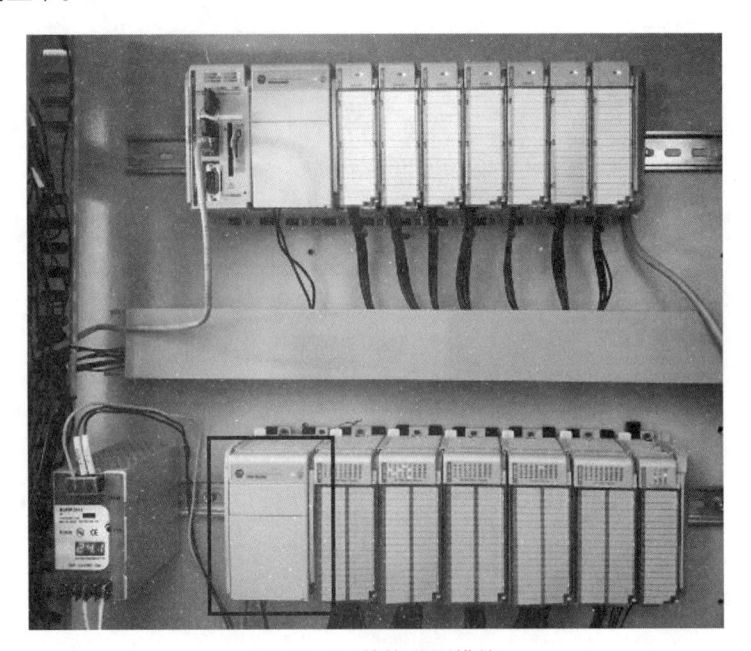

图 7.6.13 替换电源模块

五、故障案例 5——转油站上位机二合一出口温度显示错误

系统类别：AB LOGIX5571。

故障现象：该站上位机 4# 二合一出口温度显示为 $-25℃$，与实际不符。

解决过程：

第一步：应用万用表检查现场 4# 二合一出口温度变送器电流输出，利用量程比对公式计算输出电流与现场实际温度值，证明现场仪表输出电流正常（图 7.6.14）。

图 7.6.14 测输出电流和实际值

第二步：根据柜内安全栅接线原理图，检查 4# 二合一出口温度对应安全栅输入输出电流，信号线输入输出电流均与仪表发出的电流值相同，均正常。

第三步：检查上位机程序，查找 4# 二合一出口温度对应点名为 TT342（图 7.6.15）。

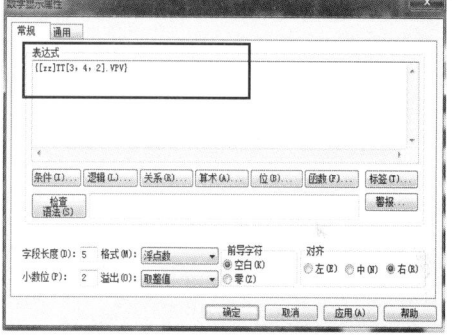

图 7.6.15 上位机程序组态界面

第四步：打开下位机 RSLogix 5000 软件，查找 TT342 对应通道为 AI106-14，检查通道输入电流，发现输入电流正常。因此判断 AI 模块通道故障（图 7.6.16）。

图 7.6.16 下位机数据在线监控界面

第五步：程序内将原通道更换至 AI101-4 通道，并将对应控制电缆重新接线，计算机显示数据恢复正常（图 7.6.17）。

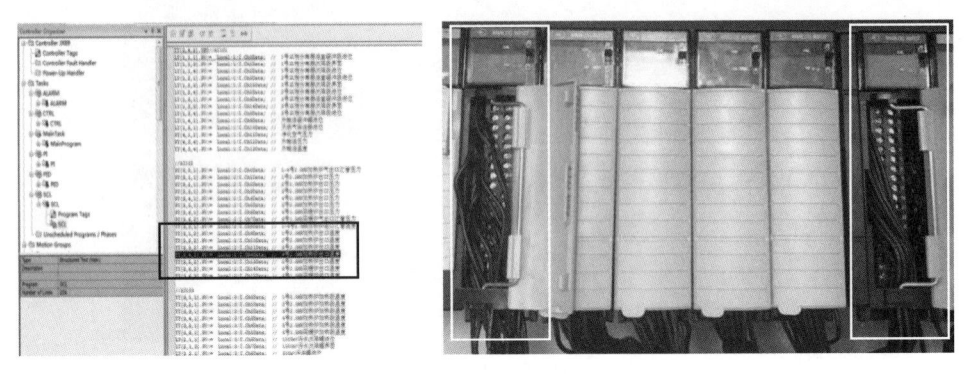

图 7.6.17　修改故障通道

六、故障案例 6——注水站上位机全部数据无显示

系统类别：AB LOGIX5562。

故障现象：该站注水站上位机全部数据无显示。

解决过程：

第一步：应用 ping 命令检查计算机与 PLC 之间网络连接情况，网络连接失败。初步判断为网络故障引起上位机数据无显示（图 7.6.18）。

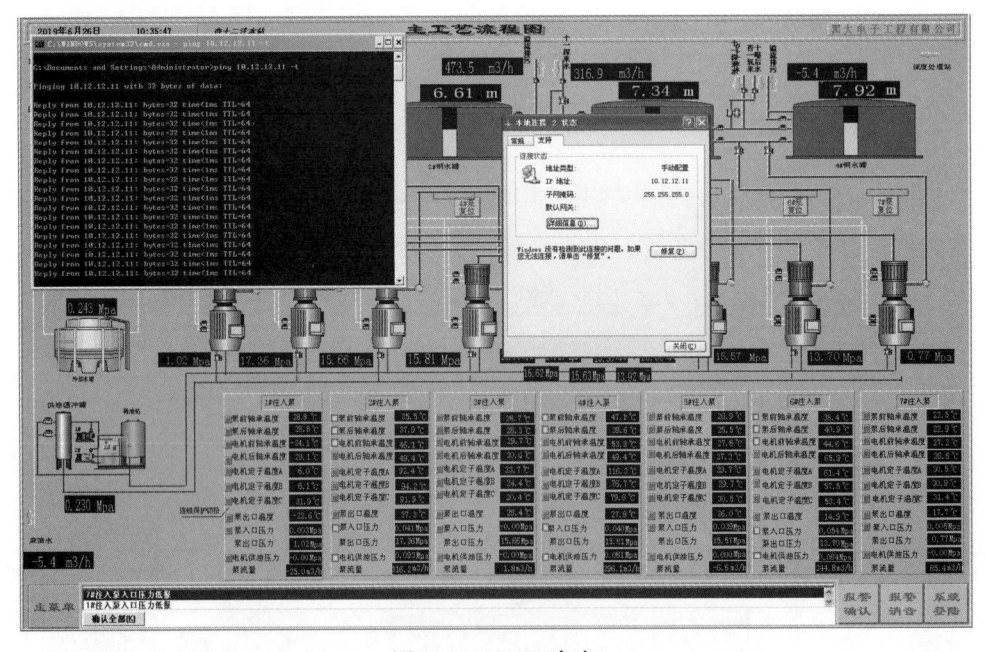

图 7.6.18　ping 命令

第二步：检查程序内通信路径设置情况，路径设置正常（图 7.6.19）。

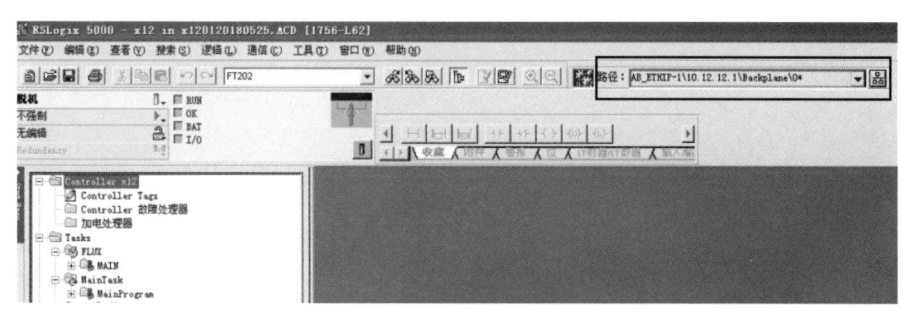

图 7.6.19　检查通信路径设置

第三步：在计算机桌面开始菜单中，输入 ping+ 计算机自设 IP 地址，应用 ping 命令自查计算机网卡，网卡运行正常（图 7.6.20）。

第四步：应用网线核线器检查通信网线（图 7.6.21），网线无异常。

图 7.6.20　ping 命令　　　　　　　　　图 7.6.21　网线核线器

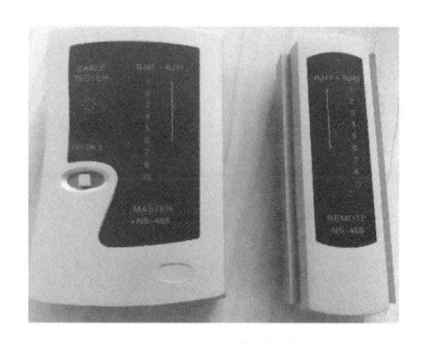

第五步：经上述步骤初步判断该站网络模块故障，更换模块 EN2T-D 并通过 BOOTP/DHCP Server 软件（图 7.6.22），给模块设定 IP 地址为 10.12.12.1（图 7.6.23）。

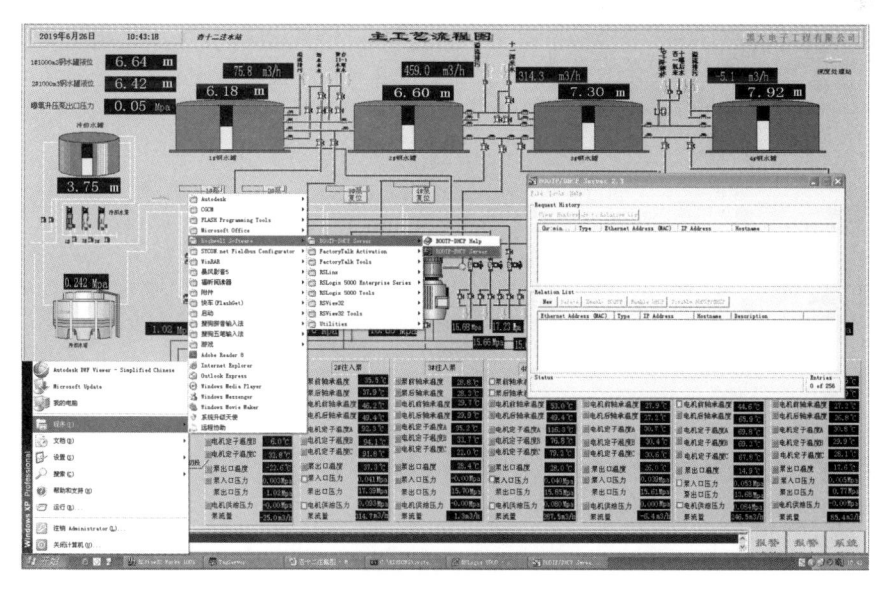

图 7.6.22　BOOTP/DHCP Server 软件

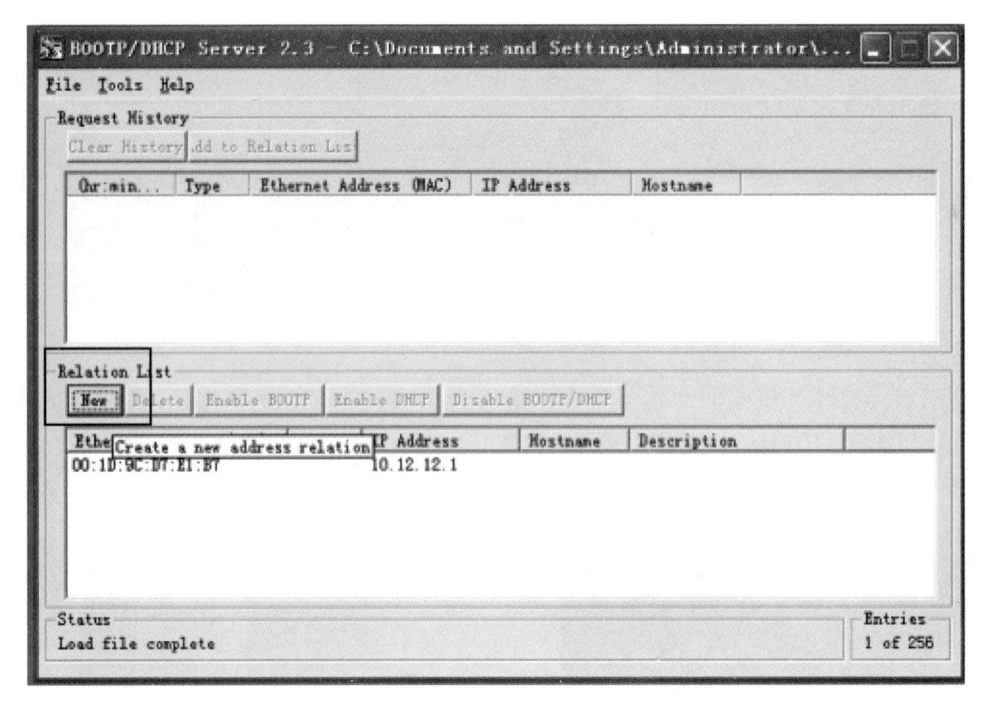

图 7.6.23　设置 IP 地址

第六步：点击 Disable BOOTP，将 IP 地址固化到模块当中（图 7.6.24），若不固化 IP 地址，系统断电后 IP 地址将丢失。计算机显示数据恢复正常。

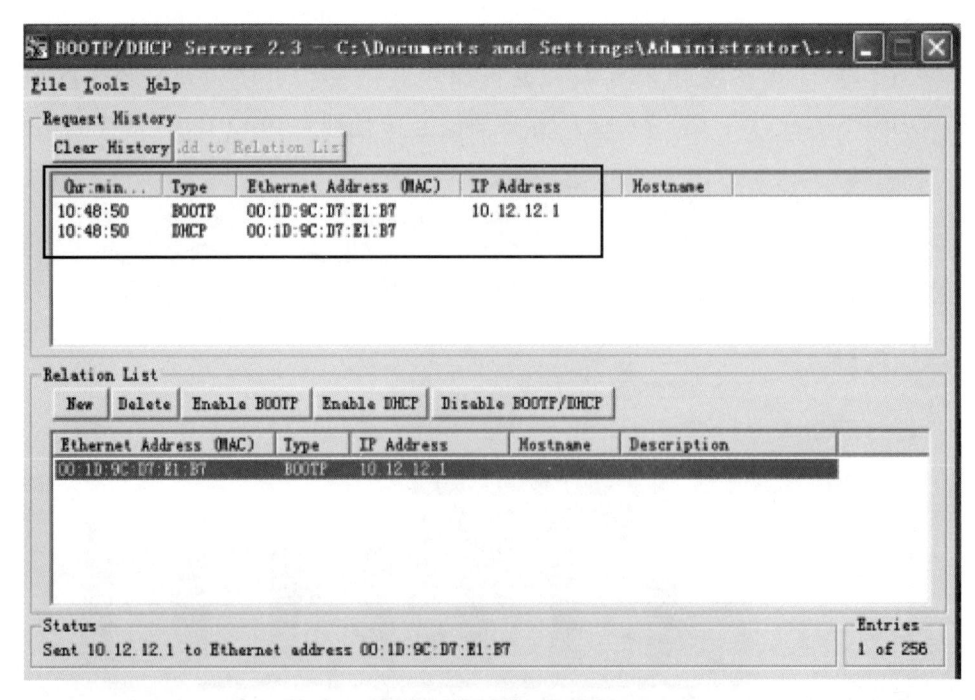

图 7.6.24　固化 IP 地址

七、故障案例 7——转油站上位机外输油流量数据无显示

系统类别：OPTO SNAP-PAC-EB1。

故障现象：该站上位机外输油流量数据无显示。

解决过程：

第一步：查看现场流量计铭牌，确定该流量计输出信号为脉冲信号。

第二步：检查外输油流量计接线端子，发现接线方式正确，应用万用表测量脉冲数输出电压超过 6V，由于模块接收最低输入电压为 6V，所以脉冲输出信号正常（图 7.6.25）。

图 7.6.25　测量端子电压

第三步：查找线路，根据接线标志找出该流量计对应功能模块，检查控制柜功能模块运行情况，发现模块工作指示灯熄灭，重新连接该模块，发现工作脉冲通道指示灯重新亮起（图 7.6.26），计算机显示数值，但上位机显示的数值与现场流量计显示数值不一致。

(a) 接线端子　　　　　　　　　　(b) 功能模块

图 7.6.26　接线端子和功能模块

第四步：修改程序脉冲当量与流量计铭牌一致后数值显示正常。

打开组态软件，选中对应程序，找出该流量计瞬时流量值的对应变量点名为 FE1301_shunshi.pv（图 7.6.27）。

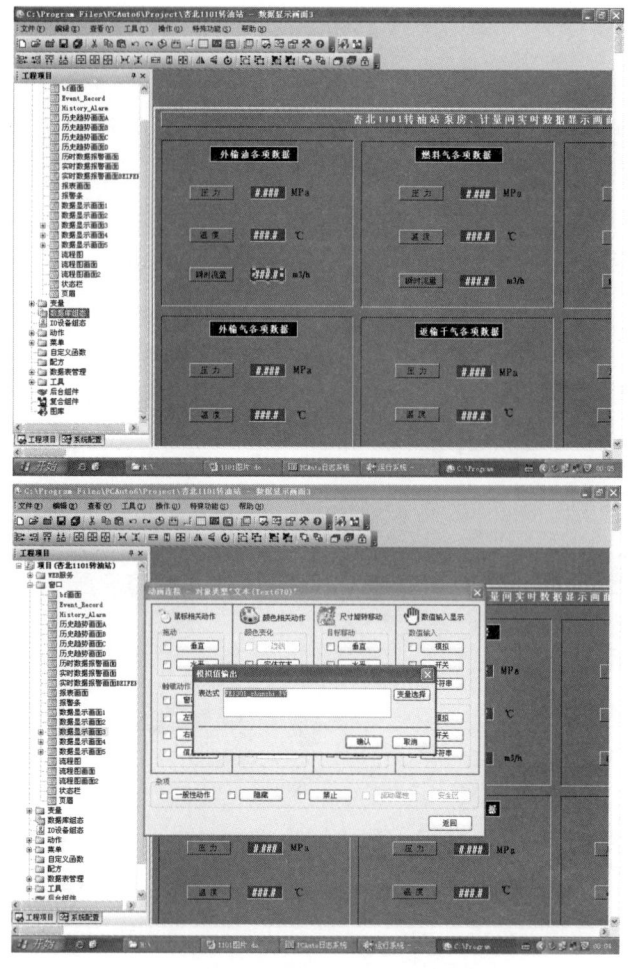

图 7.6.27　确定上位机变量点名

并根据变量点名在数据库中找出下位机程序中对应的连接通道（图 7.6.28）。

图 7.6.28　连接通道

打开下位机 PAC Control Pro 9.0 软件，打开对应的下位机程序，在 Config 模式下，点开 Charts 中 FE1301_MC 程序标签（图 7.6.29）。

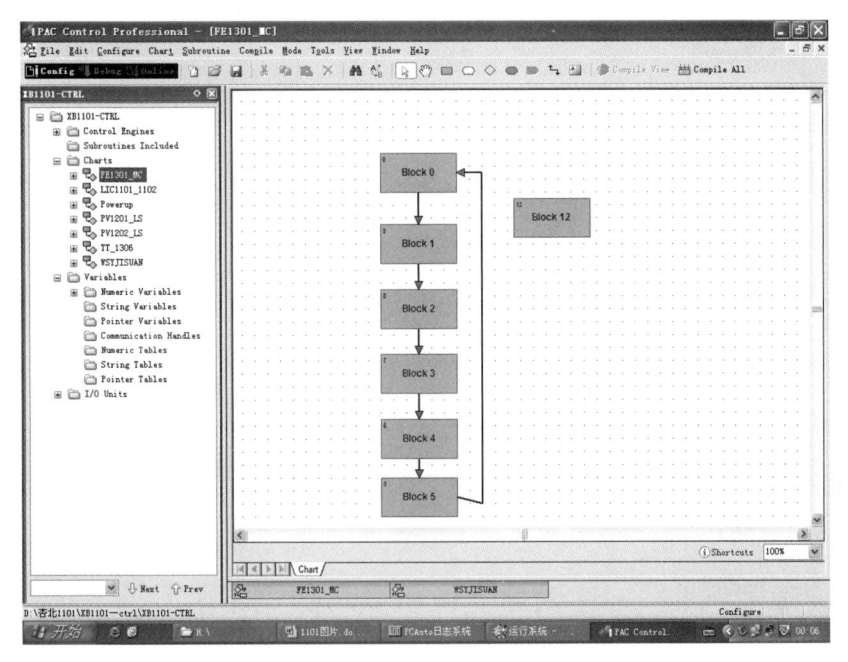

图 7.6.29 FE1301_MC 程序标签

依次查找对应程序块，点开对应程序块并在程序块中双击程序（图 7.6.30），重新定义量程为 10000 个脉冲为 10L 流量（图 7.6.31）。

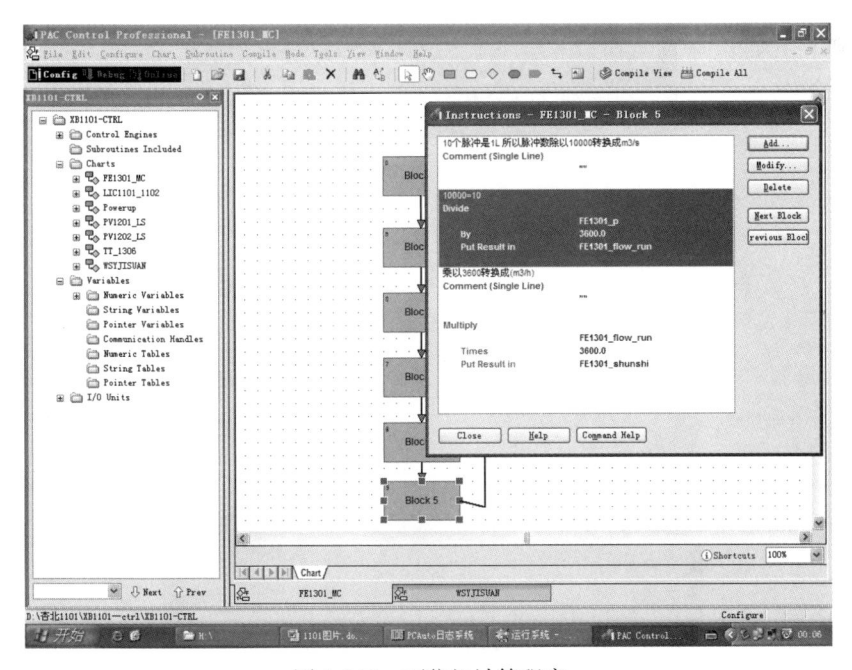

图 7.6.30 下位机计算程序

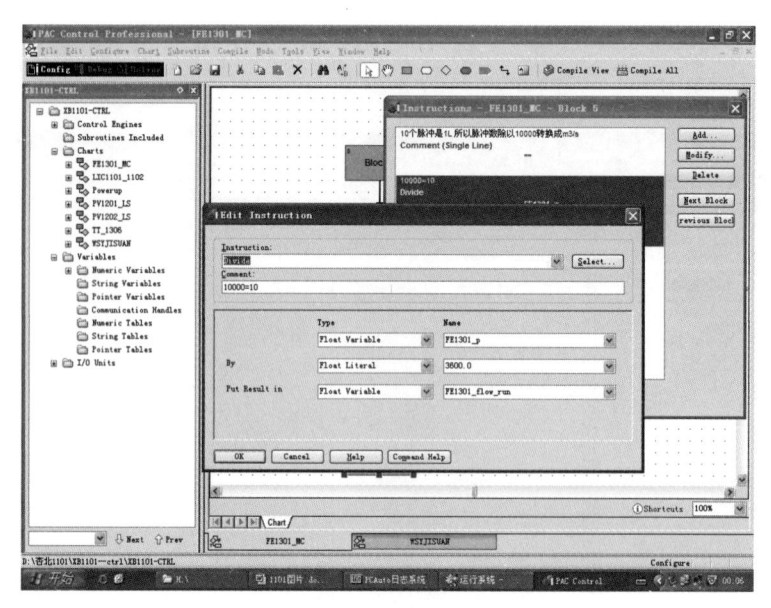

图 7.6.31 设置比对量程

八、故障案例 8——注入站上位机显示数据不全

系统类别：AB LOGIX5572。

故障现象：该站上位机显示数据不全，24# 至 32# 泵出、入口压力均不显示。

解决过程：

第一步：检查网络连接情况，上位机显示网络连接正常（图 7.6.32）。

图 7.6.32 查看网络连接

第二步：检查现场仪表，未显示数据，表明无 24V 电源供电（图 7.6.33）。

图 7.6.33 现场压力表无显示

第三步：通过检查上位机 RSLogix 5000 软件程序，查出与现场相匹配的 PLC 控制柜与 AI 模块，为第四控制柜第四 AI 模块，检查柜内直流电源模块指示灯不亮，发现其供电端子排保险烧断（图 7.6.34）。

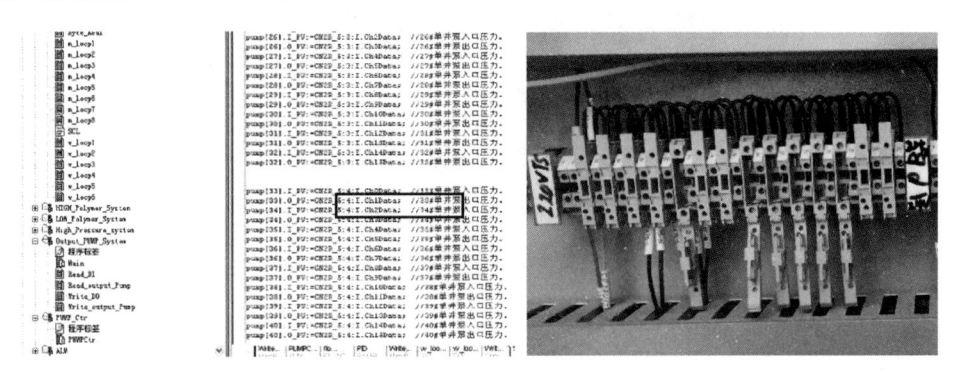

图 7.6.34　下位机模块配置及电源端子排

第四步：更换 24V 电源保险后，电源模块正常工作，上位机数据正常显示（图 7.6.35）。

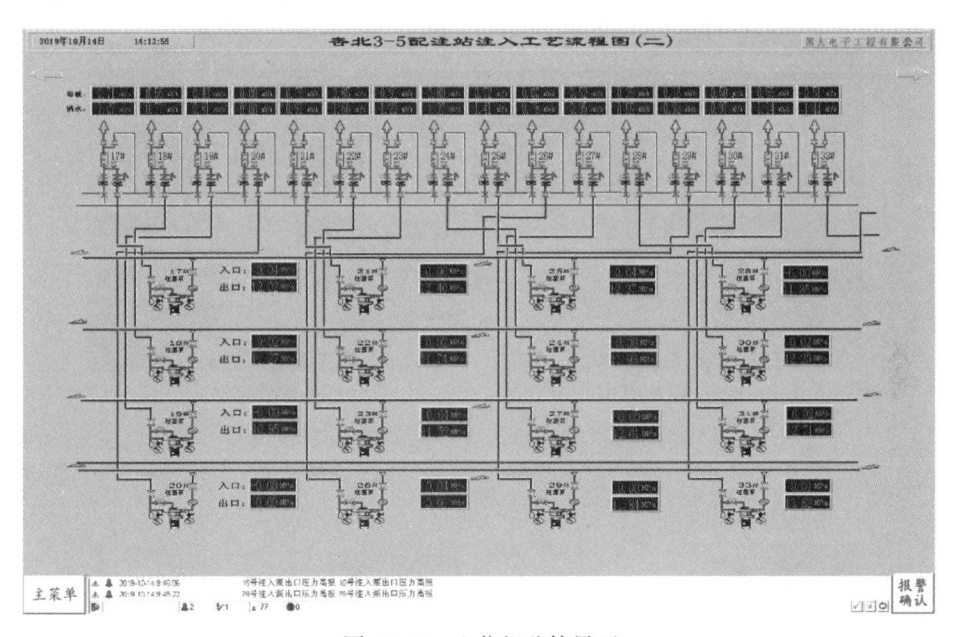

图 7.6.35　上位机监控界面

九、故障案例 9——注入站所有流量计数据不显示，无法自动调节

系统类别：AB LOGIX5572。

故障现象：全部流量计数据不显示，母液瞬时流量无法自动调节。

解决过程：

第一步：打开 RSlinx 软件，查看 Modbus 模块连接情况，发现模块未连接。利用计算机 ping 命令检查模块通信情况，发现计算机与 Modbus 模块无法通信（图 7.6.36）。

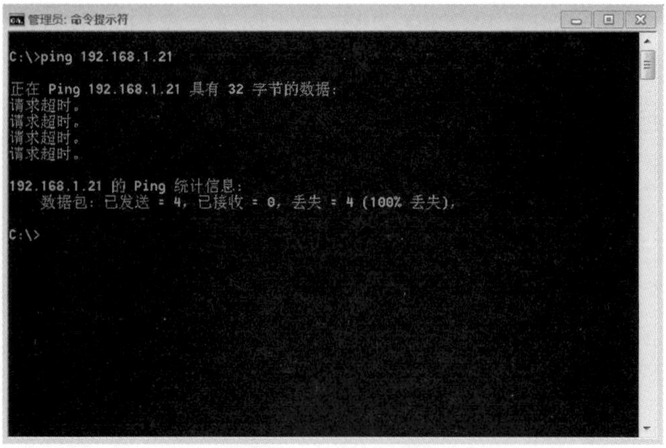

图 7.6.36 ping 命令操作

第二步：检查控制柜内 Modbus 模块指示灯，发现指示灯状态异常，检查模块供电电源，发现电压在 16～24V 之间波动，模块供电异常（图 7.6.37）。

(a) Modbus 通信模块　　(b) 电源模块测量

图 7.6.37 Modbus 通信模块和电源模块

第三步：更换 24V 电源，6 台 Modbus 模块中的 5 台恢复正常（图 7.6.38）。

(a) 电源模块　　(b) 通信模块

图 7.6.38 更换电源模块

第四步：检查未恢复正常的 Modbus 模块接线（图 7.6.39），发现存在虚接，重新连接后恢复正常，全部流量计数据显示及流量调节恢复正常。

十、故障案例 10——注入站上位机部分泵入口、出口压力值显示为 0

系统类别：GE CPU315。

故障现象：13# 至 16# 井；25# 至 28# 井注入泵出口、入口压力为 0。

解决过程：

第一步：检查现场控制柜内信号输入情况，发现安全栅输入信号正常，无信号输出（图 7.6.40）。

图 7.6.39 模块网络接口

(a) 安全栅输入信号测量　　(b) 万用表读数

图 7.6.40 检查控制柜信号输入情况

第二步：更换安全栅后故障仍然存在，检查安全栅供电情况，发现 24V 电源供电电压为 22V，低于安全栅正常工作要求（图 7.6.41）。

(a) 24V 电源测量　　(b) PLC 电源模块测量

图 7.6.41 24V 电源和 PLC 电源模块测量

第三步：更换新 24V 电源后安全栅信号传输恢复正常，上位机显示恢复正常。

十一、故障案例 11——污水站触控屏无显示

系统类别：SIEMENS S7-300。

故障现象：该站触控屏黑屏，触控无响应。

解决过程：

第一步：检查 220V 供电情况，发现供电正常（如图 7.6.42 所示，检测 220V 供电电压）。

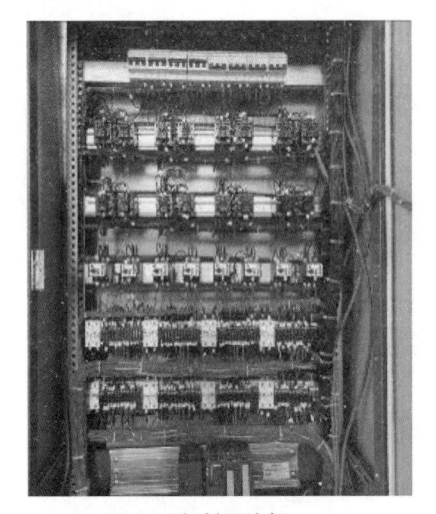

(a) 电动阀配电柜   (b) 万用表读数

图 7.6.42　检查供电情况

第二步：检查 24V 电源，有输入电压，无输出电压，判断 24V 电源模块损坏（图 7.6.43）。

第三步：更换电源模块后触控屏恢复正常（图 7.6.44）。

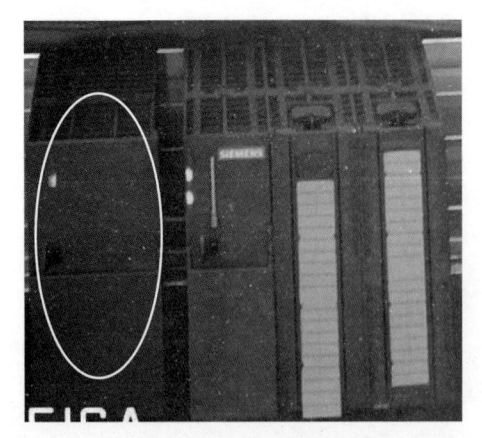

图 7.6.43　电源模块    图 7.6.44　触控屏

十二、故障案例 12——联合站上位机全部数据均显示为负数

系统类别：AB LOGIX5555。

故障现象：联合站上位机全部数据均显示为负数，与现场仪表数值不符。

解决过程：

第一步：检查控制柜 PLC 工作情况，PLC 工作状态正常，但安全栅工作指示灯暗淡（图 7.6.45）。

图 7.6.45　检查控制柜内安全栅状态

第二步：检查安全栅 24V 电源供电情况，发现 24V 电源输出电压只有 3V（图 7.6.46）。

第三步：测量 24V 电源输入电压，发现电压正常，检查发现 24V 电源输出线虚接，将 24V 电源输出侧端子接线断开重连后电压恢复正常，安全栅工作指示灯恢复正常，上位机数据显示恢复正常（图 7.6.47）。

图 7.6.46　检测电源输出（一） 　　　　图 7.6.47　检测电源输出（二）

十三、故障案例 13——全部数据全部显示为"0"或"？"

第一步：检查 24V 供电及 CPU、交换机等设备是否正常（图 7.6.48），如出现故障，进行更换处理。

第二步：检查上位机及下位机通信是否正常连接，如通信故障，检查网口、交换机、通信线缆是否正常（图 7.6.49）。

图 7.6.48　测量 24V 电源是否正常

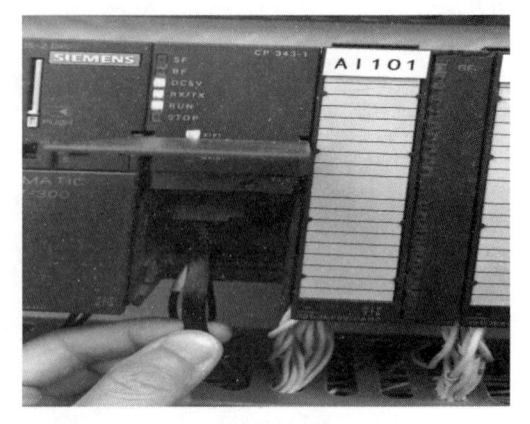

图 7.6.49　检查通信线缆是否松动

第三步：通过笔记本或者上位机电脑进行 IP 测试。无法 ping 通则查看网络设置是否正常（图 7.6.50 和图 7.6.51）。

图 7.6.50　测试 IP 通断

图 7.6.51　检查网络设置参数

第七节　配电器、安全栅故障案例分析

配电器、安全栅等附属设备是测控系统基本组成，它既给现场仪表提供电源，同时又给 PLC 系统提供信号，当配电器故障时，都是单个信号故障，此类故障易判断，一般以更换配电器方式解决。

一、故障案例 1——联合站上位机阀位反馈显示错误

系统类别：AB LOGIX5562。

故障现象：该站中控室上位机老化油出口气动阀开度显示错误，显示为 -24.9%，与现场不符。

解决过程：

第一步：现场检查老化油出口气动阀接线情况，应用万用表测量气动阀开度反馈电流，无反馈电流（图 7.7.1）。

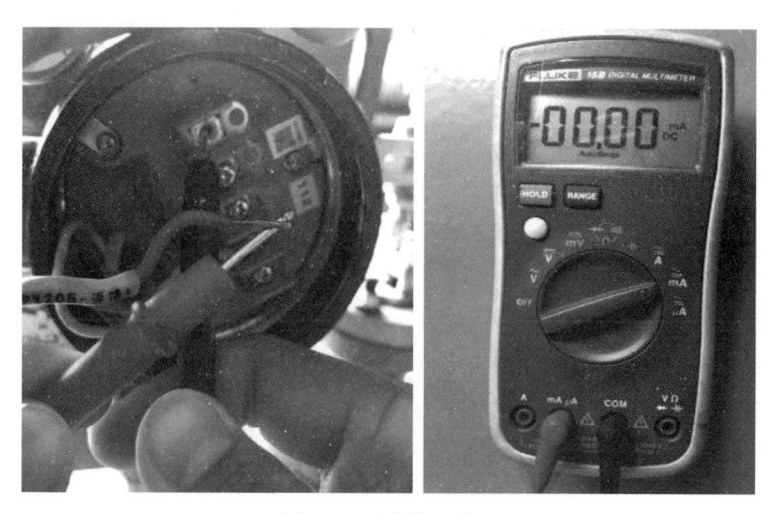

图 7.7.1　接线测量值

第二步：在中央控制室 PLC 控制柜内查找到老化油出口气动阀反馈信号线 PV205（图 7.7.2），继续检查接线，无虚接现象。

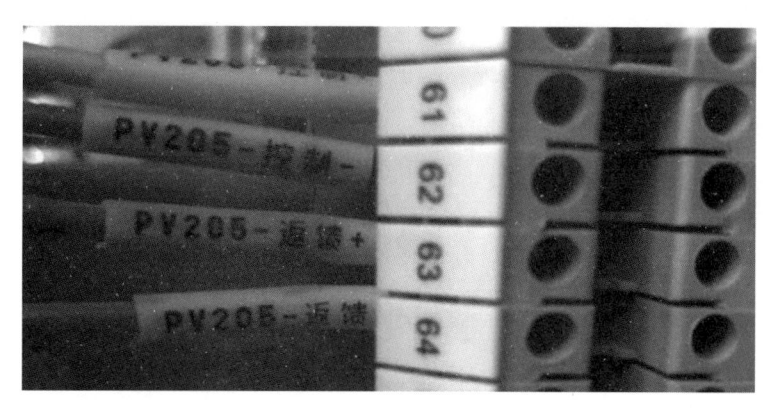

图 7.7.2　反馈线线标

第三步：根据线标，检查对应配电器使用情况，测量配电器输出电压偏低（图 7.7.3），更换配电器后上位机显示老化油出口气动阀开度显示恢复正常。

图 7.7.3　测量输出电压

二、故障案例 2——注入泵单井进口压力值无显示

系统类别：AB LOGIX5572。

故障现象：该站上位机 53# 注入泵进口压力值无显示。

解决过程：

第一步：检查 53# 注入泵进口现场压力变送器接线情况，无虚接现象（图 7.7.4）。

图 7.7.4　观察仪表外观与接线

第二步：测量现场变送器输出电流为 18mA。经量程比对公式计算，与现场实际值相符，仪表信号输出正常。

第三步：根据接线标志，查找 53# 注入泵进口压力变送器对应的安全栅，测量其输入输出电流，输入电流与现场仪表输出电流相同，但无输出电流（图 7.7.5）。

第四步：根据安全栅输出信号线的接线标志，检查安全栅到 AI 模块线路，利用万用表进行检测（图 7.7.6），线路导通正常，因此判断安全栅信号输出故障，更换安全栅后系统恢复正常。

图 7.7.5 测量输入输出电流

图 7.7.6 标校安全栅到模块线路

三、故障案例 3——转油站现场温度显示与上位机不符

系统类别：AB LOGIX5562。

故障现象：转油站热洗汇管现场温度显示与计算机不符。

解决过程：

第一步：检查现场仪表显示与输出电流均正常（图 7.7.7）。

图 7.7.7 测量仪表电流信号

第二步：打开上位机程序查找该信号所对应模块，发现该输入信号为第二模块第 10 通道（图 7.7.8）。

图 7.7.8　下位机查找通道

第三步：通过该通道接线检查该回路中的相应电器，发现安全栅输出数值错误，因此判断为安全栅故障，更换安全栅后数值显示恢复正常。

四、故障案例 4——上位机压力参数数值波动大

系统类别：AB LOGIX5562。

故障现象：上位机压力检测参数数值波动大，波动幅度超过 1MPa。

解决过程：

第一步：检查现场压力变送器输入电压及输出电流均正常，排除现场一次表故障。

第二步：打开上位机软件，找出该泵出口压力对应程序点名，根据点名查找下位机程序内对应的模块和通道（图 7.7.9），根据通道线路，检查对应的配电器，发现其输出电流有波动（图 7.7.10），重新断电复位后，电流稳定，显示恢复正常。

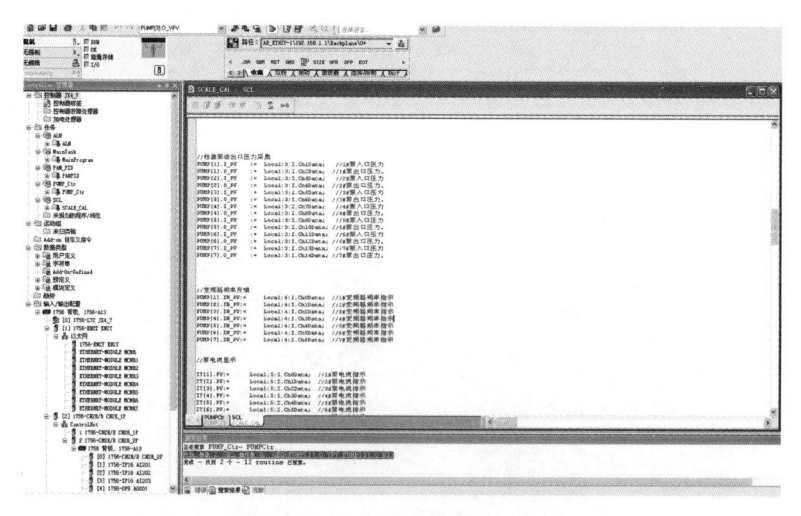

图 7.7.9　下位机查找模块及通道

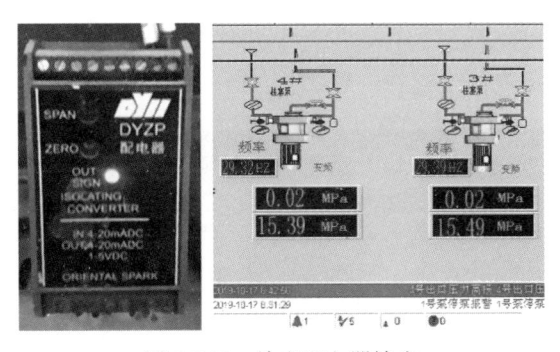

图 7.7.10 检查配电器输出

第八节 接线故障案例分析

接线故障一般都是在系统维护后可能发生，例如更换电动阀、更换模块等，也有可能是接线端子脱落、虚接等，此类故障不易判断，查找困难，需要维护人员认真查找整个回路，并进行测试才能完成。

一、故障案例 1——污水反冲洗系统电动阀不能远程控制

系统类别：AB 1769-L35E。

故障现象：该站 6# 滤罐进出口电动阀不能远程控制，不能反冲洗。

解决过程：

第一步：应用 RSLogix 5000 软件打开反冲洗程序。

第二步：检查 PLC 程序，发现进出口阀的状态反馈信号未传入 PLC（图 7.8.1），因此不能远程控制电动阀。

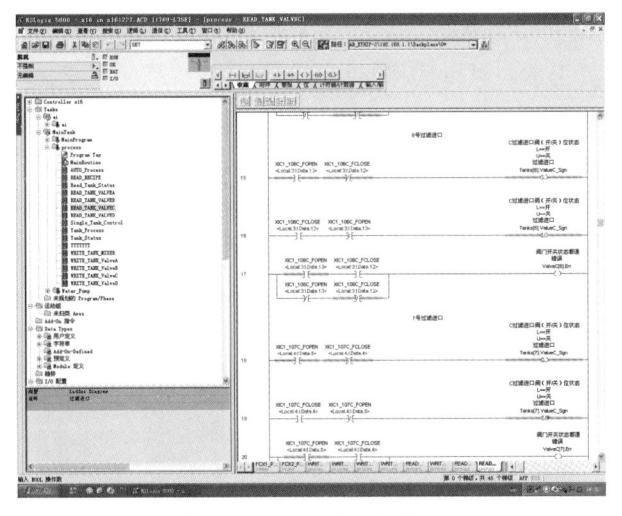

图 7.8.1 下位机程序界面

第三步：在 PLC 程序中进行开关两个电动阀测试（图 7.8.2），两个阀门均能正常工作，确定只是阀位反馈输入信号存在问题。

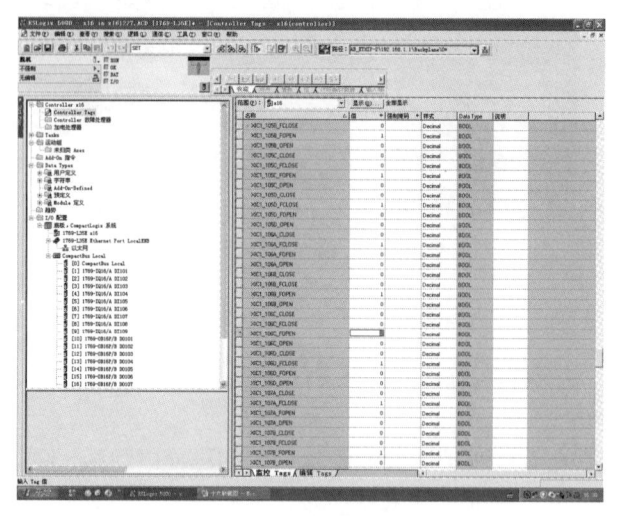

图 7.8.2　手动输入命令

第四步：通过 PLC 程序查找到电动阀的关阀状态信号反馈通道为 Local：3：1.Data.12，开阀状态信号反馈通道为 Local：3：1.Data.13，代表第 3 模块第 12 通道、第 13 通道（图 7.8.3），DI 模块上该阀的开关状态指示灯均不亮。

图 7.8.3　确定开关阀反馈通道

第五步：查找到信号接入端子，测量该端子电压（图 7.8.4），时有时无，故判断该故障为输入信号端子线路虚接引起的。紧固端子螺钉，DI 模块上信号指示灯长亮，程序显示电动阀状态信号恢复正常，可以远程控制电动阀，系统恢复正常。

图 7.8.4　模块接线端子

二、故障案例2——流量计脉冲信号接线错误，流量无显示

系统类别：S7-300。

故障现象：该站计算机显示两台外输油流量计无数据。

解决过程：

第一步：首先判断PLC计数模块与上位机的通信及硬件连接是否存在故障（图7.8.5和图7.8.6）。检查PLC计数模块的接线端子是否紧固，并利用短接线短接PLC脉冲计数模块对应流量计通道端子，模拟现场脉冲信号，观察发现上位机界面有流量数值（图7.8.7），确定PLC模块无问题。

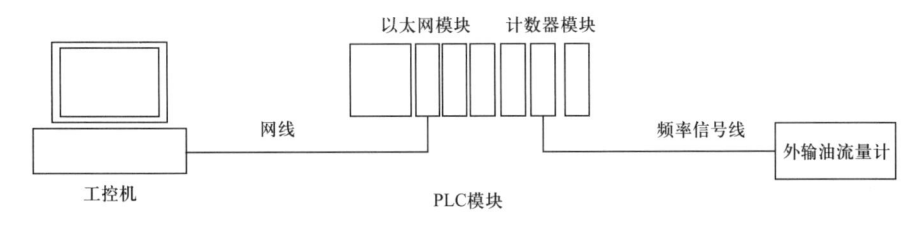

图7.8.5 系统连接原理图

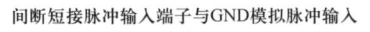

图7.8.6 PLC模块接线图

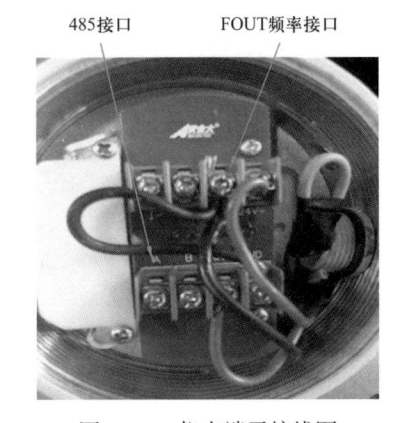

图7.8.7 仪表端子接线图

第二步：检查现场仪表接线，发现脉冲信号线接在端子A上。查找流量计说明书发现该流量计脉冲端子为FOUT，将接线改接入FOUT端子，数据显示正常。

三、故障案例3——污水站罐液位计算机与现场显示不一致

系统类别：AB LOGIX5562。

故障现象：上位机2#缓冲罐液位显示为10.51m，与现场显示相差1m，现场显示为9.2m。

解决过程：

第一步：系统连接原理如图7.8.8所示，首先测量液位计输出的电流信号值，以判

断是否为液位计故障。在现场测量一次表电流为 16.7mA 左右，根据 12m 的量程换算为 9.2m 左右，判断液位计输出信号正确。

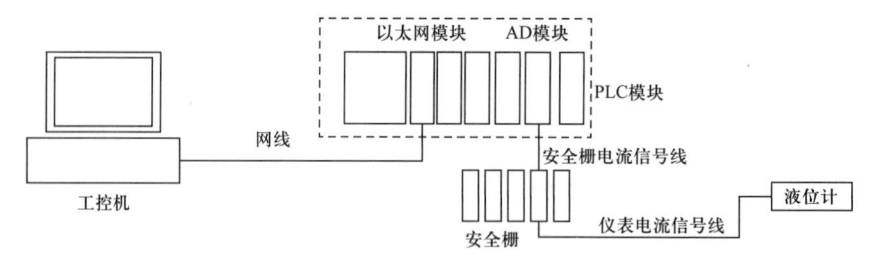

图 7.8.8　系统连接原理图

第二步：在值班室仪表柜内，用万用表测量进、出安全栅信号也为 16.7mA，判断安全栅工作正常（图 7.8.9）。

图 7.8.9　测量安全栅进出电流

第三步：打开上位机软件，查看量程设置，没有错误。打开 RSLogix 5000 在线测试，观察到 PLC 直接采集出来的该量 EN2T2：8：I.Ch2Date 为 17.58mA（图 7.8.10 和图 7.8.11）。由此判断为 PLC AD 采集模块通道外部线路或者内部采集通道故障。

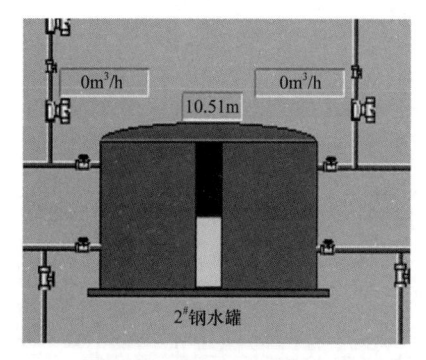

图 7.8.10　界面显示值

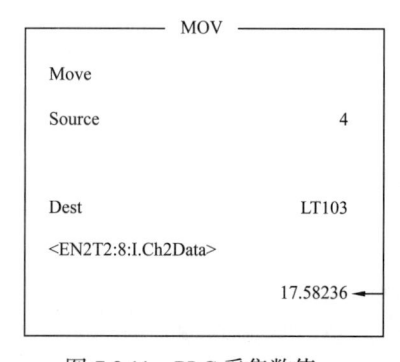

图 7.8.11　PLC 采集数值

第四步：继续查找对应线路，并紧固对应信号接线端子后，发现计算机内该数值变为 16.7mA，界面显示液位也变为 9.2m，恢复正常。这是由于接线端子接触不良，接触电阻增大，使 AD 模块内部采样电位升高，造成数据采集不准确。

四、故障案例 4——注水站控制系统注水泵轴承温度显示为 0

系统类别：AB Logix5562。

故障现象：3# 注水泵，泵轴承温度显示为 0。

解决过程：

第一步：检查现场控制柜，观察 CPU 运行情况，CPU 工作情况正常。

第二步：检查现场仪表电路，发现有虚接情况，紧固接线后恢复正常（图 7.8.12）。

图 7.8.12　仪表接线端子

五、故障案例 5——污水站阀门状态显示错误

系统类别：Sunytech TDCS。

故障现象：该站 6# 滤罐出口阀门无开反馈信号，阀门开到位上位机不显示"开"状态。

解决过程：

第一步：检查 6# 滤罐出口"开"状态反馈通道状态，调整反馈接线到已知完好通道端子，但仍然不能显示"开"状态。

第二步：检查电动阀现场接线箱线路，发现电动阀维修后，接错反馈信号线，引起该故障，调整信号线后恢复正常（图 7.8.13）。

图 7.8.13　电动阀接线端子

六、故障案例6——天然气计量系统瞬时量显示超限

系统类别：SIEMENS S7-300。

故障现象：自耗气瞬时量过大。

解决过程：

第一步：检查系统，差压变送器数值显示为满量程。

第二步：检查一次表无24V电源。

第三步：检查控制柜内安全栅供电正常，检查差压变送器接线回路，一次表到室外接线箱线路虚接，紧固后恢复正常（图7.8.14）。

图7.8.14 接线箱接线端子

七、故障案例7——污水站滤罐阀位反馈无显示

系统类别：AB LOGIX5555。

故障现象：该站21#滤罐，滤进电动阀"关"状态反馈无显示。

解决过程：

第一步：检查现场电动阀工作状态正常，本地操作、远程操作均正常，但上位机无"关"状态显示（图7.8.15）。

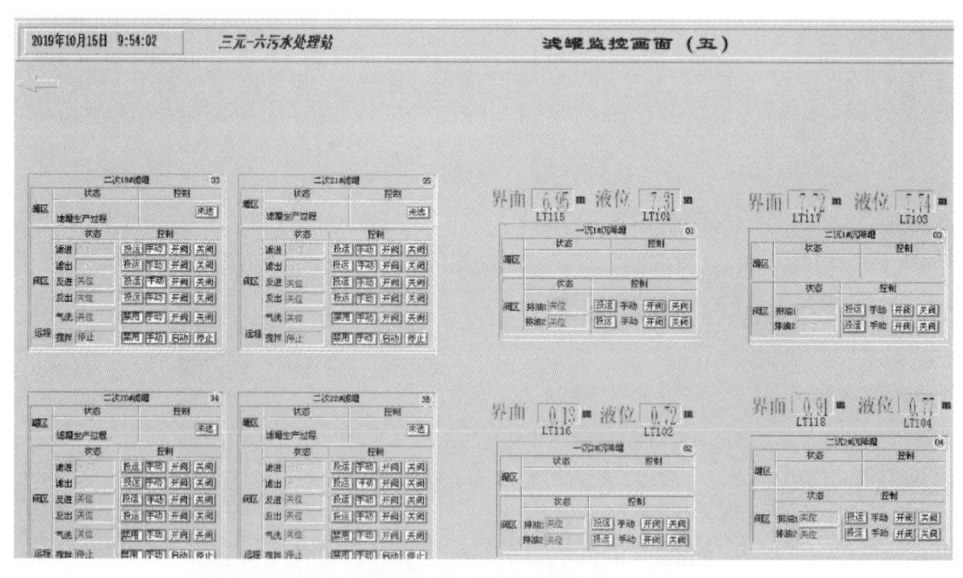

图7.8.15 反洗操作界面

第二步：检查PLC控制柜内信号反馈电路，发现其信号电缆未接入端子排，重新连接后，恢复正常（图7.8.16）。

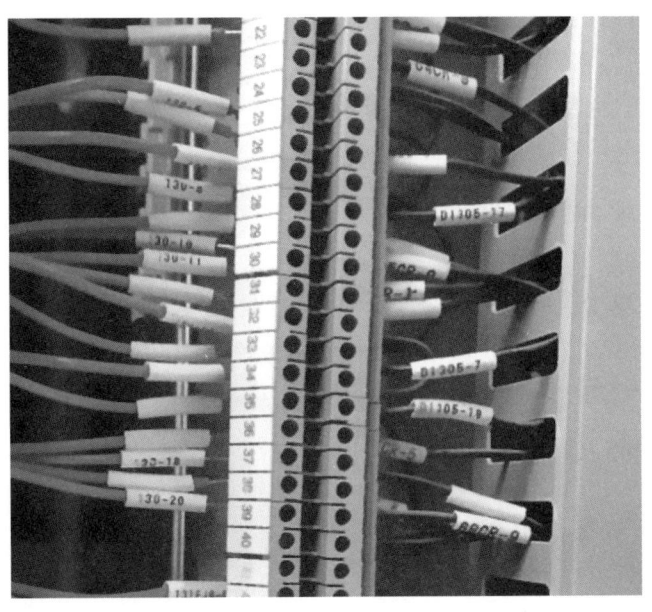

图 7.8.16　接线端子排

八、故障案例 8——注入站流量计上位机无数据显示

系统类别：GE IC695。

故障现象：该站现场 42 台流量计采用 Modbus 采集实时数据，上位机共 21 台流量计无数据显示。

解决过程：

第一步：通过现场应用万用表检测发现一根带有 9 台流量计的总线电压异常（图 7.8.17 和图 7.8.18）。

图 7.8.17　水流量调节器　　　　　　　　图 7.8.18　总线接线盒

第二步：逐一检查 9 台流量计的信号传输，发现其中一台流量计内部信号电缆绝缘层被表盖磨破导致短路（图 7.8.19）。

第三步：用绝缘胶带将破损部分包裹与表盖隔离，流量计显示恢复正常。

九、故障案例9——注入站水流量计接线端子虚接故障

系统类别：AB LOGIX5572。

故障现象：该站58#水流量计累计流量为0。

解决过程：

第一步：在控制柜内应用万用表检查流量计供电安全栅，检测电压正常，电流为0。

第二步：检查58#流量计表头，发现表头内电流接线端子虚接，将端子重新接线后数据显示恢复正常（图7.8.20）。

图7.8.19　表壳电缆短接　　　　图7.8.20　流量计接线端子

十、故障案例10——变频器启动控制端子虚接故障

系统类别：Sunytech TDCS。

故障现象：该站3#泵变频器远程控制失灵。

解决过程：

第一步：在上位机控制3#变频器远程启动，无法启动变频器（图7.8.21）。

图7.8.21　变频器启停操作界面

第二步：用万用表测量 3# 变频现场接线端子（图 7.8.22）电压，发现没有接收到 24V 启动控制信号。

第三步：检查 PLC 控制柜对应 3# 泵变频启动回路，发现 PLC 对应回路输出信号正常。

第四步：在 PLC 控制柜内，检查 PLC 控制信号输出回路接线，发现在端子排上的接线端子有虚接情况，将接线端子重新紧固后变频器远程控制恢复正常（图 7.8.23）。

图 7.8.22　检查接线端子

图 7.8.23　输出继电器接线端子

十一、故障案例 11——注入泵变频器无法远程控制

系统类别：AB LOGIX5571。

故障现象：注入泵变频器无法远程控制，只能本地操作。

解决过程：

第一步：检查现场变频器柜内线路，信号端子接线正常，无虚接、错接情况（图 7.8.24）。

第二步：检查端子排 220V 电源接线发现有虚接情况，将 220V 电源接线紧固后，恢复正常（图 7.8.25）。

图 7.8.24　变频器内接线端子

图 7.8.25　电源端子

十二、故障案例 12——外输油流量计显示数值不正确

系统类别：AB LOGIX5562。

故障现象：外输油流量计显示数值不正确。

解决过程：

第一步：检查现场外输油流量计光电脉冲转换器接线及电压情况，确认接线正确、电压正常。

第二步：检查计算机内量程设置情况，确认设置正确。

第三步：检查控制柜内接线情况，发现脉冲接线电源负极与控制柜公共地之间有电压差，将负极与公共地连接屏蔽回路干扰后，流量计数值显示恢复正常（图 7.8.26）。

十三、故障案例 13——注入站上位机水流量计流量显示为 0

系统类别：AB LOGIX5572。

故障现象：该站上位机 42# 水流量计的瞬时流量、累计流量读数均为 0。

解决过程：

第一步：检查 42# 水流量计运行情况，发现其正常运行，无失电、虚接情况（图 7.8.27）。

图 7.8.26　控制柜内部配置图　　　　图 7.8.27　流量计显示屏

第二步：检查总线分配器处接线情况（图 7.8.28），发现接线正常。

第三步：在接线正常情况下，预估分线器到仪表接线电缆有断路情况，应用万用表检查电缆发现仪表负极与分线器处于断路状态［图 7.8.28（b）］。因此判断总线分配器到流量计处电缆断，更换备用电缆后显示恢复正常。

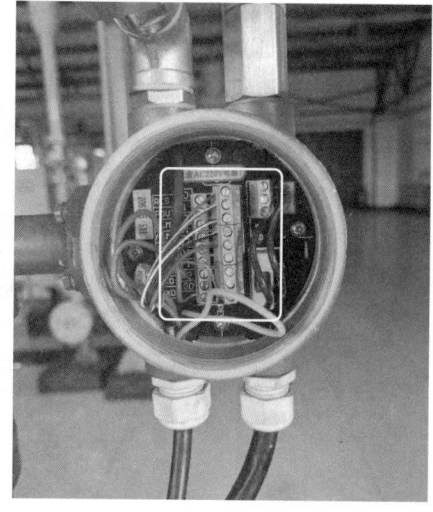

(a) 总线分配器　　　　　　　　　(b) 线路通断检测

图 7.8.28　检查总线分配器接线情况

十四、故障案例 14——联合站污水反冲洗流量上位机不显示

系统类别：AB LOGIX5562。

故障现象：该站中控室三元污水反冲洗流量上位机不显示。

解决过程：

第一步：检查现场流量计供电情况，供电正常，现场流量计正常显示。

第二步：检查该流量计信号线路连接情况，流量计后盖内接线正常，由于该流量计数据采用 Modbus 协议采集，检查总线分配器内接线情况，发现总线分配器接线盒内有线路虚接现象（图 7.8.29）。

图 7.8.29　总线分配器

第三步：紧固线路后，上位机显示正常。

十五、故障案例 15——注入站上位机部分变频器频率值无显示

系统类别：AB LOGIX5571。

故障现象：该站控制室上位机 $30^{\#}$ 至 $38^{\#}$ 变频器频率值显示为 0。

解决过程：

第一步：打开 RSLogix 5000 下位机程序，发现 $30^{\#}$ 至 $38^{\#}$ 变频器输入为 0，判断为无输入信号（图 7.8.30）。

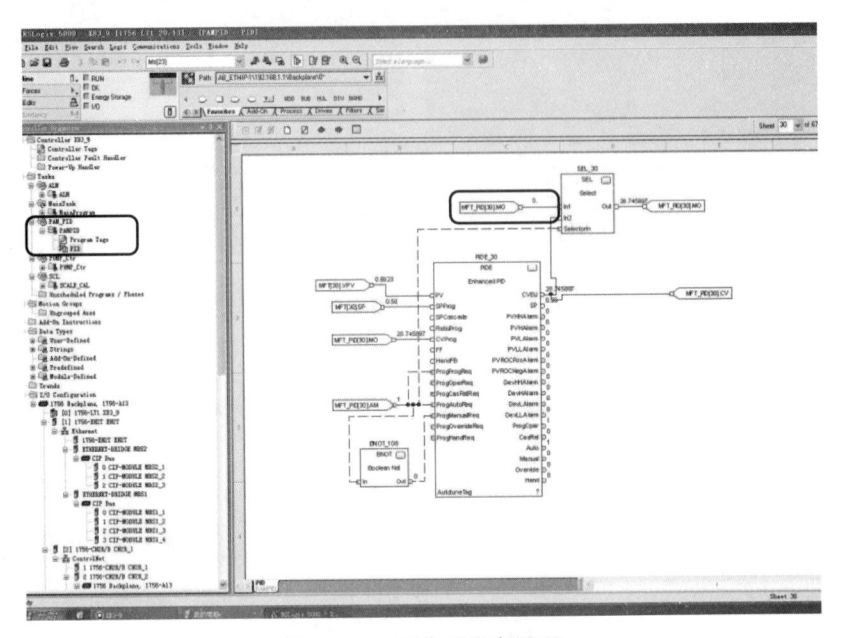

图 7.8.30　下位机程序界面

第二步：打开 PLC 控制柜，发现一组安全栅指示灯不亮（图 7.8.31）。

图 7.8.31　安全栅指示灯

第三步：检查安全栅供电线路，发现 2TS（24V）端子排电压为 0（图 7.8.32）。

图 7.8.32　测量电路电压

第四步：检查发现 24V 供电端子有虚接情况，紧固接线端子后系统恢复正常。

第九节　传感器及仪表故障案例分析

此类故障一般表现为单路信号显示错误，主要检查一次仪表及安全栅接线回路电压及电流信号，根据检查结果判断故障部位，可以快速解决故障。

一、故障案例 1——注水站低水压无报警信号

系统类别：AB LOGIX5561。

故障现象：注水泵低水压设有联锁保护，当低水压时电接点压力表发出信号传送至电力配电柜，该站注水站低水压时电力配电柜内无报警信号。

解决过程：

第一步：压力表信号报警系统原理如图 7.9.1 所示，PLC 仪表控制系统有报警信号，而配电盘一路无报警，判断为压力表电接点输出信号回路出现故障。

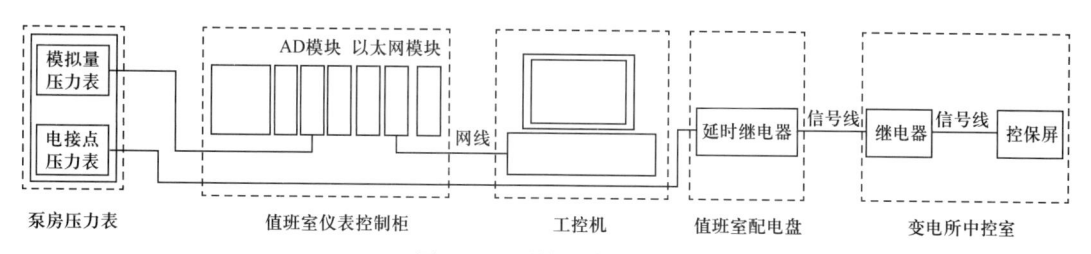

图 7.9.1　系统连接原理图

第二步：检查控制柜到电力盘低水压继电器，发现继电器不动作，用万用表测量低水压信号接线端子（图 7.9.2），信号不通，说明现场仪表未动作。

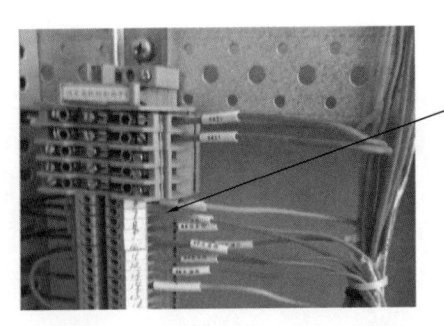

图 7.9.2　低水压信号端子

第三步：检查现场低压报警压力表内部接线端子（图 7.9.3），发现电接点压力表归零后接线端子不导通，说明 A 报警回路故障。更换电接点压力表报警接线回路 B 回路，发现导通正常，电力盘低水压报警正常。

图 7.9.3　电接点压力表及接线端子

二、故障案例 2——注水站注水电机入口压力不报警

系统类别：仪表系统。

故障现象：现场检测注水站电机来水入口压力低水压时压力不报警，压力表是新安装的电接压力表。

解决过程：

第一步：检查现场仪表，注水电机来水入口压力安装的仪表为数字电接点压力表（图 7.9.4），现场检查发现当注水电机入口压力为 0 时，$1^{\#}$、$2^{\#}$、$3^{\#}$ 注水电机入口压力表盘面红色报警灯亮，但控制室未接收到低水压报警信号。应用万用表检查表后接线端子 K1 常开触点，发现该触点未闭合，由于触点未闭合，报警信号未发出（图 7.9.5）。

第二步：检查仪表供电直流电源，发现电压为 7V，拆掉 1 个电源接线端子测量电源电压，发现电压为 24V（图 7.9.6）。该型号仪表最低工作电压为 20V，工作电流为 100mA 左右，因此判断该表电源供电方式不满足仪表要求。

图 7.9.4 电接点压力表

图 7.9.5 接线端子

第三步：检查供电设备，发现该仪表由配电器进行供电，由于配电器限制供电最大电流为 30mA，供电电压低带载能力不足，不能满足仪表工作需要，为此更改配电柜内仪表供电方式，跳过配电器由 2TS 直接给仪表供 24V 电源，改变供电方式后，仪表工作正常，能够准确发出报警信号，控制室报警正常。

三、故障案例3——转油站显示仪表故障

系统类别：TH100 智能光柱指示报警仪。

故障现象：该站 300m³ 缓冲罐液位显示仪表一直在 0.3～0.5m 之间波动（图 7.9.7），上位机显示该值一直为 1.6m。

图 7.9.6 配电器

解决过程：

第一步：在自控柜中测量输入到液位计中的差压变送器的输出电流为 5.6mA（图 7.9.8）。

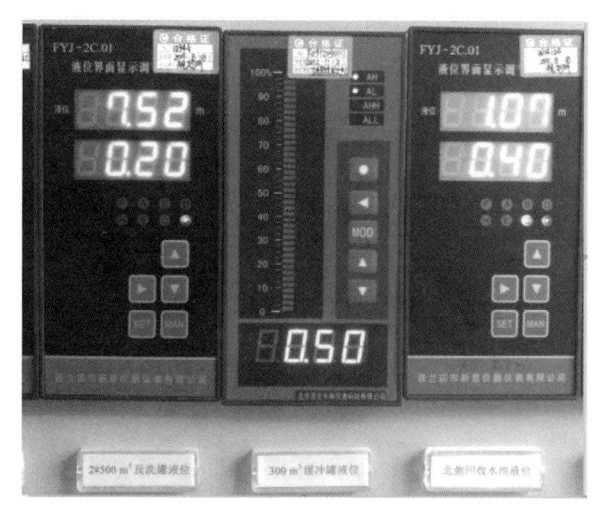

图 7.9.7 数字显示仪表

图 7.9.8　仪表背面信号端子

第二步：观察工控机中显示缓冲罐的液位值为 1.6m（图 7.9.9）。

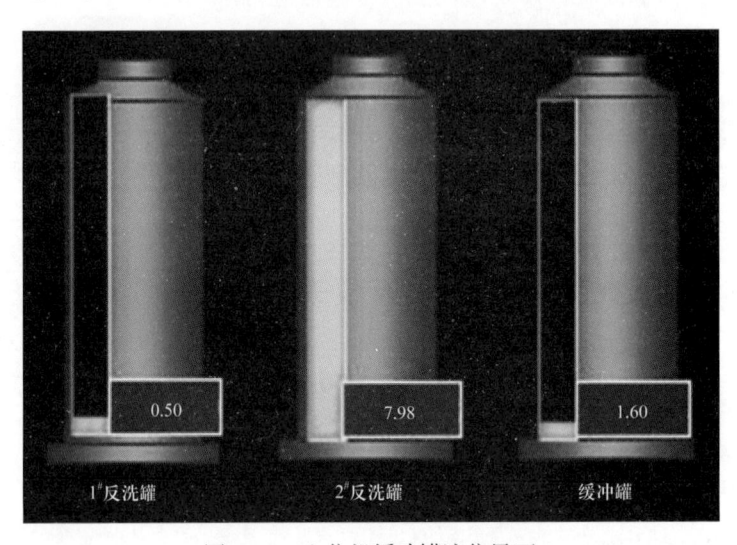

图 7.9.9　上位机缓冲罐液位界面

第三步：差压变送器现场压力值显示为 10.7kPa，量程为 100kPa，根据等比公式换算后，得出二次显示仪表的输入电流正常。

第四步：应用信号发生器给显示仪表输入标准信号，该表不能线性显示仪表数值，判断显示仪表故障，更换仪表后显示正常。

四、故障案例 4——注入站所有流量计无数据显示

系统类别：GE CPU310。

故障现象：该站 1～7 组流量计上位机无数值显示。

解决过程：

第一步：检查计算机及柜内端子接线情况，发现接线情况正常。

第二步：检查现场仪表并将其断电重启发现部分仪表通信恢复正常。

第三步：检查程序发现未恢复正常的仪表存在故障代码，导致系统长时间对其重复呼叫而无法进行下一步通信，将对应仪表的呼叫时长进行重新设置后，流量显示恢复正常。

五、故障案例 5——注入站注入泵出口压力无显示

系统类别：AB LOGIX5571。

故障现象：该站上位机 18# 泵出口压力变送器显示无读数。

解决过程：

第一步：应用万用表检查值班室内配电柜安全栅无输出电压（图 7.9.10），即没有给现场仪表供 24V 电输出，判断为安全栅损坏，更换一个完好的安全栅。

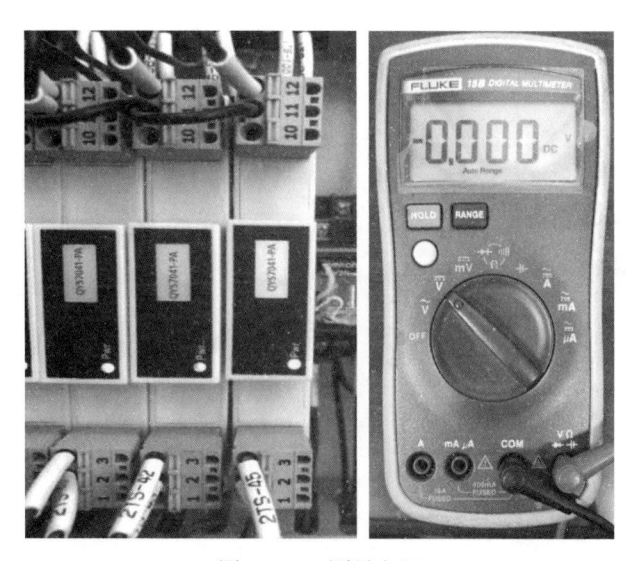

图 7.9.10　测量电压

第二步：检查现场仪表，现场仪表仍旧没有显示，用万用表测量现场仪表电流输出信号，发现没有电流输出（图 7.9.11），判断为现场仪表故障，更换压力仪表恢复正常。

图 7.9.11　测量输出电流

六、故障案例 6——显示数值与实际数值不符

系统类别：SIEMENS S7-300。

故障现象：一次仪表显示与上位机显示不一致。

解决过程：

比对现场一次表与上位机或下位机程序量程是否一致。

第一步：检查表上标记量程与电脑设置量程是否一致，不一致情况下更改为相同量程。

第二步：如果一致则找到该点对应的模块通道，通过万用表测量实际电流数，按照比例计算和电脑显示、现场二次表显示进行比较，与测量值偏差过大则存在故障（图 7.9.12 至图 7.9.14）。

图 7.9.12 测量一次表电流

图 7.9.13 测量二次表电流

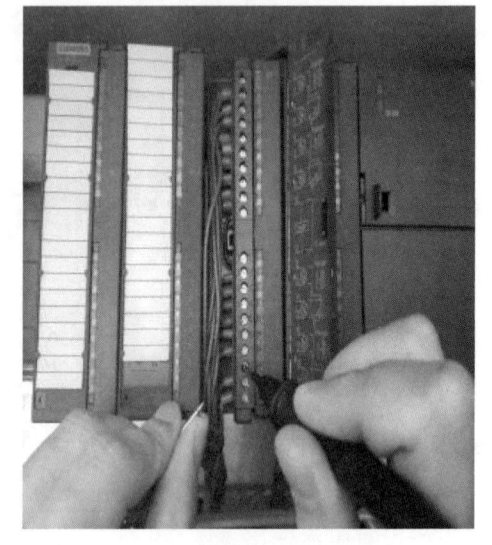

图 7.9.14 测量 PLC 点位电流

第十节 工控机故障案例分析

工控机使用时间过长，内部元器件老化，使用环境湿度、温度超标、积灰，瞬间大电流或断电都会引起工控机的故障。

一、故障案例 1——中转站工控机无法启动

系统类别：AB LOGIX5562。

故障现象：该站工控机无法启动。

解决过程：

第一步：拆开工控机检查，检查电源，发现电源无法正常供电，更换主机箱电源后仍无法启动。

第二步：逐次检查硬件，发现主板故障，更换工控机，将原计算机硬盘数据导入新工控机，运行恢复正常（图 7.10.1）。

图 7.10.1 工控机主板故障

二、故障案例 2——转油站工控机无法启动

系统类别：SIEMENS PLC。

故障现象：工控机不能启动。

解决过程：

第一步：接通计算机电源，按下开机按钮，计算机黑屏，风扇运行，发出报警声音。

第二步：断电后打开机箱检查计算机，拆下内存条，清洁内存条触点（图 7.10.2），将内存条重新安装在主板插槽上。开机后，计算机正常启动，数据显示正常。

图 7.10.2 工控机内存接触故障

三、故障案例 3——注入站工控机无法启动

系统类别：GE CPU310。

故障现象：该站工控机启动无响应。

解决过程：

第一步：应用万用表检查 220V 供电情况，发现工控机 220V 供电电压正常。

第二步：打开工控机机箱，检查工控机电源输入输出情况，工控机电源运行正常（图7.10.3）。

第三步：检查CPU风扇，发现CPU风扇不运行，更换新风扇后工控机正常启动，系统恢复正常。

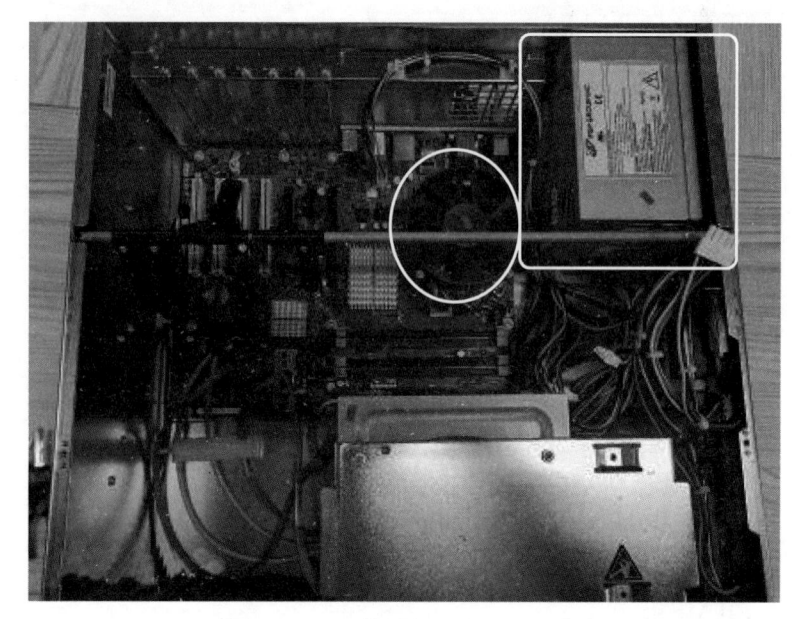

图 7.10.3　工控机电源及 CPU 风扇

第十一节　通信网络系统故障案例分析

通信网络受外部干扰的可能性大，外部环境是造成通信外部设备故障的最大因素之一。在空气温度变化、湿度变化的影响下，网线的塑料老化、接触点的氧化等都是系统总线损耗的原因。

一、故障案例1——联合站上位机数据无显示

系统类别：SIEMENS S7-300。

故障现象：该站上位机显示均无数据。

解决过程：

第一步：检查PLC模块指示灯发现PLC模块工作正常，用计算机与PLC进行通信测试，发现无法通信（图7.11.1）。

第二步：检查路由器工作状态，发现路由器工作指示灯状态异常，将其断电重启后，数据通信恢复正常（图7.11.2）。

二、故障案例 2——转油站上位机系统数据无数据

系统类别：OPTOSNAP-PAC-EB1。

故障现象：该站上位机系统数据无数据。

图 7.11.1　ping 命令

图 7.11.2　路由器

解决过程：

第一步：检查 PLC 控制柜，观察 PLC 模块均运行正常。

第二步：检查路由器工作情况，发现路由器运行正常。

第三步：检查该系统计算机，发现计算机网络通信断开，检查计算机 IP 地址设置，发现 IP 地址设置无误。

第四步：检查 PLC 控制柜内通信模块，发现通信模块指示灯工作正常，PLC 工作正常。

第五步：检查计算机网络接口，发现网络接口指示灯熄灭。因此判断网络接线存在故障。

第六步：采用临时网线连接工控机与路由器，数据传输正常。重新敷设网线，系统恢复运行。

三、故障案例 3——污水站控制系统无响应或响应延迟

系统类别：Sunytech TDCS。

故障现象：该站操作系统无响应或响应延迟。

解决过程：

第一步：点击计算机开始按钮，输入 CMD，应用 ping 命令（图 7.11.3）测试计算机与 PLC 控制器通信情况，发现通信状态异常。

第二步：将控制系统交换机上的网线接头用端口连接器直接连接，计算机与控制系统间通信恢复正常，系统响应恢复正常，因此判断交换机故障。

第三步：更换交换机，系统恢复正常。

图 7.11.3　ping 命令（通信异常）

四、故障案例 4——天然气计量系统所有数据无读数

系统类别：AB LOGIX5562。

故障现象：该站天然气计量系统所有数据无读数。

解决过程：

第一步：打开计算机网络本地连接，点击属性，检查计算机网络连接，发现 IP 地址与 PLC 网络模块 IP 地址不一致，将 IP 地址修改为一致后系统读数恢复正常（图 7.11.4）。

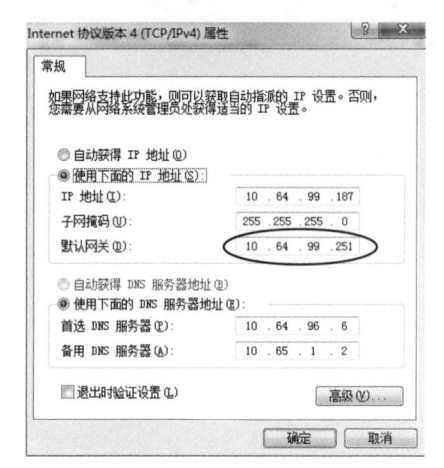

图 7.11.4　本地连接属性界面

五、故障案例 5——网线接头故障

系统类别：OPTO SNAP-PAC-EB1。

故障现象：上位机泵房、计量间数据无显示。

解决过程：

第一步：检查 PLC 控制柜，模块工作指示灯正常。

第二步：检查通信线路，集线器上一根网线端口指示灯闪烁间隔时间较长（图 7.11.5）。判断为网线故障。对网络接头重新紧固后，通信恢复正常，数据显示恢复正常。

图 7.11.5　集线器接口指示灯

六、故障案例 6——服务器路径设置错误

系统类别：服务器。

故障现象：该站脱水岗计算机无数据显示。

解决过程：

第一步：应用 ping 命令检查计算机与服务器通信情况，发现通信正常。

第二步：打开 FTView 组态软件，点击 OPC 菜单，检查服务器配置情况，发现服务器无连接路径，重新设置路径并编辑模式运行后恢复正常（图 7.11.6）。

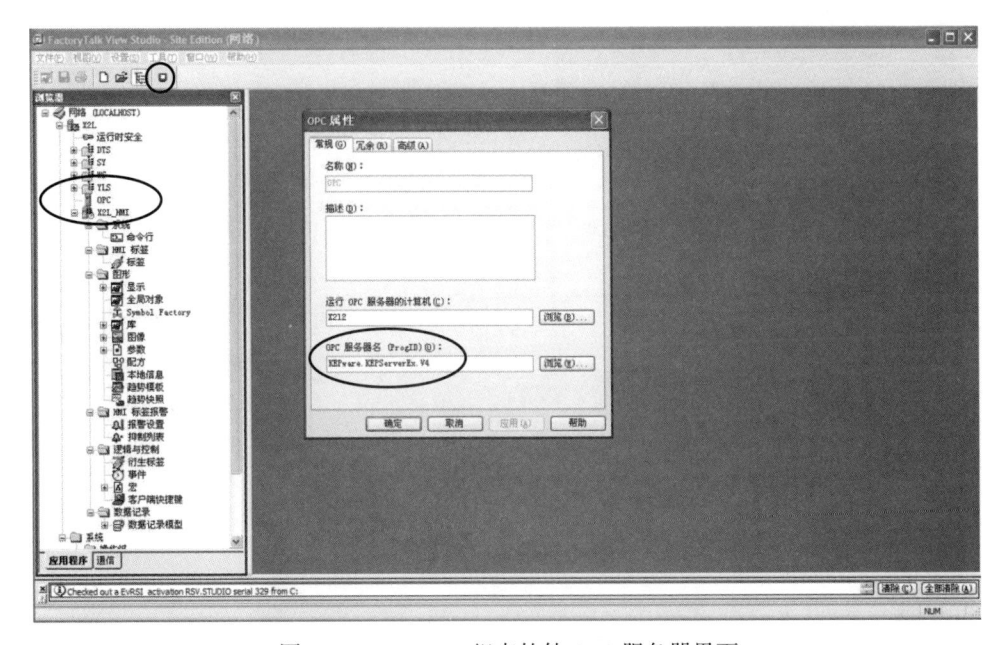

图 7.11.6　FTView 组态软件 OPC 服务器界面

七、故障案例 7——PLC 模块通信故障

系统类别：AB LOGIX5562。

故障现象：该站上位机全部无数据显示。

解决过程：

第一步：检查控制柜内 PLC 模块运行状态，发现 CPU 运行正常。

第二步：利用计算机 ping 命令测试 PLC 模块网络通信情况，发现无法连接，因此判断为通信故障，重新启动计算机网卡及交换机后计算机数据显示恢复正常。

八、故障案例 8——Modbus 模块故障

系统类别：AB LOGIX5572。

故障现象：注入站 $1^{\#}$ 至 $20^{\#}$ 高压配水无流量显示。

解决过程:

第一步:检查PLC控制柜,发现两组Modbus模块红灯闪烁,未正常工作(图7.11.7)。

第二步:检测Modbus通信线,发现Modbus模块通信线脱落,将通信线重新连接,数据正常显示。

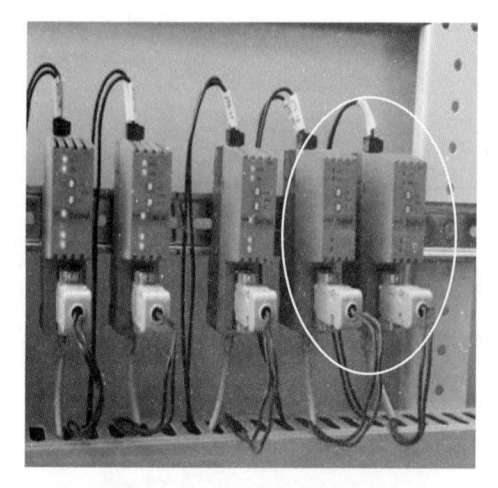

图7.11.7　Modbus模块指示灯

九、故障案例9——联合站上位机程序控制无响应

系统类别:Sunytech TDCS。

故障现象:该站上位机控制界面点击启动反冲洗按钮时,反冲洗程序时常无响应,污水反冲洗系统不能自动运行。

解决过程:

第一步:检查现场控制柜,观察CPU运行情况,发现CPU工作情况正常(图7.11.8)。

图7.11.8　TDCS系统CPU

第二步:利用计算机ping命令测试网络情况,发现IP地址为192.192.2.2及192.192.2.3的通信请求超时,存在故障(图7.11.9)。

图7.11.9　ping命令(请求超时)

第三步：将此网段断开后查看 192.192.2.2 及 192.192.2.3 的网段通信情况，发现通信正常，命令能够正常发出。

第四步：检查控制柜内与地址为 192.192.2.2 和 192.192.2.3 相匹配的路由器，端口通信异常，更换网线端口后系统恢复正常（图 7.11.10），因此判断路由器通道存在故障。

图 7.11.10　路由器端口

十、故障案例 10——中转站上位机全部数据无显示

系统类别：OPTO SNAP-PS5C6。

故障现象：该站上位机全部数据无显示。

解决过程：

第一步：检查控制柜内 PLC 运行情况，发现 PLC 指示灯运行正常（图 7.11.11）。

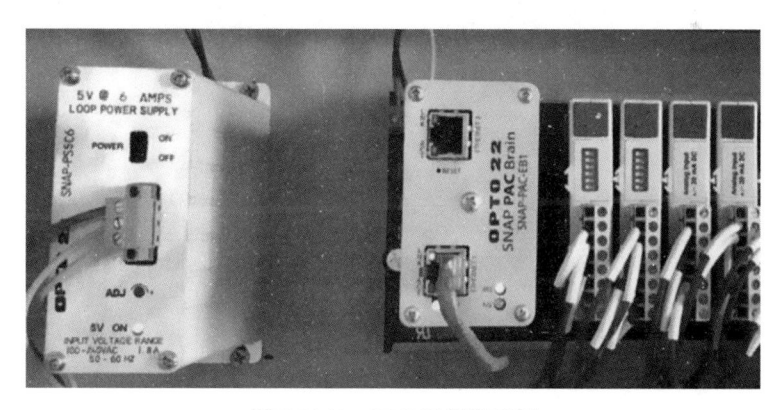

图 7.11.11　PLC 运行指示灯

第二步：检查电源模块输入电压正常，查看上位机网络连接情况，显示网络断开（图 7.11.12）。

图 7.11.12　本地连接网络

第三步：检查网线连接HUB运行情况，发现其中一个网线端口指示灯熄灭（图7.11.13）。

图7.11.13 HUB运行状态

第四步：使用校线器检测网线，网线未损坏（图7.11.14）。

图7.11.14 测试网线

第五步：工控机网络接线口和控制柜内HUB接线口网线重新插拔测试后，端口指示灯重新亮起，数据传输恢复正常。

十一、故障案例11——联合站游离水岗上位机全部数据无显示

系统类别：SIEMENS S7-300。

故障现象：该站游离水岗上位机全部数据无显示。

解决过程：

第一步：检查控制柜内PLC工作状态，发现PLC CPU及控网模块指示灯闪烁（图7.11.15）。

图 7.11.15　PLC 运行状态

第二步：检查 PLC 主机架与拓展机架之间的通信电缆，发现电缆接口处模式开关选择错误（图 7.11.16）。

图 7.11.16　通信电缆模式选择开关

第三步：将主机架开关拨至 OFF 状态，拓展机架拨至 ON 状态后下位机数据通信恢复正常，但上位机仍无数据传输，关闭重启上位机程序后数据显示恢复正常。

第八章 测控系统执行层的故障诊断与维修

原油站场测控系统执行层设备主要为：电动阀、气动阀、变频器三大类。电动阀故障集中在执行机构及控制回路，阀体故障率较低；气动阀故障主要是阀门定位器、控制输出回路等；变频器故障有自身回路、外部控制回路故障。

第一节 电动调节阀维修案例分析

一、故障案例1——转油放水站电动阀不动作故障

故障现象：电动调节阀失控。
解决过程：
第一步：调节微动开关位置，重新校紧电动阀刹车机构。
第二步：重新调校量程，电动阀恢复正常（图8.1.1）。

图8.1.1 转油放水站电动阀

二、故障案例2——注入站调配罐出口阀门不能远程关闭

系统类别：AB LOGIX5562。
故障现象：该站二元调配罐出口阀门远程关闭无响应。

解决过程：

第一步：上位机控制该调配罐出口阀门打开，发现开命令执行正常，电动阀能正常打开，但远程控制关闭时，无法关电动阀，现场手动控制可以关闭电动阀，初步判断电动阀自身无故障。

第二步：打开PLC控制柜查看关闭信号时中间继电器状态，发现继电器吸合正常，关命令正常发出。

第三步：检查现场电动阀接线箱内对应控制线路，发现接线正常，信号传输正常。

第四步：打开电动阀阀头端盖，检查内部接线情况（图8.1.2），发现关信号接线端子松动，将端子紧固后，电动阀恢复动作，远程关闭恢复正常。

图 8.1.2　电动阀内部接线图

三、故障案例3——污水站反冲洗阀门状态显示异常

系统类别：AB LOGIX5562。

故障现象：该站1#反冲洗进口阀关闭时计算机显示界面开、关阀状态同时闪烁。

解决过程：

第一步：现场检查电动阀开关状态反馈触点正常无故障。

第二步：用上位机在线检查PLC应用程序运行情况，发现程序无逻辑问题。

第三步：检查现场接线箱及控制柜内接线，该阀反馈线共3根，其中1根为公共正极，另2根分别为开、关反馈，对比现场接线箱及控制柜内接线，发现接线箱内公共正极与关反馈接线接反，调整接线后，该阀开关反馈恢复正常（图8.1.3）。

图 8.1.3 PLC 控制柜内接线端子

四、故障案例 4——污水反冲洗系统后期排污阀不能远程控制

系统类别：Sunytech TDCS。

故障现象：该站污水反冲洗系统后期排污阀不能远程控制，导致污水反冲洗系统不能自动运行。

解决过程：

第一步：在上位机操作污水反冲洗系统（图 8.1.4），手动控制后期排污阀打开、关闭，观察对应继电器工作情况，发现继电器不工作，判断该排污阀的控制通道存在问题（图 8.1.5）。

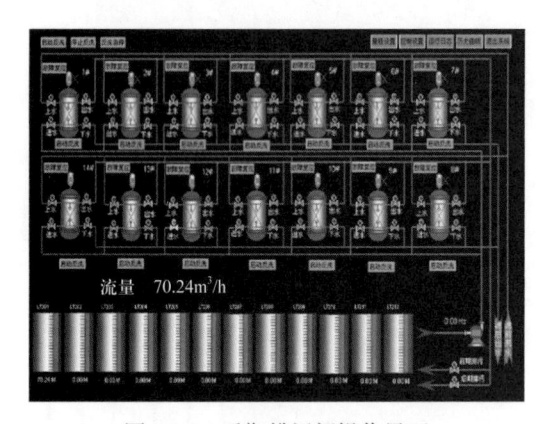

图 8.1.4 后期排污阀操作界面 图 8.1.5 继电器板

第二步：在上位机打开系统开发软件 Sunytech 8.0，在程序中将后期排污阀控制输出通道修改为前期排污阀对应通道（图 8.1.6）（前期排污阀经过测试，能够正常远程控制，命令输出通道正常），检测控制程序是否存在问题。

第三步：修改程序并下载安装（图 8.1.7），运行污水反冲洗系统，手动控制后期排污阀，运行正常，证明控制器程序及对应内部通道正常，判断原后期排污阀控制命令输出通道存在故障。

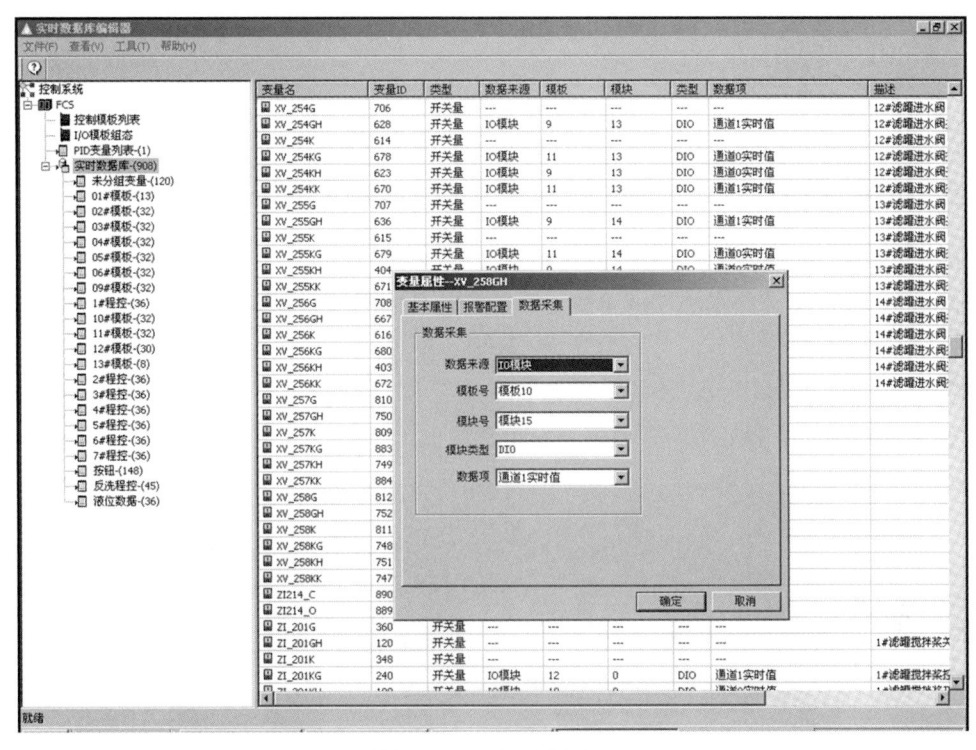

图 8.1.6　更换控制通道

图 8.1.7　程序下载界面

第四步：在系统开发软件 Sunytech 8.0 中将后期排污阀控制命令输出通道更换为一个未使用的通道，并将前期排污阀对应通道恢复原样，修改程序并下载安装，后期排污阀远程控制恢复正常，污水反冲洗系统正常运行。

五、故障案例 5——污水站滤罐不能自动反冲洗

系统类别：AB PLC 污水反冲洗系统。

故障现象：污水站污水反冲洗系统，7#滤罐不能自动反冲洗。

解决过程：

第一步：在上位机污水反冲洗系统中测试 7#滤罐阀门（打开、关闭各个进出口阀门），相对应的继电器不工作，开关信号未正常输出（图 8.1.8 和图 8.1.9）。

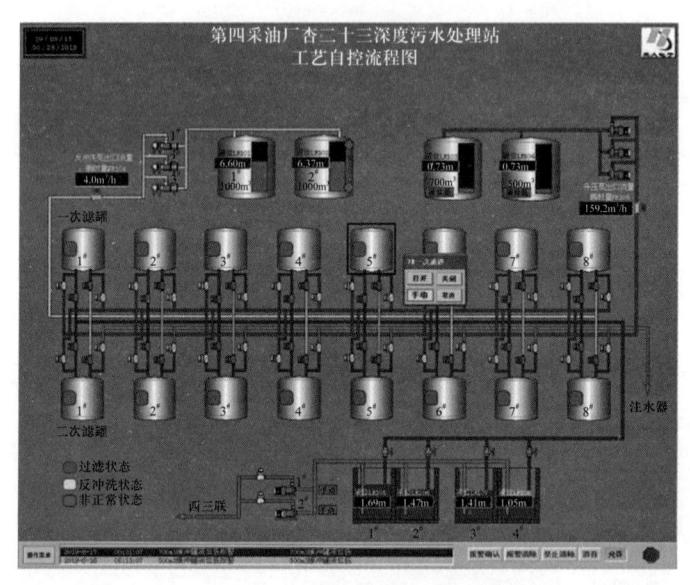

图 8.1.8　反冲洗阀门控制界面

图 8.1.9　继电器

第二步：打开 AB PLC 开发程序 RSLogix 5000，检查反冲洗系统 PLC 程序，7#滤罐反冲洗出口阀存在故障报警信息，导致程序不能向下执行。发现反冲洗出口阀门动作时间较长，分析可能是阀门长时间使用后，机械部分老化导致运行缓慢，开关阀门动作时间超过程序预先设置的延迟时间，程序判断阀门故障，导致反冲洗不能进行。在程序中修改 7#滤罐阀门延迟时间，由 10000ms 改为 50000ms 并保存（图 8.1.10），7#滤罐能够正常反冲洗。清除报警信息，反冲洗出口阀门恢复正常，其他进出口阀门也可以正常控制。

图 8.1.10　修改延时时间

第二节　气动调节阀维修案例分析

一、故障案例 1——转油放水站放水岗气动阀不动作故障

故障现象：气动调节阀阀门定位器进出口压力显示异常，阀门远程无法控制。

解决过程：

第一步：现场检查发现进出口压力表故障，更换两块压力表，重新安装阀门定位器，调整连杆位置，重新调校输入、输出压力。

第二步：安装阀杆，调整阀杆阀芯连接长度，调校调节阀，调校后给定直流电流信号，气动调节阀控制正常（图 8.2.1）。

图 8.2.1　转油放水站放水岗气动阀

二、故障案例 2——游离水气动调节阀现场开关与控制信号不对应

系统类别：AB LOGIX5572 AVP 系列阀门定位器。

故障现象：游离水气动阀阀位与实际控制输出不匹配，系统不能正常控制气动阀。

解决过程：

第一步：现场检查气动调节阀供气系统，气压正常，应用信号发生器调节气动阀开关大小，气动阀不能正常响应，开度大小与给定信号不对应，判断阀门定位器内部紊乱。

第二步：利用AVP系列阀门定位器（图8.2.2）自整定功能重新标校气动阀，将信号发生器连接到阀门定位器的输入端，给定信号为直流18mA。打开定位器的前端盖，按下行程按钮"UP"保持到定位器开始动作（大约3s）。这时自动整定程序开始运行。阀门将经历两次从全关到全开的过程，最终停留在87.5%，整定完成。

第三步：利用信号发生器给定关度值并检查阀门关度，发现阀门开关正常。

图 8.2.2　AVP 系列阀门定位器

三、故障案例 3——游离水气动阀关度无反馈

系统类别：AB LOGIX5572。

故障现象：某站 3# 游离水气动调节阀远程控制正常，但上位机关度无数值显示。

解决过程：

第一步：现场检查气调节阀阀门定位器，应用万用表测量输入（IN）端子电流，电流正常，测量输出（OUT）端子电压无显示，电流无显示，初步判断线路断路或安全栅故障。

第二步：依据图纸查找现场接线箱及PLC控制柜接线端子，确认线路连接正常（图8.2.3）。

图 8.2.3　阀门定位器内部接线端子

第三步：检查安全栅工作情况，安全栅供电正常，用万用表测量安全栅输入端为低电压，确认安全栅故障，更换安全栅后关度反馈恢复正常。

四、故障案例 4——脱水站游离水气动调节阀门阀位振荡

系统类别：AB LOGIX5562。

故障现象：该站游离水脱除器气动调节阀在自动控制时阀位不停全开全关振荡，不能稳定输出阀门开度。

解决过程：

第一步：现场检查气动调节阀供气回路、电气回路均正常，但气动调节阀全开全关振荡。

第二步：在上位机检查游离脱除器控制界面，发现界面手动控制平稳，自动控制时输出值不停振荡。

第三步：进入 PID 参数设置界面检查 PID 参数设置情况（图 8.2.4），发现游离水脱除器比例、积分参数设置不合理，在原有参数基础上将比例参数增加 0.5，积分参数设置为 0.05，修改参数后投入自动运行，发现输出振荡减弱，进一步缩小积分数值，并减小死区范围，游离水脱除器输出值稳定。

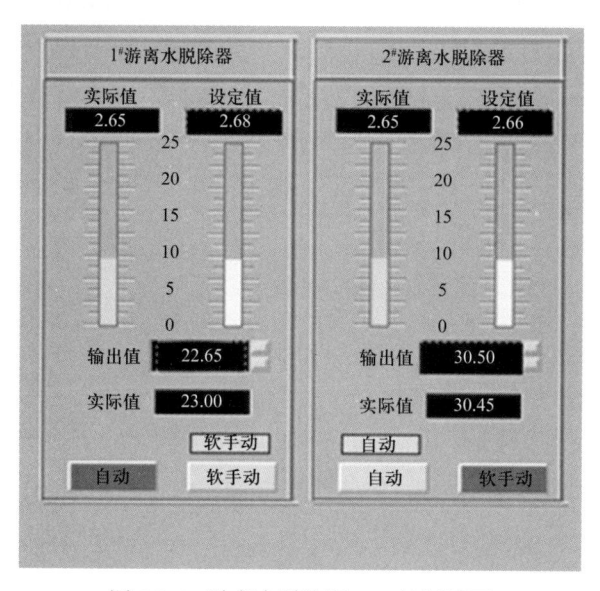

图 8.2.4 游离水脱除器 PID 控制界面

五、故障案例 5——三相分离器气动阀不能远程控制

系统类别：AB LOGIX5571。

故障现象：三相分离器气动阀无法通过上位机进行远程控制开关。

解决过程：

第一步：在上位机控制阀门打开，在控制柜内测量 AO 模块输出的控制电流，有电流

输出，说明控制信号正常。

第二步：检查现场气动阀，压缩气压显示为0，压缩气阀门未开（图8.2.5）。打开该阀门，能够远程调节气动阀，运行正常。

六、故障案例6——电脱水岗油出口汇管阀门动作缓慢

系统类别：SIEMENS PLC。

故障现象：该站电脱水岗测控系统，油出口汇管阀门打开、关闭时，动作缓慢，不能全开、全关。

解决过程：

第一步：检查电脱水岗油出口汇管气动阀动作情况，发现在上位机控制气动阀开度为100%时，气动阀动作缓慢，当接近气动阀最大开度时，气动阀进气压力低，导致该气动阀不能继续动作（图8.2.6）。

图8.2.5 压缩气阀门　　　　图8.2.6 旋转螺栓调节气动阀

第二步：调节阀门定位器进气压力，增大进气压力，气动阀动作恢复正常。

第三节　变频器维修案例分析

一、变频器在测控系统中常见故障案例分析

1. 故障案例1——三元注入站测控系统变频器故障

故障现象：三元注入站测控系统上位机显示1#、5#、14#、20#、23#、26#、30#、33#、50#变频器控制值与反馈值偏差过大。

解决过程：

第一步：现场拆除 1#、5#、14#、20#、23#、26#、30#、33#、50# 变频器 AI2 接线端子，应用万用表测量其输入电流值，将该值换算成频率值并与 PLC 输出值对比，发现该电流值正常，PLC 系统输出信号正常。

第二步：重新启动变频器并手动将频率归零后，给定输入信号 12mA，手动调节变频器设定值至 25Hz，将变频器实际频率与给定信号对应。

第三步：将 PLC 输入信号接入变频器（图 8.3.1），观察变频器运行状态，变频器控制值与反馈值一致，变频器正常工作。

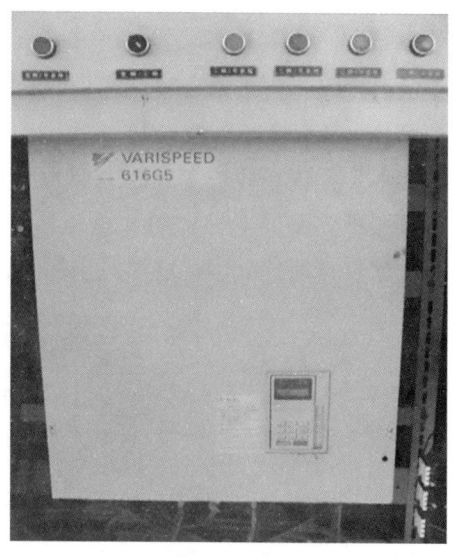

图 8.3.1　变频器

2. 故障案例 2——中转站测控系统变频器故障

故障现象：中转站上位机 6#、7# 泵变频器控制值与反馈值差距过大。

解决过程：

第一步：6#、7# 泵变频器频率显示 49.98Hz，现场变频器显示 36Hz。在上位机客户端中将变频器控制由自动控制切换到手动控制，将计算机客户端 6#、7# 泵的频率设定值设定到 36Hz，现场将变频器柜上的数值也调到 36Hz。

第二步：观察一段时间后将变频器控制由手动控制切换到自动控制，6#、7# 泵变频器工作正常（图 8.3.2）。

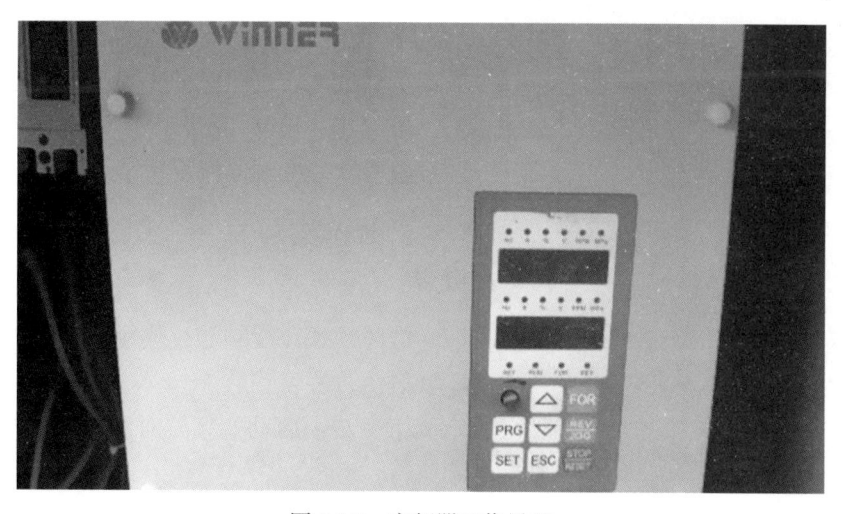

图 8.3.2　变频器工作界面

3. 故障案例3——污水站变频器故障

故障现象：污水站变频器在长时间运行后，出现偷停现象。

解决过程：

第一步：现场检查变频器内部发现变频器内积灰严重，变频器内部热量无法散出，致使变频器过热保护（图8.3.3）。

第二步：清理灰尘。增加风扇散热，变频器恢复正常。

图8.3.3 污水站变频器故障图

4. 故障案例4——联合站原油外输变频器故障

故障现象：变频器过载保护停机故障。

解决过程：

第一步：站内外输管线单流阀损坏，致使变频器负载过大，过载保护（图8.3.4）。

第二步：更换单流阀，重新启动变频器，重新设置参数。变频器恢复正常。

5. 故障案例5——注聚及单井变频系统故障

故障现象：变频器过热保护故障。

解决过程：

第一步：启动变频器时发现变频器散热风扇不运行。

图8.3.4 联合站原油外输变频器故障图

第二步：检查风扇发现风扇烧毁，导致变频器无法散热，重新更换风扇，变频器恢复正常（图8.3.5）。

图 8.3.5　注聚站单井变频器运行图

6. 故障案例 6——调配站不能远程控制调配泵变频器

系统类别：AB LOGIX5562。

故障现象：该站 1# 二元 2500 调配罐变频器在远程状态下不能进行正常启停控制操作。

解决过程：

第一步：检查现场变频器控制柜（图 8.3.6），选择变频器远程控制时发现控制柜远程指示灯闪烁，不能保持常亮状态。

第二步：应用万用表测量远程控制开关触点，发现有虚接情况，当多次选择远程/本地控制时，偶尔远程控制指示灯常亮，此时上位机远程控制变频器可以正常操作，因此判断为远程/本地开关故障，更换开关后变频器控制恢复正常。

图 8.3.6　变频器控制柜面板

7. 故障案例 7——反冲洗系统变频器无响应

系统类别：AB LOGIX5572。

故障现象：污水站污水反冲洗程序启动后，在滤罐进出口阀开关结束后，反冲洗泵不能正常启动，PLC 远程控制变频器无响应。

解决过程：

第一步：检查 PLC 控制柜发现当启动反洗程序时有 1 个 DI 模块通道和 1 个 DO 模块通道指示灯反复闪烁。

第二步：打开 RSLogix 5000 应用程序查找闪烁通道对应的程序功能分别为启动变频器及泵运行状态反馈，选择在线模式对通道进行测试，发现 DO 通道信号发出正常，无闪烁现象，说明变频器启动信号能正常发出，但泵启动后无运行状态反馈，因此判断故障部位在变频器控制柜。

第三步：检查变频器控制柜变频器运行状态，发现现场无法手动启动变频器，因此判断故障可能为变频器侧交流接触器吸合异常。

第四步：经拆卸发现交流接触器（图 8.3.7）辅助触点接线端子虚接，经过紧固后启动变频器，变频器运行状态反馈正常，反洗系统恢复运行。

图 8.3.7　变频器交流接触器

8. 故障案例 8——污水站在自动反冲洗时反洗泵不运行

系统类别：AB LOGIX5555。

故障现象：该站在自动反冲洗时反洗泵不运行。

解决过程：

第一步：检查反冲洗变频器，变频器屏幕显示低电压故障报警（图 8.3.8）。

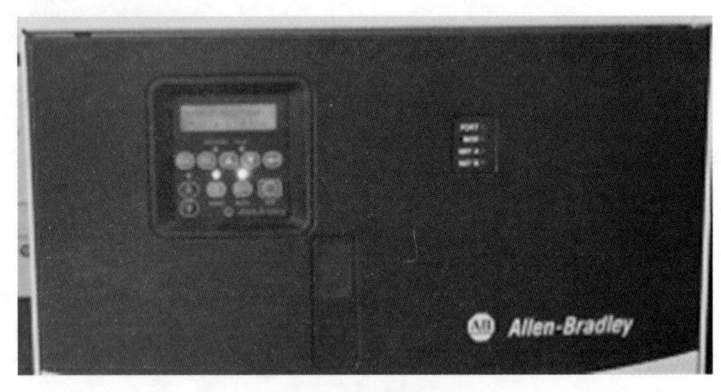

图 8.3.8　变频器调节器

第二步：应用万用表检测变频器供电侧电压，显示供电电压正常，不存在缺相情况和低电压情况，在变频器控制面板手动清除故障并重启变频器。

第三步：选择变频器运行模式为自动运行模式，上位机运行自动反冲洗，变频器正常启动，系统恢复正常。

9. 故障案例 9——污水站反冲洗变频器启动 10s 后系统故障

系统类别：Sunytech 8.0。

故障现象：在计算机中启动反冲洗自动运行程序，反冲洗进口、出口阀门打开以后，变频器启动 10s，系统进入故障模式，反冲洗停止运行。

解决过程：

第一步：在上位机打开 Sunytech 8.0 应用程序，采用在线模式监测程序运行状态，结合故障现象发现上位机发出变频启动命令后，变频器正常启动，现场应该返回一个泵已运行状态，表明实际泵已运行，但是状态没有返回，上位机未接收到泵已启动状态，所以程序保护报出故障。

第二步：现场检查变频器控制柜内交流接触器辅助触头触点，发现交流接触器辅助触头故障，上位机无法接收变频运行状态。

第三步：更换交流接触器辅助触头（图 8.3.9），反冲洗故障恢复。

图 8.3.9 交流接触器辅助触头

10. 故障案例 10——污水站变频器无法远程控制

系统类别：AB LOGIX5555。

故障现象：该站上位机变频器显示本地控制，变频器无法由手动转换为自动，现场转换开关由手动转换为自动后，上位机仍显示本地，无法远程启停变频器。

解决过程：

第一步：现场检测手动 / 自动转换开关，切换后可以实现变频器远程本地控制。

第二步：当现场选择远程控制时，上位机一直显示本地控制，无法远程启停控制变频器，在线检查应用程序发现远程/本地变量一直处于本地显示，远程切换开关，上位机无反应。

第三步：检查 PLC 控制柜到变频器控制柜信号电缆，发现电缆连接正常，无虚接情况。

第四步：应用万用表测量 PLC DI 模块输入端子电压，当切换手动/自动开关时该接线端子一直处于低电平状态，确定 24V 供电有问题，测量对应 24V 供电端子（图 8.3.10）发现保险烧毁。更换电源端子保险后，变频器远程/本地控制恢复正常。

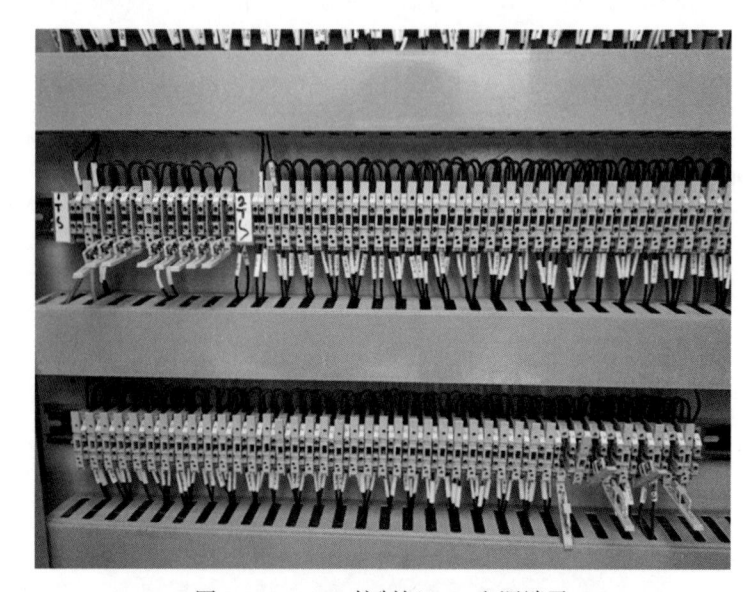

图 8.3.10 PLC 控制柜 24V 电源端子

二、变频器常见故障的快速检修

以下常见故障中不含用户参数设置不当、现场控制系统和负载系统故障而引起的变频器故障。在检修过程中不远程操作且显示板上有电位器。在维修变频器主板时，应尽可能记录用户所设定的参数，维修完毕后再输入，若发现用户有参数设置不当的将其改正。

此处所列举的故障可能原因及分析均为统计的结果，不含其他可能原因。其他原因维修人员可根据实际自行斟酌，且文中的故障符号仅作参考，维修时请根据相应品牌的说明书进行判断。

1. 上电无显示

（1）模块整流单元损坏。

解决方法：更换 IGBT。

（2）CPU 板上电源指示灯亮，但显示面板上无显示。故障的检修集中在 CPU 板和显示板上。可能原因及对策：

① 显示板坏。

解决方法：用一良好显示板代换。若故障消除，则更换显示板。

② +3.3V 电源偏低。

解决方法：对 +3.3V 电源生成电路进行检修。多为 U8（TPS7333）损坏。若 +5V 偏低，可能为开关电源故障。

③ 复位芯片 IMP809R 损坏。

测量方法：用万用表二极管档测量其 2 脚是否对 GND（1 脚）短路。正常值参考表 8.1。其外形图如图 8.3.11 所示。对策：更换复位芯片。

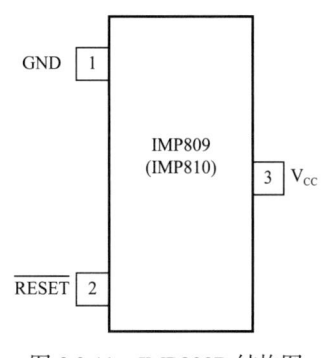

图 8.3.11 IMP809R 结构图

表 8.3.1 U20 在路测量阻值参考表

+—红表笔	在路阻值
1（+）—2（−）	>6MΩ
1（−）—2（+）	>10MΩ

④ 晶振 XTAL 损坏。

测量方法：用示波器在晶振两端分别对 GND 测量，应为完美正弦波，且频率为 10MHz。对策：更换晶振。测量时示波器要置高阻输入，或加 10∶1 衰减，否则测量时会引起晶体停振，造成误判断。

⑤ 74HC14 损坏。解决方法：更换 74HC14。

⑥ DSP 芯片烧坏。

测量方法：若上述 5 种可能的故障原因均已排除，则多为 DSP 烧坏。多表现为运行时芯片温度较高。

解决方法：更换 CPU 板。

（3）CPU 板上电源指示灯不亮且显示面板上无显示。可能原因及解决方法：

① 开关电源没工作。

检测方法：用一良好主板连接其 CPU 板，若有显示，则为主板开关电源故障。若无显示，则为 CPU 板故障。

解决方法：检修开关电源。

② CPU 板和主板的连接排线接触不良。解决方法：重新插好排线，确认连接紧密。

③ CPU 板上电源短路。

测量方法：断电后用万用表测量电源正负极之间的阻值。解决方法：更换 CPU 板。

2. 上电 P.OFF

指电源加至正常电压值（380V AC/510V DC），依然显示 P.OFF。可能原因及解决方法：

（1）CPU 板上电压计算电路故障。

检修方法：用一良好 CPU 板代换，查看是否有相同问题。若无，则可确认为 CPU 板故障。

解决方法：用小型螺丝刀旋动顶端电位器 W1。若故障消失，则对准 DCV 及母线电压并封胶。若故障存在则为其他元器件损坏。根据原理图（图 8.3.12）对其检修，多为 U16（TL084I）损坏。其他原因为主板上电压采样电路故障。

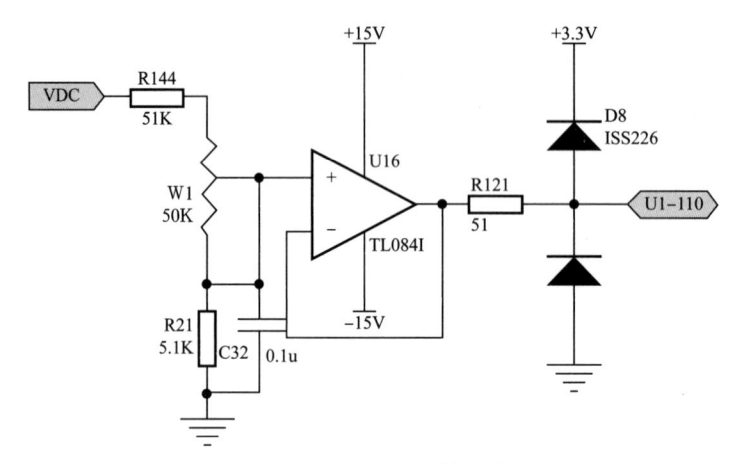

图 8.3.12　CPU 板上电压计算电路原理图

（2）主板上电压采样电路故障。其电路中元器件损坏及导致后果见表 8.3.2。

表 8.3.2　主板电压采样电路元器件损坏及导致后果一览表

元器件名称及损坏类型	导致后果
续流二极管开路或短路	始终显示 P.OFF
电压采样电阻虚焊或烧断	
电源芯片滤波电容漏电流过大	

（3）模块的整流单元某桥臂损坏。

解决方法：更换模块。

（4）主板和 CPU 板的连接排线中 VDC 连线连接不良。

检查方法：用万用表二极管档测量主板和 CPU 板上 VDC 信号线是否畅通。

3. 上电 OC—1，OL

（1）逆变单元模块短路。

（2）CPU 板上的电流计算及过流保护电路故障。

检测方法：空载时查看参数 OUTA 是否有较大数值显示。

解决方法：可对芯片 TL084 和 LM393 更换，若无法排除，可更换 CPU 板。

（3）电流检测电阻虚焊或烧坏。

解决方法：测量其阻值并补焊或更换。

（4）霍尔输出至电流检测电阻及插座 CN1 上 7、8 脚（图 8.3.13）的等电位点连接不通。

解决方法：用万用表二极管档测量，并用导线将其连通，导线力求要短并做好绝缘处理。

（5）霍尔故障。

检测方法：用万用表测量霍尔阻值及上电后测量其电源（±15V）是否正常。HNC151 霍尔外观结构如图 8.3.13 所示。

解决方法：更换。

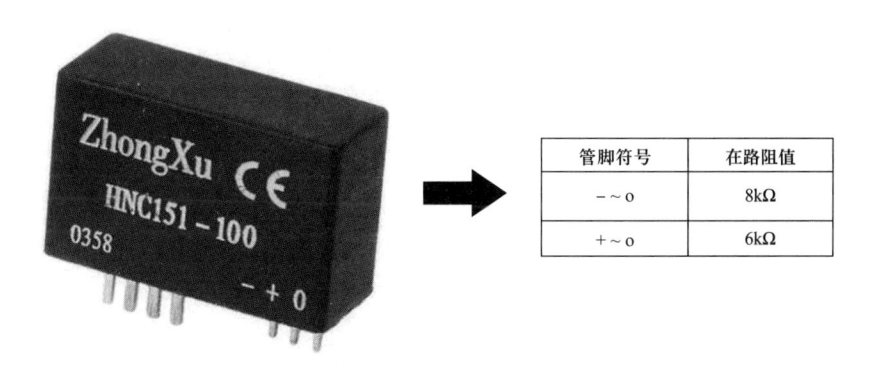

管脚符号	在路阻值
$-\sim o$	8kΩ
$+\sim o$	6kΩ

图 8.3.13　HNC151 霍尔外观结构图

4. 加速中 OC—1，OC—2，OL

将参数初始化后（b36=2 或 3），上电正常，但按下 RUN 键后至频率达到设定值之前的过程中出现故障代码。

（1）模块逆变单元内部短路。表现为：空载时，一按 RUN 键就出现 OC—1。

解决方法：更换 IGBT。

（2）驱动短路。

表现为：空载时一按 RUN 键就出现 OC—1。

（3）CPU 板故障。多表现为空载运行有电流显示（OUTA）。

解决方法：维修电流检测电路。可对芯片 TL084 和 LM393 更换，若无法排除，可更换 CPU 板。

（4）CPU 板上某一路无波形输出。

测试方法：在 CPU 板上插座 CN21（图 8.3.14）上用示波器分别测量 PW1～PW6 和 GND 之间的波形。

解决方法：更换芯片（74HC07：管脚的 1、3、5、9、11、13 分别为 PWM1～PWM6 的输入口，其 2、4、6、8、10、12 为输出口），若无法消除，则更换 CPU 板。

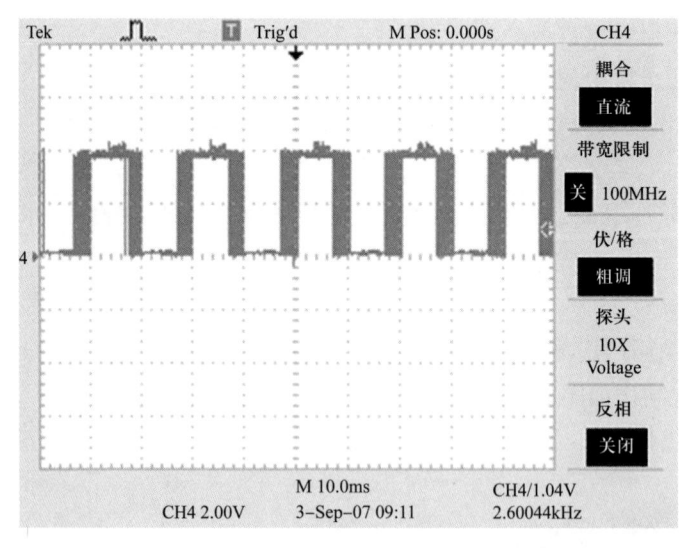

图 8.3.14 CPU 板输出 PWM 波形图

（5）电流检测电阻损坏。

解决方法：更换。

（6）机型设置错误。

解决方法：打开机型参数，若有误则重新设置机型并初始化。

5. 上电 OE—1

（1）PN 上的无感电容 C21 容量下降或虚焊。检测方法：用电容表测量其容量并焊接牢靠。统计中此故障较少。

（2）主板电压采样电路故障。

解决方法：检修主板和 CPU 板，或更换。

（3）CPU 板电压计算或保护电路故障。

检测方法：对照电路图检修，多为 U16（TL084）、U21（LM393）故障。

解决方法：维修或更换。

6. OH

（1）风机不转或转速过低。

检查方法：和正常风机对照，或用转速测试仪测量。若风机正常，则检查其驱动电路是否有故障。

解决方法：更换风机或检修其驱动电路。

（2）CPU 板上温度计算电路故障。

检查方法：用一良好 CPU 板代换，查看温度参数。

解决方法：对照电路原理图（图 8.3.15）维修。

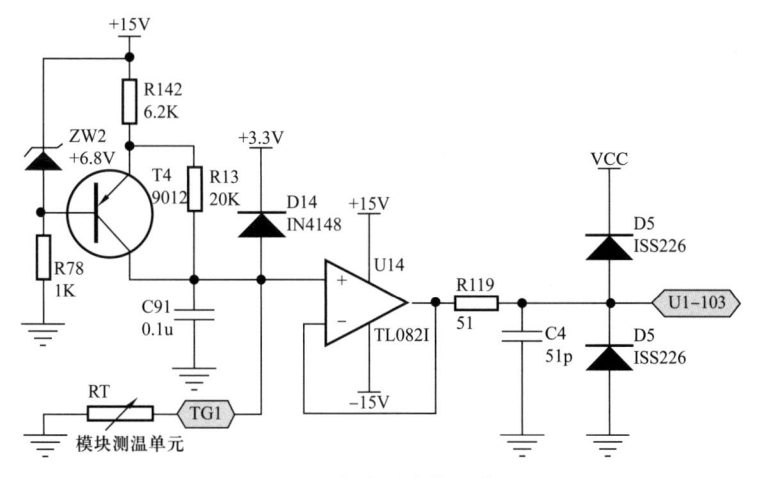

图 8.3.15 温度检测计算电路原理图

（3）温度检测输出电路连接不通。

检查方法：用万用表测量图 8-3-15 中的等电位点是否连通。如测量模块温度检测输出端子与插座 CN1 的 TG1 端口连接是否畅通。

解决方法：重新连接好。

（4）模块的温度检测单元故障。

解决方法：更换模块。

7. 频率波动较大

指参数初始化后，加速或恒速运行过程中出现的频率显示数值反复不定。

（1）DCV 波动较大。

检修方法：检查参数 DCV 显示，数值是否波动较大。若较大，则检修电压采样电路。

解决方法：对照电路原理图检修。

（2）CPU 板上电源 +3.3V 波动较大。

检查方法：用示波器观察 +5V、+3.3V 和 GND 间波形是否平直。若有较多噪声。更换 C56 后再查。

解决方法：对照原理图检修。

8. 显示 "8888" 或其他乱码

（1）显示板损坏。测试方法：用良好显示板代换测试。

解决方法：更换显示板。

（2）显示板与 CPU 板没有接触好。

解决方法：确保连接插座及插针良好后固定好螺钉。

（3）CPU 板损坏。

测试方法：用良好 CPU 板代换测试。

解决方法：重新写入程序后查看故障是否消除。若没有，更换 U11（74HC14）并查看故障是否消除，若没有消除，则更换 CPU 板。

9. 按 RUN 键无法启动

指参数初始化并将 SF（或 SR）和 COM 短接后，按 RUN 键无法启动。显示 0.00，并闪烁。

（1）显示面板上 RUN 键损坏。

检测方法：用良好操作面板代换检查。

解决方法：更换。

（2）SF（或 SR）端子接触不好或其电路有故障。

检查方法：查看参数 InPt。观察是否只有相应端子有信号。

解决方法：根据原理图维修或更换 U9（74AHC245）。

10. 三相电流不平衡

（1）模块的逆变单元损坏。

解决方法：更换模块。

（2）驱动电路故障。

解决方法：根据原理图维修。

（3）CPU 板上某一路无波形输出。

（4）某个霍尔损坏。

解决方法：更换霍尔 HNC151-100。

11. 继电器提前吸合或不吸合

检测方法及解决方法：当显示由 P.OFF 变为 0.00 时，主回路软充电继电器有清晰吸合声。若有异常，先单独给继电器的线圈加 24VDC，听其吸合声音是否清晰响亮，并用万用表测量其常开点是否闭合，若闭合异常则多为继电器损坏。否则对照其驱动电路原理图维修。多为 TR6、TR7 损坏。

参 考 文 献

[1] 大庆油田第四采油厂. 油田测控系统维修案例[M]. 北京：石油工业出版社，2010.